Parteiautonomie im chinesischen Internationalen Privatrecht

Studien zum vergleichenden und internationalen Recht - Comparative and International Law Studies

Herausgeber: Bernd von Hoffmann†, Erik Jayme
und Heinz-Peter Mansel

Band 193

PL ACADEMIC RESEARCH

Tong Xue

Parteiautonomie im chinesischen Internationalen Privatrecht

Am Beispiel der Rechtswahl im Internationalen Vertrags-, Delikts-, und Sachenrecht

PL ACADEMIC RESEARCH

Bibliografische Information der Deutschen Nationalbibliothek
Die Deutsche Nationalbibliothek verzeichnet diese Publikation in der Deutschen Nationalbibliografie; detaillierte bibliografische Daten sind im Internet über http://dnb.d-nb.de abrufbar.

Zugl.: Köln, Univ., Diss., 2014

D 38
ISSN 0930-4746
ISBN 978-3-631-67582-3 (Print)
E-ISBN 978-3-653-07125-2 (E-Book)
DOI 10.3726/978-3-653-07125-2

PL Academic Research ist ein Imprint der Peter Lang GmbH.

Peter Lang – Frankfurt am Main · Bern · Bruxelles · New York · Oxford · Warszawa · Wien

Diese Publikation wurde begutachtet.

www.peterlang.com

gewidmet *LU, Yangxun*

Vorwort

Die vorliegende Arbeit wurde im Sommersemester 2014 von der rechtswissenschaftlichen Fakultät der Universität zu Köln als Dissertation angenommen. Nach der mündlichen Prüfung wurde sie noch verbessert und um einige Stellen ergänzt. Neuere Literatur und Gesetzgebung sowie Rechtsprechung wurden bis zum Dezember 2015 berücksichtigt.

Meinem Doktorvater Herrn Prof. Dr. Heinz-Peter Mansel möchte ich herzlichst für die hervorragende Betreuung der Arbeit und vielfältige Förderung danken. Dank schulde ich ihm außerdem für die zügige Erstellung des Gutachtens. Dies gilt ebenso für Herrn Honorarprof. Dr. Hilmar Krüger, dessen Zweitgutachten und Anmerkungen hilfreich bei der Überarbeitung des Manuskriptes für den Druck waren.

Dem *Chinese Scholarship Council* danke ich für die Verleihung des Stipendiums, das meine Promotion über chinesisches Recht in Deutschland ermöglicht hat. Der Stiftung Pastor danke ich für die großzügige finanzielle Unterstützung im Zeitraum von September 2013 bis September 2014.

Meinen Eltern, die mich stets unterstützt und auf ihre Weise gefördert haben, danke ich von ganzem Herzen. Meiner Frau LU, Yangxun ist diese Arbeit gewidmet.

Changping, den 1. Februar 2016 *XUE, Tong*

Inhaltübersicht

Inhaltsverzeichnis

Abkürzungsverzeichnis

Abs.	Absatz
AcP	Archiv für die zivilistische Praxis
AGZ	Allgemeine Grundsätze des Zivilrechts der Volksrepublik China
Am. J. Comp. L.	American Journal of Comparative Law
Ansichten AGZ	Durchgeführte Ansichten des Obersten Volksgerichts zu einigen Fragen der Anwendung der Allgemeinen Grundsätze des Zivilrechts der Volksrepublik China
Art.	Artikel
AWD	Außenwirtschaftsdienst des Betriebs-Beraters
AWVG	Außenwirtschaftsvertragsgesetz der Volksrepublik China
Bd.	Band
Bestimmungen 07	Bestimmungen des Obersten Volksgerichts zu einigen Fragen der Rechtsanwendung bei der Behandlung von zivil- und handelsrechtlichen Vertragsstreitigkeiten mit Außenberührung
Chin. J. Int'l L.	The Chinese Journal of Comparative Law
CIETAC	China International Economic and Trade Arbitration Commission
Clunet	Journal du droit international
CMAC	China Maritime Arbitration Commission
COGSA	Carriage of Goods by Sea Act
CSPIL	Chinese Society of Private International Law (*Zhongguo Guojisifa Xuehui*)
CYbPIL&CompL	Chinese Yearbook of Private International Law and Comparative Law (*Zhongguo Guoji Sifa yu Bijiaofa Niankan*)
ERA	Einheitliche Richtlinien und Gebräuche für Dokumenten-Akkreditive
ERI	Einheitliche Richtlinien und Bräuche der Dokumenteninkassi
EuGüterVO-E	Vorschlage für eine Verordnung des Europäischen Rates über die Zuständigkeit, das anzuwendende Recht, die Anerkennung und die Vollstreckung von Entscheidungen im Bereich des Ehegüterrechts
Front. Law China	Frontier of Law in China

FS	Festschrift
GdH	Gesetz der VR China über die deliktische Haftung vom 26.12.2009
Hague Rules	International Convention for the Unification of Certain Rules of Law relating to Bills of Lading
Hague-Visby Rules	International Convention for the Unification of Certain Rules of Law relating to Bills of Lading
h. M.	herrschende Meinung
Hrsg.	Herausgeber
Hs.	Halbsatz
ICC	International Chamber of Commerce
ICLQ	International & Comparative Law Quarterly
Interpretation I	Interpretation des Obersten Volksgerichts über einige Fragen bezüglich Anwendung des Gesetzes der Volksrepublik China über das anwendbare Recht auf Zivilbeziehung mit Auslandsberührung vom 28.12.2012
Interpretation ZPG	Interpretation des Obersten Volksgerichts über Anwendung des Zivilprozessgesetzes der Volksrepublik China vom 30.1.2015
IPR	Internationales Privatrecht
IPRax	Praxis des Internationalen Privat- und Verfahrensrecht
IPRG	Gesetz der Volksrepublik China über das anwendbare Recht auf Zivilbeziehungen mit Auslandsberührung vom 28.10.2010
IRR	Interregionales Privatrecht
i.V.m.	In Verbindung mit
J. Priv. Int. L.	Journal of Private International Law
JZ	Juristenzeitung
Lloyd's Rep	Lloyd's Law Reports
LuftG	Gesetz der Volksrepublik China über zivile Luftfahrt vom 30. Oktober 1995
Mel. J. Int. L.	Melbourne Journal of International Law
MüKo	Münchener Kommentar
m. w. N.	Mit weiteren Nachweisen
NiPR	Nederlands Internationaal Privaatrecht
NJW	Neue Juristische Wochenschrift
NVK	Nationaler Volkskongress der Volksrepublik China
OVG	Oberstes Volksgericht der Volksrepublik China

Protokoll 05	Protokoll der zweiten Konferenz zur Verhandlungs- und Entscheidungsarbeit in Handels und Seerechtssachen mit Auslandsberührung des ganzen Landes (Aktenzeichen: *Fa Fa 2005 Nr. 26*)
RabelsZ	Rabels Zeitschrift für ausländisches und internationales Privatrecht
RivDirIntPrivProc	Rivista di Diritto Internazionale Privato e Prosessuale
RIW	Recht der Internationalen Wirtschaft
Rn	Randnummer
S.	Seite
SachRG	Sachenrechtsgesetz der VR China vom 16.3.2007
SANVK	Ständiger Ausschuss des Nationalen Volkskongress
SchiedsO	Schiedsordnung
SchiedsG	Schiedsverfahrensgesetz der VR China vom 31.8.1994
SeeHG	Gesetz der Volksrepublik China über den Seehandel vom 7. November 1992
UNIDROIT	Institut international pour l'unification du droit privé
VertragsG	Vertragsgesetz der VR China vom 15. März 1999
Vgl.	Vergleiche
VR China	Volksrepublik China
WeSchG	Gesetz der Volksrepublik China über Wechsel und Scheck vom 10. Mai 1995
Wh. Int. L. Rev.	Wuhan University International Law Review
YbPIL	Yearbook of Private International Law
z.B.	zum Beispiel
ZChinR	Zeitschrift für Chinesisches Recht
ZPG	Zivilprozessgesetz der VR China
ZüKo	Zürcher Kommentar zum IPRG
ZVglRWiss	Zeitschrift für vergleichende Rechtswissenschaft

Einleitung

Die Selbstbestimmung des anwendbaren Rechts ist seit langem im chinesischen Vertragsrecht verankert[1]. Mit der Kodifizierung des IPRG erfährt die Parteiautonomie eine gewaltige Erweiterung auf fast allen Teilgebieten des Internationalen Privatrechts. Sie wird sogar als „grundlegender Grundsatz des IPR" angepriesen[2]. Im Jahr 2012 hat das Oberste Volksgericht justizielle, abstrakt geltende Normen in Form der Interpretation I zum IPRG erlassen, die einige Vorschriften der Parteiautonomie in präzisierter Weise regeln. Durch die Novellierungen stellt die Parteiautonomie sich als eines der bedeutendsten Instrumente im chinesischen IPR zur Bestimmung des anwendbaren Rechts dar. Sie verdient daher eine umfassende und konstruierende Betrachtung, die selbst im chinesischen Schrifttum unzulänglich bearbeitet wird. Die Erweiterung des Anwendungsbereichs der Parteiautonomie hat zudem viele Rechtslücken zur Folge. Insbesondere passt die ältere Reglung hinsichtlich der vertraglichen Parteiautonomie nicht zu den neu stattgegebenen Rechtswahlmöglichkeiten im internationalen Delikt- und Sachenrecht. Die Rechtslücken sind zu schließen.

Wegen der bescheidenden chinesischen Literatur und der geringen Anzahl an vorhandenen Urteilen des Volksgerichts verlangt die Forschung zu der vorliegenden Arbeit eine rechtsvergleichende Umschau in verschiedene Rechtsordnungen wie die der Bundesrepublik Deutschland, der Europäischen Union sowie der Schweiz, in der die Regelung der Parteiautonomie entwickelt wurde. Der chinesische Gesetzgeber hat selbst erwähnt, dass das IPRG auf einer umfassenden rechtsvergleichenden Arbeit mit diesen oben genannten Rechtsordnungen beruht[3]. Dies bestärkt die Überzeugungskraft der rechtsvergleichenden Auslegung, die in der vorliegenden Arbeit eingesetzt wird. Jedoch setzt die vorliegende Arbeit in erster Linie eine rechtsdogmatische Methode ein, um die Rechtslücken zu schließen. Ausländische Literatur wird zur Begründung der Lückenschließung im weiten Umfang berücksichtigt. Wegen der Zielsetzung der vorliegenden Arbeit, die Parteiautonomie im chinesischen Recht zu konstruieren und zu verbessern, kann es eine eigene rechtsvergleichende wissenschaftliche Arbeit nicht geben. Die

1 *Xiao/Long*, Yearbook of Private International Law Vol. 11 (2009) 193, 193 ff.

2 *Chen, Shewai Minshi Guanxi Falü Shiyong Fa de Zhongguo Tese* (Das IPRG mit der chinesischen Prägung), *Falü Shiyong* (Journal of Law Application) 2011 Vol. 11 48, 49.

3 *Hu*, Amtsblatt des SANVK 2010 Heft 7 643, 643.

Forschung wird jedoch mit der Hoffnung ausgeführt, dass die vorliegende Arbeit eine aufbauende Basis für die weitere rechtsvergleichende Arbeit darstellen kann.

Die Arbeit lässt sich in drei Kapitel unterteilen. Das erste Kapitel befasst sich mit der begrifflichen Grundlage der Parteiautonomie im chinesischen IPR, einschließlich der Rechtsquellen, der historischen Betrachtung sowie Auseinandersetzung mit ähnlichen Instituten wie der materiell-rechtlichen Verweisung und der einseitigen kollisionsrechtlichen Gestaltungsbefugnis. Sodann werden im zweiten Kapitel die allgemeinen Bestimmungen zur Parteiautonomie dargestellt, zu denen die allgemeine Voraussetzung der Auslandsberührung, die Erklärung der Rechtswahl, der Zeitpunkt der Rechtswahl, die prozessuale Fakultativität sowie die Sachnormrechtswahl gehören. Im Anschluss daran werden im dritten Kapitel die Zulässigkeit und die Modalitäten der Parteiautonomie mit Berücksichtigung der Besonderheit der konkret ausgewählten Zivilbeziehung untersucht.

Eine Parteiautonomie wird in weitem Umfang im IPRG zugelassen. Die vorliegende Arbeit behandelt aber schwerpunktmäßig drei besondere Gebiete nämlich die Rechtswahl im Internationalen Vertragsrecht, Deliktsrecht und Sachenrecht an Mobilien. Die Rechtswahlmöglichkeiten werden im Kontext der besonderen Eigenschaften der jeweiligen Zivilbeziehung näher betrachtet. Die Wahl der Parteiautonomie im Internationalen Vertragsrecht geht darauf zurück, dass die vertragliche Parteiautonomie in theoretischer und praktischer Hinsicht relativ umfassender entwickelt ist als andere Rechtswahlmöglichkeiten. Die Rechtswahlmöglichkeiten im Internationalen Delikts- und Sachenrecht werden vom IPRG neu eingeführt. Die sachenrechtliche Parteiautonomie, die sich wegen der unklaren gesetzlichen Formulierung und der fehlenden Begründung als besonders lückenhaft erweist, stellt sich als besonders interessant dar. Wegen der Bedeutung in der Praxis und der Lückenhaftigkeit stellt die Rechtswahl im Internationalen Deliktrecht auch einen Schwerpunkt dar. Die eherechtliche Parteiautonomie sowie Parteiautonomie in anderen Teilgebieten erweist sich ebenfalls als interessant und forschungswert. Wegen der diesbezüglich unzureichenden Literatur und Urteilen ist die Forschung jedoch momentan leider nicht möglich.

Erstes Kapitel: Grundlagen der Parteiautonomie im chinesischen IPR

§ 1 Die Parteiautonomie

I. Der Begriff der Parteiautonomie

Die Parteiautonomie wird in China als Autonomie des Parteiwillens (*Dangshiren Yisi Zizhi*)[4] oder Willensautonomie (*Yisi Zizhi*)[5] bezeichnet. Darunter wird die Freiheit verstanden, dass die Parteien das anwendbare Recht auf den in Frage stehenden Sachverhalt übereinstimmend wählen dürfen[6]. Die Gerichtsstandvereinbarung wird zwar bei manchem Autor[7] als Parteiautonomie im weiteren Sinn eingeordnet. Sie liegt jedoch fern von der Freiheit der Rechtswahl im Sinne des Art. 3 IPRG. Die im IPRG geregelte Parteiautonomie bezieht sich lediglich auf die Freiheit zur Bestimmung des anwendbaren Rechts[8]. Sie grenzt sich dementsprechend von der materiell-rechtlichen Privatautonomie ab[9].

Der Parteiwille zur Bestimmung des anwendbaren Rechts wird als subjektiver Anknüpfungspunkt[10] aufgefasst, der in einer subsidiären Anknüpfung vorkommt. Der Sachverhalt unterliegt in erster Linie dem parteiautonom gewählten Recht. Mangels Rechtswahl ist dann das objektiv anwendbare Recht maßgebend. Parteiautonomie zeichnet sich durch den Vorrang des Parteiwillens vor dem objektiven Anknüpfungspunkt ab. Durch den Vorrang grenzt die Parteiautonomie sich gegen die einseitige Gestaltungsbefugnis[11] ab. Das chinesische IPR kennt keine Anknüpfung, nach der die Parteien das anwendbare Recht erst dann bestimmen können, wenn keine gültige objektive Anknüpfung vorliegt.

Im Vergleich zu objektiven Anknüpfungspunkten wie die Staatsangehörigkeit oder den Ort der Eheschließung, weist der subjektive Anknüpfungspunkt der Parteiautonomie keine feste Verbindung mit einer im Voraus vorgegebenen

4 *Du*, IPRG S. 59; *Li W.*, IPR S. 162; *Zhang/Xu*, IPR S. 208.

5 *Liu*, IPRG S. 27; *Qi*, IPRG S. 57; *Liu*, IPR S. 176; *Zhao*, IPR S. 258; *Xiao*, IPR S. 179.

6 *Du/Chen*, IPR S. 186; *Zhang/Xu*, IPR S. 208; *Liu*, IPR S. 176; *Xiao*, IPR S. 192; *Zhao*, IPR S. 259.

7 In der Dissertation von *Xu* begreift dieser die Parteiautonomie als Pendant der Autonomie des Willens im Kollisionsrecht. Zur Autonomie des Willens im internationalen Privatrecht gehören noch die Freiheit in der Schiedsbarkeit und im internationalen Zivilprozess, *Xu*, Willensautonomie S. 10, 176 ff.

8 *Du*, IPRG S. 59; *Liu*, IPRG S. 26.

9 *Li*, IPR S. 162 f.

10 *Han*, Neue Lehre zum IPR S. 132; *Zhao*, IPR S. 102; *Li*, IPR S. 9; *Xiao*, IPR S. 86; *Zhang/Xu*, IPR S. 66; *Du/Chen*, IPR S. 67 f.

11 §1 III 2.

Rechtsordnung auf. Er ist vom Parteiwillen im einzelnen Fall abhängig. In dieser Hinsicht wird Parteiautonomie im Schrifttum auch als Prinzip[12] (im Sinne gegenüber Regeln mit festem Regelungsgehalt) oder Methode[13] zur Lösung des Konflikts von Rechtsordnungen angesehen. Durch das Abstellen auf den Parteiwillen grenzt die Parteiautonomie sich zunächst von den geschriebenen Kollisionsnormen ab, die vom Gesetzgeber mit festem Regelungsgehalt im Voraus abstrakt gesetzt werden. Ebenso ist die Parteiautonomie abzugrenzen vom Grundsatz der engsten Verbindung, welcher im einzelnen Fall das Gericht berechtigt, das gerechte Recht zu suchen. Die Parteiautonomie berechtigt jedoch die Parteien, im einzelnen Fall im Voraus oder im Nachhinein aus ihren Interessen und ihrem Bedarf das anwendbare Recht selbst zu bestimmen. Die Parteiautonomie macht die Parteien jedoch nicht zum „Gesetzgeber". Wie nachfolgend zu zeigen ist, werden der Umfang, die Zulässigkeit, die Ausübung und die Modalitäten der Rechtswahl vom Kollisionsrecht kontrolliert.

II. Begründung der Parteiautonomie

1. Gesetzgeberische Begründung

Der chinesische Gesetzgeber hat die Ausdehnung der Parteiautonomie von Verträgen auf zahlreiche anderen Zivilbeziehungen damit begründet, dass „aufgrund der Dispositionsbefugnis (*Chufenquan*) der Parteien über ihre subjektiven Zivilrechte und mit Berücksichtigung der rechtsvergleichenden Tendenz der umfänglichen Ausdehnung der Parteiautonomie, der Entwurf die Freiheit der Parteien zur Rechtswahl vorsieht"[14] Aus dem Wortlaut ergibt sich eindeutig, dass der Gesetzgeber auf die zivilrechtliche Freiheit und die Rechtvergleichung abgestellt hat.

Die von dem Gesetzgeber ausgesprochene Dispositionsbefugnis für subjektive Zivilrechte bezieht sich ihrem Wortlaut nach auf gewisse materiell-rechtliche Grundlagen. Die Begründung der Parteiautonomie kann jedoch nicht auf der materiell-rechtlichen Ebene verstanden werden[15], da materielles Recht und Kollisionsrecht getrennt und abstrakt voneinander zu betrachten sind. Die Abwahl

---

12 *Liu*, IPR S. 176.

13 *Qi*, IPRG S. 66.

14 *Hu*, Amtsblatt des SANVK 2010 Heft 7 643, 644.

15 Die Darstellung des historischen Streits über die logische Kritik an der Parteiautonomie und ihre Überwindung durch Trennung der Fragestellung je nach Sachrecht und Kollisionsrecht, Nishitani, Parteiautonomie S. 259 ff., 317 f. m.w.N.

der dispositiven Bestimmungen des objektiv anwendbaren Rechts[16] und die Wahl sachlich unverbundener Rechtsordnungen gemäß Art. 6 Interpretation I sprechen deutlich gegen die materiell-rechtliche Begründung der Parteiautonomie. Mit der Selbstbestimmungsbefugnis wollte der Gesetzgeber eine dem Sach- und Kollisionsrecht überlagernde grundlegende Berechtigung der individuellen Gestaltungsfreiheit des Einzelnen gegenüber dem einzelnen Staat, als auch gegenüber dem auf Geltung beanspruchenden mehreren Staaten gewährleistet, zum Ausdruck bringen. Die Berechtigung kann zwar als Ausfluss der überpositiven Autonomie[17] oder der Menschenrechte[18] verstanden werden. Sie soll sich jedoch im positiven Recht verankern. Da Grundrechte nicht als positive Quelle des chinesischen Internationalen Privatrechts angesehen werden[19], ist die vom Gesetzgeber herbeigeführte Dispositionsbefugnis als positive Begründung allein ausreichend.

Der chinesische Gesetzgeber hat zudem die rechtsvergleichende Tendenz der Ausdehnung der Parteiautonomie über Internationales Vertragsrecht hinaus angeführt. Wie die Darstellung der Entwicklung des Kollisionsrechts sowie der Parteiautonomie im chinesischen IPR zeigt[20], ist der Grundgedanke über die Selbstbestimmung des anwendbaren Rechts von außen rezeptiert. Die Rezeption ergibt sich aus der Notwenigkeit, den internationalen rechtlichen und wirtschaftlichen Verkehr reibungslos, also auf eine Art und Weise zu führen, die von anderen Ländern weitgehend anerkannt und durchgeführt wird. In dieser Hinsicht kann die Herbeiführung der rechtsvergleichenden Begründung zugunsten des internationalen Entscheidungseinklangs angedeutet werden. Im Abschnitt des gesetzgeberischen Berichts über die Vorbereitung des Entwurfs des IPRG wird Bezug auf die IPR-Gesetzgebung von Deutschland, der Schweiz, Japan, der Europäischen Union und der Haager Konventionen genommen[21]. Es wird somit die rechtvergleichende Begründung insbesondere aus der Sicht der oben genannten Rechtsordnungen bei der Auslegung der Vorschriften des IPRG gestärkt.

16 *Li*, IPR S. 162 f.; *Qin*, Front. China Law 2010, 5 (4), 600, 601 ff.; *Xu*, Tsinghua Law Review 2(2008) Heft 6 80, 82 ff.

17 Leible, in: FS Jayme, Bd. 1, 2004, S. 485, 488.

18 Basedow, RabelsZ 73 (2011), 32 ff.

19 Darstellung der Rechtsquelle des chinesischen IPR, *Han*, IPR 20 ff.; *Du/Chen*, IPR S. 29 ff.

20 Dazu § 2.

21 *Hu*, Amtsblatt des SANVK, 2010 Vol. 7 S. 643 f.

2. Begründung im Schrifttum

Die Begründung der Parteiautonomie im Schrifttum zeigt ein breites Spektrum. Jedoch betrachten die meisten Autoren die Parteiautonomie als Ausfluss der materiell-rechtlichen Privatautonomie[22] oder autonomie de la volonté[23]. Betont wird auch die Rechtssicherheit sowie Vorhersehbarkeit[24], Beschleunigung der Streitbeilegung[25], Behebung der Anknüpfungsschwierigkeiten[26] sowie Förderung der inhaltsorientierten sachlichen Gerechtigkeit[27]. Die Kritik gegen die Parteiautonomie wegen der Verdrängung der Entscheidung des Gesetzgebers, der Umgehung des objektiv anwendbaren Rechts und der logischen Unvertretbarkeit, wird zwar dargestellt, jedoch nicht widerlegt[28].

III. Die Rechtsquellen der Parteiautonomie

1. Die Rechtsquellen der Parteiautonomie

a) Art. 3 IPRG

Im Allgemeinen Teil des IPRG befindet sich schon eine Vorschrift für die Parteiautonomie. Art. 3 IPRG sieht vor, dass die Parteien nach den gesetzlichen Bestimmungen das auf Zivilbeziehungen mit Auslandsberührung anzuwendende Recht ausdrücklich wählen können. Aus der Vorschrift lässt sich zum einen der Ausdrücklichkeitszwang ableitet, zum anderen der gesetzliche Vorbehalt. Die Bestimmung, dass die Rechtswahl ausdrücklich erfolgen muss, scheint jedoch zweifelhaft und wird nachfolgend vertiefend behandelt[29].

Der gesetzliche Vorbehalt, dass die Rechtswahlmöglichkeit ausschließlich vom Gesetz eingeräumt wird, enthält zweierlei Bestimmungen: Erstens setzt eine

---

22 *Du*, IPRG S. 266; Qi, IPRG S. 57; *Wang/Chen*, Vertragskollisionsrecht S. 44; *Xiao/Hu*, *Falü Xuanze zhong de Dangshiren Yisi Zizhi* (Parteiautonomie an der Bestimmung des anwendbaren Rechts), Science of Law 1997 No. 5 Vol. 82 75, 78.

23 *Xu*, Willensautonomie S. 6.

24 *Zhao*, IPR S. 259; *Liu*, IPR S. 176; *Xiao*, IPR S. 180; *Wang/Chen*, Internationales Vertragsrecht S 44; *Xiao/Hu*, Science of Law 82(1997) Heft 5 75, 79.

25 *Zhao*, IPR S. 259; *Liu*, IPR S. 176; *Xiao/Hu*, Science of Law 82(1997) Heft 5 75, 79.

26 *Xiao*, Erläuterungen S. 192; *Wang/Chen*, Internationales Vertragsrecht S. 44 f.; *Xiao/Hu*, Science of Law 82(1997) Heft 5 75, 79.

27 *Yu*, Journal of Xiamen University 203(2011) Heft 1 46, 48.

28 *Xiao/Hu*, Science of Law 82(1997) Heft 5 75, 79; *Wang/Chen*, Internationales Vertragsrecht, S. 43.

29 Dazu § 4 I.

gültige Rechtswahl eine gesetzliche Berechtigungsvorschrift voraus. Die ohne gesetzliche Berechtigung erfolgte Vereinbarung über das anwendbare Recht wird gemäß Art. 6 Interpretation I vom Volksgericht nicht anerkannt. Da Art. 3 IPRG selbst keine allgemeine Befugnis zur Rechtswahl enthält[30], sind die Rechtsgrundlagen zur Rechtswahl in anderen gesetzlichen Vorschriften wie die in den besonderen Teilen des IPRG oder in anderen Gesetzen zu finden. Diese gesetzlichen Vorschriften machen die Quellen der Parteiautonomie aus, die nachfolgend ausführlich geprüft werden. Fraglich ist die Zulässigkeit im Fall einer Rechtslücke. Falls keine Kollisionsnorm für eine bestimmte Zivilbeziehung vorhanden ist, ist das anwendbare Recht gemäß Art. 2 Abs. 2 IPRG nach der engsten Verbindung zu ermitteln. Im Schrifttum wird die Ansicht geäußert, dass die Rechtswahl in Ermangelung einer einschlägigen Kollisionsnorm wegen des Satzes „*in dubio pro libertate*“ zulässig sei[31]. Dagegen ist jedoch einzuwenden, dass Art. 2 Abs. 2 IPRG klar zum Ausdruck gebracht hat, dass die objektive Anknüpfung der engsten Verbindung in dem Fall zur Anwendung kommt. Der Vorrang der Rechtswahl vor der objektiven Anknüpfung ist dort nicht geregelt. Ob und wie der Parteiwille sowie die Parteierwartung im Rahmen der engsten Verbindung zu berücksichtigen sind, wird nicht von dem gesetzlichen Vorbehalt im Sinne des Art. 3 IPRG berührt[32]. Dort wird die Parteierwartung nicht als entscheidender Parteiwille im Sinne der Parteiautonomie berücksichtigt. Sie spielt lediglich die Rolle eines Indiz im Rahmen der objektiven Anknüpfung wie andere relevanten Tatsachen auch.

Zweitens gesteht der gesetzliche Vorbehalt des Art. 3 IPRG nur formalen Gesetzen zu eine Befugnis zur Rechtswahl einzuräumen. Die Justizielle Interpretation[33] sowie die Rechtsprechung dürfen keine neuen Rechtswahlmöglichkeiten aufstellen. Verboten ist jedoch nur die eigentliche Erlaubnis zur Rechtswahl. Bei den existierenden Rechtswahlmöglichkeiten kann die Rechtsprechung hinsichtlich der Ausübung sowie der Modalitäten der Rechtswahl Regeln schaffen.

---

30 *Zhang*, People's Court Daily am 7.1.2013 S. 6. *Liu*, IPRG, S. 30; *Du*, IPRG, S. 61; *Long*, IPRax 2012 273, 275; *Tu.*, Am. J. Comp. L. 59(2011) 563, 567f.; *Chen*, in: Basedow/Pißler, Private International Law in China, S. 10 f. Die frühere Auffassung, dass Art. 3 IPRG wegen „der Stellung im allgemeinen Teil“ die allgemeine Berechtigung zur Rechtswahl enthält, *Qi*, IPRG, S. 69, ist zu verweigern.

31 *Huang/Jiang*, IPRG S. 13.

32 Die Möglichkeit der Berücksichtigung der stillschweigenden Rechtswahl im Rahmen der engsten Verbindung wird nachfolgend § 9 IV untersucht.

33 § 1 III 1 c).

Außer dem Ausdrücklichkeitszwang und dem gesetzlichen Vorbehalt der Zulässigkeit verbleibt Art. 3 IPRG inhaltsleer. Die Vorschrift gewährt der Parteiautonomie nicht die Stellung „eines grundlegenden Prinzips des chinesischen IPR“[34], weil „Parteiautonomie die nur auf begrenzten Gebieten Anwendung findet, anders ist als die engste Verbindung, die auf alle Zivilbeziehungen mit Auslandsberührung Anwendung findet“[35]. Art. 3 IPRG versteht sich ebenso wenig als Auslegungsgrundlage für die Ausübung der Rechtswahl, weil darin überhaupt keine allgemeine Wertung enthalten ist. In dieser Hinsicht ist Art. 3 IPRG richtigerweise als eine deklaratorische Vorschrift zu betrachten[36].

b) Gesetzliche Berechtigungsvorschriften

Die Berechtigungsvorschriften der Parteiautonomie befinden sich vereinzelt in besonderen Teilen des IPRG und in anderen Spezialgesetzen. Das IPRG regelt Sachgebiet nach in Kapitel zwei bis sieben die Sachgebiete internationales Personen-, Ehe- und Familien-, Erb-, Sachen-, und Schuldrecht sowie Rechte an geistigem Eigentum[37]. Zulässig ist die Rechtswahl bei gewillkürter Vertretung (Art. 16 S. 2 IPRG), Treuhand (Art. 17 S. 1 IPRG), Schiedsvereinbarung (Art. 18 S. 1 IPRG), güterrechtliche Ehewirkung (Art. 24 S. 1 IPRG), einverständlicher Scheidung (Art. 26 S. 1 IPRG), Sachenrechten an beweglichen Sachen (Art. 37 S. 1 IPRG), *res in transitu* (Art. 38 S. 1 IPRG), vertraglichen Schuldverhältnissen (Art. 41 S. 1 IPRG), Delikt (Art. 44 S. 2 IPRG), ungerechtfertigter Bereicherung und Geschäftsführung ohne Auftrag (Art. 47 S. 1 IPRG), Abtretung, sowie an Lizenzen des geistigen Eigentumes (Art. 49 S. 1 IPRG) und deliktischen Ansprüchen aus geistigem Eigentum (Art. 50 Hs. 2 IPRG).

Außerhalb des IPRG liegen Kollisionsnormen vor, die Parteiautonomie auf bestimmten Zivilbeziehungen mit Auslandsberührung gewähren. Diese Kollisionsnormen stammen hauptsächlich aus dem Internationalen Handelsrecht oder

34 Der Grundsatz der Parteiautonomie wurde von Wissenschaftlern benannt. So etwa in *Qi*, IPRG S. 63; *Chen*, Civil procedure and conflict of laws, S. 143; *Xu*, Legal Review 2012 Vol. 4 50, 50. Der Gesetzgeber spricht jedoch lediglich von der Erweiterung des Anwendungsbereichs der Parteiautonomie, *Hu*, Amtsblatt des SANVK 2010 Heft 7 643, 644.

35 Wegen der limitierten Anwendungsfälle wird die Parteiautonomie als „Quasi-Prinzip“ bezeichnet. *Liu*, IPRG S. 26 f.

36 *Du*, IPRG S. 61; *Chen*, Civil procedure and conflict of laws S. 143; *Liang*, J. Priv. Int. L. Vol. 8 No. 1 77, 97.

37 Darstellung und Andeutung der Parteiautonomie betreffenden Vorschriften, *Xu*, 174 (2012) Heft 4 50, 50 ff.

anderen Sonderprivatrechten. Wegen der gesetzgeberischen Ablehnung[38] wurden diese internationalen handelsrechtlichen Kollisionsnormen nicht in die Kodifikation des IPRG eingeschlossen. Diese Kollisionsnormen kommen als *lex specialis* durch Verweisung in Art. 2 Abs. 1 S. 2 IPRG und Art. 3 Interpretation I zur Anwendung[39]. Die sonderprivatrechtlichen Kollisionsnormen, die sich auf die Parteiautonomie beziehen, sind die Rechtswahl im seehandelsrechtlichen Vertrag (Art. 269 Hs. 1 SeeHG), auf den Beförderungsvertrag durch Luftfahrt (Art. 188 Hs. 1 LuftG) und auf die Ausstellung eines Schecks (Art. 97 S. 2 WeSchG).

c) Justizielle Interpretation des OVG

Die Justizielle Interpretation (*Sifa Jieshi*)[40] stellt sich als eine bedeutende Rechtsquelle im chinesischen Recht dar[41]. Sie versteht sich nicht als Auslegungen von Rechtsnormen bei der Rechtsanwendung im Einzelfall sondern als abstrakt geltende Rechtssätze, die vom OVG zur Anwendung von formalen Gesetzen erlassen werden[42]. Der Namenbestandteil „Interpretation" betont ihre Gesetzesgrundlage, dass also die Justizielle Interpretation beruhend auf formellem

---

38 Der Gesetzgeber hat für die kleine Lösung aus der Erwägung entschieden, „die Kollisionsnormen auf zahlreich handelsrechtliche Teilgebiete so verschieden geregelt sind, dass die Kodifizierung zivilrechtlicher und handelsrechtlicher Kollisionsnormen unmöglich und entbehrlich ist" *Hu K.S.*, Amtsblatt des SANVK 2010 Heft 7 643, 645. In dem ersten IPRG-Entwurf nämlich 9. Buch des Entwurfs von chinesischem Zivilgesetzbuch wurden handelsrechtliche Kollisionsnormen noch erfasst, *Zhu*, J. Priv. Int. L. 2007 283 ff. Sie wurden seit dem zweiten IPRG-Entwurf weggenommen.

39 Die Auseinandersetzung vom Geltungsvorrang zwischen IPRG und Kollisionsnormen in anderen Gesetz im Sinne des Art. 2 IPRG, *Ding*, Tribune of Political Science ans Law 29 (2011) Heft 3, 13, 16 ff.

40 Systematisch über die Justizauslegung von OVG auf Deutsch, Ahl, ZChinR 2007 251 ff. Die deutsche Übersetzung vom Regelwerk *Bestimmungen des OVG über Justizielle Interpretation,* die die Grundlage, Formen, Wirkung der Justiziellen Auslegung bestimmen, Ahl, ZChinR 2007 322, 322 ff. Spezielle Darstellung über Justizielle Interpretation in Bezug auf IPR, vgl. Deißer, Chinas IRR S. 16 ff., 43 f.; Gebauer, IPRax 2008, S. 62, 63.

41 Vgl. *Zheng*, in *Bu* (Hrsg.), Chinese Civil Law 1. Chap. Rn. 8.

42 Nach dem *Beschluss des SANVK über Stärkung der Arbeit der Justiziellen Interpretation am 10.6.1981* genießen das Oberste Volksgericht und der Oberste Volksanwalt die ausschließliche Befugnis der justiziellen Normensetzung in ihrem jeweiligen Arbeitsbereich. Unteren Volksgerichten steht diese Ermächtigung nicht zu. Konzentration der Macht zur Justiziellen Interpretation wird weiter in *Art. 32 Gerichtsverfassungsgesetz der VR China* bestätigt und auch in der *Mitteilung von Oberstem Volksgericht und Oberstem Volksanwalt über Verbot des Erlassens von Justiziellen Interpretation von unteren Volksgerichten und Staatsanwälten.* Aktenzeichen: *Fafa (2012) Nr. 2.*

Gesetzestext erlassen wird. Die vom OVG auslegungsweise erlassenen Rechtssätze gelten jedoch generell und abstrakt wie Gesetze mit entsprechender Wirkung (*Falü Xiaoli*)[43]. Jede Justizielle Interpretation ist ein Regelwerk und sieht strukturell aus wie ein formelles Gesetz.

Die Justiznormen, die das OVG beruhend auf dem IPRG erlassen hat, liegen zurzeit in der *Interpretation des OVG über einigen Fragen bezüglich der Anwendung des IPRG Teil I*[44] vor. Sie betreffen die Fragen im Allgemeinen Teil des IPRG, worunter auch die Parteiautonomie fällt. Wie der nummerierte Titelzusatz verrät, stellt die Interpretation I nur den Anfang der Auslegungsserien des IPRG dar. Es sind weitere Justiziellen Interpretationen vom OVG zu erwarten. Die Interpretation I enthält fünf Vorschriften über die Ausübung der Parteiautonomie, nämlich über die Bestätigung des gesetzlichen Vorbehaltes zur Zulässigkeit der Rechtswahl (Art. 6 Interpretation I), den Verzicht auf einen sachlichen Zusammenhang zwischen Sachverhalt und gewähltem Recht (Art. 7 Interpretation I), den Zeitpunkt der Rechtswahl (Art. 8 Interpretation I), die stillschweigende Rechtswahl im Prozess (Art. 9 Interpretation I) und die Selbstermittlung des parteiautonom gewählten Rechts (Art. 17 Abs. 2 Interpretation I).

Die zeitlich vor dem IPRG bestehenden kollisionsrechtlichen Auslegungsnormen, die beruhend auf anderen Gesetzen als dem IPRG erlassen wurden, wie beispielsweise die Kollisionsnormen in Ansichten AGZ, Protokoll 05 bleiben gemäß Art. 21 Interpretation I insoweit gültig, als sie nicht gegen das IPRG oder die Interpretation I verstoßen. Ausnahme sind die Bestimmungen 07, die wegen Verstoß gegen die Vorschriften in IPRG vom OVG ausdrücklich in vollem Umfang aufgehoben wurden[45]. Prinzipiell hängt die Gültigkeit der Auslegungsnormen vom OVG mit der Gültigkeit des jeweiligen zugrundeliegenden Gesetzes zusammen. Das OVG behält zudem die Macht, jede vom ihm erlassenen

43 In Art. 5 *Bestimmungen des OVG über Justizielle Interpretation* ermächtigt das OVG von sich selbst erlassene Justizauslegung mit Gesetzeswirkung, „Vom Obersten Volksgericht erlassene Justizauslegungen haben Gesetzeswirkung".

44 Darstellung sowie Würdigung dazu, Leibküchler, ZChinR 2013 S. 89 ff.; *Xue*, IPRax 2014 S. 206 ff.; *Huang*, in: Basedow/Pißler, Private International Law in China, S. 12 ff.

45 Die Bestimmungen 07 finden sich als Nr. 76 der aufgehobenen Justiziellen Interpretation in der Anordnung vom OVG „Entscheidung des OVG über die Aufhebung der im Zeitraum von 1.7.1991 bis 31.12.2013 erlassenen Justiziellen Interpretation und sonstigen Akten" vom 26.3.2013.

Justiziellen Interpretation für aufgehoben zu erklären[46]. Gültig ist nur eine alte Kollisionsnorm[47] in Bezug auf die Parteiautonomie, die den Bestimmungen des IPRG und der Interpretation I nicht entgegensteht. Zudem sieht Nr. 47 Hs. 2 Protokoll 05 Drittschutz im Fall der nachträglichen Rechtswahl im Vertrag vor.

Das OVG wird in der Zukunft weitere justizielle Normen zur Parteiautonomie erlassen. Es darf nur zu Problemen, die sich bei der Anwendung des Gesetzes und Dekretes stellen, justizielle Normen erlassen[48]. Es darf jedoch nicht über das Gesetz hinaus abstrakt geltende justizielle Normen anordnen, obwohl das OVG in der Tat gesetzwidrige Bestimmungen z. B. die stillschweigende Rechtswahl im Prozess trotz des Ausdrücklichkeitszwangs in Art. 8 Interpretation I vorschreibt. Da das OVG in Art. 6 Interpretation I den Gesetzesvorbehalt der Zulässigkeit der Parteiautonomie wiederholt bestätigt hat, kann man mit mehr Sicherheit davon ausgehen, dass das OVG keine neue Rechtswahlmöglichkeit schaffen wird. Es darf und vermag jedoch weitere Regelungen über die Ausübung der Rechtswahl in den nachfolgenden Interpretationen zum IPRG erlassen.

d) Leiturteile

Urteile des Volkgerichts entfalten in der Regel keine Bindungswirkung über den Einzelfall hinaus[49]. Sowohl die Gesetzesvorschriften als auch die Justizdirektiven weisen wegen ihrer Eigenschaft als abstrakt geltende Rechtssätze jedoch stets eine Auslegungsbedürftigkeit auf. Um die einheitliche Anwendung des Gesetzes zu gewährleisten hat das OVG seit 1985 ständig[50] Urteile in seinem Amtsblatt veröffentlicht. Diese veröffentlichten Urteile (*Gongbao Anli*) entfalten

46 Grundlage sind Art. 6 Abs. 5, Art. 30 *Bestimmungen des OVG über Justizielle Interpretation*. Das OVG kann durch Beschluss des Verhandlungsausschusses die von ihm erlassene Justizielle Interpretation aufheben.

47 Z. B. verbleiben Art. 142 Abs. 2, 3 Ansichten AGZ über die Anwendbarkeit der internationalen Übereinkommen und Gepflogenheiten durch Verweisung von Artt. 4, 5 Interpretation I geltend.

48 Grundlage ist der Punkt 2 des Beschlusses des SANVK über die Stärkung der Arbeit der Justiziellen Interpretation am 10.6.1981, Art. 32 Gerichtsverfassungsgesetz und Art. 2 Bestimmungen des OVG über Justizielle Interpretation.

49 Urteil wird nicht als Rechtsquelle des IPR angesehen, siehe *Han*, IPR S. 24 f.; *Li*, IPR S. 16 f.; *Zhang/Xu*, IPR S. 19; *Du/Chen*, IPR S. 41 *Liu*, IPR S. 31, *Chen*, IPR S. 64; *Xiao*, IPR S. 9; *Zhao*, IPR S. 16.

50 *Hu/Yu*, Chinese Journal of Law 2008 Heft 6 3, 3 f.

aber keine Bindungswirkung. Sie werden von niedrigeren Volksgerichten nur mit Referenzwirkung behandelt[51].

Kürzlich hat OVG ein Instrument mit der Bezeichnung „Leiturteil" (*Zhidaoxing Anli*) ins Leben gerufen[52]. Die Leiturteile binden nunmehr die unteren Volksgerichte bei der Auslegung bestimmter Gesetzesvorschriften[53]. Die Leiturteile sind diejenigen vom OVG ausgewählten rechtskräftigen Urteile, die nicht vom OVG gefällt worden sind. Das Kriterium der Auswahl ist u.a.[54] die Auslegungsbedürftigkeit der Gesetzesvorschriften. Diejenige Urteile, die die Anwendung bloßer Grundsätze betreffen oder typische oder neue Fallgruppen bilden[55], können vom OVG als Leiturteile angekündet werden. Die Bindungswirkung kommt durch Veröffentlichung vom OVG als Leiturteile zustande. Die unteren Volksgerichte haben die Leiturteile bei der Anwendung betroffener Gesetzesvorschrift zu berücksichtigen, und die Auslegung im zutreffenden Leiturteil als bindend anzuwenden. Bislang hat das OVG kein Leiturteil im Hinblick auf die Parteiautonomie bekanntgegeben.

Deswegen fehlt den in dieser Arbeit zitierten Urteilen, die die Anwendung der relevanten Gesetzesvorschriften in der chinesischen Rechtsprechung beispielshaft widerspiegeln, die Bindungswirkung.

2. Die Reichweite der Parteiautonomie

Die Reichweite der Parteiautonomie lässt sich in zweierlei Hinsicht begreifen: welche Zivilbeziehungen eine Berechtigung zur Rechtswahl aufweisen, und wie die Rechtswahl ausgeübt werden darf. Die sachliche Breite der Zulässigkeit der Parteiautonomie hängt vor allem mit deren Begründung und Legitimation zusammen. Der chinesische Gesetzgeber stellt auf das Recht der Selbstbestimmung

---

51 Mindestens in Bezug auf Kollisionsrecht werden sie nicht als bindend eingehalten. *Xu*, IPR S. 17. Sie haben aber *de facto* die Entscheidung von unteren Volksgerichten beeinflusst, *Du/Chen*, IPR S. 42.

52 *Bestimmungen des OVG bezüglich Arbeit des Leiturteils* wurde am 26.11.2010 vom OVG erlassen. Die deutsche Übersetzung, ZChinR 2012 S. 33–34. Die Justizielle Interpretation regelt den Wesen des Leiturteils und Arbeitsweise seines Erlassens vom OVG. Englische Übersetzung der Justiziellen Interpretation und der aktuellen Leiturteile finden sich auf Webseite von China Guiding Cases Project, das von Stanford Law School begründet ist, http://cgc.law.stanford.edu.

53 *Wang*, Legal Science 2012 Heft 1 71, 71 ff.

54 Rechtskräftige Urteile können auch wegen der gesellschaftlichen Bedeutung vom OVG als Leiturteil gewählt werden, Art. 2 Nr. 1 Leiturteilsbestimmungen.

55 Vgl. Otten, ZChinR 2013 99, 99 ff.

über private Angelegenheiten der Parteien ab[56]. Die Parteien sind daher in der Lage, die Rechtswahl für diejenigen Zivilbeziehungen zu treffen, deren Ausgestaltungsmöglichkeit im materiellen Privatrecht gestattet ist. Dementsprechend lässt das IPRG Rechtswahl im ganzen Schuldrecht grundsätzlich zu. Im Internationalen Erbrecht wird keine Rechtswahlmöglichkeit gewährt werden. Die Zulässigkeit der Rechtswahl kann darüber hinaus gewährt, selbst wenn das Interesse Dritter oder der Öffentlichkeit einbezogen wird. In diesem Fall kann Rechtswahl aufgrund von der Verhältnismäßigkeitserwägungen jedoch nur in einer eingeschränkten Form zugelassen werden. In dieser Hinsicht lässt der chinesische Gesetzgeber eine beschränkte Rechtwahl hinsichtlich der wählbaren Rechte für ehelichen Güterstand, Ehescheidung und deliktische Verletzung von Rechte an geistigem Eigentum zu. Die Rechtswahl bei Delikten unterliegt zudem der zeitlichen Einschränkung, dass es ausschließlich nachträglich ausgeübt werden darf.

IV. Die allgemeinen Grenzen der Rechtswahl

1. Gesetzesumgehung

Die Rechtswahl hat zur Folge, dass das objektiv anwendbare Recht ersetzt wird. Falls die Parteien die Rechtswahl nur mit der Absicht vorgenommen haben, die Maßgeblichkeit des objektiven Statuts zu vermeiden, könnte die Rechtswahl wegen Rechtsumgehung verworfen werden. *Fraus legis* wird in Art. 11 Interpretation I[57] geregelt, die trotz bewussten Schweigens[58] des Gesetzgebers vom OVG in die Justizielle Interpretation eingeführt wurden, um „eine Mauer zum Schutz des öffentlichen Interesses der VR China einzurichten“[59]. Gemäß Art. 11 Interpretation I bedeutet *fraus legis* eine einseitige Einflussnahme auf anknüpfungserhebliche Tatsachen mit der Absicht der Herbeiführung der Anwendung ausländischen statt inländischen Rechts. Da es dort von Manipulation durch eine Partei redet, ist der Umkehrschluss zu ziehen, dass z. B. das übereinstimmende Verhalten aller Parteien außer Verdacht der Gesetzesumgehung fällt. Der Konsens schließt also die Anwendbarkeit der Gesetzesumgehung bei Ausübung der Parteiautonomie

56 Hierzu § 1 II 1.

57 Zur früheren Rechtslage, *Han*, IPR S. 136; *Li*, IPR S. 124 ff.; *Pan*, Journal of Comparative Law 2002 Heft 1 92, 92 ff.; Deißner, Chinas IRR S. 153 ff.

58 Einseitige Gesetzesumgehung des maßgeblichen chinesischen Rechts wurde im Entwurf vom Akademikern vorgeschlagen, jedoch nicht vom Gesetzgeber angenommen, *Qi*, Legal Science Mgazine 2010 Heft 2 7, 9.

59 *Zhang*, People's Court Daily am 7.1.2013, S. 6.

aus. Die Parteien dürfen die Rechtswahl dann mit der Absicht vornehmen, das objektive Statut zu umgehen.

Da Art. 11 Interpretation I nur die einseitige Einflussnahme verbietet, bleibt die übereinstimmende Veränderung des Sachverhalts frei vom Verdacht der Gesetzesumgehung. Die Parteien können daher durch gemeinsame Einflussnahme auf die Verwirklichung des Anknüpfungsmoments dieselbe Wirkung erreichen, die der Wirkung einer Rechtswahl gleich ist. Beispielsweise verlegen die Parteien den Lagerort einer beweglichen Sache, um das gewollte Recht auf die Übertragung des Eigentums herbeizuführen. Dies bedeutet jedoch nicht, dass die Parteien durch ihre Handlungsfreiheit die Anwendung jeder beliebigen Rechtsordnung herbeiführen dürfen. Eine Rechtswahl setzt Auslandsbezug gemäß Art. 3 IPRG voraus. Wenn die Parteien absichtlich einen Abschlussort im Ausland gewählt haben, soll der Vertrag nicht als berührend mit mehr als einer Rechtsordnung in Berührung bestehend betrachtet werden. Die Beseitigung einer derartigen Wirkung ist jedoch nicht durch Gesetzesumgehung zu erfolgen. Sie ist mithilfe der teleologischen Anwendung zu beseitigen.

Im Zusammenhang mit der Gesetzesumgehung stellt sich eine andere Frage, ob die Parteien eine Rechtsordnung wählen, die keine sachliche Verbindung mit dem Sachverhalt aufweist[60]. Klare Antwort gibt Art. 7 Interpretation I. Die Wahl einer sachlich irrelevanten oder ungewöhnlichen Rechtsordnung steht frei vom Verdacht der Gesetzesumgehung und soll vom Volksgericht anerkannt werden. Ein relevanter Fall ist der, dass eine Partei missbräuchlich die andere Partei zur Rechtswahl bewegt hat. Die Gesetzesumgehung greift in diesem Fall eben nicht ein. Der Fall wird jedoch nicht im Zusammenhang mit *fraus legis* gelöst, sondern mit der Rechtsgeschäftslehre des Verweisungsvertrags. Wenn beispielsweise die andere Partei unter Irrtum hinsichtlich des Inhalts des anwendbaren Rechts die Rechtswahl abgegeben hat, ist nach dem auf den Verweisungsvertrag anwendbaren Recht[61] anzufechten.

60 *Wang*, Hebei Law Science 25 (2007) Heft 12 117, 117 ff.

61 Unten § 4 II, III über den Verweisungsvertrag.

2. Eingriffsnorm

Ungeachtet des nach Kollisionsnorm berufenen Rechts ordnet Art. 4 IPRG[62] als eine Novelle[63] des IPRG die unmittelbare Anwendung der Eingriffsnormen des chinesischen Rechts an. Die Anwendung des parteiautonom gewählten Rechts kann damit von inländischen Eingriffsnormen eingeschränkt werden. Dass das anwendbare Recht durch die ausländischen Eingriffsnormen verdrängt werden kann, ist gemäß Art. 4 IPRG ausgeschlossen[64]. Die Legaldefinition der inländischen Eingriffsnorm ist in Art. 10 Interpretation I enthalten, gemäß dessen Bestimmung eine Eingriffsnorm die auf gesellschaftlich-öffentliches Interesse berührende zwingende Norm darstellt, die nicht von den Parteien abdingbar und ungeachtet des durch Kollisionsnorm[65] anwendbaren Rechts unmittelbar anwendbar ist[66]. Art. 10 Interpretation I nennt zudem einige sachliche Kategorien der Eingriffsnormen. Die international zwingenden Normen betreffend des Arbeitsnehmerschutzes, der Sicherheit von Lebensmitteln und der öffentlichen

62 Literatur über Eingriffsnorm im Sinne von Art. 4 IPRG vor Erlass der Interpretation I, *Liang*, J. Int. Priv. L. 2012 77 103 ff.; *Xiao/Long*, Social Science in China 2012 Heft 10 107, 107 ff.; *Qin*, IPRax, 2011 603 ff.; *Du*, IPRG Art. 4 S. 61; *Liu*, IPRG Art. 4 S. 33 ff.; *Qi*, IPRG S. 69 ff.

63 In der Rechtsprechung vor In-Kraft-Treten des IPRG war das Institut der Eingriffsnorm unbekannt. Die Fälle, bei denen chinesische zwingende Vorschriften im Sinne des Art. 4 IPRG eingreifen würden, wurden mittels *ordre public* behandelt, Mit Urteilen erläutert, *Liu*, IPRG S. 37 ff.; und in den Urteilen (2006) *Gui Min Si Chu Zi* Nr. 1.

64 Im Schrifttum wird die Ansicht vertreten, dass ausländische Eingriffsnorm kollisionsrechtlich nicht zu berücksichtigen ist, während sie im Rahmen des anwendbaren Sachrechts als Sachnorm angewandt werden kann, *Xiao/Long*, China Social Science in China 2012 Heft 10 S. 107, 114 ff.

65 Nach der Legaldefinition soll Kollisionsnorm vom Kreis der Eingriffsnormen ausgeschlossen werden. In der Rechtsprechung wird eine zwingende einseitige Kollisionsnorm zugunsten chinesischen Rechts auf Verträge über chinesische Unternehmen mit ausländischer Beteiligung als Eingriffsnorm eingestuft, in Urteil (2012) *Feng Min Er (Shang) Chu Zi* Nr. S1781; (2011) *Hu Yi Zhong Min Si (Shang) Chu Zi* Nr. S59, auch so im Urteil *(2012) Hu Yi Zhong Min Si (Shang) Zhong Zi* Nr. S950; (2012) Hu Yi Zhong Min Si (Shang) Zhong Zi Nr. 1806.

66 Literatur zur Rechtslage nach dem Erlass der Interpretation I, *Liu*, Study in Law and Business 155(2013) Heft 3 74, 74 ff.; *Chen*, in: Basedow/Pißler, Private International Law in China, S. 57 f.; *Xue*, IPRax 2014 S. 209.

Gesundheit, des Umweltschutzes, der Devisen[67], der Finanzsicherheit[68], des Anti-Monopols sowie des Anti-Dumping können sich besonders auf das gesellschaftlich-öffentliche Interesse beziehen, und als Eingriffsnorm eingeordnet werden. Die Kategorien, die sich nur deklaratorisch und beispielhaft auswirken, sind gemäß Art. 10 Abs. 2 Nr. 6 Interpretation I offen[69]. Die Eingriffsnormen aus den Quellen einschließlich der Gesetze, Verwaltungsverordnungen und Justizielle Interpretationen[70] können auch internationale Geltung beanspruchen. Die Voraussetzung dazu, ob eine inländische Vorschrift als Eingriffsnorm zu erkennen ist, insbesondere wie das gesellschaftlich-öffentliche Interesse[71] und der internationale Geltungswille sowie der Inlandsbezug[72] zu verstehen sind, sieht man leider in der Vorschrift nicht. Im Ergebnis verdrängen die Eingriffsnormen die Vorschriften der *lex causae*, soweit ihre Anwendungsbereiche sich überschneiden.

67 Dies ist eine typische Fallgruppe, die schon in der früheren Rechtsprechung anerkannt wird. Die interlokalen Fremdwährungsanleihen oder Bürgschaft zwischen Festland China und Hongkong werden trotz der Rechtswahl zugunsten der hongkong'ischen Rechtordnung wegen Verletzung der öffentlichen Ordnung Chinas für unwirksam erklärt, oder wegen fehlender Genehmigung und Eintragung bei Fremdwährungsbehörde annulliert, *Huang/Jiang*, IPRG S. 21 f. Auf der neuen Rechtslage gilt die Genehmigungspflicht als Eingriffsnorm, die in der Rechtsprechung fort gilt, z. B. Die behördliche Genehmigung greift bei der Rechtswahl zugunsten fremden Rechts in interlokaler Anleihe ein, beispielsweis in den folgenden Urteilen: *(2011) Min Si Zhong Zi Nr. 17*; *(2012) Hu Yi Zhong Min Si (Shang) Zhong Zi Nr. S1262; (2012) Lu Min Si Zhong Zi Nr. 106*; (2013) *Zhe Jin Shang Wai Chu Zi Nr. 38*. Die behördliche Genehmigung ist betrachtet als Eingriffsnorm bei interlokaler Bürgschaft im Urteil *(2011) Dong Zhong Fa Min Si Zhong Zi* Nr. 75.

68 Verbot des Betriebs von Wertpapierhandel ohne Genehmigung gemäß Art. 122 Gesetz über Wertpapierhandel, so im Urteil (2012) *Hu Yi Zhong Min Si (Shang) Zhong Zi* Nr. S1217. Betreffend Anleihe an Ausländer, (2012) *Hu Yi Zhong Min Si (Shang) Zhong Zi* Nr. S1262; Bürgschaft für Ausländer, so im Urteil (2011) *Dong Zhong Fa Min Si Zhong Zi* Nr. 76.

69 In der Begründungserklärung werden außerdem die prohibitiven Vorschriften im Bereich des Verbraucherschutz, Regulierung des Preises und Kontrolle des Außenhandels genannt, *Zhang*, People's Court Daily am 7.1.2013.

70 z.B. Antragspflicht bei ausländischer Bürgschaft gemäß Art. 6 Interpretation des OVG über Gesetz betreffend Sicherheiten, so im Urteil (2013) *Zhe Jin Shang Wai Chu Zi* Nr. 38.

71 Vgl. *Xiao/Long*, China Social Science in China 2012 Heft 10 S. 107, 110 ff.

72 Vgl. *Xiao/Long*, China Social Science in China 2012 Heft 10 S. 107, 112 f.

Die Praxis in der Rechtsprechung[73], dass die Rechtsordnung des Forums auf den ganzen Sachverhalt zur Anwendung zu berufen ist, wenn Eingriffsnormen für einige sachliche Rechtsfragen maßgeblich gelten, stellt einen Missbrauch der *lex fori* dar und soll daher unterbunden werden.

3. Öffentliche Ordnung

Die Anwendung des parteiautonom ausgewählten Rechts darf gemäß Art. 5 IPRG außerdem nicht gegen inländischen *ordre public* verstoßen[74]. Führt die Anwendung des gewählten ausländischen Rechts zur Beschädigung des gesellschaftlich-öffentlichen Interesses Chinas, wird die Anwendung ausländischen Rechts ausgeschlossen[75]. An deren Stelle kommt das entsprechende chinesische Recht zur Anwendung. Eine gesetzliche Umschreibung des gesellschaftlich-öffentlichen Interesses liegt nicht vor[76]. Gewährt durch die Institution der öffentlichen Ordnung ist „die fundamentale gesetzliche Ordnung unseren Staates“[77]. An dem öffentlichen Interesse zu messen ist das Ergebnis[78] der Anwendung des

---

73 So im Urteil (2012) *Hu Yi Zhong Min Si Shang Zhong Zi* Nr. S1217 kommt das chinesische Recht auf die Rückabwicklung eines unwirksamen Vertrags zur Anwendung an, weil der Vertrag wegen Verstoßes der Genehmigungspflicht des Außenwertpapiershandels invalid ist. Betreffend die Kontrolle über Anleihe an Ausländer wird neben der Wirksamkeit auch das Zustandekommen eines Anleihevertrags nach chinesischem Recht beurteilt, in Urteil (2012) *Hu Yi Zhong Min Si (Shang) Zhong Zi* Nr. S1262.

74 Allgemeines über die öffentliche Ordnung im chinesischen IPR, *Jin*, Chinese Journal of Law 1999 No. 4 S. 112 ff.; *Xiao/Huo*, Am. J. Comp. L. (2005) Vol. 53 pp. 653–677; *Du*, IPRG Art. 5 S. 71 ff.; *Liu*, IPRG Art. 5 S. 42 ff.; *Qi*, IPRG S. 78 ff.; *Li*, IPR S. 130 ff.; *Han*, IPR S. 140 ff.; *Huang/Guo*, Hebei Law Science 1998 Heft 2 15, 15 ff.; *Liu*, People's Justice 2011 Heft 11 37, 41 ff.; Deißner, Chinas IRR S. 158 ff.; *Xiao/Huo*, Am. J. Comp. L. 2005 Vol. 53 S. 653 ff.

75 Außer Art. 5 IPRG wird der Vorbehalt der öffentlichen Ordnung auch in Art. 274 Abs. 2, 276 Abs. 2, 277 Abs. 2, Art. 282 ZPG nämlich im Recht der Anerkennung und Vollstreckung usw. als prozessrechtlicher *ordre public* vorgesehen. Über die Vorbehaltsklausel im IZVR, vgl. *Peng*, Nanjing University Law Review (2012) S. 326 f. In der Vorliegenden Arbeit wird nur der *ordre public* im Sinne des Kollisionsrechts untersucht. In Art. 276 SeeHG und Art. 190 LuftG wird auch Vorbehaltsklausel vorgesehen, die jedoch gleichermaßen wie Art. 5 IPRG interpretiert werden. Vgl. dazu und zu der früheren Rechtsprechung, Daißner, Chinas IRR Rn. 369.

76 Darstellung der Umschreibung im Schrifttum, Deißner, Chinas IRR Rn. 370.

77 So das OVG im Urteil (2006) *Min Si Ta Zi* Nr. 45 betreffend die Anerkennung und Vollstreckung eines Schiedsspruchs von CIETAC.

78 *Liu*, People's Justice 2011 Heft 11 S. 41; vgl. *Peng*, Nanjing University Law Review (2012) S. 329; *Huang/Jiang*, IPRG S. 27 ff.; *Liu*, IPRG S. 42 ff.

kollisionsrechtlichen berufenen ausländischen Rechts. Internationale Gepflogenheiten können daher nicht mehr durch *ordre public* ausgeschlossen werden[79]. Inlandsbezug wird nicht als eine besondere Voraussetzung diskutiert[80]. Der Inlandsbezug und das Grad des Verstoßes werden im Schrifttum[81] begrifflich einheitlich gebildet. Dem Wortlaut nach schließt sich die Anwendung der ausländischen Rechtsnorm aus, sobald die öffentliche Ordnung verletzt wird. Es ist jedoch implizit aufgefordert, dass die Verletzung erheblich sein muss[82].

In der Rechtsprechung vor Geltung des IPRG wird häufig der positive *ordre public* in den Fällen[83] anerkannt, in denen Eingriffsnormen in Bezug auf der Genehmigung der Bürgschaft für ausländischen Gläubiger in ausländischer Währung zur Anwendung kommen sollen. Als negative öffentliche Ordnung sind noch einige Fälle[84] zu beobachten, z.B. im Fall der Anerkennung und Vollstreckung eines argentinischen Urteils auf Trennung ohne Auflösung des Ehebands[85]. Nach dem In-Kraft-Treten des IPRG nämlich nach der Einführung des Institutes von Eingriffsnorm wird kein Urteil bekannt gemacht. Es kann mit früherer Erfahrung spekuliert werden, dass das OVG im Vergleich zu den unteren Volksgerichten bei der Handhabung der Vorbehaltsklausel zurückhaltend ist[86].

V. Die Abgrenzung zu ähnlichen Instituten

1. Materiell-rechtliche Verweisung

a) Abgrenzung

Die Bezeichnung der materiell-rechtlichen Verweisung wird selten im chinesischen Schrifttum verwendet[87]. Wenn eine summarische Verweisung auf Vorschriften eines Gesetzes vorkommt, spricht man von Inkorporation[88]. Die Inkorporation unterscheidet sich von der Parteiautonomie dadurch, dass die kollisionsrechtliche

---

79 *Liu*, People's Justice 2011 Heft 11 S. 41.

80 *Jin*, Chinese Journal of Law 1999 No. 4 S. 112 ff.

81 Vgl. *Peng*, Nanjing University Law Review (2012) S. 330.

82 *Peng*, Nanjing University Law Review (2012) S. 330.

83 In den Urteilen (2004) *Zhu Zhong Fa Min Si Chu Zi* Nr. 78; (2001) *Fo Zhong Fa Jing Chu Zi* Nr. 286; (2002) *Fo Fa Jing Chu Zi* Nr. 52; (2002) *Hui Zhong Min San Chu Zi* Nr. 189.

84 Darstellung der Fälle, Deißner, Chinas IRR Rn. 370. Über die noch früheren Fälle, *Hu/Li*, Tribune of Political Science and Law 1992 No. 5 S. 80 f.

85 Darstellung in *Xiao/Huo*, Am. J. Comp. L. (2005) Vol. 53 pp. 653–654 m.w.N.

86 *Xiao/Long*, China Social Science in China 2012 Heft 10 S. 119.

87 *Li*, IPR S. 163; *Du*, IPR.

88 *Du*, IPRG S. 285.

Rechtswahl die unabdingbaren Bestimmungen des objektiv anwendbaren Rechts umgehen kann[89], während inkorporierte ausländische Gesetzesvorschriften Wirkung nur im Rahmen des dispositiven Rechts der *lex causae* entfalten dürfen[90].

Das einzige Regelungsbeispiel findet sich in Art. 9 Interpretation I, gemäß dessen Bestimmung die vertragliche Bezugnahme auf internationale Übereinkommen, die von China nicht unterzeichnet oder denen es nicht beigetreten ist, als Vertragsbestimmungen zu behandeln sind. Die bezeichneten Bestimmungen des internationalen Übereinkommens werden somit in den Vertrag inkorporiert. Art. 9 Interpretation I sieht damit die Unwählbarkeit des unverbindlichen internationalen Übereinkommens und ein gesetzliches Auslegungsgebot zugunsten materiell-rechtlicher Rechtswahl vor. Art. 9 Interpretation I setzt zudem auch Grenzen für die Bezugnahme, dass die inkorporierten Bestimmungen nur dann anerkannt werden, wenn sie nicht gegen zwingende Bestimmungen des chinesischen Rechts verstoßen. Diese Grenzziehung von dispositivem Recht der *lex fori* scheint erheblich zweifelhaft. Der Vertrag, in dessen Inhalt das bezogene internationale Übereinkommen inkorporiert ist, findet seine Grenze nicht in der *lex fori,* sondern in der *lex causae*. Zwingendes Recht des Forums bildet die Grenze der materiell-rechtlichen Verweisung nur dann, wenn sie zugleich auch die *lex causae* ist. Außerdem ist kein Grund ersichtlich für den Eingriff der *lex fori*. Darüber hinaus ist die Frage, ob ein internationales Übereinkommen verbindlich ist, nicht aus der Sicht der *lex fori* sondern der *lex causae* zu beantworten. Ist das internationale Übereinkommen in dem Staat der *lex causae* verbindlich, soll es als Teil der gesamten Rechtsordnung des Staates zur Anwendung kommen. Ob es in dem Forumsstaat verbindlich ist, spielt dort keine Rolle.

Um den von Art. 9 Interpretation I angeordneten Eingriff der „einfach zwingenden Bestimmungen des chinesischen Rechts“ zu vermeiden, sind diese „zwingenden Bestimmungen“ als die Eingriffsnormen im Sinne des Art. 4 IPRG zu interpretieren. Ob die Parteien durch Bezugnahme auf internationale Übereinkommen einfach zwingendes Recht umgehen können, bestimmt die *lex causae*. Die Auslegung erübrigt zwar die von Art. 9 Interpretation I gesetzte Einschränkung, weil Eingriffsnorm ihre Anwendung ohne jegliche Verweisung findet. Das Ergebnis ist jedoch erwünscht.

89 *Qin*, Front. Law China 2010, 5(4) 600, 601 ff.

90 *Li*, IPR S. 163.

b) Umwandlung der unwirksamen kollisionsrechtlichen Verweisung

Da Art. 9 Interpretation nur den Fall der unwirksamen kollisionsrechtlichen Wahl zugunsten unverbindlicher internationaler Übereinkommen betrifft, stellt sich die Frage, ob und unter welcher Bedingung die anderen unwirksamen kollisionsrechtlichen Verweisungen zur materiell-rechtlichen Verweisung umgedeutet werden können. Zu fragen ist, ob eine unwirksame kollisionsrechtliche Rechtswahl, z. B. Rechtswahl mit unzulänglicher Auslandsberührung oder Auswahl einer anderen Rechtsordnung, bei einer hinsichtlich wählbaren Rechts eingeschränkten Rechtswahl auf materiell-rechtlicher Ebene Wirkungen entfalten kann. Bei der Umwandlungsmöglichkeit tritt die Auslegung des Parteiwillens ein. Da derselbe Parteiwille schon vom Kollisionsrecht als unwirksam beurteilt wird, ist der Umwandlungsversuch auf der materiell-rechtlichen Ebene zu erwägen. Das Statut ist also die *lex causae* des Sachverhalts[91] z. B. des Hauptvertrags, für den die Rechtswahl getroffen ist. Wäre das objektiv anwendbare Recht das chinesische Recht, wäre die Umwandlung grundsätzlich möglich[92]. In der Rechtsprechung wird kein Urteil für die Umwandlung bekannt[93]. Daher haben die Parteien die Umwandlung der kollisionsrechtlichen Rechtswahl in eine materiell-rechtliche ausdrücklich zu erklären, wenn sie es im Fall der unwirksamen Rechtswahl wollen.

Die Umwandlung hat zwar Auswirkung zur Folge wie *dépaçage*. Sie belastet das Gericht jedoch nicht. Gemäß Art. 10 Abs1 S. 2 IPRG haben die Parteien das gewählte ausländische Recht zu beweisen wie den Vertragsinhalt. Die Auslegung anwendbaren ausländischen Rechts weist ebenfalls Fakultativität auf[94]. Daher bringt die Umwandlung in die materiell-rechtliche Rechtswahl vor dem Volksgericht keinesfalls mehr Last als die Feststellung des Vertragsinhalts.

c) *Auslegung der* Paramount Clausen *zugunsten staatlichen Gesetzes*

Probleme der Abgrenzung zwischen kollisionsrechtlicher und materiell-rechtlicher Verweisung treten vor dem Volksgericht überwiegend bei der Fallgruppe

91 Eine andere Meinung für das Statut der Rechtswahl also das Statut des Verweisungsvertrags nach Art. 3 Abs. 5, 10 Rom I-VO zur unwirksamen Rechtswahl unter Rom II-VO, Vogeler, Rechtswahl der außervertraglichen Rechtsverhältnisse S. 354.

92 *Cui*, Vertragsrecht S. 109; *Li*, Vertragsrecht S. 346.

93 Im Fall mit fehlender Auslandsberührung wird die Rechtswahl nicht auf materiellrechtlicher Ebene erwägt, *(2005) Da Hai Shang Wai Chu Zi Nr. 21* (Urteil Nr. 21 in auslandsbezogenen Handelssachen von Seegericht Dalian im Jahr 2005).

94 Dazu § 6.

Paramount Clause zugunsten eines staatlichen Gesetzes auf[95]. Unter *Paramount Clause* versteht sich die Vereinbarung auf der Rückseite eines Konnossements, die sich auf ein bestimmtes ausländisches Gesetz oder internationales Übereinkommen über Transportbedingungen beziehen. Sie wird im chinesisch-ausländischen Transportverkehr häufig verwendet[96]. Ohne klare Trennung der materiell-rechtlichen und kollisionsrechtlichen Verweisung wurde die *Paramount Clause* in der Rechtsprechung auf vielfältige unsichere Weise behandelt. Mal wurde eine materiell-rechtlich verfasste Klausel und mal wurde vom OVG wegen Bezugnahme auf ausländisches Recht als kollisionsrechtliche Rechtswahl beurteilt[97]. Im Fall des Bestehens von sowohl kollisionsrechtlicher Rechtswahl als auch materiell-rechtlicher Verweisung wurden beide als kollisionsrechtliche qualifiziert und dann wegen widersprechender Vereinbarung bezüglich der gleichen Sache als unwirksam betrachtet[98]. Es liegen auch die Urteile vor, die die materiell-

95 *Paramount Clause* zugunsten eines internationalen Übereinkommens außerhalb seines Anwendungsbereichs wird nachfolgend § 9 II 2 b) untersucht.

96 Beispielsweise enthält Konnossement von *China Ocean Shipping Company* eine solche *Paramount Clause*. *Du*, IPRG S. 285.

97 Im Urteil des OVG *(1998) Jiao Ti Zi Nr. 3* haben die Parteien keine kollisionsrechtliche Rechtswahl vereinbart. Auf der Rückseite des Konnossements wurde eine *Paramount Clause* vereinbart. Es lautet „Übernahme, Bewahrung, Beförderung und Übergabe der Waren diejenigen Bestimmungen des Beförderungsvertrags unterliegen, die durch dieses Konnossement bewiesen werden, die umfassen, u. a. (3) Vorschriften des COGSA der U.S. im Jahr 1936 oder innerstaatlichen Bestimmungen des Staates, der die Hague-Visby Rules ins inländisches Recht umsetzt". Der Verfrachter hielt die Klausel für eine kollisionsrechtliche Rechtswahl, aber bestreitet, dass die Rechtswahl unwirksam sei, weil die Parteien nicht verschiedene Rechtsordnungen auf einen Vertrag für alternativ anwendbar erklären können. Der OVG hat die Klausel eben als kollisionsrechtliche Rechtswahl interpretiert und entsprechend sie unter Tatbestand der Vorschrift der Parteiautonomie nämlich Art. 269 SeeHG geprüft. Der OVG spricht aus, die sei in *Paramount Clause* enthaltene Rechtswahl wirksam und bindend, weil sie von den Parteien übereinstimmend vereinbart wurde und nicht gegen die öffentliche Ordnung der VR China stöße. Die Möglichkeit der materiell-rechtlichen Verweisung der *Paramount Clause* hat der OVG auch nicht geprüft. Woraus sich ergibt, dass die Klausel eine kollisionsrechtliche Rechtswahl bildet, hat der OVG aber im Urteil nicht genannt.

98 Im Fall *Yandangshan Internaitonal Trading Ltd. Co. v. Hongkong Futian Shipping Ltd. Co.* wurde das Vorliegen der Klausel der Rechtswahl und *Paramount Clause* als widersprechende kollisionsrechtliche Rechtswahl festgelegt. Daraus hat das Gericht von keiner gültigen kollisionsrechtlichen Rechtswahl ausgegangen. Das objektiv anwendbare Recht kommt zur Anwendung. Mehr über den Sachverhalt und Entscheidung, *Du*, IPRG S. 285.

rechtlich verfasste Verweisung als Vertragsinhalt anerkennen[99]. Die kollisionsrechtliche Rechtswahl eines nicht bindenden internationalen Übereinkommens wurde aber trotz Unwirksamkeit auf kollisionsrechtlicher Ebene als materiellrechtliche Wirkung zugelassen[100].

Da es bei der *Paramount Clause* um die Auslegung des Parteiwillens geht, kommt es dabei vor allem auf die Formulierung und den Umstand an. Schwerpunkt ist, ob kollisionsrechtliches Bewusstsein bei der Vornahme der Rechtswahl vorhanden ist. Da *Paramount Clause* häufig speziell das Beförderungsvertragsverhältnis betrifft, ist im Fall der Wahl eines bestimmten ausländischen Gesetzes z. B. des dem COGSA von U. S. im Jahr 1936 von einer kollisionsrechtlichen Rechtswahl auszugehen. Bei der Rechtswahl zugunsten kollisionsrechtlich nicht-wählbaren Rechts ist die analoge Anwendung des Art. 9 Interpretation I möglich. Im Fall des Nebeneinanderbestehens einer kollisionsrechtlichen Rechtswahl und einer *Paramount Clause* ist im Einzelfall zu erwägen, ob dort eine Teilrechtswahl oder eine eindeutige Rechtswahl mit einer materiell-rechtlichen Verweisung gewollt ist. Der Versuch, die *Paramount Clause* einheitlich als kollisionsrechtlich oder materiellrechtlich einzuordnen ist daher unmöglich[101]. Es ist Auslegungssache.

---

99 Im Urteil *(1993) Guang Hai Fa Shang Zi Nr. 119* hat das Seegerichtshof der Stadt *Guangzhou* in der ersten Instanz eine materiell verfasste *Paramount Clause* als kollisionsrechtliche Verweisung interpretiert. Aber bei der Berufung hat das berufene Obere Volksgericht *Guangdong* die Klausel als materiell-rechtliche ausgelegt, *(1996) Yue Fa Jing Er Shang Zi Nr. 49*. Das Seegericht *Guangzhou* hat danach im Urteil *(1999) Guang Hai Fa Zhan Zi Nr. 47* eine *Paramount Clause* zugunsten Haager Regeln wieder als materiell-rechtliche Verweisung interpretiert, wenn dort keine echte Rechtswahl vereinbart wurde. Im Urteil *(2009) Hu Hai Fa Shang Chu Zi Nr. 372* und Urteil der Berufung *(2010) Zhe Hai Zhong Zi Nr. 164* wird die Klausel, die lautet, „der Verfrachter wird von den Haager Regeln und dem COGSA von U. S. im Jahr 1936 gebunden, das als Teil des Konnossements und Beförderungsvertrags angesehen wird." so beurteilt, dass die Klausel das bezeichnete Gesetz zum Teil des Vertragsinhalts gesetzt hat. Diese Auslegungsweise wird aber nicht ständig gefolgt.

100 Im Urteil *(2000) Guang Hai Fa Shi Zi Nr. 79* haben die Parteien die Haager Regeln auf betroffenen Konnossement für anwendbares Recht erklärt. Da das nicht von VR China beigetretene internationale Übereinkommen parteiautonom nicht wählbar ist, hat das Seegericht *Guangzhou* zu Recht die kollisionsrechtliche Wirkung der Rechtswahl nicht anerkannt. Stattdessen hat das Gericht die Rechtswahl für Inkorporation-Klausel gehalten und dann die Haager Regeln als Vertragsbestimmung betrachtet.

101 Darstellung und Zusammenfassung des Meinungsstreits. *Zhu Y.*, Tribune of Politics and Law 2001 Heft 3 115, 115; *Qu/Liu*, Journal of Henan Administrative Institute of Politics and Law 88(2005) Heft 1 98, 98; *Ling/Shi*, Modern Law Science 1998 Heft 4 66, 66; *Han*, Annual of China Maritime Law 7 (1996) 219, 226.

2. Die einseitige Bestimmungsbefugnis

a) Abgrenzung

Auf den Verbrauchervertrag ist die Rechtswahl zwischen Verbraucher und Unternehmer gemäß Art. 42 S. 1 IPRG zugunsten der schwächeren Partei ausgeschlossen[102]. Der Verbraucher kann jedoch gemäß Art. 42 S. 2 IPRG das anwendbare Recht zwischen seiner *lex personalis* oder der Rechtsordnung am Betriebsort einseitig bestimmen. Abgesehen von dem Streit[103] um die Zulässigkeit der Parteiautonomie auf Produkthaftung räumt Art. 45 S. 2 IPRG dem Geschädigten des Produktdelikts eine gleichartige einseitige Bestimmungsbefugnis ein. Der Geschädigte kann das anwendbare Recht zwischen dem Recht am Erfolgsort und dem Recht an der Hauptniederlassung des Schädigers einseitig bestimmen. Die Bestimmungsbefugnisse stellen somit ein kollisionsrechtliches Instrument dar, anhand dessen die schwächere Parteien ihrem Willen nach das anwendbare Recht aus bestimmten Rechtsordnungen auswählen kann, die der Gesetzgeber für mit dem Sachverhalt am engsten verbunden hält. An der Stelle ist die Frage von Bedeutung, ob die einseitige Bestimmungsbefugnis als eine Erscheinungsform der Parteiautonomie zu verstehen ist.

Auf den ersten Blick vermag man die einseitige Bestimmungsbefugnis mit der Parteiautonomie gleichsetzen[104], da der Anknüpfungsmoment subjektiv scheint. Der Gesetzgeber spricht dabei auch von „wählen". Zudem genießt das einseitige Bestimmungsrecht eine gewisse Vorrangigkeit vor der objektiven Anknüpfung. Wenn der Berechtigte nicht Gebrauch von der Bestimmungsbefugnis macht, wird die objektive Anknüpfung maßgeblich. Das Willenselement und die Vorrangigkeit versprechen jedoch keine Einordnung der einseitigen Bestimmungsbefugnis in die Parteiautonomie. Wenn man den Wortlaut in nähere Betrachtung zieht, entdeckt man gleich den unterschiedlichen Sinn und Zweck des einseitigen Bestimmungsrechts. Während die Parteiautonomie die Verwirklichung der grundlegenden Freiheit der Individuen im internationalen

---

102 *Yu*, Law Review 166 (2011) Heft 2 65 67 f.; *Liang*, J. Int. Priv. L. 2012 77, 98.

103 Einige Autoren halten Parteiautonomie, die allgemein von Art. 44 IPRG auf internationales Delikt gewählt ist, auch möglich für Produkthaftung, *Liu*, Art. 45 IPRG S. 325. Dagegen, *Huang/Jiang*, Art. 45 IPRG S. 254. Die Ansicht ist jedoch nicht vertretbar. Keine Ursache ist ersichtlich, dass die allgemeine vertragliche Rechtswahlsmöglichkeit bei Verbrauchervertrag nicht gilt, während die allgemeine deliktische Rechtswahlsmöglichkeit bei Produkthaftung ohne weiteres gilt.

104 So „Grundsatz der einseitigen Parteiautonomie", *Huang/Jiang*, Art. 42 IPRG S. 233; so als „einseitige Parteiautonomie" bezeichnet, *Zhang*, Aufsatzsammlung 2012.

Rechtsverkehr fördert[105], verfolgt die einseitige Bestimmungsbefugnis jedoch den Zweck, durch Wiederherstellung des Gleichgewichts die schwächere Partei zu schützen[106]. Sie beruht also auf dem Günstigkeitsprinzip. Da die einseitige Bestimmungsbefugnis häufig nachträglich erfolgt, funktioniert sie ohne den Vorteil der Vorhersehbarkeit und Rechtssicherheit anders als die Parteiautonomie. Anders als die Parteiautonomie fördert die Bestimmungsbefugnis den internationalen Einklang nicht. Die Regelung über die Erklärung der Rechtswahl passt zudem der Bestimmungsbefugnis nicht ein. Da die Bestimmungsbefugnis vor Gericht erklärt wird, erweist sie die engste Verbindung mit der *lex fori*. Die Last zur Ermittlung gemäß Art. 10 Abs. 2 IPRG des parteiautonom ausgewählten ausländischen Rechts ist auch nicht auf die einseitige Bestimmungsbefugnis zu übertragen. Angesichts des Zwecks zum Schutz der schwächeren Partei soll das Volksgericht das anwendbare ausländische Recht von Amts wegen festlegen.

Die einseitige Bestimmungsbefugnis steht rechtstechnisch dem Gestaltungsrecht nahe. Rechtsvergleichend sind sich die Optionsrechte gemäß Art. 40 I EGBGB[107] und Art. 7 Rom II-VO[108] ähnlich. Das einseitige Bestimmungsrecht ist durch die einseitige Rechtsmacht einer Person gekennzeichnet. Allein nach dem Willen der Berechtigten wird eine bestimmte Rechtfolge herbeigeführt. Der wesentliche Unterschied zur Parteiautonomie besteht darin, dass die Bestimmungsbefugnis nicht im Rahmen der subjektiven, sondern der objektiven Anknüpfung erfolgt. Die Zustimmung des Verbrauchers oder des Geschädigten dient lediglich als Verwirklichungsbedingung eines bestimmten objektiven Anknüpfungsgegenstandes. Gemäß Art. 42 S. 2 Alt. 1 IPRG kann der Verbraucher das Recht am Betriebsort einseitig bestimmen. Das Recht am Erwerbsort kommt gemäß Art. 42 S. 2 2. Alt. IPRG aber auch dann zur Anwendung, wenn der Unternehmer am gewöhnlichen Aufenthalt des Verbrauchers eine diesbezügliche Gewerbetätigkeit nicht ausübt. Nach Art. 45 S. 2 2. Alt. IPRG ist das optional anwendbare Recht maßgeblich im Fall der einseitigen Zustimmung des Geschädigten aber auch dann, wenn der Schädiger am gewöhnlichen Aufenthalt des Beschädigten keine diesbezügliche Gewerbetätigkeit ausübt. Artt. 42 S. 2,

105 Hierzu § 1 II.

106 *Liu*, IPRG S. 321f.; *Du*, IPRG S. 375; *Qi*, IPRG S. 347; *Huang/Jiang*, IPRG S. 252 ff.

107 Hein, NJW 1999, 3174f.; Pfeiffer, NJW 1999, 3675f.; Freitag/Leible, ZVglRWiss. 99 (2000) 117ff., 127; Junker, JZ 2000, 482; *ders.*, FS Lorenz (2001) 329ff.; Kreuzer, RabelsZ 65 (2001) 423; Heiderhoff, IPRax 2002, 367.

108 Nomos/von Plehwe, Art. 7 Rom II-VO Rn. 9 ff.; MüKo/Junker, Art. 7 Rom II-VO Rn. 24 ff.

45 S. 2 IPRG sieht jeweils einen objektiven Anknüpfungsleiter vor, bei dem der Wille der Berechtigten ein fakultatives Anknüpfungsmoment darstellt.

Wie die Ausübung der Parteiautonomie im Prozess hängt auch die Erklärung des Bestimmungswillens von der Prozessführung ab. Da die einseitige Bestimmungsbefugnis ohne Mitwirkung des Gegners auf dessen Rechtsstellung erheblich einwirkt, soll die Abgabe der Bestimmungserklärung zugunsten der Rechtssicherheit strengerer Regelung unterliegen. Da die Ausübung der einseitigen Bestimmungsbefugnis über den einzelnen Prozess hinaus wirkt, wenn beispielsweise die Klage nach der Bestimmungserklärung zurückgenommen und nachher erneut anhängig gemacht wird[109], ist die einseitige Bestimmungsbefugnis trotz ihrer Verzahnung mit dem Prozessrecht nicht als prozessuales Instrument zu betrachten.

b) Ausübung des Optionsrechts

(1) Anwendbares Recht

Der Gesetzestext sagt nichts über die Ausübung des Optionsrechts aus[110]. Ebenso wenig liefert die Justizielle Interpretation vom OVG. Im Schrifttum gibt es nur Erläuterung hinsichtlich des Ausübungszeitpunkts. Die einseitige Bestimmungsbefugnis sei vor Ende der mündlichen Verhandlung in der ersten Instanz auszuüben[111] also gleichgestellt mit der Ausübung der Parteiautonomie. Ansonsten wird die Ausübung der einseitigen Bestimmungsbefugnis kaum behandelt[112]. Da das einseitige Bestimmungsrecht sich wie oben dargestellt von der Parteiautonomie unterscheidet, ist die Regelung des Verweisungsvertrags nicht ohne weiteres heranzuziehen. Hinsichtlich der Ausübung des einseitigen Bestimmungsrechts besteht Auslegungsbedürftigkeit.

Zu untersuchen ist an erster Stelle die Frage nach dem Statut der Ausübung des einseitigen Optionsrechts. Die einseitige Bestimmungsbefugnis leitet sich als kollisionsrechtliches Instrument aus dem Kollisionsrecht ab. Daher unterliegt sie dem Kollisionsrecht. Da das Kollisionsrecht jedoch keine sachliche Bestimmung dazu enthält, ist das Regelungsproblem der Bestimmungsbefugnis durch auffangende Verweisung gemäß Art. 2 Abs. 2 IPRG zu lösen. Die Erklärung des Bestimmungswillens unterliegt dann dem Recht des Staates, mit dem sie am engsten verbunden

---

109 Der Beispielsfall wird ausgeliehen von Nomos/von Plehwe, Art. 7 Rom II-VO Rn. 10.

110 vgl. Die Befugnis unter Verbrauchervertrag, *Liu*, IPRG S. 303 ff.; *Du*, IPRG S. 334; *Qi*, IPRG S. 319 ff; *Huang/Jiang*, IPRG S. 229 ff. Bezüglich der Produkthaftung: *Liu*, IPRG S. 321 ff.; *Du*, IPRG S. 375; *Qi*, IPRG S. 346 ff; *Huang/Jiang*, IPRG S. 251 ff.

111 *Huang/Jiang*, IPRG S. 230; *Liu*, Art. 42 IPRG S. 306.

112 Vgl. *Zhang*, Aufsatzsammlung 2012.

ist. In Betracht kommen die *lex fori* und das begünstigte Recht. Das begünstigte Recht wird ausgewählt, weil es dem Verbraucher oder dem Geschädigten eines fehlenden Produkts ein günstigeres Ergebnis liefern kann. Es weist jedoch keine sachlich besonders enge Verbindung zu der Bestimmungserklärung auf. Da die Ausübung des Optionsrechts stets mit Beilegung eines Streits zusammenhängt und häufig im Prozess dem Richter gegenüber vorgenommen wird, weist die Ausübung des einseitigen Optionsrechts eine engere Verbindung zur chinesischen Rechtsordnung auf. Insbesondere mit Berücksichtigung der Tatsache, dass das einseitige Bestimmungsrecht im Sinne von Artt. 42 S. 2, 45 S. 2 IPRG in der Tat nur vor Volksgericht vorgenommen werden kann, weist sie engste Verbindung mit der *lex fori*. Die Ausübung der einseitigen Bestimmungsbefugnis ist im Einklang mit dem chinesischen Recht auszulegen. Da die einseitige Bestimmungsbefugnis im Sinne von Artt. 42 S. 2, 45 S. 2 IPRG ihrer Natur nach und strukturell ähnlich wie das Bestimmungsrecht[113] im Sinne von Art. 40 I EGBGB und Art. 7 Rom II-VO ist, wird bei der Auslegung über die Ausübung der einseitigen Bestimmungsbefugnis aus der rechtsvergleichenden Sicht mit berücksichtigt.

(2) Kollisionsrechtliches Gestaltungsrecht

Die einseitige Bestimmungsbefugnis, die aufgrund der einseitigen Willenserklärung die Maßgeblichkeit einer alternativen objektiven Anknüpfung begründet, weist klare strukturelle Ähnlichkeit zu dem materiell-rechtlichen Instrument des Gestaltungsrechts auf[114]. Die einseitige Bestimmungsbefugnis kann dementsprechend als kollisionsrechtliches Gestaltungsrecht betrachtet werden. Die sachliche Regelung des Gestaltungsrechts könnte auf sein kollisionsrechtliches Pendant übertragen werden.

Ein Gestaltungsrecht setzt eine empfangsbedürftige Willenserklärung voraus[115]. Da die einseitige Bestimmungsbefugnis ohne Mitwirkung des Gegners auf dessen Rechtsstellung durch Bestimmung des anwendbaren Rechts einwirkt, fordert die Ausübung der einseitigen Optionsbefugnis auch eine empfangsbedürftige Willenserklärung. Fraglich ist jedoch, gegenüber wem die Gestaltungserklärung abzugeben ist. Hinsichtlich der kollisionsrechtlichen Ersetzungsbefugnis i.S.v. Art. 40

113 Die Natur des einseitigen Bestimmungsrecht im Sinne des Art. 7 Rom II-VO ist eigentlich ebenfalls umstritten, Nomos/von Plehwe, Art. 7 Rom II-VO Rn. 9.

114 Das Gestaltungsrecht im chinesischen sachlichen Zivilrecht, *Liang*, Zivilrecht AT S. 74; *Wang*, Zivilrecht S. 89; *Wang/Yang/Wang/Chen*, Zivilrechtswissenschaft S. 28 f.; *Wei*, Zivilrechtswissenschaft S. 37.

115 *Liang*, Zivilrecht AT S. 74; *Wang*, Zivilrecht S. 89; *Wang/Yang/Wang/Chen*, Zivilrechtswissenschaft S. 28 f.; *Wei*, Zivilrechtswissenschaft S. 37.

Abs. 1 EGBGB wird dies so ausgelegt, dass die Gestaltungserklärung sowohl dem Anspruchsgegner gegenüber als auch dem Gericht gegenüber abgegeben werden kann[116]. Es ist zwar vertretbar, dass die Erklärung in der außergerichtlichen Streitbeilegung dem Gegner gegenüber abzugeben ist und im gerichtlichen Prozess dem Gericht gegenüber. Überzeugender ist jedoch die Ansicht, dass die Abgabe der Willenserklärung stets gegenüber dem Gegner erfolgen soll, weil die Ausübung der kollisionsrechtlichen Gestaltungsbefugnis die Rechtsstellung des Anspruchsgegners betrifft. Weil die gerichtliche Entscheidung von der Erklärung des Gestaltungswillens abhängt, hat der Berechtigte dem Gericht den Zugang der Erklärung zu beweisen, aber nicht diesem gegenüber zu erklären. Angesichts der Hinweispflicht des Gerichts sollte die Frage nach dem Adressanten der Willenserklärung in der Praxis kaum Probleme aufwerfen.

Fraglich ist zudem, ob die Abgabe der Gestaltungserklärung sowohl ausdrücklich als auch stillschweigend erfolgen kann. Das Optionsrecht i.S.v. Art. 40 Abs. 1 EGBGB[117] und Art. 7 Optionsrechts Rom II-VO[118] kann stillschweigend ausgeübt werden. An die konkludente Option seien die gleichen Anforderungen zu stellen wie an die konkludente Rechtswahl nach Art. 14 Abs. 1 S. 2 Rom II-VO. Ein ähnliches Ergebnis lässt sich für die einseitige Bestimmungsbefugnis begründen, indem die Regelung über die Erklärung der parteiautonomen Rechtswahl entsprechende Anwendung auf die Gestaltungsbefugnis findet. Art. 3 IPRG schließt die konkludente Rechtswahl generell aus[119]. Art. 8 Abs. 2 Interpretation I gestattet die rügelose Bezugnahme auf das Recht desselben Staates im Prozess als konkludente Rechtswahl[120]. Es ist daher möglich, durch Verhalten, beispielsweise durch Bezugnahme in der Klageschrift auf Gesetzesvorschrift einer bestimmten Rechtsordnung, das Optionsrecht auszuüben.

(3) Ausschlussfrist

Da ein materiell-rechtliches Gestaltungsrecht immer mit einer Ausschlussfrist verbunden ist[121], mag man sich fragen, ob die Ausübung des Optionsrechts ebenfalls an eine bestimmten Frist gebunden ist. Um die Rechtsklarheit zu gewähren, ist die Frage zu bejahen. Gemäß Art. 7 Rom II-VO i. V. m. Erwägungsgrund Nr. 25

116 MüKo/Junker, Art. 40 EGBGB Rn. 38; Pfeiffer, NJW 1999 3674, 3676.

117 Junker, FS W. Lorenz S. 336.

118 MüKo/Junker, Art. 7 Rom II-VO Rn. 29.

119 § 4 I.

120 § 6 II.

121 *Liang*, Zivilrecht AT S. 74; *Wang*, Zivilrecht S. 89; *Wang/Yang/Wang/Chen*, Zivilrechtswissenschaft S. 28 f.; *Wei*, Zivilrechtswissenschaft S. 37.

ist das jeweilige maßgebende Prozessrecht berechtigt, den zulässigen spätesten Zeitpunkt der Gestaltungserklärung zu bestimmen[122]. Für deutsches Gericht gilt Art. 46a EGBGB[123]. Gemäß dessen Bestimmung kann die geschädigte Partei nur im ersten Rechtszug bis zum Ende des frühen ersten Termins oder dem Ende des schriftlichen Vorverfahrens das Optionsrecht ausüben. Die h.M. im Schrifttum spricht sich beim Optionsrecht i.S.v. Artt. 42 S. 2 2. Alt., 44 S. 2 2. Alt. für die Abgabe der Optionserklärung spätesten bis zum Ende der mündlichen Verhandlung aus, also für eine analoge Anwendung der Bestimmungen zur parteiautonomen Rechtswahl[124]. Dieser Ansatz scheint aber wenig überzeugend. Die Ausübung des kollisionsrechtlichen Gestaltungsrechts beeinflusst unmittelbar das Prozessinteresse des Gegners und auch die Prozessökonomie. Wenn die begünstigte Partei erst bis zum Ende der mündlichen Verhandlung einseitig bestimmen könnte, wäre der verfahrene Prozess wegen Änderung des maßgeblichen Rechts zurückzusetzen. Daher soll die Bestimmungsbefugnis spätestens vor Beginn der mündlichen Verhandlung geltend gemacht werden, damit die Parteien anhand der maßgeblichen Rechtsordnung über ihre Ansprüche und Einwände streiten können. Vor dem Volksgericht soll in der Vorprozessphase nämlich gemäß Art. 32 ff. *Bestimmungen des OVG über Beweis im Zivilprozess*[125] bis zum Ende der Frist der Beweiserhebung oder Ende des Beweisaustausches das Optionsrecht ausgeübt werden. Die Frist sollte erst nach Belehrung des Optionsrechts vom Volksgericht beginnen.

(4) Keine Statutsspaltung

Während eine Teilrechtswahl zulässig[126] ist, geht die h.M. von der einheitlichen Ausübung des Optionsrechts i.S.v. Art. 7 Rom II-VO[127] und Art. 40 Abs. 1 S. 3 EGBGB[128] aus, weil die Interessenlagen in beiden Fällen unterschiedlich sind. Der Anspruchsgegner habe auch[129] unter dem Gesichtspunkt der Beratungskosten ein schützenwertes Interesse daran, dass unterschiedliche Streitgegenstände aus einem Schadensereignis nicht mehreren Rechten unterfielen. Eine Parallele

122 MüKo/Junker, Art. 7 Rom II-VO Rn. 30.

123 MüKo/Junker, Art. 7 Rom II-VO Rn. 30; BeckOK/Spickhoff, Art. 7 Rom II-VO Rn. 5.

124 *Liu*, IPRG S. 306; *Huang/Jiang*, IPRG S. 230.

125 Aktenzeichen: *Fashi* 2001 Nr. 33.

126 Zu Zulässigkeit im Internationalen Vertragsrecht, § 9 III.

127 MüKo/Junker, Art. 7 Rom II-VO Rn. 30.

128 MüKo/Junker, Art. 40 EGBGB Rn. 39.

129 Unter Art. 40 I EGBGB sprechen die Entstehungsgeschichte der Vorschrift und der vom Gesetzgeber selbst ins Spiel gebrachte Gedanke der Waffengleichheit gegen eine Teilbarkeit des einseitigen Gestaltungsrechts. Junker, FS W. Lorenz, 2001 S. 338.

zur Teilbarkeit der kollisionsrechtlichen Vertragsgestaltung sei nicht zu ziehen, denn ein Verweisungsvertrag, zu dessen Abschluss keine Partei gezwungen wird, sei etwas völlig anderes als eine Rechtswahl durch einseitige Gestaltungserklärung. Diese Auslegung trifft auf Ausübung des Optionsrechts i.S.v. Artt. 42 S. 2 1. Alt., 44 S. 2 1. Alt. IPRG auch zu, weil die teilweise Ausübung des Bestimmungsrechts mit dem Gedanken des gerechten Schutzes der schwächeren Partei außer Verhältnis steht. In der Tat vermag man aufgrund der Natur der Bestimmungsbefugnis die Teilbarkeit eben verweigern. Das Optionsrecht stellt sich lediglich als eine Anwendungsbedingung einer bestimmten objektiven Anknüpfung dar, die durch Verwirklichung anderer Bedingung, wie fehlender Gewerbetätigkeit am gewöhnlichen Aufenthalt des Verbrauchers, herbeigeführt werden kann. Wenn das optionsweise anwendbare Recht wegen fehlender geschäftlicher Präsenz des Unternehmers am gewöhnlichen Aufenthalt des Verbrauchers anwendbar wird, kommt es einheitlich zur Anwendung. Auf ähnliche Weise kommt die alternative Anknüpfung wegen Ausübung des Optionsrechts auch einheitlich zur Anwendung. Das hängt vom Willen der begünstigten Parteien kaum ab.

(5) Widerrufbarkeit

Schließlich ist auf die Frage einzugehen, ob die begünstigte Partei an die Gestaltungserklärung gebunden ist oder der Erklärende die abgegebene Optionserklärung widerrufen kann. Die Auslegung der Ausübung des Bestimmungsrechts im Rahmen des Art. 40 I EGBGB[130] und Art. 7 Rom II-VO[131] könnte als Vorbild der Auslegung des Artt. 42 S. 2 1. Alt., 44 S. 2 1. Alt. IPRG dienen. Die Optionserklärung ist dort nicht widerrufbar. Dies ergebe sich aus der rechtlichen Natur des Optionsrechts und aus der Interessenlage. Werde ein Gestaltungsrecht einmal ausgeübt, sei die Rechtslage gestaltet; das Recht sei verbraucht. Aus der Interessenslage ergebe sich, dass die Ausübung des Optionsrechts hinreichend Sach- und Rechtsforschung voraussetze. Der Erklärungsgegner verlässt sich auch auf die Rechtsbeständigkeit des einmal ausgeübten Optionsrechts. Die einmal ausgeübte Wahl ist daher im Interesse der gegnerischen Partei unwiderruflich. Da das Optionsrecht im Rahmen von Artt. 42 S. 2 1. Alt., 44 S. 2 1. Alt. IPRG auch als kollisionsrechtliches Gestaltungsrecht qualifiziert wird, und die Interessenlage zwischen dem Gestaltungserklärenden und dem Empfänger als gleichlaufend betrachtet werden kann, ist die Ausübung des Optionsrechts i.S.v. Artt. 42 S. 2 1. Alt., 44 S. 2 1. Alt. IPRG als unwiderruflich auszulegen.

---

130 Junker, FS W. Lorenz, 2001 S. 338; Pfeiffer, NJW 1999 3674, 3674.
131 MüKo/Junker, Art. 7 Rom II-VO Rn. 31.

§ 2 Die dogmatische Entwicklung der Parteiautonomie

I. Entwicklung des chinesischen IPR

1. Kollisionsnorm im kaiserlichen China?

Es wird von der h. M.[132] im chinesischen Schrifttum vertreten, dass schon im kaiserlichen China kollisionsrechtliche Normen existierten. Gemeint ist zunächst die im Allgemeinen Teil des im Jahr 651 n. Chr. erlassen Tang Kodex vorgesehene Norm über das anwendbare Recht auf die Haftung von Fremden[133]. Dort wurde vorgesehen: „Wenn außerhalb der Zivilisation lebende Personen, die gleichen Stammes sind, gegeneinander eine Rechtswidrigkeit begehen, so werden sie nach Brauch und Recht ihres Landes abgeurteilt. Sind die, die gegeneinander eine Rechtswidrigkeit begehen, verschiedenen Stammes, so werden sie nach unseren Gesetzen abgeurteilt."[134] Dazu bemerkt der amtlichen Kommentar des Kodizes: „Außerhalb der Zivilisation lebende Personen nennt man solche Barbaren, deren Staat einen besonderen Fürsten oder Ältesten hat. Ihre Bräuche und Rechtsordnungen sind nicht einander gleich, daher muss, wenn die, die gleichen Stammes sind, eine Rechtswidrigkeit gegeneinander begehen, die Entscheidung auf Grund der Bräuche und Gesetze ihres Landes gefällt werden, aber wenn die, die gegeneinander Rechtswidrigkeit begehen, ungleichen Stammes sind, so wird die Strafe nach den Gesetzen unserer Regierung bestimmt."[135] Da der Tang Kodex überwiegend strafrechtliche Vorschriften und Verwaltungsnormen enthält[136], stellt

132 *Han*, IPR S. 54; *Zhang*, IPR S. 41; *Ma*, IPR S.; *Li*, IPR S. 33; *Li*, IPR S. 65; *Du/Chen*, IPR S. 21; *Qin*, Parteiautonomie S. 242; Süß, Grundzüge des chinesischen Internationalen Privatrecht S. 18; *He*, Front. Law China 2009, 5(2) 188, 196. Die Mindermeinung spricht dagegen, „there was no private international law in traditional Chinese law", *Chen*, Civil Procedure and Conflicts of Laws S. 114.

133 Kurze Darstellung der Norm, vgl. *Qin*, Parteiautonomie S. 242 ff.

134 Deutsche Übersetzung der Gesetzesnorm und Darstellung siehe Franke, Zur Geschichte der Exterritorialität in China S. 25.

135 Die deutsche Übersetzung aus Franke, zur Geschichte der Exterritorialität in China S. 25 f.

136 Die kaiserlichen Kodizes umfassten überwiegend Strafrecht und Verwaltungsrecht, auch wenige Regelungen über Familien und Ehe. Kauf und Vermögen sind selten Gegenstand der gesetzlichen Regelung. Am Beispiel des Qing-Kodex, Heuser, ZchinR 2008 S. 194.

sich die Qualifikation der Gesetzesvorschrift als Kollisionsnorm problematisch dar[137]. Ist die Norm kollisionsrechtlich gemeint, stellt sie jedoch nicht klar, ob die Vorschrift den Anwendungsbereich des Kodizes im Ganzen bestimmt oder ausschließlich vom Delikt her auf das anwendbare Recht verweist. Zudem regelt der Kodex nur den Fall, in dem auf beiden Seiten ausschließlich Fremde im Inland beteiligt sind. Die Rechtverhältnisse zwischen Inländern und Fremden beurteilen sich immer nach dem Kodex. Welchem Recht die Inländer außerhalb des kaiserlichen Territoriums unterliegen, ergibt aus dem Kodex nicht. In dieser Hinsicht erweist sich die Vorschrift als eine territorial begrenzte Kollisionsnorm. Alternativ mag man dazu anmerken, dass darin sich eine prozessuale Bestimmung über die Gerichtsbarkeit verbirgt. Hinsichtlich des Anknüpfungspunkts stellt die Vorschrift auf die Herkunft der Person ab. Darüber hinaus ist die Vorschrift eine beiderseitige Kollisionsnorm. Sie bestimmt sowohl die Anwendung des inländischen Rechts als auch des „ausländischen". Die hierhin wurzelnde Gleichbehandlung der eignen und fremden Rechtsordnung ist zu loben.

Prozessrechtlich ist die Anwendung von fremdem Brauch und Recht durch besondere Gerichtshöfe mit spezifischer Gerichtsbarkeit garantiert[138]. Weil die Ermittlung und gerechte Anwendung ausländischen Rechts dem inländischen Richter nicht zumutbar waren, ernannte der Kaiser dann einige Ausländer zu Richtern, und ermächtigte sie, fremdes Recht auf Streitigkeiten zwischen Fremden anzuwenden. Beispielsweise genehmigte der Kaiser einen mohammedanischen Richter im 9. Jahrhundert in Kanton (*Guangdong*), dessen Jurisdiktion alle nach China exportierenden Händler mit Bekenntnis zum Islam unterworfen sein sollten.

137 H. M. halten diese Vorschrift für anwendbar auf alle Rechtsbeziehungen einschließlich der Zivilbeziehung, *Han*, IPR S. 54; *Li*, IPR S. 65; *Qi*, IPRG S. 13. Das Privatrecht im kaiserlichen China findet sich aber nicht im kaiserlich erlassenen Kodex sondern in Gewohnheiten und Bräuchen. Staatliche Gesetze hatten lediglich subsidiäre Funktion. Sie dienten der durch Bräuche konkretisierten konfuzianischen Ethik, um deren Werte und die durch Ethik begründete Gesellschaftsordnung zu wahren. Der Staat griff nur dann in die Beziehungen und Geschäfte der Bürger ein, wenn das Sittengesetz oder das öffentliche Wohl berührt wurden. V. Senger, Kaufverträge im traditionellen China, S. 57 ff. Die in Kodizes vorgesehene Norm ist daher nicht jedenfalls auf Zivilbeziehung anwendbar. Gegen die Einordnung dieser Norm als Kollisionsnorm, *Qin*, Parteiautonomie, S. 242.

138 Vgl. Lippmann, Konsularjurisdiktion im Orient, S. 151.

Bis zur Dynastie Song galt die oben genannte Norm mit nur kleineren Abweichungen[139]. In der Dynastie *Ming* wurde die Norm abgeschafften[140]. In den Kodizes der Dynastien *Ming* und *Qing* herrschte der Grundsatz der Territorialität vor, wonach „die Fremden, die Rechtswidrigkeit begehen, nach dem Kodex abzuurteilen sind."[141] Die Kommentare vom *Song* Kodex erörterten die absolute territoriale Geltung des Kodex dahingehend, dass „da die Fremden, die ursprünglich nicht unseren Stammes sind, jedoch nachher sich unter dem Kaiser unterstellt haben, wie Untertanen des Kaisers nach dem Kodex abzuurteilen sind."[142]

Darüber hinaus liegt noch eine Vorschrift im *Yuan* Kodex im Sinne des Kollisionsrechts vor, die eine interpersonale Kollisionsnorm über Mischehen darstellt[143]. Da im kaiserlichen China zahlreiche Völker miteinander zusammenlebten, sollte das eheliche und familienrechtliche Kollisionsrecht besonders entwickelt sein. Jedoch wird es wegen mangelnder Forschung nicht dargestellt[144].

2. Die Rezeption des modernen IPR und ihre Unterbrechung

Die modernen international-privatrechtrechtlichen Lehren wurden gegen Mittel des 19. Jahrhundert durch Übersetzung ausländischer Fachbücher in China verbreitet[145]. Die Rezeption des modernen IPR ins chinesische Recht kam aber auf eine sehr passive Weise zum Zuge[146]. Um die Konsulargerichtsbarkeit[147]

139 *Li.*, IPR S. 65.

140 *Han*, IPR S. 54; *Du/Chen*, IPR S. 21; *Li*, IPR S. 33.

141 *Li*, IPR S. 33; *Han*, IPR S. 54.

142 *Han*, IPR S. 54; *Du/Chen*, IPR S. 21.

143 Der Gesetzestext lautet so im 6. Buch, *Yuan* Kodex so: Auf die persönliche und vermögensrechtliche Wirkung einer Ehe zwischen Ehegatten aus gleicher Herkunft ist das Recht der gemeinsamen Herkunft anzuwenden. Auf die Ehe zwischen Ehegatten aus unterschiedlicher Herkunft ist das Recht des Ehemannes maßgeblich.

144 *Qi*, IPRG S. 10 ff.

145 Über die Geschichte, *He*, Front. Law China 2009, 5(2) 188, 197.

146 Darstellung des Hintergrundes, über ungleiche Staatsverträge, Konsulargerichtsbarkeit und die Bemühung der chinesischen Regierung um Wiederherstellung der justiziellen Souveränität, *Ma*, in: FS Siehr 413, 414 ff.; *Qin*, Parteiautonomie S. 244.

147 Konsulargerichtsbarkeit beseitigte Gerichtsbarkeit des chinesischen Gerichts und Anwendung des chinesischen Rechts. Bei Streitigkeiten zwischen Chinesen und Ausländern verpflichtet der chinesische Kläger sich, zuerst vor den Konsul des betroffenen ausländischen Staates zu wenden. Der Konsul hat den Streitfall zu untersuchen und auf einen Ausgleich hinzuwirken. Kommt ein Vergleich nicht zustande, so musste der Konsul mit einem chinesischen Beamten die Sache verhandeln aber nicht nach chinesischem oder jeweiligem ausländischen Gesetz, sondern nach dem Prinzip der

aufzuheben[148], die mit Hilfe von militärischer Überlegenheit der europäischen Weltmächte durch aus der chinesischen Sicht ungleiche Staatsverträge gewährt wurde, hatte die chinesische Regierung die Rechtsordnung und das Gerichtswesen so zu reformieren, dass diese „accord (*sic*) with that of western nations"[149] war.

Das erste moderne chinesische IPR Gesetz gehört dem Modernisierungsprogramm an. 1918 wurde die *Verordnung über die Rechtsanwendung* der Republik China verabschiedet[150], die dem japanischen IPR-Gesetz vom 1898 nachgebildet ist[151]. Die Verordnung lässt sich in 7 Abschnitten einteilen, nämlich in Allgemeine Bestimmungen, Personenrecht, Familienrecht, Erbrecht, Vermögensrecht, Form der Rechtsgeschäfte und Schlussbestimmung. Darin findet sich schon eine Vorschrift über Parteiautonomie für vertragliche Schuldverhältnisse; so lautet Art. 23 der Verordnung: „die Erfordernisse und die Wirkung eines Rechtsgeschäfts, aus dem ein Schuldverhältnis entsteht, unterliegen dem Recht, das die Parteien gewollt haben."[152] Die Verordnung und sämtliche anderen Reformmaßnahmen hatten keine Aufhebung der Konsulargerichtsbarkeit zur Folge[153]. Die erste kollisionsrechtliche Kodifikation kam daher wegen fehlender justiziellen Souveränität aufgrund der Konsulargerichtsbarkeit kaum zur Anwendung.

Die von der Republik China erlassene Verordnung war jedoch nach der Gründung der Volksrepublik China im Festland Chinas aufgehoben[154]. An ihre

Billigkeit entscheiden. Bei Streitigkeiten zwischen Ausländern wird Jurisdiktion des chinesischen Gerichts durch die sogenannte „Nichteinmischungsklausel" komplett ausgeschlossen, Friedländer, Konsulargerichtsbarkeit nach deutschem Reichsrecht, S. 39.

148 *Han*, IPR S. 55; *Li*, IPR S. 33.

149 Der Ausdruck stammt aus dem Handelsvertrag zwischen China und England, Text in J. MacMurray, Treaties and Agreements with and concerning China, Vol. 1, New York 1921, S351.

150 Gesetzesübersetzung auf Deutsch und kurze Darstellung und Vergleich mit japanischen IPRG, Bünger, Niemeyers Zeitschrift f. intern. Recht 42(1930) 129, 129 ff. Erläuterung über das Gesetz hinaus weiter, *Ma*, in: FS Siehr 413, 417 ff.

151 Bünger, Niemeyers Zeitschrift f. intern. Recht 42(1930) 129, 130.

152 Bünger, Niemeyers Zeitschrift f. intern. Recht 42(1930) 129, 136.

153 Die Konsulargerichtsbarkeit wurde erst nach dem Ende des zweiten Kriegs in China aufgehoben.

154 In Taiwan hat sie bis 1953 gegolten. 1953 wurde das Gesetz über das auf Zivilsache mit Auslandsberührung anwendbare Recht verabschiedet, das bis heute gilt. *Ma*, in: FS Siehr 413, 413; *Chen*, Cilvil Procedure and Conflict of Laws S. 115; vgl. auch Deißner, Chinas IRR Rn. 677 ff.

Stelle trat kein Ersatz[155]. Forschung und Lehre über westliche Rechtswissenschaft waren kurz nach der Staatsgründung nicht erlaubt[156]. In Rechtsfakultäten wurden teilweise die international-privatrechtlichen Lehren aus der Sowjetunion gelehrt[157]. Nach 1968 fielen sogar sämtliche juristische Lehrveranstaltungen weg[158].

3. Die Wiedermodernisierung

Seit der Führung der politischen Reform und wirtschaftlichen Eröffnung in 1978 baute China schrittweise das marktwirtschaftsorientierte Rechtssystem wieder auf[159]. Mit der zunehmend wachsenden auswärtigen Wirtschaft wurde das Internationale Privatrecht ein wichtiges Thema. 1983 wurde die erste Kollisionsnorm, nämlich Art. 36 *Erbgesetz*[160] als auf Erbfolge anwendbares Recht, erlassen[161]. In 1985 wurde das *Außenwirtschaftsvertragsgesetz der VR China*[162] verabschiedet, dessen Art. 5 eine auf Vertrag mit Auslandsberührung anwendbare Kollisionsnorm darstellt. 1986 wurde das Gesetz *Allgemeine Grundsätze des Zivilrechts* promulgiert, dessen 8. Kapitel[163] systematisch die Bestimmungen des anwendbaren Rechts auf Zivilbeziehung mit Auslandsberührung regelt. Diese gesetzliche Regelung erweist sich jedoch meistens als zu inhaltsleer und lückenhaft. Praktische Ergänzungen erfolgen durch das Oberste Volksgericht in Form der Justiziellen Interpretation[164]. Zu den Wichtigsten davon zählen die *Ansichten AGZ*, das *Protokoll der zweiten Konferenz zur Verhandlungs- und Entscheidungsarbeit in Handels und Seerechtssachen mit Auslandsberührung des ganzen Landes* und die *Bestimmungen des OVG zu einigen Fragen der Rechtsanwendung bei der Behandlung von zivil und*

155 *Qin*, Parteiautonomie S. 245.

156 *Li*, IPR S. 57.

157 *Li*, IPR S. 57; *He*, Front. China Law 2009 5(2) 188, 188; *Chen*, Civil Procedure and Conflict of Laws S. 115 f.

158 *Li*, IPR S. 57.

159 Hinsichtlich des chinesischen Internationalen Privatrechts, *He*, Front. Law China 2009, (5)2 188, 188ff.; *He*, RabelsZ 76(2012) 47, 54; *Chen*, Civil Procedure and Conflict of Laws, S. 116 f.; *Huang*, Tribune of Political Science and Law 2011 Vol. 29 No. 3 5, 6 f.

160 Chinas Recht 10.4.85/1.

161 Nachfolgend § 2 II 1 über Art. 5 AWVG.

162 Darstellung über AGZ, Horn, RIW 1986 688, 688 ff. Über die Kollisionsnormen im AWVG, *He*, Front. Law China 2009, (5)2 188, 197 ff.

163 Vgl. auch *Qin*, Parteiautonomie S. 246 f.

164 Vorne § 1 II 1 c) über Justizielle Interpretation.

handelsrechtlichen Vertragsstreitigkeiten mit Auslandsberührung[165]. Wie *Huang Jin* zutreffend aufgezeigt hat[166], war vor Verabschiedung des IPRG sei das chinesische Kollisionsrecht fragmentarisch, unvollkommen, lückenhaft, ungewiss und teilweise wissenschaftlich unbegründet geregelt[167]. Nur im Bereich des Internationalen Vertragsrechts war es relativ reif entwickelt[168].

4. Die Kodifikation des IPRG

Nach langfristiger Vorbereitung[169] und Gesetzgebungsverfahren[170] wurde das *Gesetz der VR China über das auf Zivilbeziehungen mit Auslandsberührung anwendbare Recht*[171] schließlich am 28.10.2010 vom SANVK verabschiedet. Es ist am 1.4.2011 in Kraft getreten[172] und findet Anwendung gemäß Art. 2 Interpretation I auf Sachverhalte, die sich nach dem In-Kraft-Treten ereignet haben. Das anwendbare Recht auf die vorher entstandenen Zivilbeziehungen mit Auslandsberührung richtet sich nach den damals geltenden Kollisionsnormen. Fehlt eine solche zutreffende Regelung im früheren Recht, kommt dann gemäß Art. 2 S. 2 Interpretation I die entsprechende Vorschrift im IPRG zur Anwendung. Das IPRG stellt die

---

165 Darstellung und nähere Erläuterungen, *Xiao/Long*, YbPIL 11(2009) 193, 194 ff.; *Tu*, Front. Law China 2011 6(4) 670, 670 ff.; Pißler, ZChinR 2007 337, 337 ff.; Wolff, IPRax 2008 55–61; Gebauer, IPRax 2008 62, 67.

166 *Huang*, Tribune of Political Science and Law 29(2011) Heft 3 3, 7f.

167 Umfassend über die Unzulänglichkeiten des damals geltenden chinesischen Internationalen Privatrechts, *Qin*, Parteiautonomie S. 248 ff.

168 Süß, Grundzüge des chinesischen Internationalen Privatrechts, S. 109; Dagegen, *Qin*, Parteiautonomie S. 249.

169 Über die akademische Vorbereitung und Model Law, CSPIL, Model Law, S. 1 ff. Zum ersten IPRG-Entwurf des IPRG, *Zhu*, J. Priv. Int'l L. 2007 283–308; *Zhao*, NiPR 2011 Afl.2 S. 303 ff.; *Huang*, Entwürfe des IPRG, S. 1 ff.

170 *Huang*, YbPIL 14(2012/2013) 269, 281 ff.; *ders.*, Tribune of Political Science and Law 29(2011) Heft 3 3, 3 ff.; *ders.*, Entwürfe des IPRG, S. 1 ff.

171 Darstellung und Würdigung für das IPRG: *Chen*, Rec. Des Cours 359 (2012) 87, 87 ff.; *ders*, YbPIL 12 (2010) 27, 27 ff.; *ders*, conflict of laws S. 132 ff.; *Chen*/Bertrand, *Gan*, RivDirIntPrivProc 2011 N.1 S. 101 ff.; *Kwang*, ZChinR 2011 S. 105 ff.; *Tu*, Am J. Comp. L. 59(2011) 563 ff.; *Long*, IPRax 2012 273 ff.; *He*, RabelsZ 76(2012) 47, 59 ff.; Nord, CYbPIL&CompL (Vol. 14) 2011 S. 70 ff.; Pißler, RabelsZ 76(2012) S. 1 ff.; *Zhao*, NiPR 2011 303, 303 ff.

172 Vgl. die Mitteilung des OVG an die Volksgerichte zum gewissenhaften Studium und zur Implementierung des „des Gesetzes der Volksrepublik China über die Anwendung des Rechts auf Zivilbeziehung mit Auslandsberührung", deutsche Übersetzung: ZChinR 2012 S. 61ff. Darstellung und analysierende Würdigung dazu, Leibküchler, ZChinR 2012 17, 17 ff.

Hauptquelle des geltenden chinesischen Kollisionsrechts dar. Die Regelungen über Parteiautonomie im IPRG werden als eine der größten Novellierungen gepriesen.

II. Regelung der Parteiautonomie vor dem IPRG

1. Art. 5 Außenwirtschaftsvertragsgesetz

Die erste Vorschrift bezüglich der Parteiautonomie findet sich in Art. 5 *Außenwirtschaftsvertragsgesetz*, gemäß dessen Bestimmung die Parteien eines Vertrags mit Außenberührung das auf den Vertrag anzuwendende Recht durch Vereinbarung wählen können. In entsprechenden Justiziellen Interpretationen zum AWVG wird die allgemein gebotene Freiheit zur Rechtswahl ausführlich geregelt[173]. Die Parteien können *ex ante* oder *ex post* spätestens bis zum Beginn des ersten Termins der mündlichen Verhandlung das auf ihr Vertragsverhältnis anwendbare Recht bestimmen, Art. 2 Nr. 2 S. 1, Nr. 4[174]. Das gewählte Recht kann chinesisches Recht, das Recht von Hongkong oder von Macau oder aber ausländisches Recht sein, Art. 2 Nr. 2 S. 2[175]. Die Rechtswahl hat ausdrücklich und übereinstimmend zu erfolgen, Art. 2 Nr. 2 S3. Das anwendbare Recht findet auf umfangreiche Aspekte bezüglich Entstehung, Erfüllung, Beendigung sowie die Auslegung des Vertrags Anwendung, Art. 2 Nr. 1. *Renvoi* ist ausgeschlossen, Art. 2 Nr. 5.

Im Jahr 1986 wurde die AGZ verabschiedet. Art. 145 AGZ bestätigt die Parteiautonomie bezüglich internationaler Verträge, ohne dass neue Regeln hinzugesetzt werden. Im Jahr 1999 wurde das AWVG durch das *Vertragsgesetz* aufgehoben[176]. Die Bestimmungen der entsprechenden Justiziellen Interpretationen von Art. 5 AWVG bleiben jedoch inzwischen unverändert geltend und werden nach Außer-Kraft-Treten des AWVG analog weiter von Volksgerichten angewandt[177].

---

173 Ausführliche Darstellung des Internationalen Vertragsrechts im Rahmen von AWVG und ihrer justiziellen Interpretation, hinsichtlich der Parteiautonomie *Xu*, ICLQ Vol. 38(1989) 648, 649 ff.

174 So in dem Urteil vom Mittleren Volksgericht *Guangzhou* zum Fall *Hong Kong Baiyue Financial Services Co. v. Hong Kong Hungli Gourmet Co.* und dem Urteil von Seegericht Shanghai im Fall *Pan Pacific Shipping*, siehe *Kong/Hu,* Melb. J. Int. L. 3 (2002) 414, 428.

175 Die Parteien können ausländisches Recht, internationales Übereinkommen und internationale Gepflogenheiten auswählen, so gestützt auf Urteile, *Kong/Hu,* Melb. J. Int. L. 3 (2002)414, 428f.

176 Art. 126 VG enthält auch nur eine Bestätigung der allgemeinen Freiheit der Rechtswahl im Bereich des vertraglichen Schuldverhältnisses.

177 Vgl. *Kong/Hu,* Melb. J. Int. L. 3 (2002) 414, 429.

Darüber hinaus befinden sich in anderen Sonderprivatgesetzen einige Bestimmungen über die Parteiautonomie, nämlich Art. 268 *Seehandelsgesetz* und Art. 188 LuftG, die aber wieder bloße Bestätigung der Freiheit zur Rechtswahl in besonderen internationalen vertraglichen Schuldverhältnissen sind.

2. Leitungsansichten des Oberen Volksgericht *Guangdong*

Die *Leitungsansichten zu einigen Fragen über die Verhandlung von Streiten mit Auslandsberührung*[178] ist eine vom Oberen Volksgericht der Provinz *Guangdong* in 2004 erlassene interne Justizielle Interpretation, die nur für Mittlere Volksgerichte der *Guangdong* Provinz und das Seegericht *Guangzhou* bindend ist. Die Leitungsansichten spiegeln die kollisionsrechtliche Rechtsprechung der Provinz wider, in der die Wirtschaftsreform zunächst eingeführt wurde und die auswärtige Wirtschaft vorbildlich entwickelt ist. Das Regelwerk enthält umfassende und ausführliche Regelungen des Internationalem Zivilverfahrensrechts und des Internationalen Privatrechts. Darunter fallen auch Bestimmungen über die Parteiautonomie.

Die Parteien des Handelsvertrags mit Auslandsberührung können das anwendbare Recht jederzeit ausdrücklich wählen, spätestens bis zur Eröffnung des ersten Termin des mündlichen Verhandlung, Nr. 27 Leitungsansichten. Haben die Parteien ein bestimmtes Rechts für anwendbar vereinbart, aber sich jedoch im Prozess nicht darauf berufen, darf das Volksgericht nicht von einer konkludenten Änderung der Rechtswahl ausgehen, ohne dass das Volksgericht die beide Parteien danach fragt, ob sie die Rechtswahl aufheben oder abgeändert haben, Nr. 28 Leitungsansichten. Wenn in der *Paramount Clause* auf ein bestimmtes ausländisches Gesetz verwiesen wird, ist keine kollisionsrechtliche Rechtswahl, sondern eine Vertragsvereinbarung (materiell-rechtliche Verweisung) zu anzunehmen; das Volksgericht hat das auf den Vertrag anwendbare Recht zu ermitteln, das die materiell-rechtliche Wirksamkeit der *Paramount Clause* bestimmt, Nr. 29 Leitungsansichten. Wenn das von den Parteien gewählte Recht nicht besteht oder es die Streitigkeit nicht regelt, kommt chinesisches Recht zur Anwendung, Nr. 40 Leitungsansichten. Wenn die Parteien ein bestimmtes internationales Übereinkommen auswählen, unter dessen Regelungsbereich die Streitigkeit nicht unterfällt,

---

178 „Um die Verhandlung der Streite mit Außenbezug von Volksgericht unserer Provinz zu regeln, die Qualität der Verhandlung zu verbessern" erließ das Obere Volksgericht von Provinz *Guangdong* kraft „Geistes der entsprechenden Vorschriften und der Justiziellen Interpretation von OVG" die Leitungsansichten. Aktenzeichen: *Yue Gao Fa Fa 2004 Nr. 32.*

hat das Volksgericht nach der Kollisionsnorm der *lex fori* das objektiv anwendbare Recht zu bestimmen, Nr. 42 Leitungsansichten. Wenn die Parteien ein bestimmtes materiell-rechtliches internationales Übereinkommen als anwendbar erklären, kommt es zur Anwendung, soweit die Anwendung des internationalen Übereinkommens den *ordre public* der VR China nicht verletzt, Nr. 43 Leitansichten. Fremdes Recht, gleich ob es autonom gewählt oder objektiv bestimmt wird, ist als eine Tatsache besonderer Art zu betrachten, die von den Parteien zu beweisen ist, es sei denn, dass das anwendbare Recht ist ein für China bindend internationale Übereinkommen. Dasselbe gilt für zusammenfassende Gepflogenheiten einer von China unterstützten internationalen Organisation, oder wenn die Anwendung der *lex fori* wegen Nichtfeststellbarkeit des fremden Rechts zu erheblicher Ungerechtigkeit führen kann, oder wenn mittels eigener Befähigung das fremde Recht ordentlich ermittelt werden kann. In diesen Fällen ist das anwendbare fremde Recht vom Volksgericht festzustellen, Nr. 36 Leitungsansichten.

Die Ansichten des Oberen Volksgerichts *Guangdong* verfeinerten die damals geltende Regelung der Rechtswahl auf internationale Verträge. Die Auslegung bezüglich wählbarer Rechte und materiell-rechtlicher Verweisung sowie Aufklärungspflicht des Richters bei konkludenter Änderung der getroffenen Rechtswahl erwiesen sich als gerechtfertigt und fortschriftlich. Die Aufklärungspflicht ist selbst heute dem OVG zu empfehlen, dass es sie in die kommende Justizielle Interpretation hinzufügt. Damit wird das Bewusstsein auf die Anwendbarkeit ausländischen Rechts sowie auf die Möglichkeit der Rechtswahl erweckt, ohne dass es zur konkludenten Rechtswahl zugunsten der *lex fori* gemäß Art. 8 Abs. 2 Interpretation I gelangt[179].

3. Teil 5 des Protokolls 05

Durch *Protokoll der zweiten landesweiten Konferenz zur Verhandlungs- und Entscheidungsarbeit in Handels- und Seerechtssachen mit Auslandsberührung* hat das OVG angesichts der fehlenden gesetzlichen Regelung[180] versucht, auf der Ebene der Justiziellen Interpretation das internationale Zivilverfahrens- und Privatrecht zu kodifizieren. In dessen 5. Teil wird das auf einen internationalen Vertrag anwendbare Recht geregelt. Darunter fallen einige mit Bezug

179 Dazu §6 II.

180 Die gesetzlichen Kollisionsnormen waren unvollkommen geregelt. Zur Quelle des damaligen chinesischen IPR, *Wang*, IPRax 2007 363, 363ff.

zur Parteiautonomie[181]. Die Parteien des internationalen Vertrags können das anwendbare Recht *ex ante* oder *ex Post* ausdrücklich vereinbaren, spätesten jedoch bis zum Ende der mündlichen Verhandlung des ersten Rechtszugs, Nr. 46, 47. Die nachträgliche Rechtswahl darf jedoch nicht zu Last Dritter erfolgen, Nr. 47. Bei Rechtswahl ist *Renvoi* ausgeschlossen, Nr. 48. Die Parteien haben das anwendbare fremde Recht festzustellen; wird das fremde Recht nicht vorgebracht, kommt chinesisches Recht zur Anwendung, Nr. 51 ff.

Die Regelungen in Teil 5 des Protokolls 05 übernehmen hauptsächlich die Bestimmungen über die Rechtswahl in Art. 5 AWVG. Zu den einzigen Neuerungen zählen die Erweiterung der Zeitspanne zur nachträglichen Rechtswahl von Beginn der mündlichen Verhandlung bis zum Ende der mündlichen Verhandlung sowie der Schutz Dritter bei nachträglicher Rechtswahl. Stillschweigende Rechtswahl wurde zwar nicht in Protokoll 05 vorgesehen, ist aber von der Rechtsprechung mindestens bei stillschweigender Wahl[182] oder Änderung der getroffenen Rechtswahl[183] zugunsten *lex fori* im Prozess gestattet. Wählbare Rechte wurde darin nicht ausdrücklich geregelt. Ob der Wahl nicht-staatlichen Rechts

---

181 Darstellung und Erörterung der Rechtslage der Parteiautonomie zu jener Zeit, *Zhang*, Northwestern Journal of International Law & Business 2006 289 ff.;

182 Im Urteil von Oberes Volksgericht Tianjin Aktz. *(2001) Gao Jing Zhong Zi Nr. 229* kommt stillschweigende Rechtswahl in der Berufung zustande. So der Urteil, „Dass die Parteien im zweiten Rechtszug ihren Anspruch auf Schadensersatz und Einwendung nur auf Basis des SeeHG und der allgemeinen Grundgesätze des Zivilrechts VR China erörtert haben, wird als Konsens der Wahl des chinesischen Rechts angesehen. „Vgl. *Wang*, IPRax 2007 363, 368; *Huang/Du*, Front. Law China (2006) 14, 24.

183 Aus dem Urteil *(2002) Hai Shang Chu Zi Nr. 144* ergibt sich eine stillschweigende Rechtswahl. Die Parteien haben zuvor eine Rechtswahl zugunsten koreanischen Rechts auf Beförderungsvertrag getroffen. Sie haben sich jedoch im Prozess nicht rauf die bestehende Rechtwahl berufen. Das Seegericht *Tianjin* hat dann von Einverständnis für die Anwendung des chinesischen Rechts ausgegangen. Vgl. *Wang*, IPRax 2007 363, 368. Der Autor hält gegen das Urteil aus der Begründung, dass nur die Parteien die getroffene Rechtswahl aufheben können.

eine kollisionsrechtliche Wirkung zukommt, wurde in der Gerichtspraxis unterschiedlich beurteilt[184]. Für die Teilrechtswahl fehlt ebenfalls eine Regelung[185].

4. Bestimmungen des OVG zum internationalen Vertragsrecht

Die *Bestimmungen des OVG zu einigen Fragen der Rechtsanwendung bei der Behandlung von zivil- und handelsrechtlichen Vertragsstreitigkeiten mit Auslandsberührung*[186] sind das justizielle Regelwerk des OVG über Internationales Vertragsrecht. Die darin enthaltenen Bestimmungen, die sich auf die Parteiautonomie beziehen, sind fast identisch mit denen im Protokoll 05. Die einzige Neuerung stellt die ausdrückliche Zulassung der stillschweigenden Rechtswahl durch das Prozessverhalten vor Gericht dar. Gemäß Art. 4 Abs. 2 Bestimmungen 07 wird von einer stillschweigenden Rechtswahl ausgegangen, wenn die Parteien auf das Recht von einem bestimmten Staat rügelos Bezug vor Gericht genommen haben. Das Volksgericht verpflichtet sich jedoch nicht dazu, dass Parteien über die Rechtsfolge der Bezugnahme auf ein bestimmtes Sachrecht sowie die Anwendbarkeit ausländischen Rechts erklärt werden, bevor es von konkludenter Rechtswahl solcher Art ausgeht. Die Bestimmung über Schutz Dritter im Fall der nachträglichen Rechtswahl wurde gestrichen. Die Bestimmung 07 über Internationales Vertragsrecht gilt zurzeit nicht mehr als Quelle des geltenden Kollisionsrechts[187].

---

184 Nr. 39 *Antworten auf praktische Fragen bezüglich Verhandlung der See- und Handelssachen mit Auslandsberührung*, die vom 4. Senat des OVG den unteren Volksgerichten als Richtlinie zur Verfügung gestellt hat, lässt den Parteien zu, ausländisches Recht, internationalen Übereinkommen oder internationale Gepflogenheiten auszuwählen. Deutsche Übersetzung dieser Vorschrift, Deißner, Chinas IRR S. 191. Die h. M. hält nur kollisionsrechtliche Wahl staatlichen Rechts für zulässig. *Xiao/Long*, YbPIL 11(2009) 193, 201f.

185 Deißner, Chinas IRR S. 192 f.

186 Zu Bestimmungen 07, Pißler, ZChinR 2007 337, 337 ff.; Gebauer, IPRax 2008 62, 62 ff.; *Tu*, Front. China Law 2011, 6(4) 670, 670 ff.; Wolff, IPRax 2008 55, 55 ff.

187 Die Bestimmungen des OVG über Internationales Vertragsrecht listet sich als Nr. 76 der aufgehobenen Justiziellen Interpretation in der Anordnung vom OVG „*Entscheidung des OVG über die Aufhebung der im Zeitraum von 1.7.1991 bis 31.12.2013 erlassenen Justiziellen Interpretation und sonstigen Akten*“ am 26.3.2013.

5. Richterrechtliche Ausdehnung der Parteiautonomie

Vor dem IPRG wurde die Freiheit der Rechtswahl auf internationales Delikte nicht gesetzlich gestattet[188]. Jedoch wurde von einigen Gerichten die stillschweigende[189] oder ausdrückliche[190] Vereinbarung der Anwendung der *lex fori* für zulässig erachtet[191]. Darüber hinaus wurde auf die ungerechtfertigte Bereicherung die parteiautonome Rechtswahl gelegentlich anerkannt[192]. Sogar bei der Klage zur Feststellung des Eigentums an bewegliche Sache hat sich das mittlere Volksgericht *Chengdu* in seiner Entscheidung zugunsten der Anwendung der *lex fori* auf eine Parteivereinbarung gestützt[193].

III. Fazit

Die in den kaiserlichen Kodizes vorgesehenen Normen, die das anwendbare Recht auf die Haftung von Fremden bestimmen, entfalteten keinen spürbaren Einfluss auf die weitere Entwicklung, insbesondere nicht auf die Modernisierung des Internationalen Privatrechts in China. Die erste kollisionsrechtliche Kodifikation Chinas stellte eine Rezeption des japanischen Modells dar. Sie wurde nach Gründung der VR China ersatzlos aufgehoben. Das geltende Kollisionsrecht Chinas wird ohne Anlehnung an das frühere Recht neu konzipiert. Rechtshistorisch betrachtet liegt keine Verbindung zwischen dem geltenden chinesischen Kollisionsrecht und den kaiserlichen Kodizes sowie der Verordnung über die Rechtsanwendung der Republik China vor. Soweit in dieser Arbeit auf eine historische

---

188 Die Regelung und Praxis in Bezug auf Bestimmung des anwendbaren Rechts auf unerlaubte Handlung mit Auslandsberührung, *He,* YbPIL 11(2009) 211, 211 ff. Vgl. auch Deißner, Chinas IRR Rn. 523.

189 Das Urteil des Seegerichts Wuhan über Nanjing A Shipping Company v. Cyprus B Shipping Co. Ltd. und Urteil von Oberes Volksgericht *Tianjinüber* den Fall *Cui Haide* v. Korean Jinyang Shipping Co. Ltd., Darstellung siehe He, , YbPIL 11(2009) 211, 228.

190 Die Anerkennung der Rechtswahl für eine unerlaubte Handlung im Urteil *(2005) Ning Min Chu Zi Nr. 4*, vgl. auch *He*, Yearbook of Private Internaitonal Law Vol. 11 (2009) 211, 228; *Wang*, IPRax 2007 363, 368.

191 *He,* YbPIL 11(2009) 211, 227 ff.; *Wang*, IPRax 2007 363, 368; Deißner, Chinas IRR Rn. 218. Richterrechtliche Erweiterung der Parteiautonomie im Internationalen Deliktsrecht mit weiteren Urteilen, *Qin*, Front. Law China 2010, 5(4) 600, 607 ff.

192 So im Urteil *(2004) Yue Gao Fa Min Si Zhong Zi Nr. 53*. Darstellung des Urteils und Anmerkung siehe *Qin*, Front. Law China 2010, 5(4) 600, 610.

193 So im Urteil *(2005) Cheng Min Chu Zi Nr. 850*. Darstellung des Urteils und Kommentierung, *Qin*, Front. Law China 2010, 5(4) 600, 610ff.

Auslegung einzugehen ist, sind nur auf die Gesetze und die Rechtspraxis der VR China nach 1978 zu berücksichtigen.

Vor dem IPRG wurde die Parteiautonomie gesetzlich nur auf internationale Verträge gestattet. Die Rechtswahl auf internationale Verträge kann *ex ante* oder *ex post* erfolgen, aber nur ausdrücklich. Ausnahmeweise ist eine schlüssige Rechtswahl durch Prozessverhalten zugunsten der *lex fori* zugelassen. Wählbar ist nur staatliches Recht. Die Behandlung der Wahl nicht-staatlichen Rechts ist aber uneinheitlich und die Teilrechtswahl ist nicht geregelt. Die Freiheit zur Rechtswahl auf unerlaubte Handlungen wurde im Einzelfall richterrechtlich anerkannt. Die Rechtswahl zugunsten der *lex fori* auf anderen Teilrechtsgebieten ist geringfügig gelockert.

Zweites Kapitel: Allgemeines zur Parteiautonomie

§ 3 Parteiautonomie im internationalen Sachverhalt

I. Erfordernis der Auslandsberührung

Der chinesische Gesetzgeber versteht das Internationale Privatrecht als Sonderrecht für auslandsbezogene Sachverhalte[194]. Gemäß Art. 2 IPRG finden Kollisionsnormen Anwendung nur auf die Sachverhalte, die eine Beziehung mit dem Ausland aufweisen. Die Ansicht, dass das IPR auch die Anwendung des inländischen Rechts im reinen Inlandsfall bestimmt und der Auslandsbezug erst nach der Subsumption der einzelnen Kollisionsnorm klargestellt werden kann[195], ist dem chinesischen IPR fremd[196]. Daher eröffnet sich die Anwendbarkeit der Kollisionsnormen nur dann, wenn die Aufforderung an die Auslandsberührung im Sinne des Art. 2 IPRG erfüllt wird. Zudem sieht Art. 3 IPRG vor, dass die Parteien die Rechtswahl nur auf Zivilbeziehungen mit Auslandsberührung treffen können. Fraglich ist, ob die von Art. 3 IPRG erforderte Auslandsberührung eine Stärkung der Auslandsberührung unterschiedlichen Grades verlangt. Diese Ansicht findet aber keine Stütze im Gesetzestext und in den gesetzgeberischen Materialien. Im Schrifttum werden auch die beiden Auslandsbrührungen gleichgesetzt[197].

II. Bestimmung der Auslandsberührung

1. Auslandsberührung im Sinne von Art. 2 IPRG

a) Tatbestandprüfung der Zivilbeziehung

Das IPRG beschreibt die Auslandberührung nicht[198] vor. Die geltende Umschreibung der Auslandsberührung sieht das OVG in Art. 1 Interpretation I vor, der

---

194 *Han*, IPR S. 1 f.; *Li*, IPR S. 1 ff.; *Qi*, IPRG S. 33.

195 Vgl. Neuhaus, Grundbegriffe S. 104 f.; Siehr, S. 359; v. Hoffmann/Thorn, IPR S. 5; IPR Stoll, IPRax 1984 S. 1; Lüderitz, in FS Kegel, S. 345 ff.; MüKo-Sonnenberger, Art. 3 Rn. 8; Staudinger-Hausmann, Art. 3 Rn. 5.

196 Die Ansicht im deutschen Schrifttum über den Anwendungsbereich des IPR und Unzulänglichkeit der Legaldefinition des IPR wird schon auf Chinesisch vorgestellt, siehe *Du*, Deutsches IPR S. 375.

197 Du, IPRG S. 267 ff.

198 Ob eine Legaldefinition der Auslandsberührung festzulegen ist, war sehr umstritten im Gesetzgebungsverfahren. Auf dem ersten IPRG-Entwurf des IPRG wurde eine

sich an die alte Regelung von Ziff. 178 Ansichten AGZ und Art. 304 Ansichten ZPG anlehnt[199]. Dort wird die Methode der Tatbestandsprüfung der Zivilbeziehung angewandt. Der Gegenstand der der Kollisionsnorm stellt die rechtlich ungeformte Zivilbeziehung dar[200], die die Rechtssubjekte, Rechtsobjekte und deren Beziehung ausmacht und durch Rechtstatsachen begründet und ausgelöscht wird[201]. Art. 1 Interpretation I legt somit den Sachverhalt mit Auslandsberührung fest, wenn mindestens eines der Bestandselemente der Zivilbeziehung mit dem Ausland Berührung aufweist. Die Berührungsarten, durch die eine Zivilbeziehung mit dem Ausland lokalisiert wird, werden auch von Art. 1 Interpretation I vorgegeben, z. B. die Staatsangehörigkeit eines Rechtssubjekts oder die Belegenheit eines Rechtsobjekts. Art. 1 Interpretation listet aufgeschlossene Kategorien der Bezugsarten auf. Um alle Fälle mit Auslandsberührung auf flexible Weise zu umfassen[202], sieht Art. 1 Interpretation eine Auffangregel vor, nach dessen Bestimmung alle anderen Zivilbeziehungen, die als auslandsbezogen angesehen werden können, als auslandsbezogen anzusehen sind.

b) Arten der Auslandsberührung

(1) Rechtssubjekte mit Auslandsberührung

Art. 1 Nr. 1, 2 Interpretation I listen die Fallgruppen auf, die hinsichtlich ihrer Rechtssubjekte auslandbezogen sind. Soweit mindestens eine der Parteien Bezug zum Ausland hat, ist die Zivilbeziehung auslandsbezogen. Die betreffende Person beschränkt sich im Gerichtsprozess aber nicht streng auf die streitigen Parteien.

---

ausführliche Definition der Auslandsberührung (Art. 1, Buch 9 ZGB-Entwurf) umfassen, die sich an Ziff. 178 Ansichten AGZ anschließt. Ähnlicher Vorschlag findet sich in Art. 2 Abs. 2 Model Law. Der Vorschlag wurde aber auf dem zweiten und weiteren Entwurf trotz des Plädoyers einiger Mitglieder des Rechtsausschusses des SANVK und Gegenmeinung im Schrifttum verweigert, weil Auslandsberührung Auslegungssache ist und in anderen IPR Gesetzen von anderen Staaten auch keine Legaldefinition der Auslandsberührung vorgeschrieben wird. vgl. *Wang*, Chinese Journal of Law 2012 Heft 2 187, 188; *Qi*, IPRG S. 34; *Xiao*, IPR S. 2–3; *Li*, IPR S. 1 ff; *Du*, IPRG S. 2 ff.

199 Vgl. *Liu*, IPRG S. 12 f.; *Du*, IPRG S. 1f.; *Qi*, IPRG S. 33ff.

200 Dieser Gedanke wurzelt schon in den AGZ, *Huang/Xiao*, China Social Science 1990 Heft 6 193, 193.

201 *Liang*, Zivilrecht AT S. 59 ff.; *Wang*, Zivilrecht S. 39 ff.; *Wang/Yang/Wang/Chen*, Zivilrechtswissenschaft S. 34 ff.

202 So das OVG, *Zhang*, People's Court Daily am 7.1.2013 S. 6.

Mitbeklagte können den Streit ebenfalls mit Auslandberührung färben[203]. Wenn der Zedent einer streitigen Forderung[204], der Gläubiger eines gemeinsamen Schuldners[205] oder ein Gläubiger der mehrmals verkauften Aktien[206] ausländischer Staatsbürger ist, wird dieser Intervenient auch als Bezugsperson betrachtet.

Die betroffene Person kann eine natürliche oder juristische Person sein. Je nach der Art der Rechtsubjekte wird eine unterschiedliche Bezugstatsache verwendet. Bei natürlichen Personen sind die Staatsangehörigkeit und der gewöhnliche Aufenthalt maßgebend. Ausländische Nationalität tritt als die häufigste und wichtigste Bezugstatsache in der Praxis vor der Einführung des gewöhnlichen Aufenthalts auf[207]. Staatenlose werden wie Ausländer behandelt. Im Fall der Doppelstaater richtet sich die effektive Staatsangehörigkeit sich nach Art. 19 IPRG. Für die Nationalität ist der Staat maßgebend, in dem die Person ihren gewöhnlichen Aufenthalt hat, im Fall ohne gewöhnlichen Aufenthalt der Staat, mit dem die Person am engsten verbunden ist.

Da das IPRG den gewöhnlichen Aufenthalt zur Hauptanknüpfung des Personenstatuts[208] angeordnet hat, fügt Art. 1 Nr. 2 Interpretation I den gewöhnlichen Aufenthalt auch als Bezugstatsache hinzu. Art. 15 Interpretation I sieht als Legaldefinition für den gewöhnlichen Aufenthalt, gemäß dessen Bestimmung man unter dem gewöhnlichen Aufenthalt der natürlichen Person den Ort versteht, an dem die Person ihren Lebensmittelpunkt hat und sich bis zur Entstehung des Streits mehr als ein Jahr aufgehalten hat. Für die Feststellung des gewöhnlichen Aufenthalts ist nach Art. 15 Interpretation I der Zeitpunkt maßgeblich, in dem die Zivilbeziehung entsteht, sich ändert oder erlischt. Dadurch soll der Statutenwechsel auf Grund eines Wohnortswechsels vermieden werden. Ausnahmeweise wird in den Fällen wie der stationären Behandlung im Krankenhaus, der

---

203 So im Urteil (2012) *Zhe Shang Wai Chu Zi* Nr. 294.

204 Im Urteil *(2003) Dong Fa Min Si Chu Zi Nr. 1144* wird der Sachverhalt deswegen als mit auslandsbezogen betrachtet, weil der Beklagte Zedent eine Tochtergesellschaft eines in Taiwan eingetragenen Unternehmens ist.

205 Dritter mit Auslandsberührung in der Nebenintervention, so im Urteil: (2004) *Yue Gao Fa Min Si Zhong Zi* Nr. 102.

206 Dritter mit Auslandsberührung in der Hauptintervention, so im Urteil *(2005) Hui Zhong Min San Chu Zi Nr. 431.*

207 Staatsangehörigkeit sowie Regionalzugehörigkeit im Fall des interlokalen Konflikts, in den folgenden Urteilen: (2011) *Gui Min Si Zhong Zi Nr. 11*; (2011) *Min Gao Min San Zhong Zi* Nr. 21; (2010) *Chang Shang Wai Zhong Zi* Nr. 3; (2010) *Chuan Min Zhong Zi* Nr. 233; (2010) *Gui Min Si Zhong Zi* Nr. 9; (2008) *Hu Yi Zhong Min Wu (Shang) Chu Zi* Nr. 182.

208 *He*, ICLQ 62(2013) 137, 137 ff.; *He*, YbPIL 14(2013) 323, 328 ff.

Arbeitsdienst unter Personalvermittlung oder des Aufenthalts von öffentlichen Dienstes wegen, gemäß Art. 15 Interpretation I nicht als gewöhnlicher Aufenthalt anerkannt. Da der gewöhnliche Aufenthalt frisch in die Regelung gelangt ist, bleiben viele Fragen ungeklärt. Dazu, wie der Lebensmittelpunkt zu identifizieren ist, hat das OVG sich nicht geäußert. Ob der Wille der Partei dabei völlig außer Acht zu lassen ist, bleibt unklar. Ob man gleichzeitig mehrere Lebensmittelpunkte haben kann, ob ein differenziertes Verständnis des gewöhnlichen Aufenthalts unter verschiedenen Zwecken der Anknüpfung im jeweiligen Normzusammenhang möglich ist, weißt man nicht.

Soweit eine Partei der Zivilbeziehung eine ausländische juristische Person oder Organisation ist, wird die Zivilbeziehung als auslandsbezogen qualifiziert. Eine juristische Person wird dann als ausländisch betrachtet, wenn sich ihr Gründungsort gemäß Art. 14 Abs. 1 IPRG im Ausland befindet. Gründungsort ist gemäß Art. 16 Interpretation I der Ort, an dem die juristische Person gegründet und ins Register eingetragen wurde. Es gilt hier also die Gründungstheorie[209]. Vor In-Kraft-Treten des IPRG hat schon diese Theorie schon gegolten[210]. Jedoch tritt gemäß Art. 14 Abs. 2 IPRG die Hauptniederlassung der juristischen Person an die Stelle des Gründungsorts, wenn der Gründungsort mit der Niederlassung auseinanderfällt[211]. Die Niederlassung der juristischen Person wird zudem gemäß Art. 14 Abs. 2 S2 als gewöhnlicher Aufenthalt der Person angesehen. Beachtenswert sind diejenigen Gesellschaften, deren Aktien hauptsächlich der ausländischen natürlichen oder juristischen Person gehören, als ausländische zu beurteilen[212]. So werden die von Ausländer in China investierten Gesellschaften für ausländische Rechtssubjekte gehalten, wenn sie in China weiter investieren, Art. 13 Bestimmungen des Handelsministeriums über Gründung

209 *Li*, IPR S. 167 f.

210 Die meisten zugänglichen Urteile mit Auslandsberührung sind auf ausländische Staatsbürgersacht bezogen, so z. B. in den Urteilen, *(2011) Shao Wai Shang Chu Zi Nr. 36; (2009) Zhe Yong Shang Wai Chu Zi Nr. 106; (2009) Jin Gao Min Si Zhong Zi Nr. 576; (2003) Ning Min Wu Chu Zi Nr. 15; (2003) Yue Gao Fa Min Si Chu Zi Nr. 3; (2003) Guang Hai Fa Chu Zi Nr. 176;* Aktz. *(1998) Guang Hai Fa Shang Zi Nr. 96; (2006) Hui Zhong Fa Min Si Chu Zi Nr. 184.*

211 In der früheren Rechtsprechung wurde Niederlassung einer juristischen Person als Berührungspunkt erachtet. So wurde im Urteil des OVG (2001) *Min Si Zhong Zi Nr. 26* ein in China registriertes Unternehmen mit Niederlassung im Singapur als ausländische Rechtssubjekte behandelt.

212 *Liu*, IPRG S. 13.

der Gesellschaft für Investitionsverwaltung von ausländischen Anlegern[213]. Unter der Kategorie des ausländischen Rechtssubjektes meint man zudem den ausländischen Staat und die internationalen Organisationen[214].

Ausländische Staaten und internationale Organisationen sind auch unter Umständen als Ausländer i.S.v. Art. 1 Nr. 1 Interpretation I zu betrachten, obwohl dies nicht im Gesetzestext zum Ausdruck gebracht wird[215]. In der Praxis ist die Klage gegen ausländische Staaten oder internationale Organisation nur dann zulässig, wenn der Staat auf die Immunität verzichtet[216].

(2) Rechtsobjekte mit Auslandberührung

Wenn das Rechtsobjekt der Zivilbeziehung außerhalb des Territoriums der VR China liegt, hat die Zivilbeziehung einen Auslandsbezug. Unter Rechtsobjekten der Zivilbeziehung versteht man hauptsächlich Sachen; sowohl bewegliche als auch unbewegliche[217]. So kann z. B. der Nachlass oder der Kaufgegenstand im Ausland belegen sein[218]. Darüber hinaus zählen Rechtsbeziehungen sowie Rechte und Pflichten zu den Rechtsobjekten der Zivilbeziehung. Der Unternehmenskauf einer ausländischen Gesellschaft ist als auslandsbezogen zu behandeln[219].

(3) Rechtstatsache mit Auslandsberührung

Rechtstatsache ist die Tatsache, die die Entstehung, Änderung und Auflösung einer Zivilbeziehung zur Folge hat Unter der Kategorie versteht man vor allem

213 Gemäß dessen Bestimmungen darf ausländische Gesellschaft in China nach entsprechendem chinesischem Recht neue Gesellschaft für Investitionsverwaltung gründen. Die neu gegründete Gesellschaft für Investitionsverwaltung ist inländische juristische Person. Die von der Investitionsgesellschaft durch Anlegen nach chinesischem Recht weiter gegründete Gesellschaft behält aber noch die Identität der ausländischen juristischen Person, s. *Du*, IPRG S. 4.

214 *Liu*, IPRG S. 13; *Qi*, IPRG S. 34; *Zhang/Xu*, IPR S. 1.

215 Die Frage, ob ausländischer Staat und internationale Organisation neben Ausländer in die Bestimmung der Auslandsberührung einzubeziehen sind, war umstritten beim Verfassen der Interpretation I. Es hing von der Frage der Immunität des Staates ab, die schon zum Gegenstand eines Immunitätsgesetzes genommen ist. Bevor die Rechtslage klar wird, das OVG erwägt zu schweigen. *Zhang*, People's Court Daily am 7.1.2013, S. 6.

216 *Zhang*, People's Court Daily 7.1.2013, S. 6.

217 *Han*, IPR S. 1; *Li*, IPR, S. 1; *Zhang/Xu*, IPR S. 5.

218 *Li*, IPR S. 2; *Liu*, IPRG 13;

219 *Li*, IPR S. 2.

Rechtsgeschäfte, tatsächliche Handlungen und Ereignisse, wie der Abschlussort[220] und Erfüllungsort[221] eines Vertrags oder der Handlungsort einer unerlaubten Handlung. Tritt die Rechtstatsache, z. B. Vertragserfüllung, außerhalb des Territoriums Chinas ein, wird die Zivilbeziehung auslandsbezogen. Kommt eine unerlaubte Handlung in einem Land vor, während der Schaden in einem anderen Land eintritt, ist ebenfalls Auslandsbezug gegeben[222].

(4) Sonstige Auslandsberührungen

Art. 1 Nr. 5 IPRG sieht eine Auffangregel vor. Eine Zivilbeziehung kann nach anderem Maßstab außer den oben dargestellten Kriterien als auslandsbezogen behandelt werden. Die Justizielle Interpretation sagt nichts über die Auffangregel aus. Kein Urteil darüber ist bekannt. Nach einhelliger Meinung[223] könnte der Sachverhalt auslandsbezogen sein, soweit aus ökonomischen Gründen oder Auswirkungen anderer Weise, die den Konflikt der Rechte von mehreren Staaten auslösen können.

c) Ausland

Das Ausland im Sinne des Art. 1 Interpretation I bezeichnet souveräne Staaten. Das IPRG und die zugehörige Justizielle Interpretation finden jedoch gemäß Art. 19 Interpretation I auf Zivilbeziehung mit Berührung zu Hongkong und Macau Anwendung[224]. In dieser Hinsicht werden die beiden chinesischen Sonderverwaltungszonen als Ausland im Sinne des Art. 1 Interpretation I betrachtet. Gemäß Art. 1 *Bestimmungen bezüglich des anwendbaren Rechts auf*

---

220 Im Urteil *(2010) Liao Min San Sen Zi Nr. 11* wird der Abschlussort eines Vertrags als potenzielle ausländische Berührung vom Oberen Volksgericht der Provinz *Liaoning* prüft.

221 So die ins Ausland zu liefernde Kaufsache im Urteil *(2011) Su Shang Wai Zhong Zi Nr. 0057;* Bestimmungsort eines Beförderungsvertrags befindet sich im Ausland im Urteil *(2011) Guang Hai Fa Chu Zi Nr. 600* und im Urteil *(2004) Yue Gao Fa Min Si Zhong Zi Nr. 179.*

222 *Liu*, IPRG S. 13.

223 *Liu*, IPRG S. 13; *Du*, IPRG S. 5; *Xiao*, IPR S. 2 f.; *Xuan*, Tribune of Political Science and Law 2011 Heft 1 110, 111.

224 Zu der früheren Rechtslage, also Art. 5 Zuständigkeits-Regelungen, Nr. 153 Protokoll 05 sowie Nr. 11 Bestimmungen 2007, Deißner, Chinas IRR S. 18 ff.; *Li*, IPR S. 3; *Zhang*, IPR S. 486; *Du*, IPRG S. 80.

Zivil- und Handelssachen mit Bezug zu Taiwan[225] ist Taiwan auch als Ausland zu behandeln[226]. Rechtsstreitigkeiten mit Berührung zu Hongkong, Macau und Taiwan machen den wesentlichen Teil des internationalen Rechtsverkehrs aus. Knapp die Hälfte[227] der veröffentlichten Urteile mit Auslandsberührung beziehen sich auf zwischenregionale Konflikte innerhalb der VR China.

2. Rechtswahl als keine Auslandsberührung

Da Art. 3 IPRG die Auslandsberührung zur Rechtswahl voraussetzt, geht man im Umkehrschluss davon aus, dass die Rechtswahl zugunsten ausländischen Rechts an sich keine Auslandsberührung darstellt. Es macht Sinn, weil es nötig ist, eine klare Linie zwischen materiell-rechtlicher Verweisung und kollisionsrechtlicher Verweisung zu ziehen. Wenn alle Bezugspunkte des Sachverhalts in einem einzigen Land vorliegen, ist die Anwendung des dispositiven Rechts der Rechtsordnung zu gewähren. Zudem droht in einem rein inländischen Fall Rechtsunsicherheit. Sonstiges schützenswertes Parteiinteresse ist nicht ersichtlich. So wird die Rechtswahl zugunsten ausländischen Rechts bei der Prüfung außer Acht gelassen, wenn zwei chinesische Unternehmen in Japan auf Japanisch einen Auftragsvertrag mit Rechtwahl zugunsten japanischen Rechts und Gerichtsstandklausel zugunsten japanischen Gerichts geschlossen haben[228]. In dem Fall begründet die Gerichtsstandklausel eben keine beachtenswerte Auslandsberührung.

3. Maßgeblicher Zeitpunkt

Da das objektive Statut vor der Vornahme der Rechtswahl gilt, soll der Zeitpunkt des Zustandekommens der Rechtswahl maßgeblich für die Internationalitätsprüfung sein. Fehlt es an der Auslandsberührung, kann keine gültige Rechtswahl getroffen werden. Wenn ein zunächst reiner inländischer Sachverhalt nachträglich ein internationales Gepräge erhält, indem z. B. eine Partei ins Ausland zieht, berührt dies die Rechtslage nicht. In dem Fall gilt das objektive Statut weiter. Der im Nachhinein auftretende Umstand mit Auslandsberührung nimmt auch keinen Einfluss auf die getroffene Rechtswahl. Die Parteien können jedoch eine abträgliche Rechtswahl vereinbaren oder im Voraus eine

---

225 *Guanyu Shenli Shetai Minshangshi Anjian Falü Shiyong Wenti de Guiding* (Bestimmungen des OVG bezüglich des anwendbaren Rechts auf Zivil- und Handelssachen mit Bezug auf Taiwan), Aktzeichen: *Fa Shi (2010) Nr. 19.*

226 So das OVG. *Zhang*, People's Court Daily 7.1.2013, S. 6.

227 *Guo/Xu*, CYbPIL&CompL 11(2008) 124, 124 ff.

228 So im Urteil: (2010) *Liao Min San Shen Zi* Nr. 11.

Rechtswahl mit Bedingung treffen. In dem Fall tritt ein Statutenwechsel ein. Die Rechtswahl gilt *ex nunc*.

III. Stellungnahme

Im Schrifttum wird das Konzept der Tatbestandsprüfung kritisiert[229], weil einerseits diese Methode nicht in der Lage sei, alle Sachverhalte mit Auslandsberührung zu umfassen. Auf der anderen Seite erscheint die Gleichsetzung aller Bestandelemente der Zivilbeziehung ohne Berücksichtigung ihrer kollisionsrechtlichen Bedeutung problematisch. *Wang*, der Vizedirektor des Rechtsausschusses des Ständigen Ausschusses des NVK, hat einige Beispiele[230] davon genannt, wie z.B. eine Prügelei zwischen Chinesen bei einer kurzen Reise im Ausland, der Schluss eines Darlehensvertrags von zwei chinesischen Firmen während eines Seminars im Ausland und der Kauf zwischen chinesischen Gesellschaften von Waren *in transitu* mit Bestimmungsort im Inland. Gemäß Art. 1 Interpretation I seien die drei Fälle auslandsbezogen, während diese Fälle sich im Wesentlichen nur auf China beziehen. In diesen Fällen könne die Kollisionsnorm „falsch" berufen werden. In den Beispielsfällen ergibt sich aus den Verweisungen immer das anwendbare Recht - nämlich das chinesische Recht. Dort wird der Unterschied zwischen inländischem und internationalem Sachverhalt bedeutungslos.

Zudem hilft die Tatbestandsprüfung der Zivilbeziehung zur Festlegung der Internationalität im einzelnen Fall nicht viel. Normalerweise spielt es z.B. beim internationalen Kauf keine Rolle, wo die Produkte hergestellt sind. Es ist aber dann von Bedeutung, wenn die Frage der Produkthaftung gestellt ist. Ein weiteres Beispiel ist die Belegenheit des Vermögens. Die Belegenheit des Vermögens ist bezüglich der persönlichen Ehewirkung irrelevant, aber bei den güterrechtlichen Verhältnissen erheblich. Die relevanten Elemente der Zivilbeziehung variieren dann je nach der zu prüfenden Zivilbeziehung. Die Prüfung der Auslandsbezogenheit erfolgt nur dann unter der einzelnen Zivilbeziehung.

Hinsichtlich der Parteiautonomie stellt sich die Frage, ob die Möglichkeit der Rechtswahl gegeben ist, unabhängig davon, ob der auslandbezogene Tatbestand der Zivilbeziehung kollisionsrechtlich von Bedeutung ist. Das Vorliegen der Auslandsberührung im Sinne des Art. 1 Interpretation I eröffnet zwar die Anwendbarkeit der Kollisionsnorm, gelangt jedoch zur richtigen Rechtsordnung, wenn die Auslandsberührung kollisionsrechtlich irrelevant ist. Wenn ein kollisionsrechtlich irrelevanter Auslandsbezug im Sinne des Art. 1 Interpretation I

229 *Qi*, IPRG S. 34. Vgl. auch *Xiao*, IPR S. 2–3; *Li*, IPR S. 1 ff; *Du*, IPRG S. 2 ff.
230 *Wang*, Chin. L. J. (2011) Heft 2 187, 188.

für die Ausübung der Parteiautonomie ausreicht, können die Parteien durch die Rechtswahl das zwingende inländische Recht umgehen. Der Beispielsfall ist so, wenn eine Rechtswahl für den Kaufvertrag getroffen ist, bei dem außer dessen Abschlussort alle Umstände im Inland liegen. Es kann zwar durch *fraus legis* gemäß Art. 11 Interpretation I beseitigt werden. Die richtige Lösung soll jedoch die zweckmäßige Auslegung der Auslandsberührung im Sinne des Art. 3 IPRG sein. Die von Art. 3 IPRG erforderte Auslandsberührung ist wegen der differenzierten Funktionen von der Auslandsberührung gemäß Art. 2 IPRG zu trennen. Zur Einschaltung einer Rechtswahl sind wie vom Art. 3 Rom I-VO gefordert[231] darüber hinaus mehr bedeutendere Kontakte mit dem Ausland erforderlich. Der Ansatz, der von Art. 3 Rom I-VO vertreten wird[232], könnte hier auch maßgebend sein, also dass die Tatsachen, die einen Auslandbezug begründen können, in der Regel solche, die für objektive Anknüpfung, die in Ermangelung der Rechtswahl zur Anwendung kommt, bedeutsam sind.

231 Zum Art. 27 EGBGB, s. Schurig, RabelsZ 54 (1990) S. 223; zum Art. 3 Abs. 3 Rom I-VO, Staudinger/Magnus, Art. 3 Rom I-VO Rn. 93.

232 MüKo/Martiny, Art. 3 Rom I-VO Rn. 93; Staudinger/Magnus, Art. 3 Rom I-VO Rn. 137 ff.

§ 4 Vereinbarung der Rechtswahl

I. Ausdrücklichkeit

Art. 3 IPRG ordnet an, dass die Parteien das anwendbare Recht ausdrücklich vereinbaren müssen. Diese Bestimmung stellt wegen ihrer Stellung im Allgemeinen Teil des IPRG ein allgemeines Gebot der ausdrücklichen Rechtswahl dar. Soweit keine spezielle Bestimmung in den besonderen Teilen des IPRG oder anderen Gesetzen vorgesehen ist, gilt der Ausdrücklichkeitszwang. Vor chinesischen Gerichten wird daher ohne weiteres nur die ausdrücklich zustande gekommene Rechtswahl anerkennt, also *expressis verbis* oder Nichts. Aus den gesetzgeberischen Materialien ergibt sich keine Begründung für das Ausdrücklichkeitsgebot[233]. Da die Anforderung der Ausdrücklichkeit als Bestätigung der ständigen Haltung des chinesischen Gesetzgebers[234] und der rechtsprechenden Praxis[235] jedoch nur in Bezug auf den internationalen Schuldvertrag dient, sieht man ihre Rechtfertigung in ihrer Entstehungsgeschichte. Das OVG hat mal das in Art. 3 Bestimmungen 07 enthaltene Ausdrücklichkeitsgebot dadurch begründet, dass die Ausdrücklichkeit die Rechtsklarheit fördere und die ausdrückliche vorgenommene Rechtswahl einfach feststellbar sei[236]. Der Ansatz zur Gewährung der Rechtsicherheit wird auch im Schrifttum vertreten[237]. Sorge besteht darin, dass die richterliche Auslegung der Vertragsbestimmungen und des Umstandes des Abschlusses des Verweisungsvertrags zur Unsicherheit und Willkür führen könne. Der konkludente Parteiwille, der anhand der äußeren Erscheinungen vom Richter ermittelt wird, verbreite die Gefahr der Missdeutung. Der Richter darf

233 In den gesetzgeberischen Berichten wurde die Frage nicht behandelt. *Hu*, Amtsblatt des SANVK 2010 Heft 7 643, 643; *Sun*, Amtsblatt des SANVK 2010 Heft 7 645, 645.

234 Ziff. 2.2 Ansichten AWVG stellte schon fest, dass die Vereinbarung des auf den Außenvertrag anwendbaren Rechts ausdrücklich erfolgen muss. Münzel, IPRax 1989 S. 109; *Xu*, ICLQ. Vol. 38 S. 650. Ziff. 46 S. 1 Protokoll 05 setzt der gültigen Rechtswahl auch die ausdrückliche Form voraus. Art. 3 Bestimmungen 2007 sieht hinsichtlich des internationalen Vertrags prinzipiell gleichwohl den Ausdrücklichkeitszwang auf den Abschluss und die Änderung der Rechtswahl vor. Weiteres zu der älteren Rechtslage und Diskussion. Deißer, Chinas IRR Rn.442 ff.

235 So geregelt ist in Art. 3 Bestimmungen 07. In der früheren Rechtsprechung gibt es jedoch abweichendes Urteil, z. B. (2003) *Guang Hai Fa Chu Zi* Nr. 17, dort wird das Schweigen auf eine AGB-Rechtswahlklausel als Annahme ausgelegt.

236 *Yuan*, Legal Daily am 12.8.2007 S. 9.

237 *Liu*, IPRG S. 40; *Xu*, Willensautonomie, S. 120 ff.; *Huang*, IPR S. 314.

deswegen nur anhand ausdrücklicher Willenserklärungen eine Rechtswahl feststellen. Im Hinblick darauf, dass Volksgerichte traditionell wenig mit internationalen Sachverhalten zu tun haben, sei es daher nötig, nur der ausdrücklichen Rechtswahl stattzugeben. Die herrschende Meinung findet ihren Niederschlag im Model Law. Gemäß Art. 100 Model Law hat die Rechtswahl auf internationale Verträge explizit zu erfolgen, weil die ausdrückliche Rechtswahl den Parteiwillen klarer als die stillschweigende aufweisen kann[238]. Im Schrifttum zu Art. 3 IPRG wird zum Teil mit Hinweis auf die ausländischen Rechte geäußert, die die stillschweigende Rechtswahl erlaubenden, dass die konkludente Rechtswahl nicht völlig abgelehnt werden solle[239].

In Art. 3 IPRG ist nur von der Vereinbarung der Rechtswahl die Rede. Aus dem Sinn und Zweck des Ausdrücklichkeitsgebots ergibt sich klar, dass die Änderung der Rechtswahl auch ausdrücklich erfolgen muss. Sonst würde die Anforderung der ausdrücklichen Rechtswahl durch konkludente Änderung der Rechtswahl ausgehöhlt.

II. Zustandekommen und materiell-rechtliche Wirksamkeit

1. Keine Bestimmung *de lege lata*

Art. 3 IPRG und andere Vorschriften im IPRG, die Parteiautonomie gestatten, sprechen davon, dass die Parteien mittels „Vereinbarung" (*Xie Yi*) das anzuwendende Recht wählen können. Die Vereinbarung stellt damit einen Vertrag dar, der auf mindestens zwei[240] übereinstimmende Willenserklärung beruht. Aus Art. 3 IPRG wird jedoch nicht entzogen, nach welchem Recht sich das Zustandekommen und die Wirksamkeit des Vertrags derart beurteilt werden. Die Regelungen der Rechtsfrage, wie die Rechtswahl z.B. bei den kollidierenden AGB-Rechtswahlklauseln zustande kommt, sowie wie ihre Wirksamkeit z. B. im Fall der Willensmängel zu beurteilen ist, werden vom Gesetzgeber offen gelassen. Eine Antwort erhält man ebenso wenig aus der Interpretation I von OVG.

In der Rechtsprechung findet sich ein Urteil vom Seegericht *Qinghai*[241], das über die Wirksamkeit einer Rechtswahlklausel entscheidet. Der Verkäufer hat einen Kaufvertrag an einem Schiff mit dem Käufer wirksam geschlossen. Daraufhin

238 CSPIL, Model Law S. 138.
239 *Qi*, IPRG S 67, 68.
240 Im IPRG ist keine einseitige Rechtswahl aber nur Optionsrecht geregelt.
241 Urteil von Seegericht *Qingdao* am 9.9.2002. Darstellung und Anmerkung von dem Urteil siehe *Zhang/Xu*, IPR S. 266 f.

verkauft der Käufer das Schiff weiter an einen Dritten. Dabei hat der Käufer den Verkäufer ohne sein Wissen als Mitverkäufer hinzugefügt. Im Weiterverkaufsvertrag wird eine Rechtswahlklausel zugunsten englischen Rechts zuzüglich einer Schiedsklausel zugunsten einer englischen Schiedsinstitution eingeschlossen. Später ist Streit zwischen dem Käufer und dem Dritten entstanden. Der Dritte reicht die Schiedsklage bei dem vereinbarten Schiedsinstitution ein, um Schadensersatz von dem Käufer und dem Verkäufer zu verlangen. Der Verkäufer weigert sich, an dem Schiedsverfahren zu beteiligen, dann erhebt negative Feststellungsklage hinsichtlich des Zustandekommens des Vertrags zwischen ihm und dem Dritten. Das Seegericht *Qingdao* bestätigt das Nichtbestehen des Vertrags einschließlich der darin enthaltenen Rechtswahlklausel ohne Angabe der maßgeblichen Rechtsgrundlage, mit der Begründung, „da der Kläger weder unterzeichnet noch gestempelt hat, besteht keine wirksame Rechtswahl zwischen den Parteien." Das Seegericht *Qingdao* erkennt das Konsensproblem bezüglich der Rechtswahl, gelangt jedoch ohne Erläuterung der kollisionsrechtlichen Rechtsgrundlage zum Ergebnis. Ob *lex fori* oder *lex causae* oder sogar das allgemeine Rechtsbewusstsein angewandt wird, bleibt ein Mythos. Das Lehrbuch[242], in dem das Urteil zitiert wird, merkt an, dass die Rechtswahl vom Hauptvertrag unabhängig ist. Wie ihre Wirksamkeit zu beurteilen ist, sagt das Buch nicht.

In einem anderen Urteil[243] vom Seegericht *Guangzhou* wird das Zustandekommen der Rechtswahl in ähnlicher Weise behandelt. Ein Frachtführer sendet an den Absender ein formularmäßiges Konnossement, auf dessen Rückseite eine Rechtswahlklausel steht. Der Absender nimmt das Angebot an und übergibt die Güter an den Frachtführer. Nachdem die Waren den Bestimmungsort erreichen, übergibt der Frachtführer sie an den Empfänger, dessen Name im Konnossement verbrieft wird. Der Auftraggeber behauptet jedoch, dass der Frachtführer die Waren an die falsche Person übergeben hat. Vor Gericht beruft sich der Frachtführer auf die Rechtswahl, während der Auftraggeber das Bestehen der Rechtswahl bestreitet. Er begründet dies damit, dass die Rechtswahlklausel auf der Rückseite des Konnossements sehr klein gedruckt ist, so dass sie nicht eindeutig gelesen werden kann. Das Seegericht *Guangzhou* stellt das Zustandekommen der Rechtswahlklausel durch das Schweigen des Auftraggebers fest und begründet seine Entscheidung so, „der Kläger (Auftraggeber) als professioneller Außenhändler soll die Klauseln auf der Rückseite kennen soll. Da der Kläger das Konnossement annimmt, ohne jegliche abweichende Meinung über die auf Rückseite gedruckte

242 *Xu/Zhang*, IPR S. 267.
243 Urteil: (2003) *Guang Hai Fa Chu Zi* Nr. 17.

Rechtswahlklausel zu äußern, ist von einer konkludenten Annahme auszugehen.“ Unter welchem Recht die stillschweigende Annahme der formularmäßigen Rechtswahlklausel wirksam wird, nennt das Urteil jedoch nicht.

Im Schrifttum wird nicht viel[244] über das Konsensproblem und die Wirksamkeit der Rechtswahl geäußert. Vertreten werden die Ansicht für die Anwendung der *lex fori*, der *lex causae*[245]sowie die Entscheidung durch Sachnormen im Kollisionsrecht. Für die *lex fori* wird argumentiert, dass das materielle Recht des Forums, dessen Rechtsordnung den Parteien die Rechtswahlfreiheit einräumt, für die Wirksamkeitsvoraussetzungen der Rechtswahl maßgebend ist[246]. Gegen diese Ansicht wird angeführt, dass dort die kollisionsrechtliche und materiellrechtliche Vereinbarung vermengt werden[247]. Für die *lex causae* werden viele Belege aus der Rechtsvergleichung herbeigeführt[248]. Gegen die *lex causae* wird sich auf den logischen Widerspruch berufen[249]. Eine Lösung durch eine eigene sachliche Norm des Kollisionsrechts wird wegen der unpraktischen Ausführbarkeit kritisiert[250]. Trotz dieser theoretischen Auseinandersetzungen besteht keine klar herrschende Meinung.

2. Lösungsversuch

a) Verweisungsvertrag als Hilfskonstruktion

(1) Kollisionsrechtlicher Vertrag

Die Rechtswahl soll keine reine Tatsache sein, die zur Lokalisierung eines in Frage stehenden Rechtsverhältnisses verhilft[251]. Wäre eine Rechtswahl bloßes

244 In meisten Erläuterungen hinsichtlich Parteiautonomie werden das Zustandekommen und die Wirksamkeitsvoraussetzungen im wenigsten Grad berührt, z. B. *Xu*, Willensautonomie S. 109 ff.; *Shao*, Internationales Vertragsrecht, S. 83 ff.; *Li*, Journal of Tsinghua University 19(2004) Heft 6 29, 31.

245 *Xu*, Willensautonomie, S. 111.

246 *Shao*, Internationales Vertragsrecht, S. 86 ff.; *Xu*, Willensautonomie, S. 110.

247 *Li*, Journal of Tsinghua University, 19(2004) Heft 6 29, 31.

248 *Li*, IPR S. 164; *Shao*, Internationales Vertragsrecht, S. 84; *Xu*, Willensautonomie, S. 110.

249 *Li*, IPR S. 164; *ders*, Journal of Tsinghua University) 19 (2004) Heft 6 29, 31.

250 *Li*, IPR S. 165; *ders*, Journal of Tsinghua University) 19 (2004) Heft 6 29, 31.

251 Das Verständnis beruht sich hauptsächlich auf der Theorie der „localisasion“ von *Batifol*, der die Befugnis zur Rechtswahl anerkannt und jedoch die Regelungsmacht der Parteien über das anwendbare Recht bestritten, Nishitani, Parteiautonomie, S. 265 ff.; Maire, Quelle und Statut, S. 124 f. mit weiteren Nachweisen. Einordnung des Parteiwillens als Tatsache wird zudem mit der Absicht angeführt, um das Regelungsproblem

Faktum zur Lokalisierung des bestimmten Verhältnisses, verlöre die Parteiautonomie ihren Vorrang gegenüber der objektiven Anknüpfung. Der Parteiwille, soweit er in dem Fall noch so bezeichnet werden dürfte, würde im Rahmen der objektiven Anknüpfung als Indiz berücksichtigt. Das maßgebliche Recht würde damit nicht von den Parteien, sondern vom Gericht bestimmt. Die Rechtswahl ist eine Willenserklärung, die sich auf eine bestimmte Rechtsfolge richtet. Da die Rechtswahlabrede die Bestimmung des anwendbaren Rechts beinhaltet und an das Kollisionsrecht eine bestimmte Folge anknüpft, geht man davon aus, dass die Abrede der Rechtswahl von kollisionsrechtlicher Natur ist. Dass Konsens und Wirksamkeit der Rechtswahl in den oben zitierten Urteilen ohne jegliche Begründung beurteilt wurden, ist darauf zurück zu führen, dass man die Figur des Verweisungsvertrags sowie ihre rechtsgeschäftliche Eigenschaft der Rechtswahlabrede verkennt, während vergleichbare Rechtsinstitute wie die Gerichtsstandsvereinbarung[252] sowie Schiedsvereinbarung[253] unabhängig als selbstständige Verträge betrachtet werden. Die Feststellung der kollisionsrechtlichen Natur besagt zudem, dass die Wirksamkeitsvoraussetzung des Verweisungsvertrags ausschließlich aus dem Kollisionsrecht zu entnehmen ist. Ohne Anordnung des Kollisionsrechts darf die *lex fori* oder sonstiges materielles Recht sowie vertragliches Kollisionsrecht nicht eingreifen.

(2) Unabhängigkeit des Verweisungsvertrags

Aus der kollisionsrechtlichen Eigenschaft ergibt sich die Unabhängigkeit des Verweisungsvertrags. Die Wirksamkeit der Rechtswahl hängt deswegen nicht von dem materiellen Verhältnis ab, auf das sie sich bezieht. Die Wirksamkeit der Rechtswahl und des Hauptvertrags sind getrennt zu beurteilen, selbst wenn sie als Vertragsklausel im Hauptvertrag mit vereinbart wird. Die Unwirksamkeit des Verweisungsvertrags hat sie jedenfalls nicht zur Folge. Auf gleiche Weise kann die Rechtswahl zwar vor Gericht während des Prozesses getroffen werden, ist jedoch nicht als Prozessvertrag zu betrachten. Die Gerichtsstandsvereinbarung ist nicht

z. B. Zustandekommen, Wirksamkeit sowie wählbaren Rechte zu entgehen, Mincke, IPRax 1985 313, 315 ff.

252 Gerichtsstandsvereinbarung als Prozessvertrag, *Zhou*, Peking University Law Journal Vol. 26, No. 2 (2014) S. 461.

253 Schiedsvereinbarung als selbstständiger Vertrag, zunächst so das OVG im Urteil Aktz. (1999) *Jing Zhong Zi* Nr. 426. Später wurde die Selbstständigkeit der Schiedsvereinbarung in Art. 10 Interpretation zu einigen Fragen über die Anwendung des Schiedsbarkeitsgesetz Chinas. Im Schrifttum, *Du*, IPRG S. 183; Huang/Jiang, IPRG S. 94; *Zhao*, IPR S. 451.

ohne weiteres als Rechtswahl zu deuten[254]. Im Versäumnisverfahren darf aufgrund der einseitigen Berufung der anwesenden Partei keine stillschweigende Rechtswahl angenommen werden[255].

Als ähnliche unabhängige Institute ist an die internationale Gerichtsstandsvereinbarung und Schiedsbarkeitsklausel erinnert. Die Unabhängigkeit der inländischen Schiedsbarkeitsklausel wird in Art. 19 Schiedsverfahrensgesetz anerkannt. Für das Zustandekommen und die Wirksamkeit der internationalen Schiedsvereinbarung wird eine spezifische Kollisionsnorm, nämlich Art. 18 IPRG, vorgesehen[256], nach der die Schiedsvereinbarung in erster Linie dem von den Parteien gewählten Recht unterliegt. Die Gerichtsstandsvereinbarung unterliegt gemäß Art. 34 Zivilverfahrensgesetz zwingend der *lex fori*[257]. Ihre Unabhängigkeit vermag sich aus Art. 61 Vertragsgesetz ergeben, gemäß dessen Bestimmung die Wirksamkeit der Vertragsklauseln über Streitbeilegung vom Hauptvertrag getrennt zu beurteilen ist. Art. 61 Vertragsgesetz als innerstaatliches Recht findet jedoch ohne maßgebliche Verweisung nicht auf den Verweisungsvertrag Anwendung. Die Unabhängigkeit des Verweisungsvertrags stützt sich auf Art. 3 IPRG. Trotz der gemeinsamen Unabhängigkeit erweisen diese Vereinbarungen keine Gemeinsamkeit hinsichtlich der Rechtsgrundlage und Rechtswirkung.

b) Das auf Verweisungsvertrag anwendbare Recht

(1) Anknüpfung des Verweisungsvertrags

Der Verweisungsvertrag dient bei der Anknüpfung des Hauptgeschäfts als Anknüpfungsmoment. Da er keinen Anknüpfungsgegenstand sondern einen Anknüpfungsmoment betrifft, stellt sich die Problematik der Qualifikation

---

254 Der ausschließlichen Gerichtsstandsvereinbarung zugunsten Singapur wird im Urteil *(2009) Min San Zhong Zi Nr. 4* keine kollisionsrechtliche Wirkung zugesprochen. Das OVG zieht Art. 2 Bestimmungen 07 heran, gemäß dessen Bestimmung die Verweisung auf ausländisches Recht Sachnormverweisung ist, also kein ausländisches Prozessrecht umfasst. „Die Rechtswahl und die Gerichtsstandsvereinbarung sind unterschiedliche Rechtsgeschäfte. Ihre Wirksamkeit ist getrennt zu beurteilen".

255 Im Urteil *(2000) Yue Fa Jing Er Chu Zi Nr. 14* haben sich die Parteien ursprünglich das Recht von Macau geeinigt. Nachdem der Streit rechtshängig geworden ist, hat der Beklagte weder die Klageerwiderungsschrift eingereicht noch die mündliche Verhandlung teilgenommen. Das Gericht hat dann von dem Verzicht auf das Recht zur Bestimmung des anwendbaren Rechts ausgesprochen.

256 *Yu*, Peoples Justice 2011 Heft 21 46, 47 f.; *Du*, IPRG S. 181 ff.

257 Zum früheren Art. 242 Zivilverfahrensgesetz mit dem gleichen Regelungsgehalt, *Li*, IPR S: 283 f.; Zhang/Xu, IPR S. 335 f.; *Zhao*, IPR S. 414 f.

nicht[258]. Hierfür hilft daher Art. 8 IPRG nicht. Er geht also auch die Problemstellung der Erstfrage nicht an. Die Regelung des Anknüpfungsmoments ist allein durch Auslegung der Kollisionsnorm der *lex fori* zu ermitteln. Zu der Rechtsfrage, ob die Parteien sich über das anwendbare Recht geeinigt haben, kann das IPR der *lex fori* entweder durch Aufstellung umfassender kollisionsrechtlicher Sachnormen oder mittels Verweisung auf inländisches oder ausländisches Sachrecht lösen.

Das Kollisionsrecht kann erstens eine Sachnorm unmittelbar anordnen, wie Art. 3 IPRG die Ausdrücklichkeit der Rechtswahl vorsieht[259]. Zu fragen ist, ob der Lösungsansatz der „Entscheidungsnorm"[260] im Kollisionsrecht für die umfassende Rechtsfragen der Rechtswahlvereinbarung geeignet[261] erscheint. Eine Sachnorm im Kollisionsrecht empfiehlt sich als Hilfsnorm, die die kollisionsrechtliche Verweisung unterstützt. Das Kollisionsrecht braucht nicht und ist auch nicht in der Lage für jede einzelne Rechtsfrage eigene sachliche Lösungen bereitzustellen. Es schreibt einfach dem sachlich gültig entstandenen Verweisungsvertrag die kollisionsrechtliche Wirkung zu. Am besten soll die Regelung des Verweisungsvertrags durch Verweisung auf maßgebliches materielles Recht gelöst werden. Nur dann, wenn die Verweisungslösung nicht zum befriedigenden Ergebnis führt, wird die Sachnormlösung denkbar.

Ist das Konsensproblem des Verweisungsvertrags durch Anknüpfung zu lösen, wird die Rechtswahlvereinbarung Anknüpfungsgegenstand, ist also nicht mehr Anknüpfungsmoment, auf das das anwendbare Recht für Hauptgeschäft verweist. Für die Anknüpfung des Verweisungsvertrags liegt das eigene interne Sachrecht besonders nahe[262]. Der Vorteil der *lex fori* ist die Effizienz[263]. Die Anwendung der *lex fori* verkürzt den Vorgang der Rechtsanwendung und erleichtert erheblich die Arbeit des Richters[264]. Das Resultat bringt auch höhere justizielle

258 Dieser Lösungssatz wird nicht zum schweizerischen IPRG geäußert. Entsprechende theoretische Auseinandersetzung siehe Moser, Vertragsabschluss, S. 187; Umbricht, Schranken der Rechtswahl, S. 73; Egeler, Konsensprobleme, S. 99.

259 Hierfür oben § 4 I.

260 Die Terminologie wird so benutzt, Jayme, in: Jud/Rechberger/Reichelt (Hrsg.), Parteiautonomie S. 70.

261 Der bislang größte Versuch zum Aufbau eines sachlichen Normensystems im Kollisionsrecht hinsichtlich des Zustandekommens und der Wirksamkeit des Verweisungsvertrags siehe die Dissertation von Stankewitsch, Entscheidungsnormen.

262 Diese Ansicht wird früher sowohl im deutschen als auch im schweizerischen Schrifttum vertreten, siehe Egeler, Konsensproblem, S. 100 f.

263 Egeler, Konsensproblem, S. 101 m. w. N.

264 Egeler, Konsensproblem, S. 101.

Qualität sowie alle Vorteile für die *lex fori* im Internationalen Privatrecht mit sich[265]. Die Begründung zugunsten der *lex fori* überzeugt jedoch nicht. Ihre Anwendung stellt sich den Parteierwartungen entgegen. Sie regt *Forum Shopping* an[266]. Eine einseitige Anwendung der *lex fori* führt außerdem zu vielen Nachteilen, die rechtvergleichend in anderen Rechtsordnung bestätigt werden[267].

Richtigerweise ist der Verweisungsvertrag als ein Vertrag mit Auslandsberührung zu betrachten. Die Auslandsberührung im Sinne von Art. 1 Interpretation I ist erfüllt. Der Verweisungsvertrag ist auslandsbezogen, wenn er mittels der auslandsbezogenen Parteien mit ausländischer Nationalität oder gewöhnlichen Aufenthalt im Ausland gemäß Art. 1 Nr. 1 oder 2 Interpretation I auslandsbezogen ist. Er erweist sich jedenfalls dadurch als auslandsbezogen, dass der Gegenstand des Verweisungsvertrags nämlich der der Rechtswahl unterliegende Sachverhalt als hinsichtlich des Gegenstandes auslandsbezogen gemäß Art. 1 Nr. 3 Interpretation I eingeordnet werden kann. Stellt der Verweisungsvertrag eine Frage der Rechtskollision, ist das auf ihn anwendbare Recht nach der Kollisionsnorm zu ermitteln.

(2) Statut des Verweisungsvertrags

Anschließend stellt sich die Frage, welche Kollisionsnorm für den internationalen Verweisungsvertrag maßgeblich ist. Die Kollisionsnorm über Rechtsgeschäfte könnte maßgeblich sein. Das geltende Recht stellt jedoch keine allgemeine Kollisionsnorm zur Regelung der Willenserklärung und des Rechtsgeschäft bereit[268]. Ist der Verweisungsvertrag schuldrechtlich zu qualifizieren, ist das maßgebliche Recht gemäß Art. 41 IPRG zu ermitteln. Der Verweisungsvertrag

---

265 Z. B. alle Argumente für ein fakultatives IPR, Flessner, RabelsZ 34(1970) S. 547 ff.

266 Zusammenfassende Auseinandersetzung der *lex fori*. Lehre siehe Maire, Quelle und Statut, S. 129 ff.; Egeler, Konsensprobleme, S. 100 ff. mit vielen anderen Nachweisen.

267 Die älteste Schilderung des Problems hinsichtlich des Verweisungsvertrags zum deutschen Recht siehe Haudek, Parteiwille, S. 91 f. Kritik gegen Anwendung der *lex fori* auf Verweisungsvertrag im deutschen und schweizerischen Internationalen Vertragsrecht siehe Stoll, in: FS Heini S. 433. Zusammenfassend siehe Egeler, Konsensproblem, S. 101. Dort wird zudem angeführt, dass ein Schadensersatz geltend gemacht werden kann, wenn eine Partei trotz der Vereinbarung einer Rechtswahl vor Gericht eines Staates klagt, an dem die Rechtswahl nicht bekannt ist.

268 Rechtsgeschäft wird im geltenden chinesischen nicht als einheitliches Rechtsinstitut behandelt. Für jedes besondere Rechtsgeschäft wird jeweilige besondere Kollisionsnorm vorgesehen, z. B. Art. 41 IPRG für Schuldvertrag, Art. 32 IPRG für letztwillige Verfügung, für anderes einseitiges Rechtsgeschäft fehlt jedoch ausdrückliche Anknüpfungsnorm.

ist jedoch keine Verpflichtung, sondern eine kollisionsrechtliche Verfügung[269]. Ausschlaggebend für die Ablehnung der Heranziehung der schuldrechtlichen Kollisionsnorm ist, dass sich die analoge Anwendung des Art. 41 IPRG praktisch nicht durchsetzt. Eine selbständige Rechtswahl für den Verweisungsvertrag kommt selten vor. Beim Verweisungsvertrag kann keine charakteristische Leistung mit Sicherheit bestimmt werden. Die analoge Anwendung der schuldrechtlichen Anknüpfung erweist sich im Ergebnis also nicht als erwünscht. Die analoge Anwendung der Kollisionsnorm für die Schiedsklausel ist auch nicht geboten, weil sie einen unterschiedlichen Schwerpunkt als Rechtswahlklausel hat. Die Schiedsklausel hängt mit dem Schiedsort oder dem Sitz der Schiedsinstitution eng zusammen, während die Rechtswahl mit dem anzuknüpfenden Sachverhalt eng zusammenhängt, gleich vor welchem Gericht die Frage nach dem anwendbarem Recht in Frage steht.

Erweist sich keine analoge Anwendung bereitgestellter Kollisionsnormen als erwünscht, schlägt dies die Tür zur allgemeinen Auffangklausel auf. Gemäß Art. 2 IPRG ist das Recht des Staates maßgebend, mit dem der Sachverhalt am engsten verbunden ist, wenn das IPRG und andere Gesetze keine zutreffende Kollisionsnorm bereitstellen.

Das Sachrecht der *lex fori* erweist in der Regel keine Verbindung zum Verweisungsvertrag. Die Anknüpfung hat zudem mehrere Nachteile[270]. Für den im Prozess getroffenen Verweisungsvertrags weist sich jedoch die Besonderheit auf, dass sie sich mit der *lex fori* enger verbindet als die vor der Rechtsanhängigkeit getroffene Rechtswahl. Sie wird klar mit der Absicht getroffen, um das anwendbare Recht im Verfahren zu entscheiden. Die Rechtswahl versteht sich daher als Beilegungsmittel für den anhängigen Prozess. Die ausdrücklich vor Gericht getroffene Rechtswahl weist damit starken prozessrechtlichen Bezug auf, der die Anwendung der *lex fori* auf den Verweisungsvertrag rechtfertigen kann. Bei der Rechtswahl im Prozess gilt zudem das gegen die Anknüpfung an die *lex fori* angeführte Argument der Ungewissheit der *lex fori* nicht mehr. In diesem Fall ist das Forum schon bestimmt. Die Parteien können sich leicht nach dessen Recht richten.

Das mangels Rechtswahl auf den Sachverhalt anwendbare Recht liegt fern. Man muss nicht das objektiv anwendbare Recht auf das internationale Delikt zuerst zu ermitteln, gemäß dessen Vertragsrecht die Einigung und Wirksamkeit

---

269 Theorie des Verfügungsvertrags, Basedow, RabelsZ 75 (2011) 32, 52 ff.; zum Art. 14 Rom II-VO, gestaltend wirkende Vereinbarung ohne Charakter schuldrechtlichen Vertrags, Nehne, Methodik und allgemeine Lehre, S. 257; Vogeler, Rechtswahl der außervertraglichen Rechtsverhältnisse S. 142.

270 Hierzu vorne § 5 2 b) 1.

des der Rechtswahl zugrundeliegenden Verweisungsvertrags beurteilt werden. Die Anknüpfung des Verweisungsvertrags an das mangels Rechtswahl auf den Sachverhalt anzuwendende Recht vermag vor allem im Bereich des Internationalen Vertragsrechts überzeugen, weil der objektive subsidiäre Anknüpfungspunkt zur Anwendung kommen würde, wenn der primäre Anknüpfungspunkt der Rechtswahl nicht gültig wäre[271]. Nachdem das objektive Vertragsstatut den Verweisungsvertrag bejaht, kann die Rechtswahl dann den Hauptvertrag bestimmen. Die Anknüpfung an die objektive *lex causae* widerspricht aber dem praktischen Zweck der Parteiautonomie, indem sie die Voraussehbarkeit und Klarheit des anwendbaren Rechts illusorisch werden lässt[272]. In dem Fall hätte man zuerst das objektiv anwendbare Recht festzustellen, das durch die Rechtswahl gerade ausgeschaltet werden soll. Dadurch treten alle Unsicherheiten und Unzulänglichkeiten der objektiven Anknüpfung wieder hervor. Nicht jedes Kollisionsrecht stellt bei der objektiven Ermittlung des anwendbaren Rechts auf den gleichen Anknüpfungsbegriff ab. Die Frage, welches IPR zur Anwendung kommt, hängt wiederum von der Erhebung der Klage ab. Das maßgebliche IPR der *lex fori* wäre dann am Anfang unbekannt. Es gilt erst nach der Einleitung des Prozesses rückwirkend. Auf dieser Weise geht die von den Parteien erwünschte Rechtsunsicherheit ins Leere[273]. Darüber hinaus führt die Anknüpfung an die *lex fori* wieder zu einer Doppelführung der Statuten, die wider die Lebenserfahrungen der Parteien steht und den sachlichen inneren Zusammenhang zwischen der Rechtswahl und der Hauptsache bricht. Daher überzeugt selbst im Internationalen Vertragsrecht das objektive anwendbare Recht nicht.

Bei der Anknüpfung an das gewählte Recht begegnet man zuerst dem Einwand, dass die Gültigkeit der Anknüpfung an die *lex causae* einen „Zirkelschluss" darstelle: die Rechtswahl ließe sich nach dem Recht beurteilen, das nur dann gilt, wenn die Rechtswahl wirksam zustande gekommen ist[274]. Die Anwendung des potenziell gewählten Rechts wird als „bootstrapping" veranschaulicht, „die Parteien seien hiernach in der Lage, sich an ihren eigenen Schuhbändern in die

271 Vgl. Egeler, Konsensprobleme, S. 106 Fn. 412.

272 Vgl. Egeler, Konsensprobleme, S. 102.

273 Stoll, FS Heini, S. 434; Vischer/Huber/Oser, Internationales Vertragsrecht S. 25; Egeler, Konsensprobleme, S. 102.

274 Die Kritik des „*circulus vitiosus*" hat im deutschen Schrifttum heftige und dauerhafte Diskussionen ausgelöst, Dölle, RabelsZ 19(1952) S. 173. Zum schweizerischen, Moser, Vertragsabschluss, 179 ff.; Maire, Quelle und Statut, S. 136 mit weiteren Nachweisen.

Höhe zu ziehen“[275], oder „wie Münchhausen am eigenen Zopf aus dem Sumpf herauszuziehen.“[276] sowie die Frage von Ei und Huhn. Dieser Zweifel lässt sich jedoch so widerlegen, dass der Verweisungsvertrag nicht an die wirksam vereinbarte Rechtswahl sondern an den rein tatsächlichen Rechtsschein, den die von den Parteien vorgenommene Rechtswahl erweckt, anzuknüpfen ist[277]. Der „Zirkelschlusses“ ist durch Heranziehung eines neuen „Anknüpfungspunktes“, nämlich des Rechtsscheins der Rechtswahl, gelöst. Die Anknüpfung an die *lex causae* beruht daher nicht auf dem wirksam erfolgten Parteiwillen, sondern auf dem Willen des Gesetzgebers. Das Gesetz ordnet die Maßgeblichkeit der *lex causae* an den Rechtsanschein der Rechtsabrede an[278]. Entsprechend lässt sich die Anknüpfung des Verweisungsvertrags in zwei[279] Schritten vollziehen. Im ersten Schritt ist festzustellen, ob die Parteien einen zurechenbaren Anschein eines gemeinsamen faktischen Willens gesetzt haben. Wenn der Rechtsschein der möglichen Rechtswahl besteht, dann ist im zweiten Schritt die von dem Rechtschein bezeichnete Rechtsordnung heranzuziehen, die die Wirksamkeit der unter dem Rechtsschein versteckten Rechtswahl wertet. Die Gültigkeit der Rechtswahl ist für die Verweisung auf die *lex causae* irrelevant. Wenn der Verweisungsvertrag nach dem gewählten Recht als unwirksam beurteilt wird, ist die Verweisung hierauf weiter gültig.

Solch künstliche Herausbildung des Anscheins einer Rechtswahl entkräftet die Kritik des Zirkelschlusses nur äußerlich. Die innere Rechtfertigung liegt im Internationalen Vertragsrecht an der engsten Verbindung zwischen der Rechtswahl und dem Hauptvertrag. Die beiden sind ihrer Natur und Struktur nach Verträge. Im Normalfall teilen sie das gleiche rechtliche Schicksal, indem sie im gleichen Lebensvorgang vereint sind. Die Vorgreiflichkeit des gewählten Rechts fördert die Akzessorietät zwischen dem Hauptvertrag und der Rechtswahl, indem es die Erwartungen der Parteien widerspiegelt[280]. Die laienhaften Parteien kümmern sich häufig nicht darum, wie ihr Vertrag rechtlich zu beurteilen ist, sondern darum,

---

275 Siehe Stoll, in: FS Heini, S. 434; Mincke, IPRax 1985 S. 315. Die Bezeichnung von „bootstrapping“ wird von Learned Hand geprägt, Fn. 718 in Maire, Quelle und Statut, S. 136.

276 Die deutsche Fassung, Mincke, IPRax 1985 S. 314.

277 Zum früheren deutschen EGBGB siehe v. Bar, IPR Band.2 Rn. 473 ff.; Nauhaus, Grundbegriffe S. 256; zum schweizerischen, Maire, Quelle und Statut, S. 137.

278 Gleiche theoretische Schlussfolgerung zum deutschen Recht, Dölle, RabelsZ 19(1952) S. 173; Kost, Konsensprobleme, S. 39.

279 Kost, Konsensprobleme, S. 39 f.

280 Dölle, RabelsZ 19(1952) S. 173; Kost, Konsensprobleme, S. 33 ff.

wie ihr Geschäft sich abwickelt. Es überfordert die Parteien zu erkennen, dass ein neuer Verweisungsvertrag mit der Rechtswahl entsteht, der von dem Hauptvertrag getrennt zu beurteilen ist. Die einheitliche Anknüpfung des Verweisungsvertrags und des Hauptvertrags vermindert die Doppelprüfung, die sonst im Fall der Anwendung der *lex fori* oder des objektiv anwendbaren Rechts viele Mühe bringt.

Am überzeugendsten liegt der Sinn der Anknüpfung an das gewählte Recht darin, dass das anwendbare Recht sicher und voraussehbar ist. Wäre die unberechenbare Rechtsordnung wie die *lex fori* und die objektive *lex causae* für die Einigung über das anwendbare Recht auf den Verweisungsvertrag maßgebend, würde die Rechtswahl auf die Hauptsache unberechenbar, was dem Sinn der Sicherheit und Klarheit der Parteiautonomie entgegensteht[281].

Da die Heranziehung des gewählten Rechts den Anschein der Rechtswahl voraussetzt, stellt sich die Frage, wonach zu beurteilen ist, ob der tatsächliche Anschein der Rechtswahlabrede zustande gekommen ist. Der Maßstab zur Feststellung des Rechtsanscheins ist dem Kollisionsrecht zu entnehmen. Mit Hilfe einer rechtvergleichenden Umschau zu Artt. 3 Abs. 5, 10, 11, 13 Rom I-VO[282] und Art. 6 Hague Principles[283] lassen sich drei Fallgruppen hinsichtlich des Anscheins vom Zustandekommen des Verweisungsvertrag bilden. In der ersten Gruppe haben die Parteien zwei sich ihrem äußeren Tatbestand nach übereinstimmend deckende Erklärung abgegeben. In diesem Fall (Regelfall) haben sie den Rechtsschein einer Rechtswahl erweckt. Das Statut dieses Verweisungsvertrags ist festgelegt. Ob eine Erklärung mit Willensmangel oder mit einem anderen Wirksamkeitsproblem belastet ist, spielt zunächst keine Rolle. Die rechtliche Bedeutung eines Willensmangels für den Verweisungsvertrag wird demnach gemäß dem Recht geprüft, das die Parteien dem äußeren Anschein nach gewählt haben. In der zweiten Gruppe finden sich die Fälle, in denen jede Partei zum anwendbaren Recht etwas Unterschiedliches erklärt hat. Unter diese Fallgruppe wird häufig die Situation eingeordnet, dass die Parteien einander widersprechende Rechtswahlklauseln austauschen. In einem solchen Fall (Fall der kollidierenden AGB) mangelt es dem äußeren Tatbestand nach an einer Einigung über das anwendbare Recht. Ob es dort als formularmäßige Rechtwahl einbezogen ist, bleibt zu untersuchen[284]. In der dritten Gruppe handelt es sich um die einseitige Rechtswahlerklärung. Eine

281 Dölle, RabelsZ 19(1952) S. 173.

282 Nomos/Leible, Art. 3 Rom I-VO Rn. 45 ff.; Ferrari/Kieninger/Mankowski/Ferrari, Art. 3 Rom I-VO Rn. 6, 7; MüKo/Martiny, Art. 3 Rn. 14 ff.; Staudinger/Magnus, Art. 3 Rom I-VO Rn. 166 ff.

283 Graziano, YBPIL Vol. 14 71, 87 ff.

284 Nachfolgend § 4 V 1.

Partei bringt ihren Willen zur Rechtswahl zum Ausdruck, während die andere Partei zu diesem Angebot aber schweigt. Hier (Fall vorkonsensualen Verhaltens) handelt es sich um die Würdigung des vorkonsensualen Verhaltens, um die die Rückwirkung des einheitlichen Vertragsstatuts zu vermeiden[285]. Art. 3 Rom I-VO und Art. 6 Hague Principles knüpft die Erklärung der Rechtswahl an den Anschein der Rechtswahl an. Die Lösungsmodelle der Art. 3 Rom I-VO und Art. 6 Hague Principles sind gleichfalls für die Bestimmung des anwendbaren Recht auf den Verweisungsvertrag im Sinne des Art. 41 S. 1 IPRG zu berücksichtigen.

Die Anknüpfung an das gewählte Recht ist wie oben argumentiert zumindest im Internationalen Vertragsrecht gewollt. Zu fragen ist noch, ob sie auch auf anderen Rechtswahlmöglichkeiten erwünscht ist. Wenn die Rechtswahl für deliktische oder sachenrechtliche Verhältnisse getroffen wird, die im Zusammenhang mit einem Vertrag eintreten, überzeugt die Vorgreiflichkeit des gewählten Rechts auf den Verweisungsvertrag ebenfalls. Für die Anwendung des gewählten Rechts auf außervertragliche Verhältnisse sprechen dieselben Argumente wie für den Verweisungsvertrag auf vertraglichen Verhältnisse, nämlich die Parteierwartung, die einheitliche Anknüpfung und die Rechtssicherheit. Jedoch ist im Fall der Rechtswahl für z.B. das Delikt ohne jegliche vertragliche Beziehung zwischen den Parteien die Anknüpfung an das gewählte Recht wenig überzeugend. Den Erwartungen der Parteien entspricht die Anwendung des Vertragsrechts der Rechtsordnung jedenfalls nicht, die sich für außervertragliche Verhältnisse anwendbar erklärt. Gewählt ist zwar die ganze Rechtsordnung, jedoch rechnen die Parteien nicht immer mit der Anwendbarkeit des Vertragsrechts der gewählten Rechtsordnung auf ihren Verweisungsvertrag. Dementsprechend entfällt das Argument der Rechtssicherheit[286]. Da der Gegenstand des Verweisungsvertrags strukturell anders als der Gegenstand des Sachverhalts ist, für den die Rechtswahl getroffen ist, ist eine „Doppelprüfung" nicht vermeidbar.

c) Fazit

Das auf den Verweisungsvertrag anwendbare Recht soll der Ausdruck vom Grundsatz der engsten Verbindung sein, der auf Art. 2 II IPRG beruht. Eine einzige kollisionsrechtliche Regelung für alle Verweisungsverträge auf alle Zivilbeziehung scheint ungerecht zu sein. Der Schuldvertrag ist nach der rechtsvergleichend verbreiteten Auffassung an das gewählte Recht anzuknüpfen,

---

285 Dazu § 4 V 2.

286 Zur deliktischen Rechtswahl unter Rom II-VO, Müko/Junker, Art. 14 Rom II-VO Rn. 26.

dadurch wird der Gleichlauf der rechtlichen Beurteilung gefördert. Für das außervertragliche Schuldverhältnis fehlt aber der Belang des Gleichlaufs. Darauf findet die *lex causae* Anwendung. Die nach der Entstehung des Streits oder Einleitung des Prozesses getroffene Rechtswahl befindet sich nicht mit der Hauptsache in demselben Lebensvorgang. Es besteht keinen Gleichlauf zu fördern. Sie bezieht sich enger mit dem Prozess also der *lex fori*. Schlechthin können die Parteien die *lex fori* für den Verweisungsvertrag als maßgebend nachträglich erklären.

III. Form des Verweisungsvertrags

1. Keine Bestimmung *de lege lata*

Das chinesische IPR enthält keine Bestimmung in Bezug auf das Formerfordernis an der Rechtswahl. Im IPRG fehlt auch eine allgemeine Kollisionsnorm für Formfrage[287], die ansonsten für alle Rechtsgeschäfte einschließlich der Formfrage des Verweisungsvertrags gilt[288]. Daher kann die Regelung der Formfrage der Rechtswahl nicht durch Berufung auf allgemeine Formvorschriften gelöst werden. Falls das IPRG eine Formanknüpfung für schuldrechtlichen Verträge enthält, könnte sie auf die Form der Rechtswahl übertragen werden. Das IPRG enthält jedoch keine ausdrückliche Formvorschrift für den schuldrechtlichen Vertrag. Aus dem

---

287 Die Formfragen im IPRG werden fragmentarisch je nach den verschiedenen Rechtsgeschäften behandelt. Geregelt sind die Form der Eheschließung gemäß Art. 22 IPRG, der Adoption gemäß Art. 28 IPRG sowie der letztwilligen Verfügung gemäß 32 IPRG.

288 Es war in der früheren Rechtlage auch so. Regelung hinsichtlich der Formanforderung wird weder in AWVG, VertragG, Protokoll 05, noch in Bestimmung 07 getroffen. Art. 2 Bestimmungen 07 sieht eine einheitliche Anknüpfung für grenzüberschreitenden Vertrag. Ob Formwirksamkeit darunter fällt, ist fraglich. Unklar ist zudem, ob die von dem Model Law vorgeschlagene Schriftform in Art. 70 auf Verweisungsvertrag Anwendung finden will oder nicht. Art. 70 Model Law schlägt vor, dass die Parteien jedoch das maßgebliche Recht wählen können. In Ermangelung einer Rechtswahl unterliegt die Form des Rechtsgeschäfts dem Geschäftsstatut oder dem Recht des Ortes der Vornahme. Ausnahmeweise unterstellt sich die Form des sachenrechtlichen Verfügungsgeschäfts unter die *lex rei sitae*. Der Text des Vorschlags, auf Englisch: Chinese Society of Private International Law, Yearbook of PIL 2001 S. 366; Auf Chinesisch: *Zhongguo Guojisifa Xuehui, Zhonghua Renmin Gongheguo Guojisifa Shifanfa*, S. 18. In Art. 25 Entwurf des chinesischen Bürgerlichen Gesetzbuches findet gleiche Bestimmungen wie Art. 70 Model Law mit kleinen Formulierungsänderungen vor.

Schweigen des Gesetzgebers ergibt sich keine eindeutige Auslegung. Es könnte auf eine bewusste Gesetzeslücke hingedeutet werden. Damit knüpfte das Formerfordernis sich akzessorisch an das Hauptgeschäft an. Die Formfrage ist von der Anknüpfung des Verweisungsvertrags gedeckt, es gibt also keine Aufspaltung zwischen Außen- und Innenaspekten des Rechtsgeschäfts. Das gesetzgeberische Schweigen kann zudem so interpretiert werden, dass überhaupt kein Formerfordernis gestellt wird. Die erste Ansicht ist nicht vertretbar, weil selbst bei der Form der Eheschließung gemäß Art. 22 IPRG eine alternative Anknüpfung zugunsten der Formwirksamkeit vorgesehen wird[289]. Die Formwirksamkeit der vertragsrechtlichen Verhältnisse soll sich keiner strikteren Anknüpfung mit einem festen Anknüpfungsmoment unterstellen. Die vertragsrechtliche Anknüpfung sollte wie z. B. in Art. 11 Rom I-VO durch alternative Anknüpfung begünstigt werden. Die letztere Interpretation überzeugt auch nicht ohne weiteres. Der Verzicht auf Formerfordernis unter Geschäftsstatut muss rechtfertigt werden. Das Schweigen des Gesetzgebers stellt damit eine mysteriöse Gesetzeslücke dar. Würde eine klare Regelung aus dem Schweigen entzogen, ist zuletzt zu bezweifeln, ob die schuldvertragliche Formanknüpfung auf den Verweisungsvertrag übertragbar ist.

Darüber hinaus scheint eine analoge Anwendung von Formerfordernis der Gerichts- oder Schiedsvereinbarung möglich. Vor dem Volksgericht ist sowohl für Prorogation eines ausländischen Gerichts gemäß Art. 531 Interpretation ZPG als auch für Auswahl eines inländischen Volksgerichts gemäß Art. 34[290] die schriftliche Form einzuhalten. Der Formzweck soll die Parteien vor Übereilung warnen und zugleich der Beweiserhebung dienen[291]. Die Gerichtsstandsvereinbarung nimmt unmittelbar Einfluss auf den Gerichtsstand, das anwendbare

289 Die Formfragen der Eheschließung und Testaments werden gemäß Art. 22, 32 IPRG alternativ angeknüpft, um materiell-rechtliche Ergebnisvorgabe zu fördern. In Art. 22, 32 IPRG wird das materiell-rechtliche Ziel auf die Vornahme des formgültigen Rechtsgeschäfts der Eheschließung und des Testaments gesetzt, *Qi*, IPRG S. 205, 260.

290 Die Regelung auf gewählten Gerichtsstand gemäß Art. 34 ZPG sollte Doppelfunktion tragen, die den Parteien sowohl im inländischen als auch im grenzschreitenden Fall zur Gerichtsstandsvereinbarung berechtigt. Jedoch ist Unklarheit entstanden, indem Art. 34 ZPG nur die Prorogation eines Volksgerichts zum Ausdruck bringt. Um die Rechtsunsicherheit zu beseitigen, sieht Art. 531 Interpretation ZPG eindeutig vor, dass die Parteien im internationalen Streitfall unter gleichen Voraussetzungen auch ausländisches Gericht prorogieren dürfen. Die Interpretation ZPG enthält eine gleichlautende Vorschrift in Art. 522, die wie Art. 1 Interpretation I Auslandsbezüge der Streitfälle umschreibt.

291 *Zhou*, Peking University Law Journal Vol. 26 No. 2 (2014), S. 471 f.

Kollisionsrecht und die Aussicht der Vollstreckung[292]. Die Gerichtsstandsvereinbarung bindet neben den Parteien auch das Gericht[293]. Der Rechtswahlklausel kommen vergleichbare Wirkungen zu. Sie beeinflusst die Wirkung einer Zivilbeziehung durch den Ersatz des objektiv anwendbaren Rechts. Soweit die Rechtswahl zulässig und wirksam zustande gekommen ist, wirkt sie sich als dem Gericht gegenüber ebenfalls verbindlich aus. Es könnte dann davon ausgehen, dass die Formvorschrift der Gerichtsstandsvereinbarung auf Rechtswahl übertragen würde. Die Ansicht ist jedoch nur dann vertretbar, wenn Warn- und Beweisfunktion bei der Rechtswahl zu verfolgen wären.

Für die internationale Schiedsvereinbarung steht schon eine Kollisionsnorm bereit[294]. Gemäß Art. 18 IPRG unterliegt eine Schiedsvereinbarung in erster Linie dem von den Parteien gewählten Recht. In Ermangelung des gewählten Rechts kommt das Recht am Schiedsort oder das Recht des Staates[295], in dem die Schiedsinstitution ihren Sitz hat. Wenn weder der Schiedsort noch die Schiedsinstitution aus dem Parteiwillen entzogen werden kann, kommt das chinesische Recht gemäß Art. 14 Interpretation Teil I zur Anwendung. Die Kollisionsnorm findet sowohl auf die materielle Validität als auch auf das Formerfordernis Wendung[296]. Die Verweisungsnorm ist jedoch technisch nicht analog anwendungsfähig. In Hinsicht auf Formfragen einer Rechtswahl gibt es keinen entsprechenden Schiedsort oder Sitz einer Schiedsinstitution, der die engste Verbindung mit einer Rechtsordnung indizieren kann. Die Zulassung einer selbstständigen Rechtswahl wirft wiederholt die Frage auf, welche Rechtsordnung für die Form der neuen Rechtswahl maßgebend sein soll. Die Rechtslücke der Formfrage der Rechtswahl kann daher nicht durch analoge Anwendung geschlossen werden.

2. Lösungsversuch

a) Kollisionsrechtlicher Formzweck

Es gibt zwei mögliche Lösungen zur Regelung der Formfrage der Rechtswahl, nämlich die Regelung durch Sachnorm (Entscheidungsnorm) im Kollisionsrecht

292 *Zhao*, IPR S. 401; *Li*, IPR S. 271.

293 Zu Prorogation, Li, IZVR S. 31 ff.; *Zhou*, Peking University Law Journal Vol. 26 No. 2 (2014), S. 459.

294 *Du*, IPRG S. 182; *Huang/Jiang*, IPRG S. 101 ff.

295 Welches von den beiden Anknüpfungsmomenten zur Anwendung kommt, hängt völlig vom Ermessen des Richters ab, *Xiao*, Arbitration Study Vol. 34 (2013) S. 32.

296 Das Formerfordernis gehört zu den Wirksamkeitsvoraussetzungen einer Schiedsvereinbarung, *Huang/Jiang*, IPRG S. 97.

oder durch Verweisung auf materielles Recht des einzelnen Staates. Im Vergleich zu den sonstigen materiell-rechtlichen Fragen des Verweisungsvertrags erweist sich die unmittelbare Regelung der Formfrage durch Sachnorm als technisch möglich, weil der Regelungsgegenstand sich nicht umfassend, sondern punktuell darstellt. Die Verweisungslösung ist möglich, indem die Formvorschrift der Rechtswahl nicht dem Kollisionsrecht der *lex fori* sondern der *lex causae* entnommen wird[297]. Die Sachnormlösung setzt unmittelbar den Regelungswillen für eine Mindestform der Rechtswahl durch, während die Verweisungslösung hingegen kollisionsrechtliche Neutralität aufweist. Die Stärke der Regelungswirkungen unterscheidet sich in den beiden möglichen Lösungen. Ob eine Sachnormlösung oder Verweisungslösung zu bevorzugen ist, wird von dem kollisionsrechtlichen Zweck der Formregelung entschieden. Verfolgt bei der Formregelung der Rechtswahl keinen bestimmten Formzweck, empfehlt es die Verweisungslösung[298].

Dies spiegelt das Verhältnis von Formfreiheit und Formzwang im materiellen Recht wieder[299]. Dem materiellen Recht liegen die Formzwecken wie z. B. Übereilungsschutz, Beweiszweck, Information usw. zugrunde[300]. Diese Formzwecke können auf das Kollisionsrecht übertragen werden. Der rechtsvergleichende Blick auf europäische einheitliche Gesetzgebung bietet eine Reihe von Beispielen an[301]. Art. 7 Rom III-VO sieht für die Wahl des anwendbaren Rechts auf Scheidung oder Trennung ohne Auflösung des Ehebandes eine Mindestform mit Unterzeichnung und Datum vor[302]. Es verlangt zusätzlich die Einhaltung der Form, die von der *lex personalis* mindestens eines Ehegatten erfordert. Damit wird Warnfunktion des Formzwecks verfolgt, dass die Ehegatten in voller Kenntnisse der zu treffenden Rechtswahl sein[303]. Eine funktionsgleiche Formvorschrift im Sinne des

297 Da die Rechtswahl nämlich der Verweisungsvertrag kollisionsrechtliches Instrument darstellt, findet sich die Formvorschrift auch häufig in Sachnormen des Kollisionsrechts aber nicht des materiellen Rechts der berufenen Rechtsordnung.

298 Plädoyer für eine differenzierte Lösung im Rahmen der einzelnen europäischen IPR-rechtlichen Verordnungen, siehe Mansel, in: Leible/Unberath (Hrsg.), Rom 0-VO, S. 283 ff.

299 *Li*, Vertragsrecht, S. 34; *Han*, Journal of Hangzhou Teachers Collage 2002 No. 2 S. 43.

300 Zum chinesischen Recht, siehe *Li*, Vertragsrecht S. 203 f.; *Han*, Journal of Hangzhou Teachers College 2002 No. 2 S. 44 f. Ausführlich Erläuterung im Rahmen deutschen Rechts, siehe Mankowski, JZ 2010, S. 663 ff.

301 Ausführliche Auseinandersetzung zur Form der Rechtswahl für eheliche Beziehungen, Andrea, in: FS Martiny S. 3 ff.

302 Mansel, in: Leible/Unberath (Hrsg.), Rom 0-VO, S. 285 ff.

303 Erwägungsgrund Nr. 19, Rom III-VO; MüKo/von Mohrenfels, Art. 7 Rom III-VO Rn.1.

Art. 7 Rom III-VO findet im Art. 46d EGBGB, gemäß dessen Bestimmung notarielle Form für Rechtswahl auf Scheidung notwendig ist, um den Bewusstsein der Parteien zu erwecken[304]. Um die schwächere Partei zu schützen[305], fordert Art. 19 EuGüterVO-E eine komplizierte Verweisung auf. Es sieht eine alternative Anknüpfung an die Ortsform oder die Form des gewählten Rechts vor. Zudem sind eine Mindestanforderung der Schriftform und eine kombinierte Anwendung der Form der jeweiligen *lex personalis* der Ehegatten zwingend zu beachten[306]. Art. 7 HUP verlangt ebenso eine Schriftform mit der Überzeugung, dass die schwächere Partei insbesondere schützenswert vor Missbrauch der Freiheit der Rechtswahl ist[307]. Art. 3 Abs. V Rom I-VO i V. m. Art. 11 Rom I-VO stellt an sich kein Formerfordernis für Rechtswahl im schuldrechtlichen Vertrag[308]. Zugleich wird ebenda eine alternative Anknüpfung der Formfrage des Verweisungsvertrags vorgesehen. Damit wird die Formwirksamkeit des Verweisungsvertrags begünstigt[309].

Die Feststellung des Formzwecks im Kollisionsrecht hängt von ihrer Seite aus von dem einzelnen Anknüpfungsgegenstand ab. Für verschiedene Anknüpfungsgegenstände werden verschiedener Formzweck und daraus das folgernde Formerfordernis sowie seine Stärke verlangt. Die oben dargestellten Beispiele haben dies schon bestätigt. Die differenzierte Betrachtungsweise trifft im chinesischen materiellen Recht zu. Beispielsweise weicht die Form von schuldrechtlichem Vertrag von der eines Testaments erheblich ab. Im Kollisionsrecht ist dies auch zutreffend. Dies lässt sich in Formanknüpfung der Annahme als Kind gemäß Art. 28 IPRG und der letztwilligen Verfügung gemäß Art. 32 IPRG bestätigen. Für die Form der internationalen Adoption wird eine kumulative Anwendung vom Recht am gewöhnlichen Aufenthalt der jeweiligen Partei angeordnet, um eine hinkende Adoption zu vermeiden[310]. Jedoch sieht das Gesetz eine alternative Anknüpfung für die Form des Testaments aus der Erwägung zur Erleichterung

---

304 MüKo/Martiny, Art. 46d EGBGB Rn. 1.

305 Hierzu entsprechende Begründung zu Art. 19 EuGüterVO-E in der Erwägungsgrund Nr. 24 in dem Vorschlagstext.

306 Mansel, in: Leible/Unberath (Hrsg.), Rom 0-VO, S. 286.

307 Bonomi, Explanatory Report on the Hague Protocol of 23 November 2007 on the Law Applicable to Maintenance Obligations, S. 51; Mansel, in: Leible/Unberath (Hrsg.), Rom 0-VO, S. 286.

308 MüKo/Martiny, Art. 3 Rom I-VO Rn. 110 ff.; IVR/Ferrari, Art. 3 Rom I-VO Rn. 11; Mansel, in: Leible/Unberath (Hrsg.), Rom 0-VO, S. 283 f.

309 MüKo/Spellenberg, Art. 11 Rom I-VO Rn. 3; IVR/Ferrari, Art. 11 Rom I-VO Rn. 1.

310 *Huang/Jiang*, IPRG S. 156.

der Beachtung auf Formerfordernis aus[311]. Weil Formzwecke der Forschungsgegenstände der vorliegenden Arbeit nämlich die Form der Rechtswahl im Internationalen Vertragsrecht, Deliktsrecht und Sachenrecht variieren könnten, ist eine differenzierte Beobachtungsweise vorzuschlagen.

b) Differenzierte Lösung

(1) Form der vertraglichen Rechtswahl

Da die Parteiautonomie im Sinne von Art. 41 IPRG den Verbrauchervertrag und individuellen Arbeitsvertrag ausschließt[312], geht es dabei hauptsächlich um den kommerziellen Vertrag. Für den Vertrag im internationalen Handelsverkehr herrscht der Grundsatz der Formfreiheit im materiellen Vertragsrecht[313]. Dies gilt insbesondere so, nachdem China die Erklärung des Vorbehalts über die schriftliche Form für den Internationalen Kaufvertrag unter dem UN-Kaufrecht zurückgezogen hat[314]. Der Verweisungsvertrag, der zwar rechtlich vom Hauptvertrag unabhängig ist, wickelt sich jedoch häufig im gleichen Lebensvorgang ab. Der Formzwang könnte dann den Abschluss des Verweisungsvertrags erschweren, indem der Hauptvertrag formlos wirksam abgeschlossen werden kann, während bei dem Verweisungsvertrag bestimmte Form eingehalten werden muss. Es liegt darüber hinaus kein Grund vor, dass die anderen Formfunktionen wie z. B. Warn-, Beratungs- und Informationsfunktion für den Verweisungsvertrag im internationalen Handelsverkehr vorgehen müssen.

Die alternative Anknüpfung gemäß Art. 3 Abs. V i. V. m. Art. 11 Rom I-VO trägt dem Gedanke *favor negotii*[315] Rechnung, um die Formwirksamkeit zu begünstigen. Die liberalste Regelung zur Formfrage ist jedoch die Anerkennung der Formfreiheit mit einer kollisionsrechtlichen Sachnorm[316], die mit funktionell gleichem Wirkungsgrad zugunsten der Formwirksamkeit ausgerüstet wird. Bei der alternativen Anknüpfung ist zudem zweifelhaft, welche Formvorschrift von der verwiesenen Rechtsordnung zu berufen ist, sei es Formvorschrift eines

311 *Huang/Jiang*, IPRG S. 190.

312 Zu Art. 42, 43 IPRG, *Du*, IPRG S. 333 ff.; Huang/Jiang, IPRG S. 229 ff.

313 Die frühere Rechtslage gemäß Art. 7 Außenwirtschaftsvertragsgesetz fordert jedoch eine Schriftform für jeden grenzüberschreitenden Vertrag, vgl. *Du*, Chinese Lawyer 1998 No. 1 S. 73.

314 *Zhang*, Legal Daily am 7.5.2013 S. 10.

315 Historische Entwicklung des Prinzips, siehe Zellweger, Die Form der schuldrechtlichen Verträge, S. 17 ff.

316 Zu dem Thema der kollisionsrechtlichen Sachnorm widmet sich Stankewitsch, Entscheidungsnormen im IPR als Wirksamkeitsvoraussetzungen der Rechtswahl.

allgemeinen Schuldvertrages oder sei es Formvorschrift eines Verweisungsvertrags. Wäre die erste zutreffend, soll der Grundsatz der Formfreiheit gelten. Wäre die letztere zutreffend, liefe es häufig leer, weil in den meisten Rechtsordnungen keine besondere Form für einen Verweisungsvertrag vorgesehen wird[317]. Eine kollisionsrechtliche Sachnorm kann Klarheit herstellen und die Formfreiheit des Verweisungsvertrags maximal begünstigen. Dies soll selbst dann gelten, wenn die Rechtswahl für einen Vertrag vorgenommen wurde, der ein Grundstück zum Gegenstand hat[318]. Das Schweigen des chinesischen Gesetzgebers zur Formfrage der Rechtswahl sollte dann zur Formfreiheit hingedeutet werden.

(2) Form der deliktischen Rechtswahl

Da die deliktische Rechtswahl unmittelbar die Rechtsfolge wie die Entstehung oder den Umfang einer unerlaubten Handlung dadurch beeinflusst, dass das objektiv anwendbare Recht ersetzt wird, ergibt sich die frage, ob die Warnfunktion als Formzweck dem Verweisungsvertrag zukommen lassen soll. Die Schriftform könnte den Beteiligten eine letzte Chance zur Überlegung geben, bevor sie die rechtliche bedeutende Erklärung abgeben. Der Formzwang scheint jedoch an der Stelle nicht verhältnismäßig. In der deliktischen Rechtswahl verfügen die Parteien über ihre schuldrechtliche Position. Darin besteht kein unerträgliches Rechtrisiko wie bei der unentgeltlichen Leistung der Bürgschaft[319] oder der dauernde Rechtswirkung von Mietvertrag[320]. Die Formfrage des Verweisungsvertrags ist durch Anknüpfung zu lösen. Gemäß Art. 44 S. 2 IPRG ist nur die nachträgliche Rechtswahl für unerlaubte Handlung zulässig[321]. Zu dem möglichen Zeitpunkt der Rechtswahl steht der Formstaat meistens trotzdem auch noch nicht fest. Daher liegt die Anwendung der *lex fori* nicht nahe. Anders als bei der Rechtswahl beim internationalen Vertrag ist beim grenzüberschreitenden Delikt kein Gleichlauf zu fördern, der bei der vertraglichen Rechtswahl zwischen dem Hauptgeschäft und Verweisungsvertrag besteht. Die akzessorische Anknüpfung an die Form des Hauptgeschäfts ist daher nicht möglich, da sie jedenfalls nicht den Parteierwartungen entspricht und

---

317 Eine solche Vorschrift fehlt in Rom II-VO, dazu MüKo/Junker, Art. 14 Rom II-VO Rn. 26; VgL zum deutschen IPR, Dörner, FS Stoll, 2001, S. 491, 492; Junker JZ 2000, 477, 478. Zur gleichen Frage bei der Rom I-VO, Leible/Lehmann RIW 2008, 528, 532.

318 Zum deutschen Recht, v. Bar, IPR Bd. II. Rn. 478; Martiny, in: Martiny/Mankowski, IVR Rn. 91.

319 Schriftform für den Bürgschaftsvertrag gemäß Art. 13 Gesetz zur Sicherheiten.

320 Schriftform gemäß Art. 197 VertragG.

321 *Du*, IPRG S. 350 ff.; *Huang/Jiang*, IPRG S. 243 ff._

somit an Boden verliert[322]. Die einheitliche Anknüpfung der Formfrage an das für den Verweisungsvertrag gewählte Recht ist trotzdem möglich. Die Ortsform kann auch Geltung beanspruchen. Dabei stellt sich wieder die Frage, welche Formvorschrift von der Rechtsordnung anwendbar ist. Da die meisten Rechtsordnungen keine spezielle Rechtsform für die deliktische Rechtswahl bereitstellen, kann die Anknüpfung leerlaufen. Fehlt in der verwiesenen Rechtsordnung die entsprechende Formvorschrift für den Verweisungsvertrag, kommt die Form seiner Funktionsäquivalente z. B. des Vergleichsvertrags in Betracht. Sie sind funktionsvergleichbar, weil mit Hilfe dieser Instrumente die Parteien über ihre Rechtspositionen verfügen. Die Form des Vergleichsvertrags über deliktische Haftung verfolgt damit vergleichbaren Formzweck wie die Form des Verweisungsvertrags. Es hat zur Folge, dass der Verweisungsvertrag unter der Anwendbarkeit des chinesischen Rechts formlos ist[323]. Dies gilt so, selbst wenn die deliktische Rechtswahl dazu führt, dass die Haftung dem Schädigender entzogen wird.

(3) Form der sachenrechtlichen Rechtswahl

Gemäß Art. 37 IPRG darf die Rechtswahl für das Sachenrecht an einer beweglichen Sache vereinbart werden[324]. Die Formvorschrift der *lex rei sitae*, die für schuldvertragliche Rechtswahl betreffend unbeweglichen Sachen gemäß Art. 11 V Rom I-VO zwingend gefordert wird[325], griff daher nicht notwendig ein. Der Sinn der sachenrechtlichen Rechtswahl liegt genau daran, den starren Zusammenhang von dem Lageort und dem anwendbaren Recht zu brechen. Die sachenrechtliche Rechtswahl kann gegen Dritte z.B. aufgrund gutgläubigen Erwerbs[326] geltend gemacht werden. Sie führt jedoch nicht dazu, dass die sachenrechtliche Rechtswahl selbst publiziert werden muss. Erkennbar zu machen ist erst die dingliche Rechtsposition, die durch die Rechtswahl gestaltet ist. Wird für eine bewegliche Sache, am deren Lageort nur Registerpfandrecht sich bereitstellt, eine Rechtswahl zugunsten Sicherungsübereignung vereinbart, ist die Rechtswahl nicht schriftlich vorzunehmen, um ins Register einzutragen. Zu bekannt machen ist hingegen das durch das geformte sachenrechtliche Verhältnis. Weil die sachenrechtliche Rechtswahl häufig mit einem Schuldvertrag z. B. Kauf- oder Darlehensvertrag

---

322 Zum Art. 14 Rom II-VO, MüKo/Junker, Art. 14 Rom II-VO Rn. 26.

323 Der Vergleichsvertrag wird im chinesischen Recht nicht ausdrücklich geregelt. Im Schrifttum herrscht die Lehre, dass der Vergleichsvertrag formlos sei, siehe *Wang*, Political Science and Law 2014 No. 1 S. 53.

324 Hierzu §10.

325 MüKo/Spellenberg, Art. 11 Rom I-VO Rn. 57 ff.; IVR/Schulze, Art. 11 Rn. 29 f.

326 Hierzu §10 III.

zusammenhängt, ist sie akzessorisch an die vertragliche Rechtswahl formlos vorzunehmen. Dies gilt insbesondere, wenn es um Übertragung des Eigentums und Schaffung des Eigentumsvorbehalts an einer beweglichen Sache geht. Die sachenrechtliche Rechtswahl ist damit auch formlos.

(4) Vereinbarte Form

Die gesetzliche Formvorschrift verbietet den Parteien nicht, eine bestimmte Form zu vereinbaren. Diese kollisionsrechtliche Freiheit ist von der Parteiautonomie gewährt. Die Formvereinbarung stellt einen materiellen Vertrag dar, der aber kollisionsrechtliche Auswirkung entfaltet. Das Zustandekommen und materielle Wirksamkeit der Formabrede ist wie ein schuldrechtlicher Vertrag anzuknüpfen. Darauf findet dementsprechend Art. 41 IPRG Anwendung. Da eine selbstständige Rechtswahl für die Formvereinbarung eines Verweisungsvertrags zu treffen unwahrscheinlich ist, lässt die Einigung sich objektiv anknüpfen. In der Vereinbarung solcher Art, unter der beide Parteien sich zur gleichen Leistung verpflichten, ist die charakteristische Leistung nicht ermittelbar. Das auf Formabrede anwendbare Recht ist daher nach dem Grundsatz der engsten Verbindung gemäß Art. 41 S. 2 Alt. 2 IPRG festzustellen. Weil die Formvereinbarung funktionell dem Verweisungsvertrag dient und in der Regel im gleichen Lebensvorgang mit ihm vorgenommen wird, ist ihre materielle Wirksamkeit akzessorisch an den Verweisungsvertrag anzuknüpfen. Sie unterliegt damit dem für das Hauptgeschäft gewählten Recht. Ist die Rechtswahl nicht in der vereinbarten Form vorgenommen, ist die Rechtswahl formunwirksam[327] wie bei Verstoß gegen gesetzliche Formvorschrift.

IV. Auslegung der Rechtswahlvereinbarung

Die Rechtswahlabrede muss klar und bestimmt sein, so dass das anwendbare Recht eindeutig bezeichnet wird. Die Parteiautonomie nämlich eine subjektive Anknüpfung muss wie eine objektive Kollisionsnorm das anwendbare Recht eindeutig festlegen. Aus der Rechtswahl muss sich die *essentialia negotii* mit Eindeutigkeit ergeben. Der notwenige Mindestinhalt des Verweisungsvertrags umfasst die anzuknüpfende Zivilbeziehung, die anwendbare Rechtsordnung und die

327 Im chinesischen Schrifttum ist streitig, ob Verstoß gegen Formvorschrift sowie Formvereinbarung zum Nicht-Zustandekommen oder zur Unwirksamkeit führt, siehe Journal of Hangzhou Teachers College 2002 No. 2 S. 44 f.

Personen der Parteien[328]. Eine unklare Vereinbarung des anwendbaren Rechts bedarf der Auslegung. Als Maßstab der Auslegung gilt *favor validitatis* nicht. Nur wenn ein eindeutiger Parteiwille nicht ermittelbar ist, führt es zur Unwirksamkeit der Rechtswahlabrede.

Die vielfältige in der Praxis übliche Formulierungen wie „das anwendbare Recht ist Recht von Staat X", „der Vertrag unterliegt dem Recht vom Staat X"[329] sowie „der Vertrag ist nach Recht X auszulegen"[330] sind als eindeutige Rechtswahl zu betrachten. Das gewählte Recht ist dort klar bezeichnet. Der parteiautonomen Wahl der Rechtsordnung des Staates, mit dem engste Verbindung zum Sachverhalt aufweist, steht jedoch keine kollisionsrechtliche Wirkung zu. Falls die Parteien das Recht eines Mehrrechtsstaaten gewählt haben, ohne zugleich oder im Nachhinein die maßgebliche Rechtswahl zu nennen, liegt nur ausnahmeweise eine konkludente Rechtswahl[331]. Die Wahl mehrerer Rechte, z. B. eine Formulierung wie „das Honkongische und/oder das festländische chinesische Recht ist anwendbar", ist wegen Unklarheit zu verweigern[332]. Die kumulative Rechtsklausel[333], die auf bestimmte Rechtsfrage gleichzeitig mehrere Rechte für anwendbar erklärt, scheitert in der Regel an Klarheitsgebot. Es sein denn, klare Priorität von den gewählten mehreren Rechten ist vorgesehen[334]. Damit kommt jedes Mal eine Rechtsordnung zur Anwendung. Die Abwahl einer oder mehrerer bestimmten Rechtsordnungen führt zu keiner Rechtswahl. Ihr soll auch keine Derogation zustehen lassen. Das objektiv anwendbare Recht ist nur dann verdrängt, wenn eine wirksame Rechtswahl vorliegt. Der Verweisungsvertrag kann mit Bedingung z. B. bei der *floating choice of law clause*[335] vereinbart werden. Fraglich ist, ob die Parteien sich einigen, eine Partien oder einen Dritten zu beauftragen, das anwendbare Recht nachher zu bestimmen. Es ist beachtlich, nur dann wenn sie nachträglich

---

328 Vgl. Erläuterung zur Rechtswahl im Sinne von Art. 14 S. 2 Rom II-VO umfasst die Parteien, das anzuknüpfende Rechtsverhältnis sowie das anwendbare Recht, Vogeler, Rechtswahl der außervertraglichen Rechtsverhältnisse S. 228.

329 Rechtswahl wird so formuliert z. B. in den folgenden Urteilen: (2010) *Zhe Shao Wai Shang Chu Zi* Nr. 76; (2010) *Hu Gao Min Wu (Shang) Zhong Zi* Nr. 49; (2009) *Min San Zhong Zi* Nr. 4.

330 So lautet die Rechtswahlklausel z. B. im Urteil *(2010) Pu Yi (Min) Chu Zi Nr. 26514.*

331 Zu der Möglichkeit von stillschweigender Rechtswahl im Prozess § 6 I.

332 Im Urteil *(2008) Sui Zhong Fa Min Si Chu Zi Nr. 159* wird solche unklare Rechtswahl abgelehnt und das anwendbare Recht objektiv ermittelt.

333 Zu Art. 14 Rom II-VO, Vgl. Vogeler, Rechtswahl der außervertraglichen Rechtsverhältnisse S. 338 m. w. N.

334 Zu dem Begriff „Hierarchische Rechtswahl", Mankowski, in: FS Martiny S. 460 ff.

335 Dazu hinsichtlich ihrer nachträglicher Wirkung der Rechtswahl, § 5.

vorgenommen wird. Hinsichtlich des Anknüpfungsgegenstandes soll auch klar sein. Teilrechtswahl ist im Internationalen Vertragsrecht möglich[336]. Die jeweilige bezogene Zivilbeziehung muss jedoch im Verhältnis zu den gewählten Rechten eindeutig definiert werden.

V. Sonderfragen der Erklärung einer vertraglichen Rechtswahl

1. Kollidierende AGB

In der Fallgruppe der kollidierenden formularmäßigen Rechtswahlklausel liegt kein eindeutiger Rechtsschein für den Verweisungsvertrag vor. Jede Partei erklärt in ihren AGB Rechtswahl zugunsten unterschiedlicher Rechtsordnung. Es ist daher unmöglich für den Verweisungsvertrag, an das gewählte Recht anzuknüpfen. Um das maßgebliche Rechtsordnung zu bestimmen, die das Zustandekommen und die Wirksamkeit von kollidierenden AGB beurteilt, ist das anwendbare Recht auf den Verweisungsvertrag zu ermitteln. Mögliche Lösungen können aufgrund des Grundsatzes der engsten Verbindung gemäß Art. 2 S. 2 IPRG entwickelt werden.

a) Mögliche Lösungen

(1) Einfache „Knock Out" Regel

Die einfache „Knock Out"-Regel besagt, dass im Fall der kollidierenden Rechtswahl in den AGB keine Rechtswahl zustande gekommen ist, weil es am Anschein der Rechtswahl fehlt[337]. Diese Ansicht übernimmt die sachrechtliche „Knock Out"-Regel. Sie missachtet die Rechtswahlerklärung beider Parteien. Selbst wenn die von den Parteien ausgewählten unterschiedlichen Rechtsordnungen den gleichen Maßstab (z. B. beide die „Last Shot"-Regel) anwenden, kommt keine Rechtswahl zustande. Stattdessen wird das objektiv anwendbare Recht maßgeblich, dessen Anwendung die beiden Parteien zu vermeiden versucht haben. Daher ist trotz des Vorteils der Einfachheit und Klarheit[338] diese Auffassung abzulehnen.

---

336 Hierzu nachfolgend § 8 III.

337 V. Bar, IPR Bd. II Rn. 475; Dutta, ZVglRWiss 2005 S. 464; Gamillscheg, AcP 157 (1958/1959), 303; Jayme, ZHR 142 (1978), 105; Hübner, NJW 1980, 2601; Schwenzer, IPRax 1988, 86.

338 Kost, Konsensproblem, S. 60; Rühl, Rechtswahlfreiheit, S. 77.

(2) *„Knock Out"-Regel mit jeweiliger Berücksichtigung des gewählten Rechts*

Die zweite Lösungsmöglichkeit geht davon aus, dass der Verweisungsvertrag im Fall der kollidierenden Rechtswahl ebenfalls wie im Regelfall an den Anschein einer Rechtswahl anknüpfen sollte[339]. Wenn durch die kollidierenden Rechtswahlklauseln zwei unterschiedliche Rechte von den Parteien bezeichnet werden, ist trotz des Dissenses die jeweilige Rechtswahl getrennt nach dem in ihr bezeichneten Recht zu betrachten. Dadurch sind drei Fallgruppen denkbar: Beide Rechtswahlklauseln misslingen, nur eine schlägt fehl oder beide glücken. Sind beide Verweisungsverträge nach der jeweils gewählten Rechtsordnung gescheitert, weil etwa beide in Aussicht genommenen Rechte der „Knock Out"-Regel folgen, liegt keine Einigung zur Verweisung vor; hat dagegen eine der Rechtswahlklauseln einen Verweisungsvertrag zustande gebracht, weil die zuletzt beigefügte Rechtswahlklausel das Recht desjenigen Staates begünstigt, dessen Recht die Theorie des letzten Wortes folgt, während die andere Rechtswahl das Recht zugunsten der „Knock Out"-Regel auswählt, so findet das in der letzten Rechtswahl bestimmte Recht auf den Verweisungsvertrag Anwendung; sind beide Verweisungsverträge nach ihrer jeweiligen *lex causae* gültig, liegt auch keine wirksame Rechtswahlvereinbarung vor, weil es nicht möglich ist, den Vertrag in seiner Gesamtheit zwei unterschiedlichen Rechtsordnungen zu unterstellen.

Die Lösung der Einzelbetrachtung des von der jeweiligen Seite gewählten Rechts überzeugt ebenfalls nicht. Erstens wird das anwendbare Recht auf diese Weise häufig zufällig bestimmt. Ob eines der von den Parteien benannten Rechte gelten kann, beruht nicht auf dem wirklichen Parteiwillen, sondern hängt zufällig von dem Inhalt des von der Gegenpartei gewählten Rechts ab. Bejaht das in der einen Rechtswahlklausel bezeichnete Recht die Rechtswahl, kommt der Verweisungsvertrag wirksam zustande, wenn das von der Gegenpartei gewählte Recht den Verweisungsvertrag ablehnt, aber dieser kommt nicht zustande, wenn das von der Gegenpartei benannte Recht den Verweisungsvertrag auch bejaht. In beiden Fällen haben die Parteien sich nicht über die Rechtswahl geeinigt. Die Einzelbetrachtung erfolgt nach dem jeweiligen von der einen Partei gewollten Recht, über dessen Anwendung die andere Partei nicht einverstanden ist. Und das im Ergebnis anwendbare Recht gilt nur deswegen, weil es zu keiner Kollision der Rechte führt[340]. Gegen die einzelne Betrachtung wird darüber hinaus angeführt,

339 Nomos/Leible, Art. 3 Rom I-VO Rn. 70; Mayer-Sparenberg, RIW 1989 S. 348; Tiedemann, IPRax 1991 S. 425; Egeler, 202 ff.; Dutta, ZVglRWiss. 2005 S. 469.
340 Dutta, ZVglRWiss. 2005 S. 470.

dass diese Lösung diejenige Partei bevorzugt, die das letzte Wort ausspricht[341]. Wenn der Offerent ein Recht mit der „Knock Out“-Regel auswählt, steht dem Akzeptant die einseitige günstige Möglichkeit zu, je nach seiner eigenen Vorliebe das Recht zu wählen, das aus seinem letzten Wort folgt. Es ist daher überzeugender, die Entscheidung über die konkurrierenden Rechtswahlklauseln dem objektiv bestimmten Anknüpfungspunkt überlassen zu können. Zudem sollte die Lösung nicht von den unterschiedlichen Theorien in den jeweiligen Rechten abhängen.

(3) Kumulative Anwendung vorgeschlagenen Rechte

Eine kumulative Anwendung aller vorgeschlagenen Rechte hat den Vorteil, dass die Rechtswahlvorschläge von allen Patenen berücksichtigt werden und ein unechter Konflikt ausgeschieden wird[342]. Folgen die ausgewählten Rechte der „First Shot“- oder „Last Shot“-Regel, ist jeweils die am ersten oder zuletzt erklärte formularmäßige Rechtswahl maßgebend. Folgen die vorgeschlagenen Rechte unterschiedlichen Regeln oder wenn mindestens eines der gewählten Rechte der „Knock Out“-Regel folgt, wird keine formularmäßige Rechtswahl einbezogen. Der Lösungsansatz hat zudem den Vorteil, dass die Parteierwartung und das Risiko der Anwendung des ungewollten Rechts sich wohl ausgeglichen. Wollte eine Partei sich gegen den Rechtswahlvorschlag der anderen Partei verteidigen, kann sie immer eine Rechtswahlerklärung zugunsten der „Knock Out“-Regel einschließen. Die von ihr vorgeschlagene Rechtswahl, die trotz des Schweigens der anderen Partei zur wirksamen Vereinbarung kommen kann, wird nur dann bindend, wenn die andere Partei es auch will.

b) Lösungsvorschlag

Die Lösung zur kollidierenden formularmäßigen Rechtswahl hat erstens den unnötigen Einfluss der *lex fori* zu vermeiden. Der Ansatz der einfachen „Knock Out“-Regel scheidet damit aus. Zudem muss der wechselseitige Parteiwille berücksichtigt und der unechte Konflikt beseitigt werden. In dieser Hinsicht passt der Ansatz für die entsprechende Anwendung der vorgeschlagenen Rechte nicht. Nach dieser Auffassung überlebt die formularmäßige Rechtswahl einer Partei nur dann, wenn die AGB-Rechtswahlklausel der anderen Partei nach dem von ihr selbst gewählten Recht nicht einbezogen ist. Damit wird der echte Parteiwille nicht gefördert. Die kumulative Anwendung aller gewählten Rechte berücksichtigt den Parteiwillen in vollem Umfang und führt zu einem überzeugenden Ergebnis.

---

341 MüKo-Spellenberg, Art. 10 Rom I-VO Rn. 169; Dutta, ZVglRWiss. 2005 S. 471.

342 Die Lösung der Hague Principles, Graziano, YBPIL Vol. 14 71, 87 ff.

2. Vorkonsensualer Verhalten

In der Fallgruppe von vorkonsensualer Verhalten fehlt auch sicherer Rechtsschein für Verweisungsvertrag. Problematisch ist insbesondere, ob das vorkonsenuale Verhalten z.B. das Schweigen einer Partei als Willenserklärung zu betrachten ist. Eine Partei bringt ihren Willen zur Rechtswahl zum Ausdruck, während die andere Partei zu diesem Angebot aber schweigt. Hier handelt es sich um die Würdigung des vorkonsensualen Verhaltens, um die die Rückwirkung des einheitlichen Vertragsstatuts zu vermeiden. Um die Frage zu beantworten, ist das auf den Verweisungsvertrag anwendbare Recht in dem Fall zu bestimmen. Mögliche Lösungen können aufgrund des Grundsatzes der engsten Verbindung gemäß Art. 2 S. 2 IPRG entwickelt werden.

a) Mögliche Lösungsansätze

(1) Materielle Auslegung nach dem Vertragsstatut

Der Schutz einer Partei vor rückwirkender Bindung nach fremdem Recht ist erstens durch die richtige Auslegung der materiellen Regel des Geschäftsstatuts zu berücksichtigen[343]. Ein Richter hat bei der Auslegung des konkludenten Parteiverhaltens zu beachten, dass diese Partei Ausländer ist, sich deshalb nicht nach fremden Verhaltensregeln gerichtet hat und dass die Gegenpartei den Umstand erkennt. Das Schweigen, das in einem Staat als stillschweigende Zustimmung gewertet wird, bei einem Ausländer, in dessen Heimatstaat das Schweigen dagegen als Ablehnung ausgelegt wird, sollte nicht als bindend gedeutet werden. Dies gilt insbesondere, wenn die Gegenpartei die Bedeutung des Schweigens im Heimatrecht der Partei erkannt hat oder erkennen konnte. Die materielle Auslegung ist in der Lage, in meisten Fällen dem Schutz der Partei vor überraschender Bindung Rechnung zu tragen. Sie versagt aber in den Fällen wenn eine gesetzliche Rechtsfolge, z. B. ein kaufmännisches Bestätigungsschreiben im deutschen Recht, dem Schweigen zugeschrieben wird. Für den vollkommenen Schutz der Partei gegen eine ungewollte Bindung nach fremdem Recht reicht die materiellrechtliche Auslegung des Geschäftsstatuts nicht aus. Jedoch macht es trotzdem Sinn, zunächst durch die richtige Auslegung der Erklärung nach dem Geschäftsstatut festzustellen, ob die Partei dem Abschluss des Vertrags zugestimmt hat.

343 Die materiell-rechtliche Lösung, die im früheren Schrifttum zu Recht für ausreichend gehalten wurde. Rabel, Conflict of Laws, Bd. 2, S. 524 f.; zum deutschen Recht, Linke, ZVglRWiss. 79(1980), 36 ff.; RG DR 1943, 1006; DNotZ 1944, 151.

(2) Sonderanknüpfung des vorkonsensualen Verhaltens

Gegen die ungewollte Vertragsbindung auf Schweigen ist es zudem kollisionsrechtlich möglich, das in Frage stehende vorkonssensuale Verhalten als Teilfrage eine Sonderanknüpfung zu verordnen. Die Sonderanknüpfung der „Zustimmung zum Vertrag“ wird von Art. 10 Abs. 2 Rom I-VO[344], Art. 6 II Hague Principles[345] und Art. 123 Schweizer IPRG[346] geregelt. Dort wird vorgesehen, dass das vorkonsensuale Verhalten einer Partei dem Recht ihres Personenstatuts unterliegt, wenn sie sich darauf beruft und dies dem Umstand nach zumutbar ist. Indem ihr Personalstatut und das potenziell anwendbare Recht kumulativ auf ihr Verhalten angewandt werden, werden ihr Vertrauen und das Interesse des Rechtsverkehrs wohl ausgeglichen. Diese Lösung ist übertragbar auf chinesisches Kollisionsrecht. Die Rechtsgrundlage soll die Ausnahmeklausel in Art. 2 S. 2 IPRG sein, die zur Anwendung kommt, wenn keine ausdrückliche Regelung im Gesetz für einen internationalen Sachverhalt angeordnet wird. Da das chinesische Kollisionsrecht keine Regel für die Sonderfrage der vorkonsensualen Handlung vorschreibt, ist ihre Anknüpfung durch die engste Verbindung zu lösen. Angesicht der Interessenlage, nämlich die Vorwirkung nach dem ungewollten fremden Recht zugunsten einer Vertragspartei zu vermeiden, ist die Lösungsmodel nach Art. 10 Rom I-VO, Art. 6 II Hague Principles und Art. 123 Schweiz-IPRG auch im chinesischen Kollisionsrecht möglich und empfehlenswert.

b) Lösungsvorschlag

Da die Lösung der materiell-rechtlichen Auslegung von dem Regelungsgehalt des anwendbaren Rechts abhängt, gilt sie z. B. bei gesetzlicher Zumessung klarer Rechtfolge nicht. Damit ist die Sonderanknüpfung an das Personalstatut der schutzwürdigen Partei für alle Fälle zu empfehlen. Infolge dessen kann eine Partei die Anwendung des Rechts an ihrem gewöhnlichen Aufenthalt verlangen, wenn ihr Schweigen nach dem von der anderen Partei vorgeschlagenen Recht als Zustimmung gedeutet wird.

344 Nomos/Leibe, Art. 10 Rom I-VO Rn. 27 ff.; Staudinger/Ferrari, Art. 10 Rom I-VO Rn. 16 ff.; MüKo/Spellenberg, Art. 10 Rom I-VO Rn. 208 ff.; Staudinger/Hausmann, Art. 10 Rom I-VO Rn. 43 ff.

345 Symeonides, Am. J. Comp. L. 61(2013) 873, 889 ff.

346 Siehr, IPR der Schweiz S. 234; Kostkiwicz, Grundriss S. 563 ff.

§ 5 Nachträgliche Rechtswahl

I. Zulässigkeit

Während das IPRG auf die Frage nach dem Zeitpunkt der Rechtswahl schweigt, findet sich die geltende Regelung in Art. 8 Abs. 1 Interpretation I. Gemäß deren Bestimmungen können die Parteien spätestens bis zur der Beendigung der mündlichen Verhandlung in der ersten Instanz Rechtswahl vornehmen[347]. Damit ist eine nachträgliche Rechtswahl vorm Gericht statthaft[348]. Im Gegensatz zu der alten Regelung[349], dass die Parteien gemäß Art. 2.4 Antworten 87 vor der Verhandlung Rechtswahl vereinbaren müssen[350], hat der Gesetzgeber den spätesten Termin der nachträglichen Rechtswahl bis zur Beendigung der mündlichen Verhandlung verlängert. Der Ausweitung der Zeitspannung liegt die Erwägung zugrunde, dass die Parteien in den meisten Fällen erst während der mündlichen Verhandlung über die Frage des anwendbaren Rechts heftig bestreiten und dadurch in die Übereinstimmung des anwendbaren Rechts gelangen[351].

---

347 Beispielsweise erfolgt nachträgliche Rechtswahl im Prozess in den folgenden Urteilen, (2012) *Hu Gao Min Er (Shang) Zhong Zi* Nr. 8; (2001) *Shao Shang Wai Chu Zi* Nr. 36; (2011) *Shao Shang Wai Chu Zi* Nr. 53; (2011) *Hui Zhong Fa Min Si Zhong Zi* Nr. 32. Urteile vor In-Kraft-Treten der Bestimmungen 07, in denen Rechtswahl während des Prozess getroffen wurde, so in den Urteilen: (2005) *Hui Zhong Fa Min San Chu Zi* Nr. 431; (2004) *Yue Gao Fa Min Si Zhong Zi* Nr. 102; (2003) *Yue Gao Fa Min Si Chu Zi* Nr. 3.

348 *Liu*, IPRG S. 195 f.; *Du*, IPRG S. 275 ff.; *Qi*, IPRG S. 307 f.; *Li*, IPR S. 228.

349 Art. 8 Abs. 1 Interpretation I lehnt sich grundsätzlich an die frühere Rechtslage. Art. 4 Abs. 1 Bestimmungen 07 sowie Ziff. 46, 47, 55 Zweites Protokoll 05. Die darauf beruhende alte Rechtsprechung: *(2012) Hu Gao Min Er (Shang) Zhong Zi Nr. 8; (2001) Shao Shang Wai Chu Zi Nr. 36; (2011) Shao Shang Wai Chu ZI Nr. 53; (2011) Hui Zhong Fa Min Si Zhong Zi Nr. 32; (2011) Zhe Jia Shang Wai Chu Zi Nr. 16.* Urteile vor In-Kraft-Treten der Bestimmungen 07, in denen Rechtswahl während des Prozess getroffen wurde, *(2005) Hui Zhong Fa Min San Chu Zi Nr. 431; (2004) Yue Gao Fa Min Si Zhong Zi Nr. 102; (2003) Yue Gao Fa Min Si Chu Zi Nr. 3.* Noch frühere Rechtsprechung, Deißner, Chinas IRR S. 190 f. Es gab sogar die nachträgliche Rechtswahl, die von den Parteien erst in der Berufungsinstanz vereinbart wurde, *Fa Gong Bu (2000) Nr. 29 = (1999) Jing Zhong Zi Nr. 97.*

350 Deißner, Chinas IRR S. 190 f. In der früheren Rechtsprechung des OVG gibt es doch die nachträgliche Rechtswahl, die von den Parteien erst in der Berufungsinstanz geeinigt wurde. So im Urteil *Fa Gong Bu (2000) Nr. 29 = (1999) Jing Zhong Zi Nr. 97.*

351 *Yuan*, Legal Daily am 12.8.2007 S. 9; *Liu*, IPRG S. 295 f.

Die Fristerweiterung nehme Rücksicht auf das Recht der Parteien und erleichtere zudem die Verhandlung. Da gemäß Art. 142 ZPG nach der mündlichen Verhandlung Urteil zu fällen ist, kann kein liberaler Zeitpunkt für nachträgliche Rechtswahl vorliegen. In zeitlicher Hinsicht steht noch offen, ob die Parteien vor Abschluss des Vertrags eine Rechtswahl vereinbaren. Dies scheint aber bejaht zu werden, weil eine vorherige Rechtswahl genau den Kernzweck der Parteiautonomie nämlich die Rechtssicherheit fördert und zugleich das Problematik des Statutenwechsels nicht berührt.

Die Zulässigkeit der nachträglichen Rechtswahl ermöglicht die optionale Rechtswahl[352], die zwar bereits vorher getroffen wird, deren Wirkung jedoch später also mit der Ausübung des Optionsrechts eintritt. Typische optionale Rechtswahl lautet so, „wenn eine Partei klagt, kommt das Recht am Sitz der anderen Partei zur Anwendung“, oder umgekehrt „das Recht am Sitz der klagenden Partien zur Anwendung kommt.“ Vor der Erhebung der Klage bleibt die Rechtswahl schwebend. Erst nach der Klageerhebung wird das gewählte Recht maßgeblich. Es handelt sich daher um eine aufschiebend bedingte Rechtswahl[353]. Vor der Verwirklichung der Bedingung unterliegt der Vertrag dem objektiv anwendbaren Recht. Erfolgt die vereinbarte Bedingung, wechselt es dann zu dem parteiautonom gewählten Recht. Der dadurch entstandene Statutenwechsel gleicht dem der nachträglichen vereinbarten Rechtswahl. Die schwebende Rechtswahl ist daher von der nachträglichen Rechtswahl im Sinne des Art. 8 Abs. 1 Interpretation I gedeckt. Die Parteien sind daher befugt, entweder nachher eine neue Rechtswahl treffen, oder nachher eine getroffene Rechtswahl Wirkung entfalten lassen. Da die Vereinbarung einen kollisionsrechtlichen Vertrag darstellt, ist ein Verweisungsvertrag mit Bedingung auch technisch möglich. In der bisherigen chinesischen Rechtsprechung wird der bedingten Rechtswahl noch nicht begegnet. Die im Schrifttum[354] dargestellte englische Praxis gegen die Anerkennung der schwebenden Rechtswahl soll jedoch entgegengestellt werden.

352 In englischer Terminologie wird sie als *floating choice of law* bezeichnet, siehe Briggs, S. Rn. 3.51; Danilowicz, Int'l L., Vol. 20 No. 3 pp. 1005–1013; Mankowski, in FS Martiny S. 452 ff. m. w. N.

353 Analyse der rechtlichen Struktur der aufschiebenden Rechtswahl, Mankowski, in FS Martiny S. 452 ff.

354 *Zhang*, Tribune of Political Science and Law (1988) No. 4 S. 60 ff. Dort wird *Armar Shiping Co. Ltd v. Caisse Algeriene de Assurance et de Réassurance* (1980) 2 Lloyd's Rep. 450 dargestellt. Hinsichtlich des zurückhaltenden Urteils schlug der Author vor, keine solche schwebende Rechtswahl vorzunehmen. Eine Auseinandersetzung unter

Gemäß Art. 8 Abs. 1 Interpretation I wird zudem auch die nachträgliche Änderung der Rechtswahl gewährt[355]. Die Änderung der getroffenen Rechtswahl muss ebenfalls spätesten bis zur Beendigung der mündlichen Verhandlung erfolgen[356]. Die Änderung der Rechtswahl darf nicht einseitig durchgeführt werden. Bedenklich scheint jedoch die Praxis in der früheren Rechtsprechung, dass die getroffene Rechtswahl aberkannt wird, indem eine Partei die Rechtswahl ändern will und die andere Partei den Prozess versäumt. Dies lässt sich kaum rechtfertigen und hat viel Kritik bekommen[357]. Diese Auslegungsweise ist jedoch leider später noch von einem weiteren Gericht erfolgt[358]. Dies ist auf das „Heimwärtsstreben" des Forums zurückzuführen.

Was die Art und Weise der Änderung der Rechtswahlanbelangt, ist diese nach den gleichen Vorschriften zu messen, den die übliche Rechtswahl unterliegt. Bedenklich scheint die Praktik in der früheren Rechtsprechung, dass die getroffene Rechtswahl aberkannt wird, indem eine Partei die Rechtswahl ändern will und die andere Partei Prozess versäumt[359]. Dies lässt sich kaum rechtfertigen. Die Änderung der Rechtswahl darf nicht einseitig durchgeführt werden. Die Änderung der Rechtswahl setzt erstens einen Verweisungsvertrag voraus, der aber in dem Fall überhaupt nicht vorliegt. Der prozessualen Rechtsfolge des Versäumnisses einer Partei soll keine Wirkung der kollisionsrechtlichen Rechtswahl zukommen[360], da die beide rechtlich voneinander getrennt sind. Im Fall des Versäumnisses des Verfahrens ist mindestens das objektiv anwendbare Recht zu berufen,

---

damals geltenden chinesischen IPR-Regeln, die nachträgliche Rechtswahl schon stattgegeben ist, fehlte.

355 So im Urteil: (2009) *Hu Gao Min Si (Shang) Chu Zi* Nr. 1.

356 So im Urteil: Urteil: *(2009) Zhe Yong Shang Wai Chu Zi Nr. 106*. In diesem Fall haben die Parteien auf den Bürgschaftsvertrag das Recht von Hongkong als anwendbar erklärt und nach der Rechtsanhängigkeit das chinesische Recht als maßgeblich vereinbart.

357 *Huang/Du*, CYbPIL&CompL (2002) Vol. 6 S. 45 ff.

358 Im Urteil, *(2006) Yong Hai Fa Shang Zi Nr. 143*, hat das Gericht Folgendes zum ausgesprochen, „Gemäß der Vereinbarung auf der Rückseite des Konnossements ist das englische Recht anwendbar. Angesichts dessen, dass der Beklagte das Verfahren versäumt hat, und dass der Klagende das chinesische Recht vor Gericht für anwendbar erklärt hat, ist der Sachverhalt nach Seehandelsrecht und anderen relevanten chinesischen Rechten zu entscheiden."

359 *Huang/Du*, CYbPIL&CompL (2002) Vol. 6 S. 45 ff.

360 Für den Zusammenhang der Rechtswahl und prozessuales Verhalten, *Du*, IPRG S. 276.

wenn die Tatsache der Rechtswahl im Zweifel steht. Diese Auslegungsweise ist jedoch leider später noch von einem weiteren Gericht vorgenommen worden[361].

II. Wirkung der nachträglichen Rechtswahl

1. Keine Bestimmung *de lege lata*

Bei sowohl der nachträglichen als auch der Änderung der vorherigen Rechtswahl im Sinne von Art. 8 Interpretation I kommt der Statutenwechsel in gleicher Weise vor, so dass das nachträglich erfolgte Vertragsstatut das ursprünglichen ersetzt. Dies zeichnet sich bei der erstmaligen nachträglichen Rechtswahl durch Wechsel vom objektiv anwendbaren Statut zum subjektiven, bei Änderung der Rechtswahl als Wechsel zu einem erneuten ausgewählten aus. Wie sich der Statutenwechsel kollisionsrechtlich auswirkt, hat allerdings der chinesische Gesetzgeber keine klare Stellung genommen. In der Rechtsprechung lassen sich die Wandelbarkeit im Fall der nachträglichen Rechtswahl im Prozess stets anerkennen und rückwärts auswirken[362]. Im Schrifttum[363] wird vorgeschlagen, dass Rechte und Interesse Dritter trotz einer nachträglichen rückwirkenden Rechtswahl unberührt bleiben soll[364], um den Bestandschutz zu berücksichtigen. Es wird zudem

---

361 Im Urteil *(2006) Yong Hai Fa Shang Zi Nr. 143* hat das Volksgericht zum Ausdruck gebracht, „Gemäß der Vereinbarung auf der Rückseite des Konnossements ist das englische Recht anwendbar. Angesichts dessen, dass der Beklagte das Verfahren versäumt hat, und dass der Klagende das chinesische Recht vor Gericht für anwendbar erklärt hat, ist der Sachverhalt nach Seehandelsrecht und anderen relevanten chinesischen Rechten zu entscheiden."

362 In der bekannten Rechtsprechung wird das im Prozess stillschweigend gewählte Recht nämlich häufig das chinesische Recht rückwirkend angewandt, z. B. (2000) *Yong Hai Shang Chu Zi* Nr. 218; im Fall der ausdrücklichen Rechtswahl vor Gericht ist eben so, z. B. im Urteil *(2011) Hu Gao Min Si (Hai) Zhong Zi* Nr. 205.

363 Darstellung der streitigen Meinungen, *Zhang/Xu*, IPR S. 70.

364 Art. 100 Abs. 2 S. 2 Model Law ist davon ausgegangen, dass die nachträgliche Rechtswahl rückwirkend vom Abschluss des Vertrages an gelten soll, jedoch Rechte und Interesse Dritter unberührt bleiben. Nach diesem Vorschlagmodell gilt das im Nachhinein getroffene Recht rückwirkend. Zugunsten der Rechte Dritter ist jedoch die Rückwirkung des neuen Rechts einzuschränken Text des *model law*, CSPIL, Model Law S. 22; *ders.*, YbPIL 3(2001) 349, 372. Erörterung zum Art. 100 Model Law, CSPIL, Model Law S. 138. Wie es in Art. 116 Schweizer-IPRG, ZüKo/Keller/Kostkiewicz, Art. 116 Schweizerisches IPRG Rn. 80, geregelt wird, bleibt dort die Formgültigkeit aber außer Bestandschutz gegen rückwirkendes nachträgliches Vertragsstatut. Ob die Parteien zwischen *ex tunc* und *ex nunc* Wirkung auswählen können, wird nicht diskutiert. Zudem verbietet die Regelung nicht, dass die Parteien einen neuen

anhand deutscher Literatur auf die *ex nunc* und *ex tunc* Wirkung hingewiesen[365]. Dort fehlt jedoch jegliche Begründung in Bezug auf chinesisches Recht.

Da die nachträgliche Rechtswahl zur Änderung der anknüpfungsrelevanten Tatsache führt, tritt ein Statutenwechsel[366] oder eine dynamische Anknüpfung[367] ein. Die unter der Problematik des Statutenwechsels entwickelten Ansichten könnten zur möglichen Lösung herangezogen werden. Leider besteht kein brauchbarer Gedanke dazu im Schrifttum[368]. Die nachträgliche Rechtswahl entfaltet im Ergebnis vergleichbare Wirkung wie die Abfolge von altem und neuem Recht[369]. Das intertemporale Privatrecht könnte daher auf die Wirkungsweise der nachträglichen Rechtswahl übertragen werden. Dort werden die allgemeinen Grundsätze wie *lex posterior derogat legi priori* und Rückwirkungsverbot[370] entwickelt. Gleiche Aussage findet sich auch im intertemporalen IPR. Art. 2 Interpretation I sieht vor, dass Vorschriften vom IPRG nur auf Sachverhalte Anwendung finden, die vor In-Kraft-Treten des IPRG entstanden sind. Daraus ergibt sich das Rückwirkungsverbot, dass die vor der Rechtsänderung erworbenen Rechte und Pflichten trotz Geltung des neuen Rechts fortbestehen. Fraglich ist jedoch, ob der Grundgedanke hinter den intertemporalen Regeln über das abstrakt geltende objektive Recht der Rechtslage von subjektiv auswirkender nachträglicher Rechtswahl Rechnung trägt. Im Gegensatz zum intertemporalen

---

Vertrag unter Geltung des neuen vereinbarten Rechts zu schließen, um die *ex nunc* Wirkung zu würdigen.

365 *Du*, IPRG S. 276.

366 Zur Terminologie im chinesischen Schrifttum, *Zhang/Xu*, IPR S. 69 ff.

367 Die Änderung der anknüpfungsrelevanten Tatsache wird zudem teilweise auch als „dynamisches Anknüpfungsmoment" bezeichnet, *Han*, IPR S. 29 f. Beachtenswert wurde im ersten IPRG-Entwurf eine Vorschrift nämlich Art. 10 vorgeschlagen, nach der der Sachverhalt dem Recht zum Stand im Zeitpunkt seines Eintritts unterliegt, es sei dann, dass das anwendbare Recht selbst anders vorsieht. Wie der dadurch herbeigeführte Statutenwechsel zu lösen ist, wird dort nicht beantwortet. Das statistische Anknüpfungsmoment liegt vor, wenn maßgeblicher Zeitpunkt vorgegeben wird. Z. B. nach Art. 31 IPRG unterliegt die Erbfolge dem Recht des Staates unterliegt, in dem der gewöhnliche Aufenthalt des Erblassers im Zeitpunkt seines Todes sich befindet.

368 *He*, Die zeitliche Grenze von der Geltung des Gesetzes und die Stabilität des Gesetzes (*Fa de Shijian Xiaoli Jiexian he Fa de Wendingxing*), Globe Law Review 2011 Heft 5 S. 65 ff.

369 Erläuterung zum deutschen Recht, Bar/Mankowski, IPR Bd. I Rn. 171 ff.

370 Zu allgemeinen Lösungssätzen des intertemporalen Privatrechts, *Li*, IPR S. 91 f.; *Zhang/Xu*, IPR S. 69 f.; *Du/Chen*, IPR S. 49.

Recht unterliegt der Statutenwechsel aufgrund nachträglicher Rechtswahl vor allem der Autonomie der Parteien.

2. Lösungsversuch

a) Statutenwechsel

Die nachträgliche Rechtswahl führt zur Änderung der maßgeblichen Rechtsordnung. Das alte anwendbare Recht, sei es das gewählte Recht im Fall der Änderung der getroffenen Rechtswahl, sei es das objektiv anwendbare Recht im Fall der erstmaligen Rechtswahl im Nachhinein, wird durch das neu gewählte ersetzt. In der Terminologie im chinesischen Schrifttum soll die anknüpfungsrelevante Tatsache nämlich der Verweisungsvertrag als dynamisches Anknüpfungsmoment bezeichnet werden[371]. Jedes Mal, wenn die Parteien sich über eine neue Rechtswahl einigen, ändert sich die anknüpfungsrelevante Tatsache. Dadurch entsteht die Problematik des Statutenwechsels[372]. Es ist daher über die intertemporale Rechtsfrage klar zu stellen, welches von dem alten und neuen Recht auf welchen Vorgang anwendbar ist[373]. Im deutschen Schrifttum wird nach dem Kriterium, ob im Zeitpunkt des Statutenwechsels die Tatbestände einer gesetzliche Vorschrift erfüllt sind oder eine Rechtsposition erworben ist[374], gliedern sich die Rechtsstellungen im Zeitpunkt des Statutenwechsels in zwei Gruppen, nämlich

---

371 *Han*, IPR S. 29 f.

372 Zu dem Thema im Allgemeinen, v. Bar/Mankowski, IPR Bd. I § 4 Rn. 172; Rauscher, IPR S. 106; Kropholler, IPR S. 187 ff; Möllenhoff, S. 19.

373 Die Ansicht von der Unwandelbarkeit und ihre Dogmatik wurde schon im deutschen Schrifttum entkräftet. Die Konstruktion der nachträglichen Rechtswahl ohne Statutenwechsel, Zum deutschen Recht, Fudickar, S. 40 ff. Das Schweizerische Bundesgericht hat die Ansicht mit dem Argument vertreten, jedoch später aufgehoben. ZüKo/Keller/Kren, Art. 116 III Schweizerisches IPRG Rn. 68. Die Aussage „Ein Rechtsverhältnis kraft eines Rechts besteht, aufgrund dessen es zustande gekommen ist oder es besteht überhaupt nicht; die Existenz nicht nachträglich durch eine andere ersetzt werden kann", aus einer Entscheidung vom schweizerischen Bundesgericht, BGE 62 II 125, 126. Die nachträgliche Rechtswahl wird zudem zugunsten der Unwandelbarkeit als materiell-rechtliche Rechtswahl konzipiert, Pfister, AWD 1973 S. 440 ff. Die Ansicht wird auch längst nicht vertretbar, Fidickar, Nachträgliche Rechtswahl, S. 99 ff.

374 Rauscher, IPR Rn. 439 ff.; Kropholler, IPR § 27 II; Hoffmann/Thorn, IPR § 5 Rn. 102 ff.; Neuhaus, Grundbegriffe, S. 298.

die abgeschlossene und noch nicht abgeschlossene Tatbestände[375]. Die Wirkung der schon erworbenen Rechte wird vom Statutenwechsel nicht beeinflusst[376]. Das hat zur Folge, dass alte Statut gilt für die Begründung von Rechten vor dem Statutenwechsel und für die bis zum Statutenwechsel eingetretenen Rechtsfolgen, während das neue gewählte Recht hingegen nur für die Zukunft wirkt. Die erworbenen Rechte und Rechtsposition bleiben nach dem Statutenwechsel in ihrer ursprünglichen Form erhalten und gehen nicht verloren. Die Eingliederung trifft auch im Rahmen des chinesischen Rechts zu, weil die Geltung und Anwendung einer Rechtsnorm durch Eintritt der Rechtsfolge zum Ausdruck gebracht wird. Nach den Lösungsansätzen des intertemporalen Privatrecht[377] und des Statutenwechsels[378] im deutschen Schrifttum findet das alte Statut auf abgeschlossene Tatbestände, das neue auf nicht abgeschlossene Tatbestände[379]. Die Lösungsansätze können gleichfalls im Rahmen des chinesischen Rechts geltend gemacht werden. Die nicht abgeschlossenen Tatsachen werden noch nicht rechtlich beurteilt und sind daher offen. Die durch die abgeschlossenen Tatbestände herbeigeführte Rechtsfolge untersteht dem Schutz des erworbenen Rechts.

b) Optionale einheitliche Rückwirkung

Die allgemeinen Lösungsansätze des Statutenwechsels eignen sich nicht für die nachträgliche Rechtswahl, weil sie dort als unerwünscht erscheinen. Die Maßgeblichkeit des alten und neuen Statutes jeweils auf abgeschlossene und nicht abgeschlossene Tatbestände führt zur zeitlichen Statutenaufspaltung, die der Parteierwartung nicht immer entspricht. Im Fall der nachträglichen erstmaligen Rechtswahl sind die Parteien sich dem objektiv anwendbaren Recht häufig nicht bewusst. Sie wollen das gewählte Recht rückwirkend auf den ganzen Sachverhalt Anwendung finden. Selbst wenn das anfängliche anwendbare Recht das Hauptgeschäft als unwirksam beurteilt, sind die Parteien befugt, durch die nachträgliche Rechtswahl es zu validieren, oder umgekehrt wirksames Hauptgeschäft im

375 Rauscher, IPR Rn. 439 ff.; Kropholler, IPR § 27 II; Hoffmann/Thorn, IPR § 5 Rn. 102 ff.; Neuhaus, Grundbegriffe, S. 298.

376 Rauscher, IPR Rn. 439 ff.; Kropholler, IPR § 27 II; Hoffmann/Thorn, IPR § 5 Rn. 102 ff.; Neuhaus, Grundbegriffe, S. 298.

377 Hess, ITR S. 51 ff.

378 Rauscher, IPR Rn. 440 ff.; Kropholler, IPR § 27 II; Hoffmann/Thorn, IPR § 5 Rn. 104 ff.

379 Möllenhoff, Nachträgliche Rechtswahl, S. 21 f.; Kropholler, IPR §27 II.

Nahhinein zu invalideren[380]. Die Rückwirkung der nachträglichen Rechtswahl gewinnt zweitens ihre Bedeutung in derjenigen Situation, dass die Rechtswahl erst nach Eintritt des Streits getroffen ist. In diesem Fall einigen sich die Parteien nachträglich nur, um die entstandene Streitigkeit beizulegen. Würde die nachträgliche Rechtswahl *ex nunc* gelten, würde der Sinn der nachträglichen Rechtswahl verloren gehen. Die Befugnis zur Derogation des ursprünglichen Statuts wird von der Parteiautonomie gedeckt. Dürfen die Parteien das anwendbare Recht selbst bestimmen, dürfen sie auch im zeitlichen Sinne das anwendbare Recht bestimmen. Im Fall der nachträglichen erstmaligen Rechtswahl ist es den Parteien von der Parteiautonomie gewährt, das objektive Statut durch das gewählte Recht zu ersetzen. Aufgrund der Parteiautonomie können die Parteien das vorhergetroffene Recht selbst ändern. Die zeitliche Aufspaltung steht schließlich nicht im Einklang mit der ständigen Rechtsprechung der Volksgerichte[381]. Art. 8 II Interpretation I hat genau diesen Fall vor Augen. Dort wird die im Prozess erfolgte konkludente Rechtswahl gewährt. Nehmen die Parteien Bezug auf das Recht desselben Staates und erheben keinen Einwand, soll das Recht als gewählt angesehen werden. Wenn der Gesetzgeber die *ex nunc* Wirkung der konkludenten Rechtswahl wollte, würde die Vorschrift leerlaufen.

Die Befugnis zur Derogation des anfänglichen Statuts bedeutet zugleich das Recht der Parteien, die zeitliche Geltung des gewählten Rechts zu bestimmen. Sie können zudem bestimmen, dass die später getroffene Rechtswahl nur für die Zukunft einwirkt. Die Ansicht für eine zwingende Rückwirkung der nachträglichen Rechtswahl, wie es in Art. 100 Model Law vorgeschlagen wurde[382], ist nicht vertretbar. Die ausschließliche Geltung des nachträglich gewählten Rechts ist die technisch einfach. Sie erspart dem Richter, das intertemporale Problem der zeitlich nebeneinander geltenden Rechte zu behandeln. Sie könnte jedoch dem Parteiwillen entgegenstehen. Eine Rechtswahl mit *ex nunc*-Wirkung können die Parteien selbst durch Umwege erreichen, indem sie ihr bisheriges Rechtsverhältnis beenden und mit neuer Rechtswahl neu abschließen. Wie die nachträgliche Rechtswahl intertemporal einwirkt, unterliegt daher in erster Linie dem Parteiwillen.

Fraglich ist dann, in welche zeitliche Richtung sich das neu gewählte Recht auswirkt, wenn die Parteien darüber schweigen. Mangels Parteiwillens ist gleichfalls

380 Beispielsweise in deutscher Rechtsprechung, OLG Koblenz RIW 1982, 354 = IPRax 1982, 20. Dort geht es um das Zustandekommen eines Vertrags.

381 Z. B. in dem folgenden Urteil: (2000) *Yong Hai Shang Chu Zi* Nr. 218; im Fall der ausdrücklichen Rechtswahl vor Gericht ist ebenso, z. B. im Urteil *(2011) Hu Gao Min Si (Hai) Zhong Zi* Nr. 205.

382 CSPIL, Model Law S. 138.

einheitliche Rückwirkung zu empfehlen. Die Auslegungsmaxime, die von Art. 3 Rom I-VO verwendet wird[383], könnte der Entwicklung der Auslegung des Art. 8 Interpretation I hilfreich sein. Die herrschende Meinung unter Art. 3 II S. 2 Rom I-VO[384] sowie Art. 27 II S. 2 EGBGB a. F.[385] und Art. 3 II S. 2 EVÜ[386] wird jeweils so interpretiert, dass die Parteien in der Lage sind, die Wirkungsweise selbst zu bestimmen[387]. Soweit die Parteien nicht ausdrücklich die Wirkungsweise erklären, gilt das im Nachhinein bestimmte Recht mit Wirkung *ex tunc*[388]. Nach diesem Modell gilt das später vereinbarte Recht von Anfang an. Alle Rechte und Tatbestände sind einheitlich nach dem neuen Statut zu bemessen. Insoweit findet keine zeitliche Statutenspaltung statt. Diese Lösung entspricht den Parteierwartungen, nach denen konkludent von einheitlicher Geltung des Statuts auszugehen ist[389]. Rückwirkende nachträgliche Rechtswahl entspricht auch dem Bedürfnis der Praxis. Bei der häufig im Prozess erfolgten Rechtswahl ergibt sich aus einer *ex nunc* wirkenden Rechtswahl kein Sinn[390]. Die Begründung trifft auch im Rahmen des chinesischen Rechts zu. Die einheitliche intertemporale Anknüpfung entspricht den Parteierwartungen, dass ein Vertrag grundsätzlich nur einem Recht unterliegt.

---

383 BeckOK/ Schönbohm, Art. 3 Rom I-VO Rn. 34; Ferrari/Kieninger/Mankowski/ Ferrari, Art. 3 Rom I-VO Rn. 44 f.; MüKo/Martiny, Art. 3 Rom I-VO Rn. 78 ff.

384 MüKo/Martiny, Art. 3 Rom I-VO Rn. 80 ff.; Staudinger/Magnus, Art. 3 Rom I-VO Rn. 123 ff.; Ferrari/Kieninger/Mankowski/ Ferrari, Art. 3 Rom I-VO Rn. 44 f.

385 Möllenhoff, S. 20 f.; mit weiteren Nachweisen, Reinhart, IPRax 1995 365, 368.

386 Jaspers, Nachträgliche Rechtswahl, S. 149 ff.

387 MüKo/Martiny, Art. 3 Rom I-VO Rn. 80; Staudinger/Magnus, Art. 3 Rom I-VO Rn. 124; Kegel/Schurig, IPR §18 I 1 c; Kropholler, IPR §52 II 4; Jaspers, Nachträgliche Rechtswahl, S. 150 f.; Buchta, Nachträgliche Rechtswahl, S. 13; Reinhart, IPRax 1995 365, 368; v. Bar, IPR Bd. II Rn. 480; vgl. auch Fudickar, Nachträgliche Rechtswahl, S. 19 ff.; Raape, FS Boehmer, S. 117. Zum Schweizerischen Recht, Umbricht, Schranken der Rechtswahl, S. 78 f.

388 Diese Lösung geht davon aus, dass die Parteien nicht nur bestimmen können, in welchem Zeitpunkt sie einen Verweisungsvertrag schließen, sondern auch wann eine solche Vereinbarung ihre Wirksamkeit entfalten soll. Sie können die nachträglich erfolgte Rechtswahl entweder mit *ex tunc* Wirkung oder mit *ex tunc* Wirkung versehen. Noch weiter steht es den Parteien aufgrund der Parteiautonomie frei, das Wirksamwerden des nachträglichen Verweisungsvertrags erst für einen Zeitpunkt nach Belieben zu vereinbaren, näheres siehe Möllenhoff, Nachträgliche Rechtswahl, S. 21.

389 Hierzu im deutschen Schrifttum, Kropholler, IPR §52 II 4; Jaspers, Nachträgliche Rechtswahl, S. 152; Bauer, Nachträgliche Rechtswahl, S. 54.

390 MüKo/Martiny, Art. 3 Rom I-VO Rn. 80.

Wenn die Parteien die *ex-nunc*-Wirkung wollen, können sie die intertemporale Aufspaltung vereinbaren.

c) Bestandschutz bei der Rückwirkung der Rechtswahl

(1) Schutzmechanismus

Die vorgeschlagene Rückwirkung der nachträglichen Rechtswahl findet auf den gesamten Sachverhalt, nämlich nicht nur auf die offenen Tatbestände aber auch die geschlossenen Tatbestände. Während die Einwirkung auf die offenen Tatbeständen keine echte Rückwirkung darstellt, löst die Rückwirkung auf die vollendeten Tatbestände jedoch die Problematik des Bestandschutzes aus[391]. Falls die nachträgliche Rechtswahl *inter partes* Rückwirkung entfaltet, wirft sich trotz echter Rückwirkung kein besonderes Bedenken auf. Die daraus ergebende Neubeurteilung der abgeschlossenen Tatbestände ist von den Parteien gewollt. Problematisch wird es[392], falls dem Dritten Rechte und andere schutzbare Rechtspositionen von der rückwirkenden nachträglichen Rechtswahl berührt werden. Der Bestandschutz wird von dem Grundgedanke der Selbstbestimmung, dem die Privatautonomie zugrunde liegt und übertragbar auf kollisionsrechtliche Parteiautonomie ist[393], und der Vertrauensschutz gewährleistet. Die Rechtsstellung Dritter darf ohne seine Einwilligung oder Genehmigung berührt werden. Die Auswirkung der Rechtwahl entfaltet ohne weiteres nur eine relative Wirkung[394].

---

391 Das Gegenstück des Statutenwechsels im intertemporalen Privatrecht schreibt es mit dem Schutz der erworbenen Rechte sowie dem Rückwirkungsverbot um, Hess, Intertemporales Privatrecht S. 52 f. Im Fall der Zeitaufspaltung findet keine echte Rückwirkung. Dem neuen Statut unterliegen lediglich die nicht vollendeten Tatbestände sowie die nach dem Statutenwechsel eintretenden Wirkungen. Diese Wirkungsweise führt dazu, dass schon erworbene Rechtspositionen und eingetretene Rechtsfolgen in ihrem ursprünglichen Bestand erhalten bleiben. Deshalb tritt für die vor Statutenwechsel erworbenen Rechtspositionen kein Statutenwechsel ein. Einer speziellen Regel zum Bestandschutz bedarf es nicht, Möllenhoff, Nachträgliche Rechtswahl, S. 22; Jaspers, Nachträgliche Rechtswahl, S. 153.

392 Bei der objektiven Anknüpfung kommt auch der Statutenwechsel vor, z. B. Verlagerung einer beweglichen Sache oder nachträgliche Änderung des Vertragsschwerpunkts. Daraus ergibt sich kein Problem wegen der intertemporalen Statutenaufspaltung. Die Frage des Bestandschutzes tritt im Fall der erstmaligen Rechtswahl im Nachhinein als auch im Fall der nachträglichen Änderung der Rechtswahl.

393 Vgl. Die Begründung in Rahmen von Art. 27 II S2 EGBGB a. F., Möllenhoff, Nachträgliche Rechtswahl S. 35 ff.

394 Die nachträgliche Rechtswahl gemäß Art. 3 II S2 Rom I-VO wirkt sich hinsichtlich der Rechte Dritter nur *inter partes* aus, MüKo/Martiny, Art. 3 Rom I-VO Rn. 83;

Zum Ergebnis stellt sie insoweit eine nachträgliche „Teilrechtswahl" dar, die auf Innenverhältnis der Vertragsparteien gilt. Auf Dritten findet das alte Statut[395]. Falls der Dritte der Rechtswahl zustimmt, wirkt die Rechtswahl dann auch ihm gegenüber[396].

Die Fortgeltung des alten Statuts hat zur Folge, dass die nachträgliche Rechtswahl die Rechtsstellung Dritter nicht verschlechtern darf[397]. Die Feststellung der Beeinträchtigung lässt sich durch einen Vergleich zwischen dem ohne und mit Rechtswahl anwendbaren Recht ableiten. Fraglich ist, ob die nachträgliche Rechtswahl zugunsten Dritter einwirken darf. Von der Relativität der Rechtswahl

---

Staudinger/Magnus, Art. 3 Rom I-VO Rn. 127; IVR/Ferrari, Art. 3 Rom I-VO Rn. 47; Möllenhoff, S. 133 ff. Im Schrifttum werden aber zahlreiche Lösungsmodelle vorgestellt, wie z. B. die Transposition von Rechten Dritter, Bauer, Nachträgliche Rechtswahl S. 102, 151, und andere Lösungsansätze sowohl auf kollisionsrechtlicher Ebene als auch auf materiell-rechtlicher, Möllenhoff, S. 99 ff.; Bauer, Nachträgliche Rechtswahl S. 121 ff.

395 Rechtsvergleichend zum gleichen Ergebnis gemäß Art. 3 II S2 Rom I-VO, MüKo/Martiny, Art. 3 Rom I-VO Rn. 83 ff.; BeckOK/Schönbohn, Art. 3 Rom I-VO Rn. 34; Nomos/Ansgar/Staudinger, Art. 3 Rom I-VO Rn. 8. Zu Art. 14 II S2 Rom II-VO, MüKo/Junker, Art. 14 Rom II-VO Rn. 49; BeckOK/Spickhoff, Art. 14 Rom II-VO Rn. 7; Nomos/Henrich/Dörner, Art. 14 Rom II-VO Rn. 6. Zu Art. 27 II S2 EGBGB a. F., Möllenhoff, Nachträgliche Rechtswahl, S. 133 ff.; Mansel, ZVglRWiss 86 (1987), 1, 7. Aber auch andere Ansicht für die Anerkennung Rechte Dritter anhand Transpositionstheorie, Bauer, Nachträgliche Rechtswahl, S. 151 ff. Wie sich das Beeinträchtigungs- bzw. Verschlechterungsverbot genau auswirkt, sagt die Rom I Verordnung nicht. Es entwickelt sich durch Auslegung der Vorschrift, nämlich Art. 3 II S2 Rom I-VO sowie ihres Vorgängers Art. 3 II S2 EVÜ und Art. 27 II S2 EGBGB a. F. siehe, MüKo/Martiny, Art. 3 Rom I-VO Rn. 83 ff.; Staudinger-Magnus, Art. 3 Rom I-VO Rn. 126 ff.; IVR-Ferrari, Art. 3 Rom I-VO Rn. 46 f.

396 So gilt es gemäß Art. 27 II S. 2 a. F. Einverständniserklärung des Dritten könnte einerseits durch dreiseitigen Verweisungsvertrag erfolgen, andererseits auch durch Einwilligung sowie Genehmigung des von den Hauptvertragspartnern zu schließenden oder bereits geschlossenen Verweisungsvertrags. Mansel, ZVglRwiss 1987 1, 6 f.; Möllenhoff, nachträgliche Rechtswahl S. 140 f.

397 So ist schon von dem Model Law vorgeschlagen, CSPIL, Model Law S. 135 ff. An der Stelle werden Rechte und Interessen Dritter gesprochen. Nähere Begründung fehlt dort. Rechtsvergleichend zum gleichen Ergebnis des sogenannten „Beeinträchtigungs- oder Verschlechterungsverbot", MüKo/Martiny, Art. 3 Rom I-VO Rn. 83; Staudinger/Magnus, Art. 3 Rom I-VO Rn. 127; IVR/Ferrari, Art. 3 Rom I-VO Rn. 47; Kondring, IPRax 2006, 425, 427; W. Lonrenz, IPRax 1997 269, 273; Rühl, in FS Kropholler, 2009 S. 187, 201; Vogeler, Rechtswahl der außervertraglichen Rechtsverhältnisse S. 364 n.w.N.

ausgehend ist die Ansicht nicht vertretbar. Die *inter partes* geltende Rechtswahl sollte die Rechtsstellung weder zugunsten noch zu Lasten Dritter beeinflussen[398]. Die Schutzbarkeit Dritter besteht nicht in der Begünstigung oder Verschlechterung seiner Rechtsposition, sondern in der Selbstbestimmung. Zu deren Grund liegt die negative Vertragsfreiheit des Dritten. Zudem könnte die Erweiterung der Rechtswahl auf Rechtsphäre des Dritten auch zur Verschlechterung der Vertragsparteien des Verweisungsvertrags führen, z. B. durch die Wahl deutschen Rechts die Begründung eines Vertrags zugunsten Dritter herbeigeführt wird[399]. Soweit das ursprüngliche Statut derartigen Vertrag nicht kennt, wird der Dritte zu Lasten der Vertragsparteien begünstigt. Dies lässt sich schwer auf die Freiheit der Rechtswahl berufen. Aus dem gleichen Grund darf auch kein Optionsrecht zur Beteiligung Dritter an der Rechtswahl eingeräumt werden. Die Rechtswahl wirkt nur zwischen ihren Vertragsparteien. Jede Begünstigung oder Beeinträchtigung bedarf der Einwilligung oder Genehmigung des Dritten.

Zu den Rechtspositionen[400], die durch der nachträglichen Rechtswahl begünstigt oder verschlechtert werden können, zählen nicht nur subjektive Rechte wie z. B. Ansprüche, Gestaltungsrechte und Rechtslagen, sondern auch Rechtspflichten und Pflichtenlagen, z. B. die Pflicht des Bürgen oder des Verpfändens gegenüber dem Gläubiger oder für Versicherer gegenüber dem Versicherungsnehmer[401]. Ob diese Rechtsposition dem Dritten gewährt wird, beurteilt sich auf der Grundlage des alten Statuts. Die in Betracht kommende Rechtsposition im Rahmen des ursprünglichen Statuts muss zudem ohne Mitwirkung des Dritten nicht entzogen werden kann[402]. Wäre eine Rechtsposition beispielsweise nach

398 Rechtsvergleichend zu Art. 14 Rom II-VO, Vogeler, Rechtswahl der außervertraglichen Schuldverhältnisse S. 365 m.w.N. vgl. zu Art. 27 II S2 a. F. Möllenhoff, Nachträgliche Rechtswahl S. 42 ff.

399 Weitere Beispiele, Vogeler, Rechtswahl der außervertraglichen Schuldverhältnisse S. 367.

400 Rechtsvergleichend zur Auslegung der Rechtsstellungen besteht aus mehreren Rechtspositionen unter Art. 27 EGBGB a. F., Mansel, ZVglRWiss 86 (1987) 1, 6 f.

401 Vgl. Literatur zu Art. 3 Rom I-VO, MüKo/Martiny, Art. 3 Rom I-VO Rn. 84 f.; Ferrari/Kieninger/Mankowski/Ferrari, Art. 3 Rom I-VO Rn. 48. Drittberechtigungen werden in zwei Gruppen eingegliedert, nämlich Erwerb der Drittberechtigung unmittelbar aufgrund des Hauptvertrags (dingliches Recht, Leistungsanspruch, Einwendung und Zurückweisungsrecht) und aufgrund eines gesonderten Rechtsverhältnisse (Akzessorietätsfälle, Abtretung, Schuldübernahme), Möllenhoff, Nachträgliche Rechtswahl, S. 64 ff.

402 Dazu, Lorenz, RabelsZ (59) 1995 323 ff..

dem alten Statut materiell-rechtlich nicht vor Veränderungen geschützt, würde ein kollisionsrechtlicher Schutz vor dem neuem Statut entbehrlich sein.

Art. 3 II S. 2 Rom I-VO sieht den Bestandschutz der Form des Vertrags[403] vor. Zugunsten der Formwirksamkeit eines materiell-rechtlichen als auch eines kollisionsrechtlichen Vertrags wirkt die nachträgliche Rechtswahl nicht zurück. Die unter dem älteren Statut erhaltene Formwirksamkeit besteht trotz des neuen Statuts des Hauptgeschäfts fort. Stellt das im Nachhinein gewählte Recht strengere Anforderung an die Form als das frühere Recht, wird das Rechtsverhältnis nicht nachträglich formnichtig[404]. An der Stelle setzt sich der Gedanke vom *favor negotii* durch. Es hat zur Folge, dass die Parteien zuerst eine Rechtsordnung auswählen, unter der die Formwirksamkeit eines Vertrags bejaht wird. Dann treffen sie eine nachträgliche Rechtswahl, die den Vertrag für formunwirksam hält und in anderen Hinsichten dem Interesse der Parteien besten passt. Um die Formanknüpfung zu erleichtern, ist für die vertragliche Rechtswahl und dazu gehörigen Rechtswahlmöglichkeiten vorzuschlagen, dass die Rückwirkung der nachträglichen Rechtswahl gegenüber der Formgültigkeit einzuschränken ist. Zu Rechtswahlmöglichkeiten in anderen Rechtsgebieten, in denen die Formvorschriften andere Formzwecke als die bei der Formanknüpfung des Vertrags verfolgen[405], soll die Formwirksamkeit ohne weiteres nicht begünstigt werden.

Um der Rückwirkung der nachträglichen Rechtswahl zugunsten Rechtspositionen Dritter entgegenzuwirken, ist dann klarzustellen, welche Rechte sowie Rechtspositionen in verschiedenen Rechtsgebieten schützenswert sind, in denen Rechtswahlmöglichkeiten eingeräumt werden.

(2) Bestandschutz bei der vertraglichen Rechtswahl

Die schutzbaren Rechtsstellungen der außerhalb eines vertragsrechtlichen Verhältnisses stehenden Dritter ergeben sich erstens aus dem Vertrag mit Beteiligung von Dritten. Es ist der Fall für den echten Vertrag zugunsten Dritten[406] sein. Das chinesische materielle Recht kennt das Institut des Vertrags zugunsten

403 MüKo/Martiny, Art, 3 Rom I-VO Rn. 82; BeckOK/Schönbohm, Art. 3 Rom I-VO Rn. 34; Nomos/Ansgar/Staudinger, Art. 3 Rom I-VO Rn. 5; Ferrari/Kieninger/Mankowski/Ferrari, Art. 3 Rom I-VO Rn. 46.

404 MüKo/Martiny, Art. 3 Rom I-VO Rn. 82; Staudinger/Magnus, Art. 3 Rom I-VO Rn. 126; Jaspers, Nachträgliche Rechtswahl, S. 155 ff.; Kropholler, IPR §52 II 1) 4.

405 Vgl. § 4 III.

406 Rechtsvergleichend zu Art. 3 Rom I-VO, MüKo-Martiny, Art. 3 Rom I-VO Rn. 84; Staudinger-Magnus, Art. 3 Rom I-VO Rn. 127; nähere Erläuterung, Möllenhoff, S. 64 ff.

Dritter generell nicht[407]. Die nachträgliche Wahl chinesischen Rechts führt dann zum Nachteil des Dritten, soweit das alte ausländische Statut dem Dritter einen eignen Anspruch aus einem Vertragsverhältnis zugunsten Dritter gewährt. Vertrag mit Schutzwirkung zugunsten Dritter kennt das chinesische Recht auch nicht[408]. Die nachträgliche Rechtswahl für die chinesische Rechtsordnung verschlechtert daher die erworbene Rechtsstellung Dritter. Wenn das ursprüngliche Statut beispielsweise die deutsche Rechtsordnung für den Dritten einen vertraglichen Anspruch auf Schadensersatz aufgrund Treu und Glauben gegen Schuldner vorsieht[409], stellt der vertragliche Schutz nach dem chinesischen Recht eine Beeinträchtigung der Rechtsstellung Dritter nicht dar.

Die vertragsrechtlichen Rechtsinstitute mit Beteiligung Dritter, die im chinesischen Sachrecht geregelt werden, kommen ins Spiel. In Betracht kommen vor allem das Recht auf Klage des Gläubiger anstelle des Schuldners gemäß Art. 73 Vertrags[410] und das Recht auf Klage auf Widerruf des Rechtsgeschäft von Schuldners gemäß Art. 74 Vertrags[411]. Diese Institute betreffen den Schutz von Rechten Dritten. Sie fallen jedoch nicht unbedingt unter den Anwendungsbereich des

---

407 Art. 64 VertragG regelt den Vertrag, nach dem die Parteien vereinbaren, dass der Schuldner die Schuld gegenüber einem Dritten erfüllt, und der Schuldner die Schuld gegenüber dem Dritten nicht oder nicht entsprechend der Vereinbarung erfüllt hat, haftet er dem Gläubiger wegen Vertragsverletzung. Dort geregelt wird jedoch nicht der Vertrag zugunsten Dritter, *Xue*, Chinese Journal of Law 2006 Vol. 4 116, 125; *Yin*, Chinese Journal of Law 2001 Vol. 1 33, 33. Der einzige ausdrückliche geregelte Vertrag zugunsten Dritter findet ihre Rechtslage in Versicherungsgesetz. Es wird zudem vertreten, dass Vertrag zugunsten Dritter trotz der Gesetzeslücke aufgrund der Privatautonomie zulässig ist, *Xue*, Chinese Journal of Law 2006 Vol. 4 116, 125.

408 *Ma*, Political Science and Law 2005 No. 1 37, 41; *Wang*, Law and Social Development Vol. 116 (2014) No. 2 162, 165.

409 Medicus/Lorenz, Schuldrecht AT, S. 389 ff.

410 Gemäß Art 73 VertragG kann der Gläubiger beim Volksgericht eine Geldforderung des Schuldners an dessen Stelle im eigenen Namen geltend machen, wenn dem Gläubiger dadurch Schaden entsteht, dass der Schuldner die Geltendmachung eigener fälliger Forderung vertrödelt. Der Umfang des Rechts auf Geltendmachung anstelle des Schuldners beschränkt sich auf den Umfang der Forderung des Gläubigers, *Cui*, Vertragsrecht S. 150 ff.

411 Dort wird geregelt, dass der Gläubiger beim Volksgericht den Widerruf dieser Handlungen des Schuldners verlangen kann, wenn dadurch, dass der Schuldner auf eigene fällige Forderungen verzichtet oder Vermögensgüter unentgeltlich überträgt, und dem Gläubiger Schaden entsteht. Falls der Schuldner zu einem offensichtlich unvernünftig niedrigen Preis Vermögensgüter überträgt, sodass dem Gläubiger Schaden entsteht, und der Übertragungsempfänger diese Umstände kennt, kann der Gläubiger

Bestandschutzes im Fall der nachträglichen Rechtswahl. Fraglich ist erstens das Problem der Qualifikation. Das Recht auf Klage anstelle des Schuldners und auf Widerruf könnten aufgrund der unstrittigen Meinungen[412] in der materiell-rechtlichen Ebene als vertraglich, deliktisch oder eigenständig schuldrechtlich qualifiziert. Die Rechtstellung des Dritten, der vom Schuldner Vermögensgegenstände erworben hat, kann nur dann von der nachträglichen Rechtswahl zwischen dem Gläubiger und dem Schuldner betroffen, wenn sie selbständig vom Vertragsstatut gedeckt oder sich akzessorisch an das Vertragsstatut anknüpft. Dies scheint unwahrscheinlich. Das Schuldverhältnis zwischen dem Gläubiger und dem Schuldner ist dem Beklagten unbekannt. Der Schutz des Beklagten unterliegt dem Geschäftsstatut zwischen ihm und dem Schuldner. Deswegen wird die Rechtsstellung des Beklagten von der nachträglichen Rechtswahl nicht betroffen.

Fraglich ist weiter, ob Rechte Dritter im Fall der nachträglichen Rechtswahl zugunsten der chinesischen Rechtsordnung und Geltendmachung des Rechts auf Klage anstelle des Schuldners Rechtsposition Dritter berührt. Die Klage beruht sich auf dem schon bestehenden und fälligen Recht des Schuldners. Die Ausübung des Rechts vor Gericht hat lediglich zur Folge, dass der Drittschuldner seine fällige Schuld sofort zu begleichen hat. Der Verlust des Vorteils, dass sein Gläubiger die Leistung wahrscheinlich nicht verlangte, ist als tatsächliches Interesse[413] einzustufen. Seine Rechtsstellung bleibt unberührt. Dort ist daher der Drittschuldner nicht schutzbedürftig.

Verschlechterung der Rechtsstellung Dritter könnte sich auch im Fall von „Kauf bricht Miete nicht" gemäß Art 229 VertragsG[414] ergeben. Einigt sich der Vermieter mit dem Mieter nach dem Verkauf der Mietwohnung über die Auswahl einer Rechtsordnung, gemäß deren zutreffender Vorschriften der Mietvertrag dem Käufer gegenüber nicht geltend gemacht werden kann. Der vertragliche Schutz ist dem Mieter entzogen. Soweit das ursprüngliche Statut den Mieter schützt, wird die nachträgliche Rechtswahl zugunsten Dritter eingeschränkt.

Neben den schützenswerten Rechtspositionen aus dem Hauptvertrag, auf den sich die nachträgliche Rechtswahl bezieht, können sie sich noch aus einem

---

gleichfalls vor Volksgericht den Widerruf dieser Handlungen des Schuldners verlangen. *Cui*, Vertragsrecht S. 158 ff.

412 *Cui*, Vertragsrecht S. 158 ff.

413 Keine Schutzbarkeit der tatsächlichen Interessen, Vgl. Möllenhoff, Nachträgliche Rechtswahl S. 63.

414 Über die Rechtslage im chinesischen Recht, *Han*, Vertragsrecht S. 456 f.; *Cui*, Vertragsrecht S. 424; *Wang*, Zivilrecht S. 441.

selbständigen Rechtsverhältnis zwischen dem Dritten und einer der Schuldvertragsparteien, wie z. B. Bürgschaft, Forderungsabtretung und Schuldübernahme. Diese gesonderten Rechtsverhältnisse knüpfen sich zwar selbstständig an. Der Ausgang des Statutenwechsels von Hauptvertrag könnte jedoch den Eingang dieser gekoppelten Rechtsverhältnisse auf materiell-rechtlicher Ebene beeinflusst. Der Bestand und Umfang eines subjektiven Rechts könnten dann vom Vorhandensein einer aus einem anderen Rechtsverhältnis abgeleiteten Rechtsposition abhängen. Das subjektive Recht ist auch vor der nachträglichen Rechtswahl zu schützen. Der Grundgedanke hinter dem Drittenschutz liegt gleichfalls im Vertrauensschutz[415]. Bei den internationalen Sicherungsgeschäften und Sicherungsrechten erlangt derartiger Drittenschutz Bedeutung. Die Verpflichtung von Bürgen zur Erfüllung der Verbindlichkeit aus dem Hauptvertrag knüpft sich selbstständig an. Da der Umfang der Verpflichtung von der gesicherten Forderung abhängt, die durch den nachträglichen Statutenwechsel beeinflusst wird, könnte der Bürge als Dritter im Sinne des Bestandschutzes angesehen werden. Der kollisionsrechtliche Drittenschutz ist von dem materiell-rechtlichen Drittenschutz zu unterscheiden. Der sachrechtliche Schutz findet sich beispielsweise in Art. 30 Interpretation zum Kreditsicherungsgesetz. Nach dessen Bestimmung kann die nachteilige Änderung der Zahl, Preis sowie anderen Elemente der gesicherten Forderung im Nachhinein gegen den Bürgen nicht geltend gemacht werden. Der kollisionsrechtliche Schutz greift ein, egal ob die Rechtspositionen Dritter trotz des materiell-rechtlichen Schutzes noch durch die Rechtswahl im Nachhinein z. B. durch Herbeiführung einer längeren Verjährungsfrist der gesicherten Forderung verschlechtert werden. Nach dem vorher vorgeschlagenen Model findet jedoch das neue gewählte Vertragsstatut überhaupt keine Anwendung auf die Rechtsstellung Dritter. Hinsichtlich des Rechtsverhältnisses gegenüber dem Bürgen gilt nach wie vor das ursprüngliche Statut. Bei dem Pfandrecht sowie anderen Akzessorischen Rechtsverhältnissen gilt gleicher Grundsatz. Der kollisionsrechtliche Schutzmechanismus greift jedoch ein, ohne zu prüfen, ob das neu gewählte Vertragsstatut oder alte Bürgschaftsstatut hinreichenden Schutz anbietet.

415 Begründung unter Art. 27 II S. 2 Vgl. Möllenhoff, Nachträgliche Rechtswahl S. 75 ff.; Bauer, Nachträgliche Rechtswahl S. 27 f. Über den sachlichen Schutzbereich gemäß Art. 3 II Rom I-VO Staudinger/Magnus, Art. 3 Rom I-VO Rn. 124; IVR/Farrari, Art. 3 Rom I-VO Rn. 48; MüKo/Martiny, Art. 3 Rom I-VO Rn. 84 Fn. 5, mit weiteren Nachweisen.

(3) Bestandschutz bei der deliktischen Rechtswahl

Führt ein Statutenwechsel der Deliktshaftung Erweiterung des Haftungsumfangs herbei, stellt sich die Frage auf, ob die Rechtstellung Dritter z. B. des Schadensversicherers, der dem Geschädigten Schaden zu ersetzen hat und dem Schädiger Regress geltend macht, beeinflusst werden. Das europäische einheitliche IPR verbietet solche rückwirkende Wirkung des Deliktstatuts gegen Dritten. Gemäß Art. 14 I Rom II-VO wird der Versicherer vor dem nicht beteiligten Statutenwechsel geschützt[416], denn die Rechtswahl nicht in die Rechtsstellung Dritter eingreifen darf[417] oder anders ausgedrückt von der Relativität der Schuldverhältnisse einschränkt wird[418]. Als Beispiele sind die Haftpflicht- und Schadensversicherer zu nennen[419]. Da die Parteiautonomie gemäß Art. 44 S. 2 IPRG sich auch auf der Relativität der Parteiautonomie und der Selbstbestimmung Dritter beruht, ist vorzuschlagen, dass die nachträgliche Rechtswahl im Sinne von Art. 44 S. 2 IPRG nicht in die Rechtspositionen, die dem Dritten nach dem ursprünglichen Statut zugeschrieben werden, eingreifen darf. Selbst wenn die nachträgliche Rechtswahl den Dritten vorteilhaft beeinflusst, steht dem Dritten die negative Vertragsfreiheit. Zudem liegt häufig die Verbesserung des Dritten in der Verschlechterung der Vertragsparteien[420]. Es kann daher nicht immer davon ausgegangen werden, dass die Parteien sich über die Erweiterung auf Dritten einig sind. Der Dritter bezieht sich in die nachträgliche Rechtswahl dann ein, wenn eine dreiseitige Rechtswahl erfolgt.

Der Bestandschutz im Bereich des Internationalen Deliktsrecht könnte erstens im Fall des Anspruchs des Geschädigten gegen den Haftversicherer Anwendung finden. Gemäß Art. 65 Versicherungsgesetz i.V.m. Art. 76 Verkehrssicherheitsgesetz wird dem Geschädigten der Anspruch gegen Versicherer gewährt, wenn der Schädiger im Verzug steht, seinen fälligen Anspruch gegen den Versicherer geltend zu machen. An erster Stelle, er hat aufgrund der unerlaubten Handlung eignen Anspruch gegen den Schädiger. Zweifelhaft ist jedoch, ob der Geschädigte eigenen Anspruch auf Schadensersatz gegen den Versicherer verlangen kann. Die Voraussetzung, dass der Schädiger im Verzug liegt, deutet darauf hin, dass der

---

416 MüKo/Junker, Art. 14 Rom II-VO Rn. 49; Nomos/Heinrich/Dörner, Art. 14 Rom II-VO Rn. 6; BeckOK/Spickhoff, Art. 14 Rom II-VO Rn. 7; Leible, RIW 2008 257, 261.

417 Leible, RIW 2008 257, 261.

418 Vogeler, Rechtswahl der außervertraglichen Rechtsverhältnisse S. 366 ff.

419 Mansel, Direktansprüche gegen den Haftpflichtversicherer, S. 47 ff.; Graziano, RabelsZ 73 (2009) 1, 11; MüKo/Junker, Art. 14 Rom II-VO Rn. 49 m. w. N.

420 Vgl. Begründung der relativen Wirkung unter Art. 14 Rom II-VO, Vogeler, Rechtswahl der außervertraglichen Rechtsverhältnisse S. 366 ff.

Geschädigte den versicherungsvertraglichen Anspruch des Schädigers anstelle dessen geltend macht[421]. Es besteht also in Art. 65 Versicherungsgesetz kein selbständiger Anspruch Dritter gegen Versicherer. Die Abhängigkeit von dem versicherungsvertraglichen Anspruch spricht für die Qualifikation des Anspruchs Dritter als vertraglichen Anspruch als außervertraglichen[422] Anspruch. Wird der vertraglichen Qualifikation des Direktanspruchs gefolgt[423], unterliegt der Bestandschutz dem nachträglichen Vertragsstatut der Versicherung. Falls eine nachträgliche Rechtswahl zwischen Geschädigten und Schädiger zugunsten einer Rechtsordnung vereinbart wird, die den deliktischen Direktanspruch vorsieht, wird dem Geschädigten nicht dadurch zur Geltendmachung des Direktanspruchs berechtigt. Treffen die Vertragsparteien der Pflichtversicherung eine nachträgliche Rechtswahl zugunsten einer Rechtsordnung, die dem Geschädigten den Direktanspruch zuspricht, kann die Rechtsstellung des Geschädigten aufgrund oben ausgearbeitetem Regelungsvorschlag im Hinsicht auf Bestandschutz im Fall der nachträglichen Rechtswahl begünstigt werden.

Bei der Schadensversicherung gilt es gleichweise. Die Rechtsstellung des Versicherers, die durch die Anwendung des objektiv ermittelten Rechts herbeigeführt wird, kann nicht ohne seine Mitwirkung berührt werden. Zu unterscheiden ist der Fall von Rechtswahl *ex ante*[424]. Dort wird zwar die Rechtsstellung des Versicherers durch die vorherige Rechtswahl zwischen Schädiger und Geschädigten beeinflusst. Da das Risiko noch nicht verwirklicht, nämlich die Tatbestände der Pflicht zum Schadensersatz noch nicht abgeschlossen sind, besteht

421 *Wan*, Untersuchung zum Direktanspruch von Geschädigten des Verkehrsunfalls im Pflichthaftungsrecht, Legal Science 2011 Vol. 4 143, 145; *Chen*, Zur Gesetzgebung des Direktanspruchs Dritter in der Haftpflichtversicherung, Insurance Studies 2011 No. 1 103, 108 ff.

422 Zum Streit über die vertragliche oder deliktische Qualifikation des Direktanspruchs im europäischen IPR, Graziano, Europäisches Internationales Deliktsrecht, S. 113, zum deutschen IPR, Mansel, Direktansprüche gegen den Haftpflichtversicherer, S. 18 ff. Zum deliktischen Charakter im deutsch Sachrecht im Sinne von § 115 VVG.

423 Das Problem der Anknüpfung des Direktanspruchs mit Auslandsberührung wird sowohl in der Praxis vor Volksgericht als auch in der chinesischen Literatur unbekannt. Hinsichtlich des Forschungsgegenstands dieser Arbeit wird dem Problem nicht eingegangen.

424 Die vorherige Rechtswahl ist gemäß Art. 44 IPRG nicht erlaubt. Aus der literarischen Diskussion und den gesetzgeberischen Materialien ergibt sich jedoch kein Indiz dazu, dass der Ausschluss der Rechtswahl *ex ante* wegen Schutz der Rechte Dritter eingeführt wurde.

keine schutzwürdige Rechtstellung[425]. Im Fall der akzessorischen Anknüpfung der deliktischen Haftung an das vereinbarte Vertragsstatut ist der Versicherer auch berechtigt darauf zu berufen, dass seine Rechtsstellung von der nachträglichen vertraglichen Rechtswahl unberührt bleibt.

(4) Bestandschutz bei der sachenrechtlichen Rechtswahl

Die wohlerworbenen sachenrechtlichen Rechtsstellungen wirken *erga omnes*. Das Sachenrecht an einer Sache ist grundsätzlich die *lex rei sitae*. In wie weit eine sachenrechtliche Rechtswahl zulässig ist, kommt daher schon auf den Schutz der Rechte Dritter an[426]. Die sachenrechtliche Rechtswahl ist statthaft in den Fällen, wenn es dem Typenzwang, der Typenfixierung sowie der Anforderung an der Publizität nach dem Recht des Lagerorts nicht widerläuft. Sowohl die ursprüngliche als auch die nachträgliche Rechtswahl müssen sich mit der „Güter- und Gläubigerordnung" am Lageort messen. Die *lex rei sitae* enthält schon Bestimmung zum Schutz Rechte Dritter. Falls die Parteien eine Rechtsordnung im Nachhinein ausgewählt haben, die im Gegensatz zum ursprünglichen Statut keinen Eigentumsvorbehalt kennt, bleiben die Rechtsstellung Dritter weiter der *lex rei sitae* unterliegen. Falls die Parteien eines unwirksamen Kaufvertrags nachträglich eine Rechtswahl zugunsten der Rechtsordnung vereinbaren, die dem Kausalgeschäft bevorzugt, beeinflusst der Statutenwechsel das erworbene Recht Dritter aufgrund des Weiterverkaufs von dem Käufer nicht. Der Erwerb des Eigentums ist vor dem Statutenwechsel schon abgeschlossen.

d) Fazit

Das Rechtsgeschäft der Rechtswahl im Sinne des Kollisionsrechts entfaltet seine Wirkung nur zwischen den Parteien. Rechtsstellungen Dritter ist durch die negative Vertragsfreiheit geschützt. Die Rechtspositionen des Dritten können jedoch durch die nachtägliche Rechtswahl in vielerlei Hinsicht berührt. Die Rechte Dritter leiten sich erstens aus dem Hauptvertrag z.B. dem Vertrag zugunsten Dritten oder mit Schutzwirkung zugunsten Dritten ab. Im Fall der akzessorischen Anknüpfung an den Hauptvertrag, können die Rechtspositionen Dritter auch durch den nachträglichen Statutenwechsel beeinflusst werden. Zudem der materiell-rechtliche Ausgang des parteiautonomen Statutenwechsels kann durch die sachrechtliche Verbindung z. B. Verpflichtung des Bürgen zur Erfüllung der Hauptleistung beeinflusst. Im Deliktrecht wird ebenfalls der Rechtsstellung des

425 Streitig unter Art. 14 Rom II-VO, Graziano, in: Ahern/Binchy, S. 122 ff.
426 Dazu § 10 III.

Haftversicherers und Schadensversicherers potenziell durch die parteiautonome Änderung des auf deliktische Haftung anwendbaren Rechts beeinflusst. In den Fällen ist vorzuschlagen, dass unbeachtet des herbeigeführten Vorteils oder Nachteils Rechte Dritter von der nachträglichen Rechtswahl isoliert zu beachten ist. Mit einem anderen Wort ist eine Statutsspaltung im Dreiecksverhältnis hinzunehmen. In Hinsicht auf die nachträgliche Rechtswahl für das Sachenrecht wirft sich keine besondere Frage zum Bestandschutz von Dritten, da sich die zulässige sachenrechtliche Rechtswahl selbst *erga omnes* auswirkt.

§ 6 Prozessuale Fakultativität der Parteiautonomie

I. Selbstfeststellung des ausgewählten ausländischen Rechts

1. Feststellung des anwendbaren ausländischen Rechts

a) Dichotomie nach Verweisungsgrundlage

Das IPRG folgt einer Zweiteilung der Feststellung des anwendbaren ausländischen Rechts je nach dem Anknüpfungsrund nämlich danach, ob das anwendbare ausländische Recht objektiv oder subjektiv bestimmt ist. Gemäß Art. 10 Abs. 1 IPRG verpflichtet sich das Volksgericht, das Schiedsgericht sowie die zuständige Verwaltungsbehörde prinzipiell zur Ermittlung des anwendbaren ausländischen Rechts[427], während gemäß Art. 10 Abs. 2 IPRG die Parteien das ausgewählte ausländische Recht selbst zu ermitteln. Die Dichotomie findet ihre Wurzel in der vergangenen Gerichtspraxis. Wegen der unklaren Regelung in früheren Rechtslage[428] und der praktischen Schwierigkeit zur Festlegung ausländischen Rechts verhält sich das Volksgericht bei der Ermittlung ausländischen Rechts sehr zurückhaltend und passiv. Solange die Parteien das fremde Recht nicht selbst vorbringen, ist die Anwendung des anwendbaren ausländischen Rechts praktisch unmöglich[429]. Im Schrifttum spricht die herrschende Meinung von „Mixed Model"[430] für die Zweiteilung der Ermittlungslast. Weder das Volksgericht noch die Parteien allein trägt

---

427 *Chen*, in Basedow/Pißler (hrsg.), Chinese private international law, 51, 61 f.; *Guo*, YbPIL 14(2012/2013) 289, 292.

428 *Xiao*, Feststellung fremden Rechts S. 151 f. Die Aufgabe zur Ermittlung anwendbaren ausländischen Rechts obliegt den Parteien in Rechtsprechung, so Ebenda, S. 155 f. Parteienvorbringung stellt Regelfall dar, während Amtsermittlung Ausnahme ist, so siehe *Liu*, S. 190 ff.

429 Wegen des rechtsinfrastrukturell eingeschränkten Zugangs zur Information über ausländisches Recht, selbst wenn das Volksgericht sich zur Ermittlung ausländischen Rechts verpflichtete, könnte das anwendbare ausländische Recht nicht effektiv und effizient festgelegt werden. Über die Abhängigkeit der Anwendung ausländischen Rechts von dem Parteivorbringen, *Xu*, Legal Review 2010 Heft 1 74, 77f.; Liu, Feststellung ausländischen Rechts S. 248 f. mit Verweisung auf die entsprechende Rechtsprechung.

430 Das Adjektiv „Mixed" bezeichnet die Theorie, dass das maßgebliche ausländische Recht weder Tatsache noch Recht ist. *Xiao*, Feststellung fremden Rechts, S. 178 ff.; *Guo*, YbPIL 14(2012/2013) 289, 294.

die Verantwortung zur Ermittlung des anwendbaren ausländischen Rechts. Die Verantwortung soll nach einem bestimmten Maßstab zwischen Gericht und Parteien gerecht verteilt werden. In Betracht ist die Trennung danach gekommen, ob es beim Sachverhalt um vermögensrechtliches Verhältnis geht, oder ob es um zivilrechtliches oder handelsrechtliches Verhältnis geht, oder ob das zu ermittelnde fremde Recht von dispositiver Natur oder zwingender, oder ob die Parteien juristische Personen sind[431].

Der chinesische Regelungsgeber bevorzugt schließlich die Zweiteilung je nach dem Verweisungsgrund. Art. 9 Bestimmungen 07 hat zum ersten Mal die Pflicht der Vertragsparteien vorgesehen, dass sie das von ihnen parteiautonom ausgewählte ausländische Recht vorzubringen haben. Es wird von dem 4. Senat des OVG damit begründet, dass „im Fall der Rechtswahl [...] die Parteien das gewählte ausländische Recht besser kennen als das Gericht, weil es ihr Interesse angeht. Sie hätten die Bestimmung des gewählten ausländischen Rechts vor Abschluss des Vertrags zur Kenntnis genommen, den Vorteil und Nachteil von dessen Anwendung erwogen. Bei der Vereinbarung des anwendbaren ausländischen Rechts sollte man das Risiko von Beweisen des gewählten ausländischen Rechts zur Kenntnis nehmen. In dieser Hinsicht haben die Parteien das anwendbare gewählte ausländisches Recht vorbringen."[432] Art. 10 IPRG übernimmt die Zweiteilung der Verantwortung zur Feststellung des anwendbaren ausländischen Rechts nach dem Verweisungsgrund. Dies erfolgt interessanterweise in der letzten Sekunde im Gesetzgebungsverfahren durch den Kampf von den beteiligten Akademikern[433]. Das Schrifttum versteht es als einen Fortschritt im Vergleich zur früheren Rechtslage[434]. Im zweiten Entwurf hieß noch, dass die

---

431 *Xu*, Legal Review 2010 Heft 1 74 75 f.; *Xiao*, Feststellung ausländischen Rechts, S. 34 ff.

432 *Yuan*, Legal Daily am 12.8.2007 S. 9.

433 *Qi*, IPRG S. 38.

434 Art. 12 Model Law schlagt vor, „Die Gerichte und schiedsrichterliche Organisationen der VR China bei der Verhandlung internationaler zivilhandelsrechtlicher Fälle oder die Verwaltungsorganisationen der VR China bei der Behandlung internationaler zivilhandelsrechtlicher Angelegenheiten machen es den Parteien zur Pflicht, das von diesem Gesetz festgelegte anzuwendende ausländische Recht zur Verfügung zu stellen oder zu beweisen, Sie können es auch von Amts wegen ermitteln." Deutsche Übersetzung in Pattloch, Anhang S. 330. Kurze Vergleichung zugleich zum Einfluss des Model Law hinsichtlich der Ermittlung ausländischen Rechts siehe auch Gebauer, IPRax 2008 62, 66.

Parteien die Ermittlungspflicht für durch Rechtswahl hervorgerufenes fremdes Recht tragen[435].

Die Zweiteilung gilt nur für die Verteilung der Aufgabe zur Ermittlung ausländischen Rechts. Hinsichtlich der Wahrheitsprüfung und Auslegung des ermittelten ausländischen Rechts wird gemäß Art. 18 Interpretation Teil auf die gleiche Behandlung der dichotomischen Verweisungsgrundlagen abgestellt.

b) Natur des in jeweiliger Weise verwiesenen fremden Rechts

Man vermag dem Schluss folgern, dass das vom Gesetz mittelbar angeordnete ausländische Recht seiner Natur nach Recht ist, während das parteiautonom bestimmte ausländische Recht Tatsache ist[436]. Ob die These überzeugt, ist nachfolgend anhand der Gesetzesbestimmung und Rechtsprechung zu prüfen.

(1) Objektiv anwendbares ausländisches Recht als Recht

Die erste Aussage der These bezieht sich darauf, dass das objektiv anwendbare ausländische Recht rechtliche Natur hat. Im Schrifttum wird diese Auffassung überwiegend geteilt[437]. Wäre ausländisches Recht als Recht zu verstehen, könnte man folgerichtig zu den folgenden Schlüssen gelangen.

Erstens hätte das Volksgericht ausländisches Recht von Amts wegen zu ermitteln und anwenden, selbst wenn die Parteien ihre Ansprüche nicht auf fremdes Rechts stützen. Das chinesische Kollisionsrecht gilt nicht fakultativ, sondern zwingend[438]. Das Volksgericht ist daran gebunden, anwendbares fremdes Recht ohne Rücksicht auf Anträge der Parteien anzuwenden. In der Rechtsprechung finden sich jedoch Gegenbeispiele auf. In einem Urteil[439] des Seegerichts *Tianjin* ergibt sich, dass das Seegericht das chinesische Recht auf einen Beförderungsvertrag anzuwenden hat, wenn die Parteien trotz klarer Rechtswahl zugunsten englischen Rechts weder Antrag auf dessen Anwendung gestellt noch das gewählte fremde Recht bewiesen haben. Das Seegericht könnte sich in dem Fall auf eine stillschweigende Rechtswahl zugunsten *lex fori* stützen. Es hat jedoch ohne

435 So schlägt Art. 11 I zweiter IPRG-Entwurf vor, *Huang*, Entwürfe des IPRG, S. 133.

436 Es wird an den Stellen eben die These angenommen. Pißler, RabelsZ 76(2012) 1, 14; Deißner, Chinas IRR Rn. 392; Cammerer, RIW 2011 230, 233. Über die Frage auf früheren Rechtslage, ist auf folgende Stellen zu verweisen: *Zhan/Hou*, Annual of China maritime Law 2003 270, 270 ff.;

437 *Liu*, IPRG S. 77 ff.; *Du*, IPR S. 112.

438 *Xu*, Fakultatives Kollisionsrecht S. 162 ff.; *Du*, Tsinghua Law Journal 4(2010) Heft 3 94, 101 ff.; Guo, YbPIL 14(2012/2013) 289, 293.

439 Aktenzeichen: (2002) *Hai Shang Chu Zi* Nr. 144.

Begründung die wirksame Rechtswahl zugunsten ausländischen Rechts einfach außer Acht gelassen. Ein anderes Urteil[440] des mittleren Volksgerichts *Tianjin* lässt die fakultative Behandlung der Anwendung fremden Rechts wiederum bestätigen. Dort kommt schweizerisches Recht als Recht am Sitz der Gesellschaft gemäß Art. 14 Abs. 1 IPRG zur Anwendung. Sowohl das Gericht als auch die Parteien haben den Inhalt des schweizerischen Rechts ermittelt. Obwohl Art. 14 Abs. 1 IPRG keine Berechtigung zur Rechtswahl einräumt, hat es mit Übereinstimmung der Parteien chinesisches Recht herangezogen. Die Anordnung der Anwendung ausländischen Rechts wird wiederum abgelehnt. In den genannten Fällen wird ausländisches Recht fakultativ behandelt, während es rechtliche Natur genießen soll.

Zweitens hätte das Volksgericht die ihm bekannten Bestimmungen ausländischen Rechts nicht zu ermitteln, wenn fremdes Recht vor Volksgerichten als Recht zu betrachten wäre. Die Frage lautet, ob die gerichtsinterne sowie formlose Ermittlung zulässig sind. In der gerichtlichen Praxis scheint die interne Kenntnisnahme üblich zu sein[441]. Das Volksgericht hat mit Hilfe des Internets[442] oder einer Universitätsbibliothek[443] ausländisches Recht recherchiert. Art. 17 Interpretation I sieht ausdrücklich drei verschiedene Wege zur Ermittlung ausländischen Rechts vor, nämlich durch Erkenntnisquellen von Parteien, durch die von internationalen Übereinkommen bestimmten Wegen und durch Beratung von Rechtswissenschaftlern. Wenn nach Erschöpfung dieser Ermittlungswege das maßgebliche fremde Recht noch nicht festgestellt ist, kann das Volksgericht es als nichtfeststellbar erklären. In den aufgezählten Ermittlungswegen findet sich zwar die Ermittlung durch formloses oder internes Verfahren nicht. Es steht der gerichtsinternen Ermittlung aber nicht entgegen, weil Art. 17 Interpretation I nur der ergänzenden und zugleich auch offenen Nennung von Ermittlungswegen dient. Das Volksgericht darf sich alle ihm zugänglichen Erkenntnisquellen bedienen. Dass das Volksgericht gemäß Art. 10 I IPRG den Parteien anordnet, auch das objektiv anwendbare fremde Recht zu ermitteln, spricht nicht gegen die

---

440 Aktenzeichen: *(2009) Zhong Yuan Chu Zi Nr. 21*. In der Berufungsinstanz hat das Obere Volksgericht Tianjin die Frage als deliktisch qualifiziert, also konsequenterweise fragwürdig chinesisches Recht als *lex actus delicti* auch auf Verhältnis zwischen Gesellschafter und Gesellschaft mit Sitz im Ausland angewandt, so im Urteil *(2012) Jin Gao Min Si Zhong Zi Nr. 1*.

441 *Du*, IPR S. 112; *Liu*, IPR S. 79.

442 Urteil in letzter Instanz vom 4. Kammer des oberen Volksgericht Tianjin Nr. 4 (2012) *Jin Gao Min Si Zhong Zi* Nr. 4; *Du*, IPR S. 116 Fn. 2.

443 So im Urteil (2012) *Jin Gao Min Si Zhong Zi* Nr. 4.

rechtliche Natur ausländischen Rechts. Denn das Volksgericht beschränkt sich nicht auf die von den Parteien vorgebrachte Nachweise. Wenn die Parteien nicht in der Lage sind, das anwendbare fremde Recht nachzuweisen[444], oder das von Parteien nachgewiesene ausländische Recht dem Volksgericht nicht glaubhaft scheint[445], hat das Volksgericht mittels eigener Erkenntnisquelle fremdes Recht festzustellen.

Das Argument, dass das Volksgericht von Amts wegen ausländisches Recht feststellt, könnte jedoch alleine für die rechtliche Natur fremden Rechts nicht ausreichend erscheinen. Im Rahmen der chinesischen Zivilprozessordnung findet der Untersuchungsgrundsatz eben hinsichtlich Tatsachenfragen Anwendung[446]. Das Volksgericht ist gemäß Art. 64 Abs. 2 ZPG[447] in bestimmten Fällen befugt, von Amts wegen Tatsachen zu untersuchen[448]. Die Anlässe dieser *ex officio* Beweiserhebung werden in Art. 15 *Bestimmungen des OVG über den Beweis im Zivilprozess*[449] näherer geregelt. Gemäß dessen Bestimmungen darf Volksgericht Tatsachen von Amts wegen untersuchen, wenn das öffentliche Interesse berührt wird, oder wenn eine dem Prozessrecht erhebliche Tatsache, beispielsweise die Tatsache betreffend Parteibeitritt, Verfahrensunterbrechung sowie -aussetzung, in Betracht kommt. Außer diesen Fällen ist dem Volksgericht gemäß Art. 16 *Bestimmungen des OVG über den Beweis im Zivilprozess* eine Amtsbetriebene Untersuchung versagt. Da die Anwendung ausländischen Rechts ein allgemeines öffentliches Interesse oder eine reine Prozessfrage in den meisten Fällen nicht betrifft, ist die Hypothese ausgeschlossen, dass das Volksgericht ausländisches Recht wie eine Tatsache kraft Untersuchungsprinzips feststellt.

Drittens hätte das Volksgericht das ermittelte ausländische Recht so anzuwenden, wie es vor Gericht in dessen „Heimatstaat" anzuwenden wäre, soweit das ausländische Recht vor dem Volksgericht als Recht wahrgenommen würde. In der Rechtsprechung scheint der Anspruch zu bestehen, ausländisches Recht „authentisch"

444 So im Urteil, (2002) *Guang Hai Fa Chu Zi* Nr. 116 = Du, IPR S. 113 f.

445 So im Urteil, (2012) *Jin Gao Min Si Zhong* Zi Nr. 4.

446 Das sogenanntes „nicht-bindendes Verhandlungsprinzip", Jiang, Zivilprozessrecht S. 48; vgl. Du, IPR S. 112, oder der „erweiterter Amtsbetrieb", *Jiang*, Zivilprozessrechtswissenschaft, recht, S. 206 f. Reine Darstellung der von Amts wegen Untersuchung, *Tan/Li*, Zivilprozessrecht, S. 186 f.

447 Deutsche Übersetzung der Vorschrift, in Anhang I von *Wu*, Beweisrecht, S. 46.

448 *Wu*, Beweisrecht, S. 77; *Chen*, Chinese civil procedure and the conflict of laws, S. 57 f.

449 Deutsche Übersetzung der Bestimmungen in Anhang II in Auszügen, *Wu*, Beweisrecht S. 253 ff.

und „genau“ anzuwenden[450]. Authentische Auslegung fremden Rechts wird auch im Schrifttum herrschend vertreten[451]. Art. 18 Interpretation Teil I gibt jedoch einen abweichenden Maßstab für die Anwendung ausländischen Rechts vor, der sowohl auf von Amts wegen als auch auf von den Parteien ermitteltes fremdes Recht anwendbar ist. Dabei wird die Verhandlungsmaxime eingeführt. Das Volksgericht hat die Meinung der Parteien hinsichtlich des Inhalts fremden Rechts und den Ansatz zur Auslegung anzuhören. Sind beide Parteien sich über die Anwendung ausländischen Rechts einig, kann das Volksgericht fremdes Recht in dieser Weise anwenden. Soweit sich eine Partei gegen den festgestellten ausländischen Bestimmungsinhalt oder die Auslegung äußert, wendet das Volksgericht es nach seiner Erwägung an. Es könnte heißen, soweit die Parteien keinen Einwand vorlegen, könnte das Volksgericht nach seiner Willkür ausländisches Recht umdeuten. Die Ratio dieser Bestimmung ist jedoch damit begründet worden, dass das Volksgericht den Parteien die von Amts wegen festgestellten ausländischen Rechtsnormen bekannt machen muss, und ihre Äußerung über dessen Interpretation von Parteien anhören. Wenn die Meinungen zwischen Volksgericht und Parteien auseinanderfallen, kann das Volksgericht zwar seinem Verständnis Vorzug geben, ist jedoch verpflichtet dies zu begründen. Da das Volksgericht aufgefordert ist, ausländisches Recht auf „authentische“ Weise anzuwenden, und im Fall von streitiger Meinung zur Auslegung fremden Rechts es endgültig interpretiert, spricht dies für die rechtliche Natur ausländischen Rechts.

Wäre ausländisches Recht als Recht zu qualifizieren, dürfte eine abweichend ermittelte ausländische Rechtsnorm dem Urteil zugrunde liegen, selbst wenn sie von den Parteien zugestanden wurden[452]. Zugleich dürfte das Volksgericht im Versäumnisverfahren[453] aufgrund des von der erscheinenden Partei behaupteten

450 Dort wird authentische Anwendung ausländischen Rechts abgezielt und eine Zusammenfassung von in der Rechtsprechung entwickelte Lösungsmodellen gegen Unklarheit dargestellt. *Liu*, IPRG S. 82.

451 *Zhan/Hou*, Annual of China maritime Law 2003 S. 277; *Liu*, Ermittlung ausländischen Rechts S. 233; *Du*, IPRG 121.

452 Zugeständnis erübrigt das Beweisverfahren und wird vor Volksgericht als wahrhaft bewiesen betrachtet. Jiang, Zivilprozessrecht S. 172 ff.; *Jiang*, Zivilprozessrechtswissenschaft S. 195 ff.; *Tan/Li*, Zivilprozessesrecht S. 194 ff.; *Wu*, Beweisrecht S. 108.

453 Im Urteil *(2000) Yue Fa Jing Er Chu Zi Nr. 14* haben sich die Parteien ursprünglich das Recht von Macau geeinigt. Nachdem der Streit rechtshängig geworden ist, hat der Beklagte weder die Klageerwiderungsschrift eingereicht noch die mündliche Verhandlung teilgenommen. Das Gericht hat dann von dem Verzicht auf das Recht zur Bestimmung des anwendbaren Rechts ausgesprochen.

Inhalts ausländischen Rechts ein Urteil fällen. Leider ist wenig diesbezüglich in der Rechtsprechung und im Schrifttum bekannt.

Letztlich ist die Aufmerksamkeit darauf zu lenken, dass Rechtsfehler wie auch Tatsachenfehler bei Anwendung ausländischen Rechts durch Rechtsbehelf behoben werden können. Unter der chinesischen Zivilprozessordnung gibt es keine Revisionsinstanz[454]. In der Berufungsinstanz sowie der Wiederaufnahme des Verfahrens können sowohl Rechtsfehler als auch Tatsachenfehler behoben werden[455]. Vor dem Volksgericht gilt die Maxime der absoluten Gerechtigkeit im jeden Einzelfall, also dass ein „Fehler muss behoben werden".[456]

(2) Parteiautonom gewähltes ausländisches Recht als Tatsache

Dass das parteiautonom gewählte ausländische Recht die Parteien gemäß Art. 10 Abs. 1 S. 2 IPRG[457] i.V.m. Art. 17 II Interpretation I beizubringen haben, ergibt ein starkes Argument für die Einordnung des von den Parteien vorgebrachten anwendbaren fremden Rechts zur Kategorie als Tatsache. Wäre parteiautonom gewähltes ausländisches Recht wie eine Tatsache vor dem Volksgericht zu behandeln, sollte erstens das Beweisverfahren für das Vorbringen fremden Rechts gelten. Das Gesetz spricht nie von Beweisen ausländischen Rechts. In Art. 10 Abs. 1 S. 2 IPRG und auch Art. 17 Abs. 2 Interpretation I wird lediglich angeordnet, dass die Parteien das gewählte Recht vorzubringen, also „zur Verfügung zu stellen"[458] haben. Die Formulierung unterscheidet sich im Wortlaut klar von der Amtsermittlung des objektiv anwendbaren fremden Rechts[459]. In der früheren Praxis[460] finden Bestimmungen des Beweisverfahrens insbesondere betreffend im Ausland gewonnener Beweismittels gemäß Art. 11 *Bestimmungen des OVG zum Beweis*

454 *Jiang*, Zivilprozessesrecht, S. 65 ff.; *Ders.*, Zivilprozessesrechtswissenschaft, S. 68 ff.; *Li*, Zivilprozessesrecht, S. 95 f.

455 *Jiang*, Zivilprozessesrecht, S. 304 f.; *Ders.*, Zivilprozessesrechtswissenschaft, S. 284 ff.; *Li*, Zivilprozessesrecht, S. 349.

456 *Jiang*, Zivilprozessesrecht, S. 304 f.

457 Dass die Parteien sich verpflichten, gemäß Art. 10 Abs. 1 S. 2 IPRG gewähltes ausländisches Recht vorzubringen, wurde schon vor dem Erlassen der Interpretation I in der gerichtlichen Praxis akzeptiert, so im Urteil *(2010) Zhe Shao Shang Wai Chu Zi Nr. 76.*

458 Pißler hat in RabelsZ 76 (2012) 1,14 somit Anführungszeichen übersetzt. In Fußnote Nr. 68 hat er erklärt, dass die chinesische Formulierung von „*Tigong*" keinen Hinweis auf die Anwendbarkeit von Beweisregeln gibt.

459 Art. 10 I S. 1 IPRG redet von „Chaming" nämlich Ermittlung von Amts wegen.

460 Zusammenfassung der früheren Praxis, *Xiao*, Feststellung ausländischen Rechts, S. 155 f.

im Zivilprozess[461] auf Parteivorbringen vom ausländischen Recht[462]. Das von einer Prozessbeteiligten vorgebrachte fremde Recht ist zuerst im betroffenen Ausland beglaubigen zu lassen. Die beglaubigte Kopie lässt sich dann von einer konsularischen Vertretung legalisieren. Nur das legalisierte „ausländische Recht“ kann vom Volksgericht aufgenommen werden[463]. Der von einer Partei zugezogene Sachverständige des fremden Rechts ist gestellt wie ein üblicher Sachverständiger vor Gericht zu verhören[464]. Darüber hinaus findet die Beweisvorbringungsfrist auch auf die Ermittlung vom parteiautonom gewählten Rechts Anwendung[465]. Zwar ist die Praxis nach der neueren Rechtslage unbekannt, man darf jedoch annehmen, dass die Vorschriften des Beweisrechts weiter auf das Parteivorbringen von ausländischem Recht Anwendung finden. Denn die Pflicht zum Vorbringen autonom gewählten ausländischen Rechts stellt keine vollkommende Novellierung dar. In Art. 9 Bestimmungen 07 wurde schon die Pflicht zur Selbstermittlung des gewählten auf Vertrag anwendbaren ausländischen Rechts geregelt, welches der ständigen Praxis der Rechtsprechung entspricht.

Wäre das parteiautonom gewählte fremde Recht wie eine Tatsache zu behandeln, käme die Rechtsfolge der Nichtfeststellbarkeit unmittelbar zur Anwendung. Art. 17 Abs. 2 Interpretation I stellt jedoch eine Kann-Vorschrift dar, gemäß deren Bestimmung das Prozessgericht im Fall des erfolglosen Ermittlungsversuchs seitens der Parteien die Nichtfeststellbarkeit festlegen kann. Also steht dem Volksgericht ein Ermessensspielraum zu. Falls das Volksgericht nicht das ausländische Recht als nicht feststellbar erklären will, hat es folgerichtig das fremde Recht von Amts wegen zu ermitteln. Fraglich erweist sich dann, woher die Befugnis zur *ex officio* Untersuchung sich ableitet. Das Volksgericht darf gemäß Art. 15 *Bestimmungen zum Beweis im Zivilprozess* lediglich die Tatsachen hinsichtlich des Vorliegens eines öffentlichen Interesses oder eines rein prozessualen Problems untersuchten.

461 Aktenzeichen: *Fashi* 2001 Nr. 33.

462 Die sich auf Anwendung fremden Rechts berufene Partei hat das fremde Recht wie Beweismitteln im Ausland Beweise zu erheben, (2011) *Hu Gao Min Si (Hai) Zhong Zi* Nr. 205= Urteil.

463 Ein nicht beglaubigtes Gutachten von einem durch Justizministerium der VR China anerkannten hongkong'schen Rechtsanwalt über gewähltes englisches Recht wurde nicht als Beweis angenommen, in einem Urteil von Seegericht *Guangzhou* s. *Zhan, Waiguofa de Chaming yu Shiyong* (Ermittlung und Anwendung ausländischen Rechts), *Falü Shiyong* 2003 Vol. 200 48, 48. Gleich so im Urteil (2010) *Shen Zhong Fa Min Si Zhong Zi* Nr. 56 und Urteil (2003) *Hu Hai Fa Shang Chu Zi* Nr. 207.

464 *Du*, IPRG S. 114; *Liu*, IPRG S. 81.

465 So im Urteil (2003) *Hu Hai Fa Shang Chu Zi* Nr. 195 vgl. Du, IPRG 116.

Hier betrifft das anwendbare ausländische Recht aber nicht immer ein öffentliches Interesse. Ebenso wenig stellt es sich als reine prozessuale Tatsache dar, die z. B. mit einer Prozessunterbrechung zusammenhängt. Die naheliegende Auslegung spricht damit für die Einordnung des fremden Rechts zur rechtlichen Natur.

Hinsichtlich der Auslegung des ermittelten Rechts ergibt sich in der Behandlung gesetzlich bestimmten und parteiautonom gewählten ausländischen Rechts kein Unterschied. Art. 18 Interpretation I ordnet nicht an, dass es anzuwenden ist, wie es im Ausland im gegebenen Zeitpunkt gilt. Streiten die Parteien über den Inhalt des ermittelten gewählten ausländischen Rechts, hat das Volksgericht mit Hilfe von eigenen Mitteln alle Zweifel und Ungenauigkeit zu beseitigen[466]. Im Fall von Dissens der Parteien hinsichtlich der Auslegung oder des Inhalts des ermittelten ausländischen Rechts hat das Volksgericht gemäß Art. 18 Interpretation I dieses festzustellen. Ob beim Versäumnis des Beklagten das Vorbringen des Klagenden über das ausländische Recht als zugestanden zu behandeln ist, bleibt unklar. Wenn keine Partei ausländisches Recht vorgebracht hat, kann das Prozessgericht von der Nichtfeststellbarkeit ausländischen Rechts ausgehen[467].

2. Last zur Feststellung des parteiautonom gewählten ausländischen Rechts

a) Beweisen des gewählten ausländischen Rechts

(1) Beweislast der Parteien zur Ermittlung fremden Rechts

Erklären die Parteien wirksam die Anwendbarkeit bestimmten fremden Rechts und fordern sie das Volksgericht auf, die Rechtswahl zu achten, hat das Volksgericht das gewählte fremde Recht anzuwenden. Somit stellt sich die Frage nach der Ermittlung des Inhalts fremden Rechts. Gemäß Art. 10 Abs. 1 S. 2 IPRG tragen Parteien die Last zur Feststellung des von ihnen gewählten ausländischen

466 So mindestens in der früheren Rechtsprechung. Wenn der Richter mit der Wahrheit des von Parteien vorgebrachten ausländischen Rechts nicht festlegen kann, kann er z. B. Datenbank im Internet recherchieren, um den Inhalt des maßgeblichen ausländischen Rechts zu ermitteln. *Zhan/Hou*, Annual of china maritime Law 2003 270, 283 ff.; *Liu*, IPRG S. 82.

467 Unterlassen oder erfolgloser Ermittlungsversuch des parteiautonom gewählten Rechts hat Nichtfeststellbarkeit fremden Rechts zur Folge, siehe in Urteilen (2003) *Hu Hai Fa Shang Chu Zi* Nr. 195; (1999) *Wu Hai Fa Ning Shang Zi* Nr. 80; vgl. *Xiao*, Feststellung ausländischen Rechts, S. 160 n.w. N.; *Du*, IPRG S. 119;

Rechts[468], während Volksgericht von Amts wegen lediglich das objektiv gemäß gesetzlicher Anknüpfung bestimmte ausländische Recht zu ermitteln hat. Der Gesetzgeber hat den Grund der Differenzierung der Verantwortung zur Ermittlung nach der Bestimmungsweise nicht erklärt. Im früheren Recht[469] hatten die Parteien nur in den vertraglichen oder handelsrechtlichen Streitigkeiten das anwendbare fremde Recht zu ermitteln. Diese Reglung stütze sich darauf, dass die Parteien des internationalen Vertrags oder Handelsgeschäfts normalerweise in der Lage sind, ausländisches Recht aus eigenen Mittel festzustellen, zumal sie durch die Vereinbarung bestimmten fremden Rechts bestimmten Vorteil erhalten[470]. Die Ausweitung dieser Reglung auf alle Rechtswahlmöglichkeiten also im Familien-, Erb-, Sachen- und Deliktsrecht ist jedoch zweifelhaft[471].

Teilweise wird im Schrifttum vertreten, dass Art. 10 Abs. 1 S. 2 IPRG die Parteien zur Mitwirkung berechtigt aber nicht verpflichtet. In den Gesetzgebungsmaterialien des IPRG findet sich auch der dafür sprechende Ansatz, der von einigen Mitgliedern des SANVK vertreten wird, nachdem „die Verantwortung der Ermittlung fremden Rechts dem Volksgericht obliege, Beibringung von Parteien diene nur eine Erkenntnisquelle."[472] Es gibt ein dieser Ansicht befolgendes Urteil[473]. Dem ist jedoch die Vorschrift der Nichtfeststellbarkeit nach Art. 17 Interpretation I entgegenzustellen. Gemäß dieser Bestimmung kann das Volksgericht die Nichtfeststellbarkeit fremden Rechts festlegen, wenn die Parteien das anwendbare fremde Recht nach angemessener Frist nicht vorbringen können. In diesem Fall können die Parteien zwar gegenüber dem Volksgericht den Antrag stellen, das Volksgericht verpflichtet sich aber nicht dazu. Die Parteien tragen die Gefahr

468 In dem Urteil (2010) *Zhe Shao Shang Wai Chu Zi Nr. 76* hat das mittleres Volksgericht der Stadt *Shaoxing* aus dem Art. 10 I S. 2 IPRG die Pflicht der Parteien zur Beibringung des gewählten ausländischen Rechts entzogen und aufgrund erfolgloser Beibringung des gewählten Rechts von New York State *lex fori* angewendet.

469 Rechtsgrundlage war Art. 9 Nestimmungen 07 und Nr. 51 I Protokoll 05.

470 *Xu*, Legal Review 2010 Heft 1 74, 80.

471 Für die Beweislast auch im internationalen Familien- und Erbrecht, Xiao, Wh. Int. L. Rev. 14(2011) Heft 1 320, 339.

472 *Sun*, Amtsblatt des SANVK 2010 Heft 7 645, 646.

473 In dem Urteil *(2010) Pu Min Yi (Min) Chu Zi Nr. 26514* haben die Parteien zwar das Recht von Minnesota State gewählt, aber dem Volksgericht dessen Inhalt nicht beigebracht. Das Volksgericht hat gemäß Art. 10 IPRG aufgrund der Nichtfeststellbarkeit fremden Rechts lex *fori* angewendet, weil „sowohl das Volksgericht als auch die Parteien das fremde Recht nicht ermitteln kann".

der Anwendung der *Lex fori,* wenn sie das gewählte ausländische Recht nicht ermitteln können. Gegen die Ansicht spricht zudem noch die Bestimmungsstruktur des Art. 17 Interpretation I. Dabei nehmen sowohl Absatz 1 als auch 2 des Artikels Bezug auf das Vorbringen fremden Rechts von den Parteien. Es zeigt sich aber deutlich, dass das Vorbringen von den Parteien in Absatz 1 das freiwillige Unterbreiten der Parteien im Fall der Ermittlung von Amts wegen meint, während das Vorbringen von den Parteien in Absatz 2 den Fall der zwingenden Ermittlung durch die Parteien meint.

(2) Beweismittel fremden Rechts

Aus welchen Erkenntnisquellen die Parteien das anwendbare ausländische Recht ermitteln dürfen, also welche Beweismittel vor dem Volksgericht zulässig sind, haben IPRG und die entsprechende Justizielle Interpretation nicht vorgeschrieben. Als einschlägige Bestimmung kann man Ziff. 51 Protokoll 05[474] heranziehen. Gemäß dieser Bestimmung können die Parteien das anwendbare Recht mittels Experten, Anstalten der Rechtsdienstleistung, der autonomen Verwaltungsorganisation der Branche, internationalen Organisation, oder dem Internet vorbringen, oder zugleich einschlägige Literatur, Darstellungen und Gutachten abgeben. Die Ermittlungswege der internationalen Rechthilfe und diplomatischen Vertretung, die von Art. 193 Ansicht AGZ vorgesehen werden, können auch den Parteien dazu dienen, soweit sie ihnen zugänglich ist. Da hinsichtlich der Feststellung des ermittelten fremden Rechts das Verhandlungsprinzip gilt, könnte man davon ausgehen, dass die zulässigen Beweismittel nicht auf die oben genannten eingeschränkt werden sollten. Alle zulässigen Beweismittel, die den Inhalt des ausländischen Rechts beweisen können, sind zur Ermittlung des gewählten fremden Rechts erlaubt. Die Parteien ermitteln das gewählte Recht in der Regel separat. Dass die Parteien einen Experten oder einen ausländischen Rechtskanzlei gemeinsam beauftragen, steht dem Sinn des Gesetzes auch nicht.

474 Vor Erlassen des Protokolls 05 wurde in der Praxis Ermittlung fremden Rechts so verfahren: das ermittelte ausländische Recht in schriftlicher Form in dem Ausland beglaubigen lassen, um die Gültigkeit zu gewährleisten, und dann das beglaubige Urkunde von der VR chinesischen diplomatischen oder konsularischen Vertretung legalisieren, und im dritten Schritt die legalisierte Urkunde auf Chinesisch übersetzen und die übersetzte Urkunde von chinesischem Notar beglaubigen, dann endlich dem Volksgericht abgeben. Mehr über die frühere Praxis: *Zhan*, Application of Law 2002 Heft 11 48, 48 ff.

(3) *Feststellung des ermittelten fremden Rechts*

Das von den Parteien vorgebrachte fremde Recht ist gemäß Art. 18 Interpretation I, der sowohl auf objektiv ermitteltes als auch auf parteiautonom bestimmtes fremdes Recht Anwendung findet, von den Parteien wechselseitig zu prüfen. Wenn die Parteien sich über den Inhalt des fremden Rechts einig sind, kann das Volksgericht das ermittelte ausländische Recht feststellen. Falls die Parteien den Inhalt fremden Recht bestreiten, hat das Volksgericht ihn zu prüfen und festzustellen. Also findet hinsichtlich der Feststellung des ermittelten fremden Rechts auch der Verhandlungsgrundsatz Anwendung. Da Art. 18 Hs. 1 Interpretation I eine Kann-Vorschrift ist, kann das Volksgericht trotz der Übereinstimmung der Parteien den ermittelten Inhalt fremden Rechts nicht anerkennen. Hier wird das Recht auf Ermittlung durch das Volksgericht von Amts wegen wieder vorbehalten.

b) *Antrag auf Ermittlung ausländischen Rechts von Amts wegen*

Art. 17 Abs. 2 Interpretation I verbietet dem Volksgericht nicht, von Amts wegen das parteiautonom gewählte ausländische Recht zu ermitteln. Unter welchen Voraussetzungen hat das Volksgericht *ex officio* das gewählte Recht zu ermitteln hat, bleibt aber im geltenden Recht ungeregelt. Die gerichtliche Ermittlung unterliegt allein dem Ermessen des Richters. Im Hinblick darauf, dass sich bei chinesischen Richtern deutliches „Heimwärtsstreben“ erweist[475] und die Ermittlung für schwierig gehalten wird[476], mag die Ausübung der Amtsermittlung nur ausnahmeweise vorkommen. Um die Parteiautonomie und den internationalen Entscheidungseinklang zu gewähren, ist ein Ermessensspielraum des Richters in den folgenden Umständen zu begrenzen. Wenn die Parteien aufgrund unüberwindbarer Schwierigkeit das gewählte Recht nicht feststellen können, sollte das Volksgericht von Amts wegen das gewählte Recht zu ermitteln versuchen. Ein Antrag auf Amtsermittlung im Fall tatsächlicher Schwierigkeit ist in Ziff. 51 Protokoll 05 geregelt[477]. Die Gültigkeit der Bestimmung wird aber bezweifelt, obwohl das OVG sie nicht für ungültig erklärt hat. Im Fall der unbehebbaren tatsächlichen Schwierigkeit ist das Interesse der Parteien auf Selbstbestimmung des anwendbaren Rechts schutzwürdig. Zudem steht die Ablehnung des Antrags auf Amtsermittlung steht außer

---

475 Vor 2001. Von 2001 bis 2005 wurde ungefähr 6 % der ausgewählten Fälle nach fremdem Recht gefällt. Anteil der Anwendung fremden Rechts nimmt stets ab, von 12% im Jahr 2001 bis zum 8% im Jahr 2005. *Wang*, IPRax 2007 363, 366. m. w, N. Deißner, Chinas IRR S. 388.

476 *Wang*, IPRax 2007 363, 366.

477 Deißner, Chinas IRR Rn. 389.

Verhältnis mit dem Justizgewährungsanspruch. Wenn das Volksgericht das von den Parteien unterbreitete ausländische Recht für nicht richtig hält, ist das fremde Recht ebenfalls von Amts wegen zu ermitteln. In diesem Fall haben die Parteien die Pflicht zum Nachweisen ausländischen Rechts erfüllt.

c) *Nichtfeststellbarkeit gewählten fremden Rechts*

Art. 17 Abs. 2 Interpretation I sieht die Nichtfeststellbarkeit des parteiautonom gewählten ausländischen Rechts vor, wenn die Parteien das gewählte ausländische Recht in einer vom Volksgericht gesetzten angemessenen Frist ohne vertretbaren Grund nicht beibringen. Folglich stellt sich erstens die Setzung der angemessenen Beibringungsfrist als auslegungsbedürftig dar. Ob die Bestimmung zur Frist der Beweismittelerhebung[478] oder die Fristbestimmung in der Ermittlung von Amts wegen z. B. durch diplomatische Vertretung oder internationale justizielle Hilfe analog anzuwenden ist, oder ob sie im konkreten Fall je nach Grad der Schwierigkeit vom Gericht zu ermessen ist, ist offen.

Ist anwendbares ausländisches Recht nicht feststellbar, kommt gemäß Art. 10 Abs. 2 IPRG das chinesische Recht zur Anwendung[479], obwohl die Beteiligten oder das Volksgericht die Last zur Ermittlung des anwendbaren ausländischen Rechts trägt. *Lex fori* als Ersatzrecht birgt zwar die Gefahr des „Heimwärtsstreben“[480], ist jedoch das Lösungsmodel, welches im Vergleich mit anderen Lösungsmöglichkeiten (nämlich der Anwendung der zur gleichen Rechtsfamilie gehörenden Rechtsordnung, der allgemeinen Rechtsgrundsätze[481] und Rückweisung der Klage)

---

478 Unzulänglichkeit der Anwendung von Regelung zur Erhebung der Beweismittel auf Ermittlung fremden Rechts. *Xiao*, Wh. Int. L. Rev. 14(2011) Heft 1 320, 322.

479 Darstellung der Regelung von Art. 10 IPRG. Pißler, RabelsZ 76 (2012) 1, 15; Deißner, Chinas IRR Rn. 387 ff.

480 *Xiao*, Wh. Int. L. Rev. Vol. 14 Nr. 1 320, 341.

481 Vor Erlass des zweiten Protokolls, also ohne klare gesetzliche Bestimmung, hat das Seegericht *Guangzhou* im Fall nichtfeststellbaren ausländischen Rechts allgemeine Rechtsgrundsätze angewandt, im Urteil *Guang Hai Fa Chu Zi* Nr. 116, siehe in Du, IPRG S. 119. Dort haben die Vertragsparteien das englische Recht als anwendbar erklärt. Da die anwendbaren Regelungen in Case Law enthalten sind, wurden die maßgeblichen Regeln nicht ermittelt. Der Sachverhalt hat aber keinerlei Verbindung mit dem chinesischen Recht. Deswegen hat das Seegericht allgemeine Rechtsgrundsätze angewandt.

wegen seiner Praktikabilität im Schrifttum überwiegend[482] vertreten[483] und seit langem praktiziert wird[484].

Das Lösungsmodell ist im Allgemeinen vertretbar. Hinsichtlich des parteiautonom gewählten fremden Rechts erscheint es jedoch problematisch. Es eröffnet eine Hintertür zum „Heimwärtsstreben", also zur einseitigen Anwendung des chinesischen Rechts. *Lex fori* erweist sich nicht immer als mit dem Forumsstaat verbunden, zumindest nicht am engstem verbunden[485]. Die Anwendung des *lex fori* könnte Ungerechtigkeiten zur Folge haben. Daher mag man andere Lösungsmöglichkeiten im Fall der Nichtfeststellbarkeit des gewählten Rechts präferieren, nämlich, dass das objektiv anwendbare Recht heranzuziehen ist, wenn die Parteien kein anderes Recht bevorzugen. Diese Art der Handhabung ist aus der früheren Praxis bekannt[486], ist aber leider nicht von der späteren Gesetzgebung übernommen worden.

Zudem als erwünscht scheint die Lösung, dass die Parteien eine neue Rechtswahl zugunsten einer anderen ausländischen Rechtsordnung als des ursprünglich vereinbarten Rechts vornehmen. Eine Rechtswahl ist gemäß Art. 8 Interpretation I jederzeitig vor dem Ende der mündlichen Verhandlung in der ersten Instanz zulässig. Soweit die Bestimmungen hinsichtlich der Feststellung des ausländischen Rechts nicht entgegenstehen, können die Parteien ein anderes Recht nochmals bevorzugen. Art. 17 Abs. 2 Interpretation I ordnet den Parteien eine angemessene Frist für die Ermittlung des gewählten Rechts an, nach deren Ablauf angenommen wird, dass das gewählte ausländische Recht nicht feststellbar ist. Hinter der Frist steckt der Gedanke prozessualer Ökonomie. Es wird vermieden, dass der Prozess

---

482 Art. 12 Model Law hat die wahlweise Anwendung von dem *lex fori* und des *lex causae* ähnlichsten Rechts vertreten. CSPIL, Yearbook of PIL 2001 362, 351.

483 *Han*, IPR S. 155; *Qi*, IPRG S. 141; *Liu*, IPRG S. 85.

484 *Lex fori* als Ersatzrecht ist schon in der ersten kollisionsrechtlichen Gesetzgebung, nämlich Nr. 11 Abschnitt II Ansichten zum Außenwirtschaftsvertragsgesetz, verankert und bleibt nachher in Ziff. 193 Ansichten AGZ, Ziff. 53 Zweites Protokoll, Art. 9 III Bestimmungen 07 bis zum Art. 10 II IPRG erhalten. Qi, IPRG S. 140 f.

485 Ungerechtigkeit der zwingenden Anwendung lex fori ist in der Praxis bekannt. In Urteil (2002) *Guang Hai Fa Shang Chu Zi* Nr. 116 hat Gericht für seerechtliche Streitigkeit *Guangzhou* im Fall der Nichtfeststellbarkeit des gewählten englischen Rechts unbeachtet Bestimmung des Ziff. 193 Ansichten AGZ deswegen anstatt *lex fori* allgemeine Rechtsgrundsätzen angewandt, weil der Streit wenig mit der VR China verbunden war. Du, IPRG S. 119.

486 Im Urteil, (1999) *Wu Hai Fa Ning Shang Zi* Nr. 80, wurde das von den Parteien gewählte Recht wurde nicht ermittelt. Das Volksgericht hat anhand des Prinzips der engsten Verbindung das Ersatzrecht bestimmt und angewandt. *Du*, IPRG S. 120.

wegen Dissenses hinsichtlich des jeweils ermittelten Inhalts vom ausländischen Recht zu lang dauert. Sind die Parteien sich aufgrund der Nichtfeststellbarkeit innerhalb der vom Volksgericht gesetzten Frist über eine Änderung des anwendbaren Rechts einig, dürfen sie den Sachverhalt unter die neue Rechtsordnung z. B. *lex fori* oder eine andere ausländische Rechtsordnung stellen und den Inhalt des neuen Statuts feststellen. Auf dieser Weise wird der Gedanke der Prozessökonomie nicht verletzt.

3. Anwendung des gewählten ausländischen Rechts

a) Auslegung ausländischen Rechts

Bei der Auslegung und Anwendung fremden Rechts wirft das parteiautonom gewählte Recht keine Besonderheit gegenüber dem objektiv bestimmten Recht auf. Gemäß Art. 18 Interpretation I findet der Verhandlungsgrundsatz auf die Auslegung fremden Rechts Anwendung. Wenn die Parteien über die Auslegung und Anwendung fremden Rechts übereinstimmen, kann das Volksgericht gemäß Art. 18 Hs. 1 Interpretation I das fremde Recht wie von den Parteien übereinstimmend interpretiert anwenden. Da Art. 18 Hs. 1 Interpretation I eine Kann-Vorschrift ist, kann das Volksgericht aber trotz Einigung der Parteien anders entscheiden. Wenn die Parteien erst über die Auslegung fremden Rechts Zweifel haben, hat das Volksgericht das fremde Recht gemäß Art. 18 Hs. 1 Interpretation I selbst auszulegen und anzuwenden.

Der chinesische Richter darf das fremde Recht nicht genauso anwenden, wie sein ausländischer Kollege es auf einen gleichen Sachverhalt anwenden würde. Die Heranziehung des Verhandlungsgrundsatzes hat die Gefahr zur Folge, dass sowohl internationaler als auch interner Entscheidungseinklang nicht erreicht werden kann. Die von den Parteien vereint vertretene Auslegung fremden Rechts könnte weder der Interpretation nach *lex causae* noch der nach der *lex fori* entsprechen. Die bevorzugte Interpretation der Parteien spiegelt lediglich die Interessenlage der Beteiligten im einzelnen Fall wieder. Aus dem gleichen Sachverhalt könnten sich vor verschiedenen Gerichten verschiedene Ergebnisse ergeben.

Fraglich ist jedoch, gemäß welchen Kriteriums das Volksgericht die übereinstimmend von den Parteien vertretene Auslegung annehmen oder ablehnen soll, sowie nach welchem Maßstab das Volksgericht das fremde Recht auslegen soll, wenn die Parteien es unterschiedlich interpretieren und darüber streiten. Das geltende Recht schweigt diesbezüglich. Dem Wortlaut nach steht die Entscheidung dem Ermessen des Richters zu. Mithin verbietet das Gesetz nicht, dass der chinesische Richter nach dem reinen Gesetzeswortlaut und eigenem Verständnis das anwendbare fremde Recht anwendet. Diese Vorgehensweise ist aber nicht zu empfehlen. Willkürliche Auslegung fremden Rechts steht dem Sinn der Anwendung ausländischen Rechts entgegen. Zudem wird der internationale Entscheidungseinklang gefährdet. Vorzugswürdig ist das deutsche Modell gemäß § 293 ZPO[487]. Das Volksgericht soll auch die Rechtswirklichkeit des Auslands beachten. Das fremde Recht ist unter voller Berücksichtigung von Lehre und Rechtsprechung des fremden Staates auszulegen. Selbst wenn die ausländische Rechtpraxis für einen besonderen Fall keine Richtlinie gibt, muss auch der chinesische Richter das fremde Recht fortbilden.

b) *Rechtslücke im ausländischen Recht*

Art. 10 Abs. 2 IPRG schreibt im Fall mangelnder Regelung im anwendbaren ausländischen Recht die Anwendbarkeit der *lex fori* vor. Die Problematik der Rechtslücke fremden Rechts hat der chinesische Gesetzgeber nicht im Rahmen der Auslegung fremden Rechts, sondern als Nichtfeststellbarkeit geregelt. Wenn das von den Parteien gewählte Recht keine Regelung auf den Sachverhalt enthält, hat das Volksgericht *lex fori* anzuwenden.

Problematisch ist erstens, wie das Volksgericht zum Ergebnis einer Rechtslücke im fremden Recht kommt. Ob eine Rechtslücke im fremden Recht tatsächlich vorliegt, ist nach *lex causae* auszulegen. Unter dem fremden Recht versteht man nicht nur den Gesetzestext, sondern auch Richterrecht, Gewohnheitsrecht und andere Rechtsquellen, die von der in Betracht gezogenen Rechtsordnung als positives Recht erachtet werden[488]. Ob ein bestimmter konkreter Fall vom Tatbestand einer Norm erfasst wird, hängt nicht von der Interpretation des Volksgerichts sowie der Parteien ab. Um den internationalen Entscheidungseinklang zu gewähren ist es nach der Methodik der *lex causae* festzulegen, ob eine Lücke im positiven Recht vorliegt. Da Art. 10 Abs. 2 IPRG die Rechtslücke an die Anwendbarkeit der *lex fori* anknüpft, darf das Volksgericht das anwendbare lückenhafte fremde Recht nicht fortbilden.

Fraglich ist darüber hinaus, ob die Fallgruppe des teilweise nicht festgestellten fremden Recht mit der einer Rechtslücke fremden Rechts im Rahmen des Art. 10 Abs. 2 IPRG gleichzusetzen ist. Da bei der Feststellung ausländischen Rechts der Beibringungsgrundsatz gilt, hängt das Ausmaß fremden Rechts im einzelnen Fall von der Beweiserhebung ab. Daher könnte das Volksgericht im Fall der teilweise Nichtfeststellung oder Nichtfeststellbarkeit von einer Rechtslücke im Sinne von

487 MüKo/Prüting, § 293 ZPO Rn. 57 ff.; Rauscher, IPR Rn. 137; Kropholler, IPR § 31 I. 2.

488 *Du*, IPRG S. 120.

Art. 10 Abs. 2 IPRG ausgehen. Für diese Ansicht spricht unter systematischen Gesichtspunkten, dass die Nichtfeststellbarkeit und die Rechtslücke im fremden Recht in der gleichen Vorschrift geregelt sind und dieselbe Rechtsfolge angeordnet wird, nämlich die Anwendung der *lex fori*.

Aus dem Gesetzestext ergibt sich jedoch nicht klar, ob die *lex fori* das gewählte Recht im Ganzen ersetzen oder nur auf den ungeregelten Gegenstand Anwendung finden soll, während die *lex causae* auf den anderen Sachverhalt anwendbar bleibt. Der ersten Auslegungsalternative ist entgegenzutreten, weil sie dem Sinn der Parteiautonomie widerspricht. Die zweite hat aber eine Statutenspaltung zur Folge. Anpassungsprobleme könnten dann hervortreten.

c) *Nachprüfbarkeit von Ermittlung und Anwendung ausländischen Rechts*

In der Berufungsinstanz werden gemäß Art. 168 ZPG sowohl die Rechtsanwendung als auch die Tatsachenfeststellung des Urteils der ersten Instanz überprüft. Fehlerhafte Ermittlung und Auslegung fremden Rechts können also durch die Einordnung fremden Rechts als beweisdürftiger Tatsache oder dem Richter bekanntem Recht einen Gegenstand der Berufung bilden[489]. Die Parteien können dem Berufungsgericht ausländisches Recht durch neue Beweismittel unterbreiten[490]. Das Berufungsgericht kann eben das nicht festgestellte ausländische Recht erneut zu ermitteln versuchen. Die Auslegung des festgestellten fremden Rechts ist unabhängig vom Ergebnis aus der ersten Instanz erneut vorzunehmen.

Das Institut der Revision als Rechtsmittel gegen Berufungsurteile, das auf Gesetzverletzung beruht, kennt das chinesische Zivilprozessrecht nicht. Das vom Berufungsgericht ergangene Urteil ist gemäß Art. 175 ZPG rechtkräftig, kann also nicht Gegenstand einer Revision werden. Gegen ein rechtskräftiges Urteil, das auf mangelhafter Tatsachenfeststellung, falscher Rechtsanwendung oder prozessualer Rechtswidrigkeit beruht, steht das Überwachungsverfahren gemäß Art. 198 ff. ZPG zur Verfügung. Schwerwiegende mangelhafte Ermittlung und Auslegung

489 *Liu*, IPRG S. 86; *Han*, IPR S. 157; *Qi*, IPRG S. 143; *Li*, IPR S. 130.

490 Im Urteil *(2011) Hu Gao Min Si (Hai) Zhong Zi Nr. 205* wurde Das parteiautonom gewählte brasilianische Recht in der ersten Instanz als nichtfeststellbar angesehen. In der Berufung hat eine Partei das Gutachten zum brasilianischen Recht vorgebracht, das von einem brasilianischen Rechtsanwalt auf Portugiesisch, Chinesisch und Englisch erstellt wurde. Das Berufungsgericht hat es jedoch wegen Verletzung der Formforderung an im Ausland ermitteltes Beweismittel verweigert. Bei Berufung gegen Urteil (2006) *Chang Min San Chu Zi* Nr. 26 hat der Beklagte neues Beweismittel über objektiv bestimmtes indisches Recht erhebt. Kurze Zusammenfassung des Falls sieh, *Liu*, IPRG S. 83 f.

fremden Rechts können einen Gegenstand des Überwachungsverfahrens bilden[491]. Problematisch ist, dass die fehlerhafte Ermittlung oder Auslegung fremden Rechts nicht ausdrücklich in der abgeschlossenen Kategorie der Gründe zur Eröffnung des Überwachungsverfahrens gemäß Art. 200 ZPG aufgelistet sind. Fehlerhafte Ermittlung, z. B. ordnungswidrige Fristsetzung zur Beibringung des parteiautonom gewählten fremden Rechts, die einen Verstoß gegen Art. 17 Abs. 2 Interpretation I darstellt, könnte sich an Art. 200 I Nr. 9 anlehnen, gemäß dessen Bestimmung ein Überwachungsverfahren aufgrund der Entziehung des Rechts auf rechtliches Gehör zu eröffnen ist. Kommt das Volksgericht ohne zufriedenstellenden Versuch zum Schluss der Nichtfeststellbarkeit fremden Rechts, könnten die Parteien sich an Art. 200 Abs. 1 Nr. 5 ZPG anlehnen, gemäß dessen Bestimmung das Überwachungsverfahren eröffnet wird, wenn das Volksgericht die dem Urteil zugrundeliegende Beweise, die den Parteien nicht zugänglich sind, trotz Antragstellung der Parteien nicht ermittelt hat. Bei der fehlerhaften Auslegung und Anwendung fremden Rechts können die Parteien nach Art. 200 Abs. 1 Nr. 2 ZPG aufgrund Fehlen notwendigen Beweismittels oder Art. 200 Abs. 2 Nr. 6 ZPG aufgrund falscher Anwendung fremden Rechts ein Überwachungsverfahren beantragen.

4. Stellungnahme

Das chinesische Recht verteilt die Verantwortung zur Ermittlung anwendbaren ausländischen Rechts nicht nach dessen Einordnung als Tatsache oder Recht. Die Parteien tragen die Verantwortung zur Ermittlung des ausgewählten ausländischen Rechts. Die Last zur Ermittlung des parteiautonom gewählten Rechts erschwert die Freiheit zur Rechtswahl erheblich. Die kollisionsrechtliche Rechtswahl wird im Prozess wie materiell rechtliche Verweisung behandelt. Die Parteien müssen sich ausdrücklich auf die Rechtswahl berufen und den Inhalt des gewählten Rechts vorbringen. Scheitern sie daran, kommt das objektiv anwendbare Recht zur Anwendung. Die Auferlegung der Ermittlungspflicht steht dem Sinn der Parteiautonomie und der Amtsbetrieblichen Rolle des Volksgerichts entgegen. Es führt auf die Schwierigkeit zurück, dass die Ermittlung ausländischen Rechts technisch selbst für das Volksgericht unsicher und belastend ist. Die Situation wird jedoch wegen unzulänglicher Forschung an ausländischen Recht in vorhersehbarer Zukunft nicht behebt werden. In dieser Hinsicht ist vorzuschlagen, dass der Anwendungsbereich der Ermittlungslast zu begrenzen. In den internationalen Handelssachen kann die Selbstermittlung in Kauf genommen werden. Mindestens auf den Rechtswahlmöglichkeiten in den internationalen Familiensachen soll

491 *Han*, IPR S. 157.

das Volksgericht das parteiautonom gewählte ausländische Recht festlegen. Wenn das parteiautonom ausgewählte Recht nicht feststellbar erweist, muss nicht jedenfalls die *lex fori* zur Anwendung kommen. Die objektive Anknüpfung als die Ersatzanknüpfung und die Abänderung der schon getroffenen Rechtswahl kommen mithin in Betracht.

II. Fakultative Anwendung der objektiven Anknüpfung

1. Natur der „konkludenten" Rechtswahl

Gegen die allgemeine Anforderung der Ausdrücklichkeit gemäß Art. 3 IPRG sieht das OVG eine „konkludente" Rechtswahl in Art. 8 Abs. 2 Interpretation I, nach dessen Bestimmung das Volksgericht die Rechtswahl festlegen kann, wenn beide Parteien im Prozess rüge los Bezug auf das Recht eines bestimmten Staates nehmen. Die gegen das gesetzliche Gebot des Art. 3 IPRG verstoßende Interpretation wird von OVG durch praktische Bedürfnisse gerechtfertigt[492]. Die Ratio hinter dem Sonderfall soll die Wahrscheinlichkeit zur Anwendung der *lex fori* sein. Da die Parteien sich vor dem Volksgericht häufig unbewusst auf *lex fori* berufen, hilft die „stillschweigende" Rechtswahl der Begründung der Maßgeblichkeit des Forumsrechts. Das „Heimatwärtsstreben" fördernde Instrument ist daher beliebt in der gängigen[493] Praxis. Diese wurde zuerst in Art. 4 Abs. 2 Bestimmungen 07 niedergeschlagen[494]. Via dem wortlautgetreuen Art. 8 Abs. 2 Interpretation I lebt sie nunmehr wieder auf.

Bemerkenswert ist dabei erstens die objektive Folgerung der Rechtswahl anhand reinen äußeren Verhaltens. Gemäß Art. 8 II Interpretation I kann das Volksgericht schon eine „konkludente" Rechtswahl festlegen, wenn die Parteien

---

492 „Im Regelfall ist die Rechtswahl ausdrücklich zu treffen. Jedoch ergibt sich in der ständigen Rechtsprechung der Sonderfall, dass die Parteien zwar weder schriftlich noch mündlich auf ausdrückliche Weise Rechtswahl vorgenommen haben, jedoch sie sich im Lauf des Verfahrens auf das Recht desselben Staates berufen und keinen Zweifel über das Problem des anwendbaren Rechts erheben. In dem Fall geht unser Volksgericht in der Regel deswegen von der Maßgeblichkeit des Rechts aus, dass die Parteien Rechtswahl schon getroffen haben." Zhang, People's Court Daily 7.1.2013 S. 6.

493 So in der früheren Rechtsprechung, Urteile (2004) *Yue Gao Fa Min Si Zhong Zi* Nr. 179 und (2003) *Hu Hai Fa Shang Chu Zi* Nr. 409.

494 Ähnliche Bestimmung findet sich schon in Art. 4 II Bestimmungen 07, die im geltenden Recht von Interpretation I ersetzt wird. Die Rechtslage unter Art. 4 II Bestimmungen 07, Gebauer, IPRax 2008 62, 63; Deißner, Chinas IRR Rn. 443 ff.

rügelos Bezug auf dasselbe Recht genommen haben. Ob die Parteien dabei kollisionsrechtliche Auswahl des anwendbaren Rechts wirklich gewollt haben, braucht nicht zu erwägen. Das Volksgericht kann doch trotz der einvernehmlichen Bezugnahme Rechtswahl solcher Art verweigern, da Art. 8 II Interpretation I als Kannvorschrift ausformuliert ist. Es unterliegt jedoch dem Ermessen des Richters. Dieser Ermessensraum fördert weithin das „Heimwärtsstreben", indem im Fall der Bezugnahme auf *lex fori* „konkludente" Rechtswahl anerkannt aber bei der Bezugnahme auf ausländisches Recht die Rechtswahl abgelehnt wird. Das Abstellen auf äußeres Verhalten sichert keine Feststellung des inneren Willens der Parteien, weil sie häufig ohne Bewusstsein den Prozess führen, dass das anwendbare Recht überhaupt in Frage steht oder eine Möglichkeit zur Rechtswahl besteht.

Art. 8 II Interpretation I bezieht sich lediglich auf das Prozessverhalten der Parteien. Die Frage, ob andere Indizien zur Ermittlungen stillschweigender Rechtswahl in die Erwägung gezogen werden können, entnimmt sich nicht aus der Vorschrift. Dort wird nicht ausdrücklich von konkludenter Rechtswahl gesprochen. Art. 8 II Interpretation I beabsichtigt nur der gängigen Praxis Rechnung tragen und stellt sich als Sonderfall dar. Angesichts des Ausdrücklichkeitsgebots gemäß Art. 3 IPRG scheint anderweitige stillschweigende Rechtswahl unzulässig. Die Ansicht lässt sich durch die objektive Folgerung der „konkludentesten" Rechtswahl bestätigen. Bei der Feststellung der „konkludenten" Rechtswahl wird nicht nach dem wirklichen Willen der Parteien gefragt. Art. 8 II Interpretation I bezieht sich zwar auf einvernehmliches Verhalten der Parteien, entfaltet Wirkung jedoch kraft Gesetzes nämlich der justiziellen Norm. Daher kann die Ermittlung des anwendbaren Rechts aufgrund des einvernehmlichen Prozessverhaltens nicht als echte konkludente Rechtswahl betrachtet werden, sondern als ein gesetzliches Gebot mit schwebender Rechtsfolge, welches von der stillschweigender Rechtswahl im Sinne des Art. 3 I S. 1 Rom I-VO[495] und Art. 14 I S. 2 Rom II-VO[496] deutlich unterscheidet. Sie hat vergleichbare Funktionsweise wie der hypothetische Parteiwille[497]. Unter dem Vorwand des Parteiwillens setzt sich der Richterwille durch.

Die „konkludente" Rechtswahl gemäß Art. 8 Abs. 2 Interpretation I hat zur Folge, dass die objektive Anknüpfung, die in Ermangelung der Rechtswahl maßgebend wird, fakultativ wird. Das heißt, soweit die Parteien nicht ausdrücklich

---

495 MüKo/Martiny, Art. 3 Rom I-VO Rn. 53 ff.

496 MüKo/Junker, Art. 14 Rom II-VO Rn. 29 ff.

497 Neuhaus, S. 176; Lando/Nielson, CML Rev. 45 (2008), 1698; MüKo/Martiny, Art. 3 Rom I-VO Rn. 47; Staudinger/Magnus, Art. 3 Rom I-VO Rn. 74.

die Anwendung ausländischen Rechts berufen und das ausländische Recht vorbringen, kommt die *lex fori* zur Anwendung. In den veröffentlichten Urteilen wird nur das chinesische Recht von den Parteien herangezogen. Wegen fehlenden Bewusstseins von der Anwendbarkeit ausländischen Rechts nehmen die Parteien häufig Bezug auf die *lex fori*. Das von den Parteien angeführte Recht kann zwar auch ausländisches Recht sein. Der Fall ist aber in der Praxis selten. Da die Bezugnahme auf *lex fori* nicht auf den wirklichen Parteiwillen zur Rechtswahl abstellt, lässt sie sich nicht als echte Rechtswahl einordnen. In Ermangelung der echten Rechtswahl soll die objektive Anknüpfung maßgeblich sein. Das Volksgericht verpflichtet sich gemäß Art. 8 Abs. 2 Interpretation I nicht, die objektive Anknüpfung zu prüfen. Stattdessen kommt *lex fori* zur Anwendung. Damit wird das Kollisionsrecht einschließlich der subjektiven und objektiven Anknüpfung fakultativ umgestaltet. Wenn die Parteien sich nicht auf Kollisionsrecht berufen, kommt immer die lex fori zur Anwendung. Da Art. 8 Abs. 2 Interpretation I dieses kollisionsrechtliche Unbewusstsein als konkludente Rechtswahl umdeutet, findet dieses fakultative Kollisionsrecht auf alle Zivilbeziehungen Anwendung, bei denen sich Rechtswahlmöglichkeit eröffnet.

2. Die „konkludente" Rechtswahl in der Rechtsprechung

Die Bezugnahme auf dasselbe Recht verwirklicht sich durch die Berufung bestimmten Rechts zur Begründung des Klageantrags. Es geschieht in geschriebenen Form[498] in der Klageschrift, Klageerwiderungsschrift und Widerklageschrift oder es wird in den meisten Fällen[499] in der mündlichen Behandlung von den Parteien herangezogen, um eigenen Anspruch zu begründen und den Gegenantrag zu verteidigen. Art. 8 Interpretation I fordert zudem, dass die Bezugnahme von allen Parteien vorgenommen werden muss. Daher ist das Schweigen[500] der einen Partei auf die Berufung eines bestimmten Rechts von der anderen nicht als einvernehmlich anzusehen. Zudem wird gefordert, dass kein Einwand gegen

498 So im Urteil (2010) *Han Min Er Chu Zi* Nr. 2.

499 Rechtsprechung zu Art. 4 II Bestimmungen 07, Urteile: (2011) *Hu Gao Min Si (Hai) Zhong Zi* Nr. 126; (2011) *Jin Gao Min Si Zhong Zi* Nr. 15; (2011) *Qing Min Yi Zhong Zi* Nr. 98; (2011) *Gui Min si Zhong Zi* Nr. 11; (2010) *Jin Gao Min Si Zhong Zi* Nr. 3; (2010) *Chuan Min Zhong Zi* Nr. 233; (2009) *Jin Gao Min Si Zhong Zi* Nr. 576; (2009) *Yu Gao Fa Min Zhong Zi* Nr. 8; (2009) *Guang Hai Fa Chu Zi* Nr. 126.

500 In der früheren Rechtsprechung vor Bestimmungen 07 wurde das Schweigen einer Partei auf die Bezugnahme der anderen Parteien auf chinesisches Recht als Einigkeit der Maßgeblichkeit des chinesischen Rechts interpretiert, so Urteil *(2004) Yue Gao Fa Min Si Zhong Zi Nr. 179.*

die Bezugnahme auf dasselbe Recht erhebt wird. Der Gegenstand des Einwandes soll die Bezugnahme auf die Berufung sein. Jedoch aus einem jüngeren Urteil ergibt sich, dass einvernehmliche Bezugnahme auf chinesisches Recht gewürdigt wird, obwohl eine Partei sich zwar chinesisches Recht beruft, jedoch auf die getroffene Rechtswahl bestanden hat[501].

Interessant ist die Frage, ob die „konkludente" Rechtswahl durch rügelose Bezugnahme auf dasselbe Recht eine vorherige ausdrückliche Rechtswahl ersetzen kann. Da die Rechtswahl von den Parteien geltend gemacht werden muss, also nicht von Amts wegen zu prüfen ist, ist das Schweigen auf Rechtswahl im Prozess dahin auszulegen, dass sie nicht an die Rechtswahl gebunden sein wollen. Beispielsweise könnte der zugrundeliegende Grund die Verpflichtung zur Selbstermittlung des ausgewählten ausländischen Rechts gemäß Art. 10 IPRG sein. Falls zugleich die Voraussetzungen von Art. 8 Interpretation I erfüllt werden, ist das einvernehmliche bezogene Recht anwendbar. Die Auslegung entspricht darüber hinaus dem Telos der Änderung des Gesetzeswortlauts. Art. 4 Abs. 1 Bestimmungen 07 sieht Nichtbestehen einer vorherigen ausdrücklichen Rechtswahl als Voraussetzung[502], während Art. 8 Abs. 2 Interpretation I sie nicht mehr anfordert. Das Wegfallen der mangelnden vorherigen Rechtswahl deutet darauf hin, dass die Änderung der Rechtswahl durch einvernehmliche Bezugnahme auf ein anderes Recht möglich ist. Ob von rügeloser Bezugnahme auf mehreren Rechten Teilrechtswahl begründet werden kann, bleibt unwahrscheinlich.

3. Stellungnahme

Die „konkludente" Rechtswahl gemäß Art. 8 Abs. 2 Interpretation I beruht sich nicht auf den wahren Parteiwillen. Die Parteien kennen häufig nicht, dass der Streit nach ausländischem Recht als der *lex fori* zu entschieden werden kann. Die eine Partei verteidigt nach dem Recht, auf das die andere Partei beruft, nur deswegen, weil sie den Klageantrag aufgrund des von der anderen Partei berufenen Rechts verteidigen kann. In diesen Fällen fehlt den Parteien das Erklärungsbewusstsein zur Rechtswahl. Die „konkludente" Rechtswahl erschöpft sich nicht aus der Parteiautonomie, sondern unmittelbar aus dem gesetzwidrigen justiziellen Gebot. Konkludente Rechtswahl solcher Art fördert nur die Prozesseffizienz, weil der Richter gewohnt ist, Unstreitiges nicht zu behandeln. Soweit die Parteien nicht über das anwendbare Recht bestreiten, lässt gerne der Richter

501 So im Urteil: (2011) *Hu Gao Min Si (Hai) Zhong Zi* Nr. 126.
502 Vgl. Deißner, Chinas IRR Rn. 443.

es gelten. Sie erhöht jedoch unverhältnismäßig die Möglichkeit zur Anwendung der *lex fori*.

Zudem wird die objektive Anknüpfung, die in Ermangelung der Rechtswahl maßgebend sein soll, durch die „konkludente" Rechtswahl gemäß Art. 8 Abs. 2 Interpretation I fakultativ umgestaltet wird. Da die Parteien in den meisten Fällen Bezug auf die lex fori nehmen, kommt damit in Ermangelung des Bewusstseins für die Rechtswahl die *lex fori* zur Anwendung. Dadurch wird die objektive Anknüpfung im Namen der Parteiautonomie fakultativ. Um die fakultative objektive Anwendung zu vermeiden, ist die Hinweispflicht auf Rechtswahlmöglichkeit einzuführen. Durch die Aufklärung der Wahlmöglichkeit wird mindestens das kollisionsrechtliche Gestaltungsbewusstsein der Parteien erweckt. Mehr bedeutend ist durch die Einführung der richterlichen Hinweispflicht die Fakultativität der objektiven Anknüpfung überwunden. Die Parteien argumentieren weiter auf Basis des angeführten Rechts, nachdem die Beteiligten sich über die Möglichkeit der Rechtswahl informiert haben, so spricht es mit hinreichender Sicherheit für eine stillschweigende Rechtswahl zugunsten der *lex fori*. Ansonsten ist das objektiv anwendbare Recht anwendbar, nicht die *lex fori*.

§ 7 Rechtswahl als Sachnormverweisung

Ein kategorischer Ausschluss der Gesamtverweisung ist seit langem in der chinesischen Gesetzgebung[503] fest verankert. Art. 1 Bestimmungen 07 ordnet Sachnormverweisung für sowohl auf objektive als auch auf subjektive Anknüpfung im internationalen Vertragsrecht. Art. 9 IPRG ordnet nun wiederholt ausdrücklich an, dass alle Verweisungen unter dem IPRG Sachnormverweisungen sind[504]. Die subjektive Anknüpfung, die parteiautonom gemäß Art. 3 IPRG i. V. m. der einzelnen Rechtswahlgrundlage erfolgt, ist demzufolge eine Sachnormverweisung. Dies entspricht in der Regel dem Sinn der Parteiautonomie. Im Regelfall wird die Sachnormverweisung beabsichtigt, sonst würden die Vorteile der Parteiautonomie der Rechtssicherheit und Vorhersehbarkeit gefährdet[505]. Die Einbeziehung des Kollisionsrechts des gewählten Rechts könnte zu überraschenden Ergebnissen führen. In dieser Hinsicht ist es sinngemäß so zu bestimmen, dass die Rechtswahlabrede sich lediglich auf Sachnormen der gewählten Rechtsordnung bezieht. Man hat jedoch zwischen der Tatsache, ob die Parteien eine Sachnormverweisung wollen und der Befugnis, ob sie eine auf Kollisionsrecht beschränkte Rechtswahl herbeiführen dürfen, zu unterscheiden. Aus der Tatsache, dass die Parteien im Wortlaut eindeutig Kollisionsrecht einer bestimmten Rechtsordnung einbeziehen, eine Rechtswahl auf Sachnorm abzuleiten, scheint sinnwidrig vor dem Hintergrund der Parteiautonomie. Die Parteien wählen das Kollisionsrecht einer Rechtsordnung, gerade weil sie wissen, dass das materielle Recht dieser Rechtsordnung nicht in jedem Fall zur Anwendung kommt. Soweit der Wille unter der Parteiautonomie eine zentrale Stellung einnimmt, soll die Freiheit der unmittelbaren Wahl des Kollisionsrechts statthaft sein. Die rechtsgeschäftliche Natur des Verweisungsvertrags lässt gleichfalls zu, eine Rechtswahl mit Bedingungen zu treffen[506]. Die Parteien dürfen sowohl eine sachnormverweisende Rechtswahl als auch eine gesamtverweisende Rechtswahl vornehmen.

Gegen die Zulässigkeit der Rechtswahl auf Kollisionsnorm spricht der fehlende praktische Nutzen. Die Wahl des Kollisionsrechts ist insbesondere an den

---

503 Ziff. 178 II Ansichten AGZ sieht Sachnormverweisung für alle Verweisungen unter dem 8. Kapitel der AGZ vor.

504 Kategorischer Ausschluss von *Renvoi*, *Chen*, in: Basedow/Pißler, Private International Law in China, S. 58 f.; Deißner, Chinas IRR Rn. 349 ff.

505 *Du*, IPRG S. 271; *Liu*, IPRG S. 72.

506 Dazu §5 II 1.

Stellen nötig, an denen das anwendbare Kollisionsrecht z. B. vor Schiedsgerichten nicht von vornherein festgelegt wird oder das maßgebliche interlokale Kollisionsrecht ungewiss ist. Es fehlt im geltenden chinesischen Recht eine klare Regelung hinsichtlich des im internationalen Schiedsverfahren anwendbaren Rechts[507]. Im Schrifttum ist die Meinung vertretbar, dass die Parteien das anwendbare Sachrecht oder Kollisionsrecht selbst bestimmen können und das Kollisionsrecht am Ort des Schiedsverfahrens in Ermangelung der Rechtswahl nicht unbedingt eingreift. Dies könnte heißen, dass die Kollisionsnormen im IPRG erst durch Verweisung zur Anwendung kommen können. Deshalb ist die Frage nach der Wählbarkeit des Kollisionsrechts nicht im Rahmen der Parteiautonomie im Sinne des Art. 3 IPRG zu beantworten. Der kategorische Ausschluss der Rechtswahl auf Sachnormen kann dort dahingestellt werden.

Dass Art. 6 IPRG die Bestimmung der anwendbaren Teilrechtsordnung dem Satz der engsten Verbindung unterstellt, wird einerseits durch den kategorischen Ausschluss der Gesamtverweisung bekräftigt[508], indem die Verweisung auf das interlokale Kollisionsrecht der *lex causae* ausgeschlossen wird. Anderseits ergibt sich daraus, dass die Parteien die Unterverweisung nicht selbst bestimmen dürfen. Dies könnte zwar anders sein, falls der Parteiwille oder die Parteierwartung als Indiz zur engsten Verbindung mitberücksichtigt würde. Die Indizwirkung des Parteiwillens bleibt jedoch unklar[509]. Auf jeden Fall dürfen die Parteien die anwendbare Teilrechtsordnung z. B. das Recht von New York State[510], unmittelbar bezeichnen. Falls die Parteien eine Rechtswahl zugunsten eines Mehrrechtstaates ohne nähere Bestimmung treffen, welche Teilrechtsordnung davon maßgebend ist, scheint die Rechtslage unklar. Sie können durchaus die anwendbare Teilrechtsordnung nachträglich bestimmen. Gemäß Art. 6 IPRG dürfen sie eben nicht nachträglich die maßgebende Kollisionsnorm für die Unteranknüpfung festlegen. Ob

507 Darstellung der Unklarheit, *Li*, IPR S. 345 ff.; *Liu*, IPR S. 316; *Zhang/Xu*, IPR S. 372 f.; Xu, Study in Law and Business 2011 Heft 1 94, 94 ff. Gegen die Wählbarkeit des Kollisionsrechts, *Pei*, Journal of Chongqing University 14(2008) Heft 6 102, 103. Für die Anwendbarkeit des Forumsrechts, *Kou*, Tribune of Political Science and Law 22(2004) Heft 4 90, 97f.

508 *Liu*, IPRG S. 55.

509 Vgl. §8 IV.

510 Im Urteil *(2010) Zhe Shao Wai Shang Chu Zi Nr. 76* wurde die Wahl zugunsten des Rechts von U.S.-Amerikanischem Bundesstaat New York zwar anerkannt, wurde wegen der Nichtfeststellbarkeit nicht zur Anwendung gelangen. Eine andere Beispiele unmittelbarer Wahl der Partikularrechtsordnung ist das Urteil *(2010) Pu Min Yi (Min) Chu Zi Nr. 26514.*

eine Abwahlwirkung der unklaren Rechtswahl auf Mehrrechtenstaaten existiert, sollte verneint werden. Weder die Parteien noch das Gericht sind an die bloße Wahl der Rechtsordnung des Mehrrechtstaates gebunden. Die Parteien können die maßgebende Teilrechtsordnung oder Rechtsordnung eines anderen Staates wählen als des Mehrrechtstaates bestimmen. Dem Volksgericht nach ist die unklare Wahl eben nicht verbindlich. Es hat weder nach dem internen Kollisionsrecht des Mehrrechtstaates noch nach dem eigenen interlokalen Kollisionsrecht die Unteranknüpfung zu unternehmen. Ist nachträglich keine Abrede hinsichtlich des anwendbaren Rechts zu erreichen, kommt das objektiv anwendbare Recht zur Anwendung. Hier entfaltet die vage Rechtswahl zugunsten der Gesamtrechtsordnung eines Mehrrechtstaates keine Wirkung der Aus- und Abwahl.

Die Wählbarkeit des Kollisionsrechts ist in dem Fall jedoch zu gewähren, nämlich wenn die Parteien internationales Einheitsrecht oder gemäß Art. 9 Interpretation I ein nichtstaatliches Regelwerk auswählen, in das Kollisionsnormen eingeschlossen sind. Erklären beispielsweise die Parteien die Anwendbarkeit der UNIDROIT Principles (2010), ist die darin enthaltene Kollisionsnorm anwendbar, die hinsichtlich des Zinssatzes im Fall der Verzögerung der Zahlung auf die Rechtsordnung desjenigen Staates verweist, dessen Währung der Zahlung maßgeblich ist. Ausnahmen dieser Art gewährt die einheitliche Anwendung des Einheitsinstruments.

Drittes Kapitel: Parteiautonomie in ausgewählten Zivilbeziehungen

§ 8 Rechtswahl im internationalen Vertragsrecht

I. Anwendungsbereich der vertraglichen Parteiautonomie

1. Qualifikation des vertraglichen Verhältnisses

a) Umfang des vertraglichen Verhältnisses

Da die Qualifikation gemäß Art. 8 IPRG nach der *lex fori* zu erfolgen hat[511], entscheidet das chinesische materielle Recht den Wesen und Umfang des Vertrags im Sinne des Art. 41 IPRG, nach dessen Bestimmung die vertragliche Parteiautonomie gewährleistet wird. Ein Vertrag bezeichnet die übereinstimmende Willenserklärung, die von den Parteien eingegangen wird, um eine Zivilbeziehung zu begründen, zu ändern oder zu beenden[512]. Da das chinesische Zivilrecht ein dingliches Geschäft nicht kennt[513], spricht man von einem Schuldvertrag, wenn man von Vertrag spricht. Art. 41 IPRG findet Anwendung auf alle Verträge, soweit keine Regelung für besonderen sachlichen Vertragstypen vorgesehen wird[514]. Unter das Vertragsstatut fallen alle vertragsrechtlichen Folgen der Parteivereinbarung insbesondere die Errichtung, Wirksamkeit, Erfüllung, Änderung, Übertragung und Beendigung von Verträgen sowie die Haftung wegen Vertragsverletzung umfasst[515]. Nicht umfasst sind die Frage der Rechts- und Geschäftsfähigkeit[516], die Vertretung[517], Schiedsbarkeits- und Gerichtsbarkeitsklausel[518]. Abgesehen von der Teilrechtswahl ist der Vertrag einheitlich anzuknüpfen[519].

---

511 *Du*, IPRG S. 87 ff.; *Liu*, IPRG S. 61 ff.; *Huang/Jiang*, IPRG S. 44 ff. Es wird aber die Auffassung vertreten, dass es nicht nur auf Forumsrecht zu berücksichtigt ist, sondern auch *lex causae* und sonstige ausländische Rechte. *Weng*, Jurist 2010 Heft 2 149, 158.

512 *Cui*, Vertragsrecht S. 1. f.; *Han*, Vertragsrecht S. 1 f.

513 *Cui*, Vertragsrecht S. 1. f.; *Han*, Vertragsrecht S. 1 f.

514 *Du*, IPRG S. 265 f.

515 *Huang/Jiang*, IPRG S. 224; *Du*, IPRG S. 291 ff.; vgl. auch Art. 2 Bestimmungen 07.

516 vgl. Kommentierung von Art. 11. 12 IPRG, *Huang/Jiang*, IPRG S. 57 ff.; *Du*, IPRG S. 122 ff.; *Liu*, IPRG S. 88 ff.

517 vgl. Kommentierung von Art. 16 IPRG *Huang/Jiang*, IPRG S. 77 ff.; *Du*, IPRG S. 157 ff.; *Liu*, IPRG S. 119 ff.

518 Vgl. *Du*, IPRG S. 291 ff.

519 *Qi*, IPRG S. 298 ff.

b) *Qualifikation des Verschuldens bei Vertragsabschluss*

Für Verschulden bei Vertragsverschulden steht im IPRG keine besondere Kollisionsnorm bereit. Art. 2 Bestimmungen 07 hat den Geltungsbereich des Vertragsstatuts ausführlich umgeschrieben, darunter fällt jedoch die *culpa in contrahendo* nicht[520]. Da die Umschreibung der Vertragsverhältnisse nicht abschließende ist[521], kann man nicht im Umkehrschluss von einer außervertraglichen Natur der *culpa in contrahendo* ausgehen. Die *culpa in contrahendo* ist daher unter den Tatbestand des vertraglichen oder deliktischen Statuts zu subsumieren. Eine solche Qualifikation hat gemäß Art. 8 IPRG nach *lex fori* nämlich vor dem Volksgericht nach dem chinesischen Recht zu erfolgen. Es ist sozusagen, dass das materiell-rechtliche Verständnis und die Einordnung der *culpa in contrahendo* im chinesischen Sachrecht maßgeblich sind.

Das Institut des Verschuldens bei Vertragsverhandlung wird im VertragG geregelt. Die Anspruchsgrundlage auf Schadensersatz wegen Verletzung einer vorvertraglichen Pflicht findet sich hauptsächlich in Art. 42 VertragG. Gemäß dessen Bestimmung verpflichtet sich die Partei zum Schadensersatz, wenn sie unter dem Vorwand der Erzielung eines Vertrags böswillig verhandelt oder Informations- und Aufklärungspflicht verletzt oder eine andere Treu und Glauben zuwiderlaufende Handlung vornimmt[522]. Die Fallgruppen der *culpa in contrahendo* der böswilligen Verhandlung[523], der Verletzung der Informations- und Aufklärungspflicht[524], der Herbeiführung eines unwirksamen Vertrags[525] durch z.B. Versäumnis eines Vertragsteils zur Besorgung um behördliche Genehmigung oder Eintragung[526] werden vertraglich eingeordnet. Die Fallgruppen der Verletzung

---

520 Vgl. Deißner, Chinas IRR Rn. 475 ff.; *Du*, IPRG S. 291 ff.; *Li*, IPR S. 179.

521 Art. 2 Bestimmungen 07, Vertragsstreitigkeiten nach diesen Bestimmungen sind Streitigkeiten über die Errichtung, Wirksamkeit, Erfüllung, Änderung, Übertragung und Beendigung von Verträgen sowie über die Haftung wegen Vertragsverletzung und anderen Fragen, Pißler, IPRax 2008, 67, 67.

522 Vgl. Wang, *culpa in contrahendo*, S. 123 f.

523 *Han*, Vertragsrecht S. 70 f.; *ders*, Jurist 2004 Heft 3 122, 123 f.

524 *Han*, Vertragsrecht S. 73.

525 *Cui*, Vertragsrecht S. 123 f.

526 Art. 8 Interpretationen des OVG über einigen Fragen des VertragG, Teil II. Aktenzeichen: *Fa Shi (2009)* Nr. 5.

von Obhut- und Erhaltungspflichten[527] sowie die Dritthaftung[528] werden jedoch als deliktisch angesehen. Kollisionsrechtlich sind dem entsprechend die erstgenannten Fallgruppen, die in unmittelbarer Nähe mit der Vertragsverhandlungen und Vertragswirksamkeit zusammenhängen, vertraglich anzuknüpfen und die letzteren Fallgruppen, die mittelbar oder zufällig mit den Vertragshandlungen zusammenfallen und hauptsächlich die allgemeine Verkehrssicherungspflicht schützt, deliktisch anzuknüpfen.

Im Schrifttum plädieren einige Autoren für die dritte Möglichkeit der vorvertraglichen Haftung von *culpa in contrahendo*[529]. Auf kollisionsrechtlicher Ebene stellt sich die entsprechende Frage, ob die vorvertragliche Haftung einer eigenständigen Anknüpfung unterfallen soll. Wäre die *culpa in contrahendo* selbstständig anzuknüpfen, wäre das anwendbare Recht gemäß Art. 2 IPRG nach der engsten Verbindung zu ermitteln. Wenn sich der Fall der vorvertraglichen Haftung aus der Vertragsverhandlung ergeben, weist sie sich eine enge Beziehung zu dem beabsichtigten Vertrag auf. In dem Fall ist akzessorisch an das Vertragsstatut anzuknüpfen. In den anderen Fallgruppen liegt wegen der Ausgleich- und Präventionsfunktion eine deliktische Anknüpfung nahe. Die jeweilige Fallgruppe der *culpa in contrahendo* ist entweder vertraglich oder deliktisch anzuknüpfen. Eine eigenständige Anknüpfung für *culpa in contrahendo* überzeugt hingegen nicht.

527 Im Schrifttum wird die Fallgruppe teils unter die Auffangregel der *culpa in contrahendo* von Treu und Glauben gemäß Art. 42 Nr. 3 VertragG subsumiert, *Wang*, Zivilrecht S. 151, teils aus dem Anwendungsbereich ausgeschlossen, *Li*, Vertragsrecht S. 137. Das OVG hat letztendlich die Verletzung des Erhaltungsinteresses wie des Körpers oder Vermögens unter Schadensersatz aus dem Entwurf der Interpretation I des VertragG ausgenommen. Der Entwurf der Justiziellen Interpretation ist der Öffentlichkeit nicht zugänglich. Darstellung und Kritische Würdigung siehe *Wang, Culpa in contrahendo*, S. 128.

528 *Zhou*, Contemporary Law Review 2013 Heft 1 98, 102; *Wang*, Culpa in contrahendo S. 135 f.

529 *Cui*, Vertragsrecht S. 121 f.; *Wang/Yang/Wang/Cheng*, Zivilrecht S. 519; *Wei*, Zivilrecht S. 455; *Han*, Vertragsrecht S. 74 f.; *Li*, Vertragsrecht S. 132 ff.

2. Ausschluss der Parteiautonomie in besonderen Vertragsverhältnissen

a) Verbrauchervertrag und Arbeitsvertrag

Zugunsten der Parteien, die im internationalen Verbraucher- und individuellen Arbeitsvertrag besonders schutzbedürftig[530] sind, wird gemäß Art. 42, 43 IPRG die Parteiautonomie dort kategorisch ausgeschlossen. Der Verbraucher- und Arbeitsvertrag sind objektiv anzuknüpfen. Zur Begründung wird vom gesetzgeberischen Bericht angeführt, dass die Verträge so anzuknüpfen sind, „um die Rechtsgüter von Verbraucher und Arbeitnehmer zu schützen"[531]. Die teilweise im Schrifttum vertretene Ansicht, dass die Rechtswahl bei Verbraucherangelegenheiten prinzipiell gestattet, aber eingeschränkt sein soll[532], ist nicht ins IPRG gelangt. Statt Rechtswahl wird weiter zugunsten des Verbrauchers das Optionsrecht[533] gemäß Art. 42 IPRG festgelegt. Damit wird gewährleistet, dass im einzelnen Fall immer das für den Verbraucher günstigste Recht anwendbar ist[534].

b) Investitionsverträge

Die Investitionsverträge mit Ausländern, die in China erfüllt werden, unterliegen strenger Regulierung[535]. Auf wichtige Verträge finden zwingende einseitige Kollisionsnormen Anwendung, die einseitig auf chinesisches Recht verweisen. Die zwingend dem chinesischen Recht unterliegenden Verträge umfassen die Verträge über chinesische-ausländische mit gemeinsamen Kapital betriebene Unternehmen, Verträge über chinesische-ausländische kooperativ betriebene Unternehmen und Verträge über die chinesische-ausländische gemeinsame Erschließung und Ausbeutung natürlicher Ressourcen. Diese Vertragstypen sind in Art. 126 VertragG verankert. Art. 8 Bestimmungen 07 fügt fünf weitere Verträge[536] hinzu, bei denen

530 Schutzbedürftigkeit der schwächeren Parteien, *Xu*, Tsinghua Law Review Vol. 2 No. 6 80, 84; *Yu*, Law Review 2011 No. 1 65 65 ff.

531 Gesetzgeberischer Bericht des IPRG, *Hu*, Amtsblatt 2010/7 S. 644; *Qi*, IPRG S. 320. Im Model Law wurde auch die ausschließliche Anwendung des eignen Rechts von Verbraucher vorgeschlagen.

532 Vgl. Art. 100, 101 Model Law, CSPIL, Model Law S. 22 ff.; ders., YbPIL 3(2001) 349, 371 f.

533 Vgl. §1 III 2.

534 *Qi*, IPR s. 322.

535 Wolff, Am. J. Comp. L. Vol. 56 S. 1039 ff.

536 Die fünf Verträge sind: die Verträge über die Übertragung von Anteilen an chinesische-ausländisch mit gemeinsamem Kapital betriebenen Unternehmen, an

die Gesetze und Verwaltungsrechtsnormen der Volksrepublik China bestimmen, dass das Recht der Volksrepublik China angewandt werden muss[537]. Da die Bestimmungen 07 vom OVG außer Kraft gesetzt wurde[538], stellt sich die Frage, ob die von den Bestimmungen hinzugefügte Vertragstypen noch zwingend dem chinesischen Recht unterliegen. Im Schrifttum wird die Frage bejaht[539].

II. Wählbare Rechte

1. Wahl staatlichen Rechts

a) Staatlichkeit des gewählten Rechts

Im IPRG verwendet der Gesetzgeber den Begriff Gesetz (*Falü*) für das anwendbare Recht auf der Rechtsfolgenseite jeder Kollisionsnorm, um die anwendbaren

---

chinesische-ausländisch kooperativ betriebenen Unternehmen und an Unternehmen mit ausschließlich ausländischer Beteiligung, Verträge über die Übernahme der Betreibung von auf dem Gebiet der Volksrepublik China errichteten chinesische-ausländisch gemeinsamem betriebenen Unternehmen oder chinesische-ausländisch kooperativ betriebenen Unternehmen durch ausländische natürliche Personen, juristische Personen und andere Organisationen, Verträge über den Erwerb von Anteilsrechten der Gesellschafter bzw. Aktionäre eines Unternehmens ohne ausländische Beteiligung im Gebiet der Volksrepublik China durch ausländische natürliche Personen, juristische Personen und andere Organisationen, Verträge über die Zeichnung einer Kapitalerhöhung bei Gesellschaften mit beschränkter Haftung und Aktiengesellschaften Ohne ausländische Beteiligung im Gebiet der Volksrepublik China durch ausländische natürliche Personen, juristische Personen und andere Organisationen, Verträge über den Erwerb von Vermögen eines Unternehmens ohne ausländische Beteiligung im Gebiet der Volksrepublik China durch ausländische natürliche Personen, juristische Personen und andere Organisationen und Andere Verträge.

537 *Tu*, Front. China Law 2011 6(4) 670, 683; Deißner, Chinas IRR S. 197 f.; Gebauer, IPRax 2008 64; Wollf, IPRax 2008 55, 59.

538 Die Bestimmungen 07 stellt Nr. 76 der aufgehobenen Justiziellen Interpretation in der Anordnung vom OVG dar, „Entscheidung des OVG über die Aufhebung der im Zeitraum von 1.7.1991 bis 31.12.2013 erlassenen Justiziellen Interpretation und sonstigen Akten“ am 26.3.2013.

539 Für die Fortgeltung der Regelung, *Huang/Jiang*, IPRG S. 227; *Qi*. IPRG S. 308 f.

Sachnormen[540] zu bezeichnen[541]. Unter dem Begriff wird in der chinesischen internen Rechtsordnung streng genommen[542] nur das parlamentarisch gesetzte Gesetz gemeint, im weiteren Sinne aber alle bindenden staatlich gesetzten Regelungen[543]. Das anwendbare Recht im Sinne des IPRG versteht sich im weiten Sinne. Ist die chinesische Rechtsordnung berufen, kommt die Justizielle Interpretation stets zu Anwendung[544]. In den Bestimmungen, bei denen über die *lex fori* hinaus fremdes Recht heranzuziehen ist, spricht das IPRG auch von Gesetz (*Waiguo Falü*) eines ausländischen Staates, wie z. B. in Art. 6 IPRG über den Ausschluss von *Renvoi*, Art. 10 IPRG Ermittlung des anwendbaren ausländischen Rechts. In der Rechtsprechung wird auch das Recht in weitem Sinne verstanden. Nicht nur das parlamentarische Gesetz, sondern auch *Precedents* im *common law* werden als bindende Quellen des anwendbaren ausländischen Rechts ermittelt und angewandt[545]. Es stellt sich zugleich klar, dass nur staatliches Recht gemeint ist[546]. Dies bestätigt Art. 1 Bestimmungen 07, gemäß dessen Bestimmung anwendbar nur das Recht von Staat und Region ist[547]. Fraglich ist dann, ob das in einer staatlichen Rechtsordnung geltende nichtstaatliche z. B. religiöse Recht auch unter kollisionsrechtlicher Verweisung anwendbar ist. Die Problematik wirft sich auch bei der objektiven Anknüpfung auf. Es kommt darauf an, ob dem betroffenen religiösen

---

540 Gemäß Art. 9 IPRG versteht jede Verweisung Sachnormverweisung. Ihre Begründung, Han(Hrsg.), IPR Bd. I S. 144.; *Xiao*, Erläuterungen S. 39; Zhang/Xu (Hrsg.), IPR S. 67.

541 Nach der herrschenden Meinung bezeichnet das von Kollisionsnorm berufene Recht die bestimmten anwendbaren substanziellen Normen, aber nicht die ganze Rechtsordnung, z. B. „Das berufene Recht sei ..... bestimmte materielle Normen", so *Xiao*, Erläuterungen S. 39 f., auch *Huang*, IPR S. 221; *Han*, IPR S. 63. Ob es nicht-staatlich sein muss, wird nicht erläutert. Dagegen, *Chen*, Vergleichendes IPR S. 157 ff.

542 Im strengen Sinne bezeichnet *Falü* nur das parlamentarisch gesetzte Gesetz. Gemäß Art. 7 ff. Gesetzgebungsgesetz VR China unterscheidet *Falü* sich erheblich im Hinblick auf die Gesetzgebungskompetenz, -verfahren und anderen Aspekten von anderen staatlichen Rechten wie Verwaltungsrechtsnormen (*Xingzheng Fagui*), regionale Rechtsnormen (*Difangxing Fagui*), autonome Verordnungen (*Zizhi Fagui*), Einzelnverordnungen (*Danxing Tiaoli*) und Regeln (*Guizhang*).

543 Vgl. Deißner, Chinas IRR S. 191 f.; Pißler, RabelsZ 76 (2012) 1(10).

544 Z. B. im Urteilen (2009) *Hu Gao Min Si (Shang) Zhong Zi* Nr. 3, Eingriffsnorm wird der justiziellen Interpretation entnommen.

545 Beispielsweis in den Urteilen (2012) *Jin Gao Min Si Zhong Zi* Nr. 4; (2009) *Hu Gao Min Si (Shang) Chu Zi* Nr. 1; (2000) *Hu Gao Jing Zhong Zi* Nr. 335.

546 *Liu*, IPRG S. 296; *Du*, IPRG S. 269 ff.; *Zhang*, IPR S. 263; *Li*, IPR S. 228; *Han*, IPR S. 208; *Xiao/Long*, YbPIL 11(2009) S. 196 ff.

547 Vgl. Deißner, Chinas IRR S. 192.

Recht in der Rechtsordnung Rechtsqualität zusteht, nämlich ob den Rechtsunterworfenen Geltung beansprucht werden kann[548]. Das Volksgericht soll das ausländische Recht auf die Weise anwenden, genau wie es im Ausland angewandt wird. Dies ist von dem internationalen Entscheidungseinklang geboten. Soweit das betroffene religiöse Recht in einer transformierten Form von staatlichem Recht besteht, ist es vor Volksgericht anwendbar und wählbar[549].

Unter das staatliche Recht fallen auch die Teilrechtsordnungen. Beispielsweise können die Teilrechtsordnung von Taiwan, Hongkong[550] und Macau gewählt werden[551]. Die Wählbarkeit des Rechts z. B. von einem US-Bundesstaat[552] wird auch in der Rechtsprechung bestätigt. Fraglich ist, welches Recht anzuwenden ist, wenn die Parteien nur die Rechtsordnung eines Mehrrechtsstaaten gewählt haben, ohne die zutreffende Teilrechtsordnung festzulegen. Gemäß Art. 6 IPRG ist bei der Unteranknüpfung das Prinzip der engsten Verbindung anzuwenden[553]. Die Unteranknüpfung soll nicht bei der subjektiven Anknüpfung geltend gemacht werden[554]. Soweit eine konkludente Rechtswahl für eine bestimmte Teilrechtsordnung nicht indiziert werden kann, kommt der Rechtswahl keine Wirksamkeit zu. Die Heranziehung der engsten Verbindung gewährt dem Richter großen Ermessensraum, der gegen die Vorhersehbarkeit und die Rechtsklarheit der Rechtswahl wirkt.

---

548 So „test of pedigree“, Vogeler, Rechtswahl der außervertraglichen Rechtsverhältnisse S. 300 ff. m. w. N.

549 Zu Wahlbarkeit des religiösen Recht im europäischen Internationalen Ehe- und Familienrecht, Kroll-ludwigs, Parteiautonomie S. 583 f.

550 So in den Urteilen: (2009) *Hu Gao Min Si (Shang) Chu Zi* Nr. 1.; (2009) *Zhe Yong Shang Wai Chu Zi* Nr. 106; (2001) *Yue Gao Fa Jing Er Chu Zi* Nr. 13.

551 *Liu*, Art. 41 IPRG S. 296; *Zhang*, IPR S. 263; *Li*, IPR S. 228; *Han*, IPR S. 208.

552 Urteil (2010) *Pu Min Yi (Min) Chu Zi* Nr. 26514, in diesem Fall wird das Recht von Minnesoda, U.S. gewählt. Die Rechtswahl wurde für wirksam gehalten. Im Ergebnis ist aber chinesisches Recht gemäß Art. 10 IPRG zur Anwendung gekommen, weil das anwendbare Recht nicht von den Parteien vorgebracht wurde. (2010) *Zhe Shao Shang Wai Chu Zi* Nr. 76, in diesem Fall wird Recht von New York, U.S. gewählt. Im Ergebnis wurde aber auch das chinesische Recht wieder gemäß Art. 10 IPRG angewandt.

553 „Die Unteranknüpfung kommt nur in den Fällen zur Anwendung, wo die Staatsangehörigkeit als Anknüpfungsmoment von Gebrauch gemacht wird“, *Du*, IPRG S. 79. Wie die engste Verbindung im konkreten Fall zu verstehen, also welche Rolle die dortige interlokale Kollisionsnorm spielt, bleiben nicht erläutert. Vgl. Huang/Jiang, IPRG S. 35 ff.; *Chen*, Vergleichendes IPR S. 255 f.;

554 Vgl. *Huang/Jiang*, IPRG S. 35, dort wird Bezug auf Wahl der Rechtsordnung eines Mehrrechtsstaates genommen, jedoch keine Antwort gegeben.

b) Objektive Beziehung oder anerkennenswertes Interesse

Eine objektive Beziehung zum Sachverhalt oder ein anerkennenswertes Interesse an der gewählten Rechtsordnung wird gemäß Art. 6 Interpretation I nicht verlangt. Die Parteien können jede Rechtsordnung der Welt wählen, soweit der Gesetzgeber den Kreis der wählbaren Rechte auf bestimmten Zivilbeziehungen nicht ausdrücklich beschränkt. Dies widerspiegelt die herrschende Meinung im Schrifttum[555]. Der Verzicht auf eine objektive Beziehung stützt sich erstens auf die Freiheit im Privatrechtsverkehr und das Interesse der Parteien[556]. Es sei zudem eine Anforderung einer funktionierenden Marktwirtschaft und wettbewerbsfähigen staatlichen Rechtsordnung[557]. Schließlich stellt sich der Versuch als unmöglich dar, eine objektive Verbindung zum Sachverhalt zu umgrenzen und damit die Rechtsumgehung mittels Wahl irrelevanten Rechts abzuwehren[558]. Soweit die Anwendung des gekürten Rechts nicht gegen Eingriffsnormen und den ordre public verstoße, sei die gewünschte Rechtswahl immer statthaft[559]. Die Parteien können dann das neutrale oder am besten entwickelte Recht wählen[560]. Aus der Rechtsprechung ist bislang noch kein Fall der Wahl „kapriziösen" Rechts veröffentlicht worden[561].

c) Wahl eines bestimmten Teils einer staatlichen Rechtsordnung

Einigen sich die Parteien auf die Anwendbarkeit eines bestimmten Gesetzes, ist in der Rechtsprechung vor In-Kraft-Treten des IPRG so anerkannt, dass nur das

555 *Liu*, IPRG S. 297; *Du*, IPRG S. 281 f.; *Qi*, IPRG S. 306; *Han*, IPR S. 208; *Liu*, People's Justice, 2001 Heft 11 37, 40; *Pan*, Journal of Comparative Law 2002 Heft 1 92, 93 f.; *Li*, Journal of Tinghua University 19 (2004) Heft 6 29, 31.

556 *Liu*, IPRG S. 297; *Qi*, IPRG S. 306.

557 *Liu*, IPRG S. 297.

558 *Liu*, IPRG S. 297.

559 *Liu*, IPRG S. 297.

560 *Qi*, IPRG S. 306.

561 Das frühere Urteil *Far East (China) Flour Co Ltd v Liberia Meizi Shipping Company*, das von einigen Autoren als für die justizielle Bestätigung des Verzichts auf eine objektive Beziehung zitiert wird, spricht dafür aber nicht, weil in dem Fall das gewählte US-amerikanische Recht deshalb angewandt wurde, weil „die Ausstellung des Konnossements, der Ladehafen und der Abgangsort in den USA gelegen sind.", *Lin*, Selected Cases of Private International Law, S. 21 ff. Vgl. *Kong/Hu*, 3(2002) Melb. J. Int. L. 414, 429 f.; Deißner, Chinas IPR Rn.450. In der Praxis scheint es aber zuzutreffen, dass ein sachlicher Kontakt mit dem Sachverhalt verlangt wird. Ein Richter des OVG sagt dazu, dass der in der Praxis „falsch vertretenen" Aufforderung einer sachlichen Verbindung entgegenzutreten sei, *Liu*, People's Justice, 2001 Heft 11 37, 40.

bezeichnete bestimmte Gesetz einer Rechtsordnung für anwendbar erklärt wird[562]. Da die Streitigkeiten in den meisten Urteilen nur die Fragen berühren, die unter den Regelungsbereich des gewählten Gesetzes fallen, liegt kein Anlass zur Heranziehung von anderen Gesetzen der Rechtsordnung vor. Nimmt in einigen Fällen das gewählte Gesetz aber Bezug auf anderen Gesetze der gewählten Rechtsordnung, werden diese anderen Gesetze vom Volksgericht doch angewandt, aber mit der Begründung der Billigkeit und Notwendigkeit zur Anwendung des gewählten Gesetzes[563], nicht damit, dass die gesamte Rechtsordnung wegen der konkludenten Rechtswahl maßgebend sein soll. Da kein einziges Gesetzeswerk, sondern die umfassende Rechtsordnung den Gegenstand des anwendbaren Rechts bildet[564], ist theoretisch überzeugenderweise[565] bei der Vereinbarung eines bestimmten Teils einer staatlichen Rechtsordnung von einer stillschweigenden kollisionsrechtlichen Rechtswahl auszugehen. Problematisch ist aber, dass gemäß Art. 3 IPRG keine stillschweigende Rechtswahl erlaubt ist. Wenn die Parteien keine Rechtsordnung, sondern nur ein bestimmtes Gesetz für anwendbar erklärt haben, könnte die Wahl wegen Ausdrücklichkeitszwang ins Leere gehen. Um der von der Parteiautonomie gewährten Rechtssicherheit und der Vorhersehbarkeit Rechnung zu tragen, könnte der Richter weiter den Parteiwillen so auszulegen, dass die das gewählte Gesetz angehörende Rechtsordnung aus Billigkeitsgründen anwendbar ist, obwohl der Gegenstand der Rechtswahl nur ein bestimmtes Gesetz ist.

Es ist aber unklar, wie das Volksgericht entscheiden würde, wenn die Parteien ausschließlich und ausdrücklich nur einen bestimmten Teil einer Rechtsordnung unter Ausschluss des Rests und jeder anderen Rechtsordnung zur Anwendung berufen würden. Vorzugswürdig erscheint es, dass nur die Wirkung einer materiellrechtlicher Verweisung dieser Vereinbarung zu verleihen ist, weil die Parteien

---

562 In allen den folgenden Fällen wurde das US-amerikanische Carrige of Goods By See Act of 1936 für Konnossement gewählt. In den Urteilen wurde nur das Gesetz angewandt, *(2003) Guang Haifa Chuzi Nr. 176; (1998) Jiao Ti Zi Nr. 3.*

563 In den Fällen *(2003) Guang Haifa Chuzi Nr. 176* und *(1998) Jiao Ti Zi Nr. 3* wird das US-Amerikanische Gesetz Carrige of Goods By See Act of 1936 für anwendbar erklärt. Art. 3 Abs. 4 COGSA sieht vor: „That nothing in this chapter shall be construed as repealing or limiting the application of any part of sections 81 to 124 of Title 49 (Federal Bill of Lading Act)". Das entsprechende Federal Bill of Lading Act wurde in den Urteilen des Volksgerichts deswegen angewandt, „um das Verhältnis der Parteien richtig und einheitlich zu beurteilen".

564 *Liu*, IPRG S. 14.

565 Zu Art. 3 Rom I-VO, s. Staudinger/Magnus, Art. 3 Rom I-VO Rn. 47.

sich nicht dadurch zwingendem Recht entziehen, dass sie nur einen Bruchteil einer Rechtsordnung für anwendbar erklären[566].

d) Änderung des gewählten Rechts

(1) Rechtsänderung nach der Rechtswahl

Das IPRG enthält keine Vorschrift hinsichtlich der Rechtsänderungen des anwendbaren Rechts gesetzt. Art. 10 Erster IPRG-Entwurf[567], der den intertemporalen Konflikt regelt, wurde aber beim Verfassen des zweiten Entwurfs von IPRG gestrichen. Nach dessen Bestimmung ist das anwendbare Recht in demjenigen Zustand maßgebend, wie es galt, als die entsprechende Zivilbeziehung eintrat. Das abgeänderte sowie aufgehobene Recht findet auf den im Nachhinein ereigneten Sachverhalt keine Anwendung, es sei denn, das Recht sieht eine entsprechende Rückwirkung vor. Das Streichen von Art. 10 Erster IPRG- Entwurf bedeutet aber nicht auf alle Fälle hin, dass darin enthaltene Regelung im Umkehrschluss auch weggefallen ist. In der Literatur[568] wird die Regelung von Art. 10 Erster IPRG- Entwurf überwiegend vertreten. Teilweise wird vorgeschlagen, eine intertemporale Rechtswahl zu erlauben[569].

(2) Stabilisierungs- und Versteinerungsklausel

Stabilisierungsklauseln wurden sich bei Direktinvestition in China seit langem[570] oft verwendet. Art. 40 AWVG hat mal klar vorgesehen[571], dass der abgeschlossene Investitionsvertrag trotz der späteren Gesetzesänderung weiter gelten kann. Nach dem In-Kraft-Treten des VertragsG gilt eine solche stabilisierende Vereinbarung nicht mehr. Gemäß Art. 126 Abs. 2 VertragsG unterliegen einseitig alle Arten ausländischer Investitionsverträge zwingend dem chinesischen Recht. Alle gegen das Vertragsstatut, nämlich hier das chinesische Recht, lautenden Vereinbarungen sind wirkungslos. Bei Investitionen von China aus ins Ausland wird im Schrifttum die Vereinbarung einer Stabilisierungsklausel empfohlen[572]. Dort wird vertreten, dass eine kollisionsrechtliche Wirkung solcher Klausel eben nicht zukomme. Entsprechend sei das Völkerrecht als anwendbares Recht zu

---

566 Zu Art. 3 Rom I-VO, s. Staudinger/Magnus, Art. 3 Rom I-VO Rn. 47.

567 *Huang*, Entwürfe des IPRG S. 124.

568 *Geng*, Contemporaral Legal Science 2003 Heft 8 61, 63 ff.

569 *Geng*, Contemporaral Legal Science 2003 Heft 8 61, 99.

570 Vgl. *Chen*, Foreign Affairs Review 1998 Heft 2 92, 92 ff.

571 Münzel, IPRax 1984 S. 60.

572 *Wang*, Journal of Political Science and Law 2010 Heft 6 69, 69.

empfehlen[573]. Ob es als anwendbar anerkannt wird, kommt jedoch auf die *lex fori* an. Folglich sei eine Schiedsklausel gleichzeitig zu vereinbaren, weil jedenfalls internationale Schiedsgerichte solche Stabilisierungsklausel anerkannt haben.

Über Versteinerungsklauseln findet sich kaum etwas im Schrifttum. Auch ist kein eingängiges Urteil ergangen. Weil die Parteiautonomie nicht dazu berechtigt, Teile der gewählten Rechtsordnung auszuschließen, ist es vorzugswürdig, dass eine kollisionsrechtliche Wirkung der Klausel nicht zukommen soll. Sonst würde sich eine Lösung sich eröffnen, die in keiner der betroffenen Rechtsordnung bestehen würde. Sicherlich kann sich die Versteinerungsklausel als materiell-rechtliche Verweisung auswirken, die aber von dem objektiv ermittelten Recht beschränkt wird. Die Versteinerungsklausel kann zudem ihre Bedeutung im Zusammenhang mit der intertemporalen Rechtswahl gewinnen, soweit die *lex causae* nämlich das gewählte Recht, dies so erlaubt. Gemäß Art. 41 AWVG[574], das aufgehoben ist, durften die Parteien selbst bestimmen, ob sie ihren vor In-Kraft-Treten dieses Gesetzes geschlossenen Vertrag unter dieses Gesetz zu unterstellen. Im heutigen Zustand des chinesischen Privatrechts findet sich aber keine solche Befugnis zur intertemporalen Rechtswahl.

(3) Wahl toten Rechts

Ob die Wahl eines nicht mehr geltenden staatlichen Rechts statthaft ist, und welche Wirkung ihr zuzuschreiben ist, wird im Schrifttum und in der Rechtsprechung nicht diskutiert. Dies ist darauf zurückzuführen, dass die Frage in der Praxis selten auftaucht. Als kollisionsrechtlich unzulässig sollte die Wahl beispielsweise des außer-Kraft-getretenen Außenwirtschaftsvertragsgesetzes sowie des früheren von der Planwirtschaft geprägten Gesetzes angesehen werden. Gegen eine Wahl toten Rechts spricht vor allem die Unzulänglichkeit des nicht fortentwickelten Inhalts des gewählten Rechts. Möglich bleibt es aber, dass die Parteien den Inhalt solchen Rechts in ihren Vertrag inkorporieren, der im Rahmen der unabdingbaren Vorschriften des Vertragsstatuts Wirkung entfaltet.

573 *Wang*, Journal of Political Science and Law 2010 Heft 6 69, 70.
574 Münzel, IPRax 1984 46, 60.

2. Wahl nicht-staatlichen Rechts

a) Die Wahl internationalen Übereinkommens außerhalb seines Anwendungsbereichs

Art. 9 Interpretation I regelt die Wahl des internationalen Übereinkommens, das weder von China abgeschlossen noch beigetragen wird. Gemäß dessen Bestimmung führt solche Rechtswahl die Rechtsfolge herbei, dass die Anwendung des gewählten internationalen Übereinkommens insoweit Wirkung entfaltet, als sie das zwingende chinesische Recht nicht verletzt. Laut des OVG hat die Bestimmung vor allem die Auslegung der *Paramount Clausen* zugunsten *Hague Rules* oder *Hague-Visby Rules* im Blick[575], die in der Praxis häufig auftreten. Art. 9 Interpretation I bestätigt somit die frühere Rechtsprechung, dass solche Wahl internationalen Übereinkommens außerhalb seines Anwendungsbereichs als materiell-rechtliche Verweisung behandelt wurde[576]. Fraglich ist jedoch die Einschränkung, dass die Wahl nicht gegen das zwingende Recht Chinas verstoßen kann. Wenn solche Wahl als Vertragsinhalt zu betrachten ist, genau wie das OVG zur Begründung des Art. 9 Interpretation I erläutert hat[577], soll sie sich dem zwingenden Recht der *lex causae* aber nicht der *lex fori* unterstellen.

b) Die Wahl der internationalen Gepflogenheiten

(1) Wahl der Gepflogenheiten im Bereich des Dokumenten-Akkreditivs

Art. 2 Abs. 2 Bestimmungen des OVG *über einigen Fragen in Verhandlung der Streitigkeiten in Bezug auf Dokumentenakkreditive*[578] sieht vor, dass die Parteien

575 *Zhang*, People's Court Daily am 7.1.2013.

576 Beispielsweise so im Urteil (1993) *Guang Hai Fa Shang Zi* Nr. 119 betreff *Wukuang* East Trade Im- and Export Ltd. gegen Crescent Commercial And Maritime (Syprus) Ltd. In der ersten Instanz wurde die vereinbarte Paramount Clause zugunsten der Hague Rules vom Seehandelsgericht *Guangzhou* als kollisionsrechtliche Verweisung beurteilt. Jedoch in der Berufungsinstanz wurde sie vom oberen Volksgericht Guangdong im Urteil (1996) *Yue Fa Jing Zier Shang Zi* Nr. 49 als Inkorporation anerkannt.

577 Laut des OVG ist die Wahl als materiell-rechtliche Verweisung zu betrachten, *Zhang*, People's Court Daily am 7.1.2013.

578 Die Justizielle Interpretation wurde am 24.10.2005 ist vom Behandlungsausschuss des Obersten Volksgerichts erlassen, und am 1.1.2006 in Kraft getreten. Aktenzeichen: *Fa Shi 2005 Nr. 13.*

internationale Gepflogenheiten oder andere Bestimmungen als anwendbar erklären können, und in Ermangelung der Wahl die vom ICC herausgegebenen Einheitlichen Richtlinien und Gebräuchen für Dokumenten-Akkreditive (ERA) oder andere internationale Gepflogenheiten anzuwenden sind. Wörtlich spricht der Artikel hier von Wählbarkeit der internationalen Gepflogenheiten im Bereich des Dokumenten-Akkreditivs. Es könnte sich aber nur um eine materiell-rechtliche Verweisung handeln, wenn die Anwendung der gewählte ERA sowie andere Gewohnheiten die zwingenden Bestimmungen des chinesischen Rechts nicht verdrängen könnten. Dies scheint aber zu bejahen. Art. 6 *Bestimmungen auf Akkreditiv* hat den Prüfungsmaßstab für die Konformität zwischen den Bestimmungen des Akkreditivs sowie den Dokumenten, und die Konformität zwischen den einzelnen Dokumenten gleichgesetzt, indem für die beiden Prüfungen dasselbe Kriterium der strengen Akkreditivkonformität vorgesehen wird. Dies weicht aber von Art. 13 ERA ab, gemäß dessen Prüfungsstab für die Einstimmigkeit von Dokumenten lockerer, aber die Einstimmigkeit von Dokumenten und Bedingungen des Akkreditivs strenger sein soll. Im Fall der Vereinbarung der ERA oder anderen Regelungen kommt die abweichende gesetzliche Regelung, nämlich Art. 6 *Bestimmungen auf Akkreditiv* aber nicht die entsprechende Bestimmung der ERA zur Anwendung. Die von Art. 2 Abs. 1 *Bestimmungen auf Akkreditiv* eingeräumte Wahlbefugnis stellt daher nur eine materiell-rechtliche Verweisung dar.

(2) Wahl anderer internationalen Gepflogenheiten

Die Parteien können bestimmte internationale Verkehrssitten in ihren Vertrag inkorporieren. Fraglich ist aber, ob diesen kollisionsrechtliche oder materiellrechtliche Wirkung zukommt, wenn die Parteien bestimmte internationale Gepflogenheiten für anwendbar erklärt. Im Schrifttum wird teilweise[579] vertreten, dass internationale Gepflogenheiten als anwendbares Recht gewählt werden können. Es wird aber gegen die kollisionsrechtliche Verweisung auf internationalen Gepflogenheiten argumentiert, weil die Internationale Gepflogenheiten über keine Rechtsqualität verfügen[580]. Wenn im Vertrag Bezug auf internationalen Gepflogenheiten genommen wird, dienen sie nur als Hilfsmittel zur Auslegung des Vertrags[581].

579 *Huang/Jiang*, IPRG 12 f. vgl. Pißler, RabelsZ (76) 2012 1 (10).
580 *Du*, IPRG S. 55 ff.
581 *Du*, IPRG S. 57.

In der Rechtsprechung folgt das Gericht den entsprechenden internationalen Gepflogenheiten, soweit die Vertragsparteien Bezug auf bestimmte Handelsbräuche wie Interims[582] oder Einheitliche Richtlinien und Bräuche der Dokumenteninkassi (ERI)[583] genommen haben. Dabei entfalten die betroffenen internationalen Gepflogenheiten Wirkung im Rahmen der jeweiligen *lex causae*. Im Fall *Shanghai Lansheng Corp., Huaqiao Bank Co., Ltd. gegen Citibank*[584] hat das Volksgericht im Urteil die ERI 522 als Vertragsstatut beurteilt und festgehalten, dass „internationale Gepflogenheiten das anwendbare Recht darstellen können. Dies ist im Kreis der chinesischen Fachgenossen des Internationalen Privatrechts einhellig anerkannt." Das Urteil und diese Aussage werden im Schrifttum als Argument für die Wählbarkeit der internationalen Gepflogenheit angeführt. Jedoch könnte sich ein solcher Schluss aber nicht aus dem Urteil ziehen lassen. In dem Fall hat das Unternehmen *Lansheng* die Bank *Huaqiao* beauftragt, den Kaufpreis zu fordern. Anschließend beauftragte die *Huaqiao* Bank wiederrum die Citibank, gegenüber dem Käufer den Kaufpreis unmittelbar für *Lansheng* zu fordern. Die Citibank hat dem Zahlungspflichtigen das Konnossement gegen Akzeptierung von Wechseln gemäß US-Recht ausgehändigt, aber nicht wie von ERI gefordert gegen Zahlung. Am Ende hat der Zahlungspflichtige nicht bezahlt, aber via Vorlage des Konnossements die ausgelieferten Waren abgenommen. Vor Gericht hat *Lansheng* dann einen Schadenersatzanspruch gegen Citibank geltend gemacht. In dem Auftragsvertrag, den *Lansheng* und *Huaqiao* vereinbart haben, stand eine Klausel, nach der die Dokumenten-Inkassi der ERI 522 unterliegen. *Lansheng* machte geltend, dass Citibank das Konnossement nach der ERI 522 nicht gegen Wechsel hätte übergeben dürfen. Im Urteil hat das Obere Volksgericht *Shanghai* die ERI 522 für das alleinige Vertragsstatut gehalten und gemäß deren Bestimmungen der Schadensersatzforderung stattgegeben. Bedenklich ist in diesem Fall erstens, ob eine Vereinbarung der Anwendung von ERI 522 zwischen *Lansheng* und Citibank zustande gekommen ist. Entsprechend dem Sachverhalt stand die Klausel nur auf dem Vertrag zwischen *Lansheng* und *Huaqiao*. Nach welchem Recht festzustellen ist,

582 Im Urteil, *(2011) Hu Gao Min Si (Hai) Zhong Zi Nr. 21,* wird nach dem Sachverhalt die Bezeichnung CIF im Kaufvertrag verwendet. Das Gericht hat den Begriff mit Verweis auf die von ICC zusammengefasste Incoterms 1990 ausgelegt und nach dem von den Parteien gewählten chinesischen Recht das Urteil gefällt. Weitere ähnliche Urteile, *(2011) Hu Hai Fa Shang Chu Zi Nr. 627; (2011) Yong Hai Fa Tai Shang Chu Zi Nr. 39; (2010) Hu Yi Zhong Min Si (Shang) Zhong Zi Nr. 2509.*

583 Die Handelsbräuche sind beispielsweis gewählt in den Urteilen *(2009) Lu Min Si Zhong Zi Nr. 74* und *(2002) Su Min San Zhong Zi Nr. 19.*

584 Aktenzeichen: (2000) *Hu Gao Jing Zhong Zi* Nr. 335.

dass Citibank durch Annahme des Auftrags auch die Wahlklausel angenommen hat, hat das Obere Volksgericht nicht klar gemacht, sondern ohne Nennung der Rechtsgrundlage das Zustandekommen des Verweisungsvertrags zwischen *Lansheng* und Citibank bejaht. Wäre der Verweisungsvertrag und der Auftragsvertrag einheitlich anzuknüpfen, würde man keine Regel für den Abschluss des Vertrags in der ERI 522 finden. Die ERI 522 reicht an sich als alleiniges anwendbares Recht nicht aus. Das Obervolksgericht hat daher über das Vertragsstatut nicht entschieden. Zweitens ist im vorliegenden Fall die Frage der Verjährung betroffen. Diesbezüglich hat das Ober Volksgericht das chinesische Recht mit der Begründung angewandt, dass nach einschlägigen Bestimmungen des AGZ Verjährung ein so zwingendes Instrument des Zivilrechts sei, dass das Gericht sie von Amts wegen nachprüfen solle. Bestimmungen der Verjährung gehören nicht zu den Eingriffsnormen, sondern zu den einfachen zwingenden Normen. Kommt das einfach zwingende Recht zur Anwendung, ist davon auszugehen, dass die Wahl der ERI 522 nur materielle Wirkung entfalten kann. Deshalb kann man nicht den Schluss aus dem Urteil ziehen, dass die Wahl internationaler Gewohnheiten vor einem chinesischen Gericht eine kollisionsrechtliche Wirkung beanspruchen kann.

(3) Wahl gesamter internationaler Gepflogenheiten

Daraus, dass die zusammengefassten internationalen Gepflogenheiten sich immer auf einen bestimmten Sachbereich beschränken, ergibt sich die Unzulänglichkeit, dass sich das gewählte Regelwerk für die Beilegung der Streitigkeiten als nicht ausreichend erweist. Daher kommt für die Parteien in Betracht, ihr Geschäft unter die Gesamtheit der internationalen Gepflogenheiten zu unterstellen. Fraglich ist, wie die kollisionsrechtliche Rechtslage dieser Verweisung auf die Gesamtheit der internationalen Gepflogenheiten ist. Die Anwendbarkeit der Handelsbräuche im internationalen Wirtschaftsverkehr diskutiert man im chinesischen Schrifttum unter Anwendung der internationalen Gepflogenheiten[585]. *Lex mercatoria* ist ein selten gebrauchter Terminus[586]. Ob eine kollisionsrechtliche Wirkung der Wahl der gesamten Handelsbräuche zukommt, wird mit der Schiedsbarkeit überwiegend bejaht[587]. Im Hinsicht darauf, dass das chinesische Schiedsgesetz keine Regelung betreffend des anwendbaren prozessualen und materiellen Rechts enthält[588], und dass Art. 274 ZPG nur eine

585 *Du*, IPRG S. 54 ff., 273 ff.; *Han*, IPR S. 30 ff., 612 ff.
586 Vgl. *Xu*, Social Science in China 1993 No. 3 S. 79 ff.
587 *Xu*, Social Science in China 1993 Heft 3 79, 99.
588 *Li*, IPR S. 479; *Zhang*, IPR S. 457.

formale Prüfung des Schiedsspruchs bei der Vollstreckung vorsieht, scheint diese Ansicht praktikabel. Ob die gewillkürte Gesamtheit der Handelsbräuche die *lex causae* vor Gericht auch verdrängen kann, ist umstritten[589]. Dafür werden die fehlende Normqualität, die Unvollständigkeit, die Unvorhersehbarkeit und die Ungerechtigkeit angeführt. Dagegen werden der Parteiwille und die Autonomie des transnationalen Rechtsverkehrs betonnt. Vor Gericht scheint die kollisionsrechtliche Wahl der *lex mercatoria* aber unwahrscheinlich, weil die Internationale Gepflogenheiten gemäß Art. 142 Abs. 3 AGZ lediglich als Lückenerfüllungsmittel für Richter gedacht sind[590].

c) Wahl der privaten Kodifikationen

Ob diese Privatkodifikationen wie die UNIDROIT Principles of international Commercial Contracts oder Principles of European Contract Law auch als internationale Gepflogenheiten gemäß Art. 142 Abs. 3 AGZ angesehen werden können, ist umstritten[591]. Lassen sie sich unter den Begriff der internationalen Gepflogenheiten subsumieren, kommt ihnen dann materiell-rechtliche Wirkung zu[592]. Der Streit um den Charakter der Bräuche der Privatkodifikation erweist sich aber im Rahmen der Parteiautonomie als unwichtig. Erklären die Parteien solche Instrumente für anwendbar, erhalten sie materiell-rechtliche Wirkung wie die Einbeziehung irgendeiner AGB. In der Rechtsprechung ist die Lage noch unbehandelt[593].

589 Die Lücken ausfüllende Funktion der internationalen Gepflogenheit im chinesischen IPR, *Chen*, Journal of Dalian Maritime University 7(2008) Heft 2 15, 18 ff.; *Xu*, Journal of University of Science and Technology of Beijing 22(2006) Heft 4 67, 72 f.; *Shan*, Civil and Commercial Law Review Vol. 7 (1997) 583, 695 ff.

590 *Shan*, Civil and Commercial Law Review Vol. 7 (1997) 583, 708.

591 *Zuo*, Modern Law science, 27(2005) 174, 175.

592 *Du*, IPRG S. 273.

593 Auf der von UNIDROIT eingerichteten Webseite www.Unilex.info werden die Urteile weltweit gesammelt, in denen die UNIDROIT Principles von staatlichen Gerichten angewandt werden. Unter der Kolumne China werden 8 Urteile gemeldet, von denen die meisten aber nicht zutreffen, weil UNIDROIT in den Fällen nur in den Anmerkungen der Urteile durch anderen Richter um des Arguments Willen zitiert werden. Das einzige Urteil, in dem ein Gericht die Principles rechtsprechend angewandt hat, ist *Hengxing Company v. Guangdong Petrochemical Subsidiary Company* (http://www.unilex.info/case.cfm?id=1120). Das Gericht in der ersten Instanz hat die Bestimmungen über hardship in den Principles auf den Streit über eine Vertragskündigung angewandt. Auf die Berufung einer Partei ihn hat aber das Berufungsgericht die Principles für nicht anwendbar gehalten und dann das chinesische

d) *Wahl allgemeiner Rechtsgrundsätze*

Die allgemeinen Rechtsgrundsätze können weder staatlichem Recht noch internationalen Gepflogenheiten subsumiert werden, weil hinter ihnen sowohl die Autorität als auch die ständige Praxis fehlen. Unter der Schiedsbarkeit wird die Wählbarkeit allgemeiner Rechtsgrundätze wohl vertreten[594]. Vor Gericht scheint dies aber nicht der Fall. Sogar im liberalen Ersten IPRG-Entwurf wird die Möglichkeit der Wahl allgemeiner Rechtgrundsätze nicht vorgeschlagen. Haben die Parteien allgemeine Rechtsgrundätze als anwendbares Recht vereinbart, sind sie wegen ihrer inhaltlichen Vagheit auch unmöglich als materiell-rechtliche Verweisung zu beurteilen.

III. Teilrechtswahl

1. Rechtslage

Das IPRG hat kein Bezug auf die Möglichkeit der Teilrechtswahl genommen[595]. Ihre Zulässigkeit hängt von der Auslegung des Ausmaßes der Parteiautonomie ab. Geht man davon aus, dass die Teilrechtswahl nicht von der Freiheit der Parteiautonomie gewährt wird, ist der Vertrag dann als Ganzes zu verweisen, da das chinesische internationale Vertragsrecht vom einheitlichen Vertragsstatut ausgeht, Art. 2 Bestimmungen 07 a.F.[596] Wenn die partielle Rechtswahl den Parteien zustehen würde, dürften sie eine Teilrechtswahl insoweit ausüben, dass kein objektive *dépaçage* vom Gesetz vorgesehen wird. Im IPRG ist die Frage der persönlichen Fähigkeiten nämlich Rechtsfähigkeit und Geschäftsfähigkeit gemäß Art. 11 ff. IPRG

Recht angewandt. Dort wird die materiell-rechtliche Wirkung der Principles sogar nicht anerkannt. Das Urteil könnte aber nicht zum Thema der Parteiautonomie helfen. Erstens ergibt es sich aus dem Sachverhalt klar, dass die Parteien die Principles nicht gewählt haben. Zweitens ist zu beachten, dass der Sachverhalt rein inländisch also nicht auslandbezogen ist. Im Fall *Xiamen Xiang Yu Group Ltd. v. Mechel Trading AG* (http://www.unilex.info/case.cfm?id=1121) haben die Parteien die Principles als Teilrechtswahl vereinbart. Vor Gericht haben die Parteien aber um die Wirksamkeit der Schiedsklausel gestritten. Das Gericht hat entsprechend die Wahl der Principles nicht geprüft. Das Urteil spricht daher auch wenig über das hier behandelte Thema. Zu bemerken ist auch, dass unter den oben genannten Links kein Aktenzeichen für die Urteile angegeben ist.

594 *Ding*, Arbitration Study 2004 Heft 2 21, 26.

595 Deißner, Chinas IPR S. 451 f.

596 Pißler, IPRax 2008 S. 67.

gesondert anzuknüpfen[597]. Vorschrift über Form des Vertrags fehlt interessanterweise[598] im IPRG. Nimmt man die Zulässigkeit der Teilrechtswahl an, dann kann die Teilrechtswahl auch hinsichtlich Vertragsform erfolgen. Die Gerichtsstandsklausel bleibt gemäß Art. 18 IPRG gesondert anzuknüpfen. Die Rechtswahl, die einen Verweisungsvertrag darstellt, unterliegt eben eigenem Statut.

Die herrschende Meinung in der Literatur spricht für die Teilrechtswahl[599]. Verkörperung dieser Ansicht findet sich in Art. 100 Abs. 3 Model Law[600], gemäß dessen die Parteien das gewählte Recht für den ganzen Vertrag, dessen Teil oder Teile gelten lassen können. Zur Begründung sind das Prinzip der Parteiautonomie und die Wirtschaftsfreiheit des grenzüberschreitenden Handels herangezogen[601]. Dafür angeführt sind auch die Teilrechtswahl stattgebenden ausländischen Rechtsordnungen wie z. B. Art. 3 Rom I-VO[602]. Dagegen streitende Meinung ist selten vertreten. Die vorgebrachten Argumente sind Belastung des Gerichts, mehrere ausländische Rechte anzuwenden, damit bewirkte Ineffizienz und potenzielle Möglichkeit der Widersprüche[603]. In der Hinsicht, dass die Parteien die Last zur Ermittlung des gewählten Rechts tragen, würde man aber nicht von Belastung des Gerichts sprechen. Ineffizienz könnte auch nicht gegen berechtigten Parteiwillen entgegentreten. Der Gefahr der Rechtszersplitterung, dass es zu sich widersprechenden Ergebnissen führen kann, wird dadurch Rechnung getragen, dass eine Teilverweisung nur für abtrennbare Teile des Vertrags zugelassen werden darf. Es könnte zudem eine Gefahr sich in Teilverweisung verbergen, dass durch Zusammenbasteln der anwendbaren Rechtsordnung zwingendem Recht umgegangen wird, oder dass das Recht von einer Partei erheblich privilegiert zugleich die Pflicht der anderen Partei unverhältnismäßig erschwert wird[604].

---

597 Mehr dazu, Pißler, RabelsZ 76 (2012) 1, 16.

598 Model Law schlägt schon eine Vorschrift zugunsten der subjektiven und alternativen objektiven Anknüpfung in Art. 70 Model Law vor. Formfrage des Vertrags unterliegt in der Regel auch dem gesonderten Statut. Vgl. *Zhang*, 26 (2006) Northwestern Journal of International Law and Business, 289, 322.

599 *Du*, IPRG S. 285; *Qi*, IPRG S. 308; *Liu*, IPRG S. 296 f. vgl. auch Deissner, S. 451 f.; von Senger/Xu, S. 288 m. w. N.

600 Vgl. *Qin*, Parteiautonomie, S. 287.

601 *Liu*, IPRG S. 296 f.

602 *Du*, IPRG S. 285.

603 *Xiao*, IPR S. 18 f.

604 Vgl. CSPIL, Model Law S. 138.

2. Bisherige Praxis

a) Rechtswahl für einen Teil

Weil die Rechtslage sich vor und nach dem In-Kraft-Treten des IPRG nicht geändert hat[605], sind die vorherigen Urteile auch berücksichtigt. In der Vertragspraxis scheint die Teilrechtswahl nicht selten. So vereinbaren die Parteien eines Montagevertrags ein Recht anwendbar für Hauptteil des Vertrags, aber mit der Ausnahme, dass die Vertragsfrage, die sich mit Kauf der Anlage bezieht, einem anderen Recht unterliegt[606]. Oder so wird vereinbart, „alle aus dem Vertrag ergebene Streiten unterlegen CISG. Auf die nicht von CISG umfasste Frage gelten die UNIDROIT Principles. Wenn eine Regelung nach den beiden Rechten noch fehlt, ist nach internationalen Gepflogenheiten oder dem Recht an der Hauptniederlassung des Verkäufers zu bestimmen.“ In der Rechtsprechung wird die Teilrechtswahl anerkannt[607]. Beispielsweise hat Volksgericht die Teilrechtswahl der *lex fori* auf den von CISG nicht gedeckten Teil des Kaufvertrags honoriert[608]. Die Fälle[609], in denen das von den Parteien bestimmte Gesetz nur Teil ihres Verhältnis regelt, so dass das Gericht anderes Recht als das vereinbarte auf übrigen Vertragsfragen angewandt hat, zahlen aber nicht zur Fallgruppe der Teilrechtswahl.

b) Mehrfache Rechtswahl

Die Fälle, in denen die Parteien mehrere Rechte jeweils für verschiedene bestimmte Rechtsfrage für anwendbar erklärt haben, gibt es in den veröffentlichen Urteilen nicht. Es gibt doch die Sachverhalte, in denen Parteien sich mehrere

---

605 In dem AWVG und den entsprechenden Justiziellen Interpretationen wurde eben über Teilrechtswahl geschwiegen und von dem einheitlichen Vertragsstatut ausgegangen, Art. 2.1 Antworten des OVG.

606 Von Senger/Xu, S. 288.

607 In dem Urteil, (2004) *Xia Min Ren Zi Nr. 81*, geht es um den Streit der Wirksamkeit der Schiedsklausel. Aus dem Vertragsinhalt ergibt sich, dass die Parteien eine Rechtslückenerfüllend funktionierende Teilrechtswahl getroffen.

608 So im Urteil: (2007) *Da Min Si Chu Zi* Nr. 20.

609 Im Urteil, (1993) *Guang Hai Fa Shang Zi Nr. 119*, haben die Parteien Hague Rules für anwendbares Recht vereinbart. Das Gericht hat auch die Wahl als kollisionsrechtlich gehalten. Auf die Frage, die nicht von Hague Rules umfasst ist, hat das Gericht chinesisches Recht zur Anwendung berufen. Im Urteil, *(2002) Su Min San Zhong Zi Nr. 019*, haben die Parteien ERI 500 für anwendbar erklärt. Das Gericht hat ebenso die Wahl für kollisionsrechtlich ausgesprochen. Auf die Fragen, die nicht von ERI 500 geregelt sind, ist das objektiv anwendbare Recht herangezogen.

Rechte für anwendbar auf den Vertrag geeinigt haben. So dort[610] hat das Gericht die von den Parteien für den Vertrag genannte beide Rechte auf unterschiedliche Teile des Vertrags angewandt, je nach die Partei nach einem der beiden Rechte ihren Anspruch geltend gemacht haben. Aber dort[611] hat das Gericht die Wahl mehrerer Rechte für unwirksam.

IV. Berücksichtigung des Parteiwillens im Rahmen der engeren Verbindung

1. Bedürftigkeit und Möglichkeit

Der chinesische Gesetzgeber lässt zugunsten der Einfachheit und Einheitlichkeit der Rechtsprechung dem stillschweigenden Parteiwillen keine Relevanz zukommen[612]. Der Parteiwille, der nicht zum Ausdruck gebracht ist, erweist sich aber als schutzbedürftig und zweckmäßig unter dem Gesichtspunkt der Parteiautonomie. Die Vernachlässigung der stillschweigenden Willenserklärung zur Bestimmung des anwendbaren Rechts bedroht die Rechtsicherheit und Vorhersehbarkeit. Dies trifft insbesondere im Internationalen Vertragsrecht zu. Um den Nachteil zu überwinden, stellt sich die Frage, ob der tatsächliche Parteiwille im Zusammenhang mit der engsten Verbindung im Sinne des Art. 41 S. 2 IPRG berücksichtigt werden kann.

Fraglich ist aber, ob das subjektive Element überhaupt integrierbar in das objektive Anknüpfungssystem ist. Im Allgemeinen ist davon auszugehen, dass

610 Im Urteil, *(2004) Lu Min Si Zhong Zi Nr. 50,* haben die Parteien während der Prozessführung sich geeinigt, dass das chinesische Recht auf den Kaufvertrag anwendbares Recht ist und darüber hinaus CISG auch zur Anwendung kommen soll. Auf welchen Teil des Vertrags CISG maßgeblich sein soll, haben die Parteien aber nicht klarer gemacht. Das Gericht hat zum Ergebnis auf zahlreichen Fragen einschließlich der Haftung wegen Sachmangels chinesisches Recht angewandt. Auf die Frage, ob der Käufer wegen fehlender Anzeige der Mängelrüge den Anspruch verliert, hat das Gericht Art. 39 Abs. 1 CISG angewandt, aus dem Anlass, dass der Verkäufer sich einseitig auf Art. 39 Abs. 1 CISG berufen hat. So ähnlich im Urteil, *(1999) Jing Zhong Zi Nr. 448.*

611 Im Urteil, *(2008) Hui Zhong Fa Min Si Chu Zi Nr. 159,* haben die Parteien vereinbart, dass der Vertrag dem Recht von Hongkong und/oder Dem Recht von China unterliegt. Das Gericht hat die Wahl für unwirksam gehalten und das objektiv anwendbares Recht angewandt. Der andere Fall, Hongkong *Baiyue* Financial Ltd. gegen Hongkong *Hongli* Food Ltd. Die Parteien haben vereinbart, „der Vertrag unterliegt dem Recht von China und Hongkong".

612 *Huang*, IPR S. 314.

die Berücksichtigung der subjektiven Elemente bei der Bestimmung der engsten Verbindung nur dann statthaft ist, wenn sie bei der vorrangigen subjektiven Anknüpfung nicht beachtet wurden. Art. 41 S. 1 IPRG lässt schon eine Rechtswahl zu, die jedoch nur ausdrücklich erfolgen kann. Die Berücksichtigung des tatsächlichen Parteiwillens ist dann wegen des Ausschlusses der stillschweigenden Rechtswahl rechtspolitisch gewollt. Die Beachtung des Parteiwillens stellt daher keine Systemwidrigkeit[613] gegenüber dem zwei stufigen subjektiv-objektivem Anknüpfungssystem dar. Die Berücksichtigung des tatsächlichen Parteiwillens im Rahmen der engsten Verbindung könnte aber gerade dem gesetzgeberischen Willen entgegenstehen, weil die Einfachheit und Einheitlichkeit der Rechtsprechung ins Leere geführt werden, wenn die chinesischen Richter anhand von Handlungen der Parteien und anderer Umstände im einzelnen Fall nach eigenem Ermessen das mit dem Sachverhalt an engsten verbundene Recht ermitteln können. Dieses Argument kann hier aber keine Geltung beanspruchen, weil das Prinzip der engsten Verbindung genau diese Einzelfallgerechtigkeit beabsichtigt und ohne Berücksichtigung des tatsächlichen Parteiwillens zur angeblichen uneinheitlichen Willkür führen kann. Die engste Verbindung dient gerade der Abweichung von der regelmäßigen Verweisung, um das geeignetste Rechtsordnung individuell zu finden. Der Einwand, dass Art. 8 Abs. 2 Interpretation I schon den Parteiwillen berücksichtigt, überzeugt ebenso wenig. Die dort geregelte „konkludente" Rechtswahl beruht sich nicht auf dem wirklichen Parteiwillen[614]. Sie führt zur Anwendung der *lex fori*, wenn die Parteien ohne kollisionsrechtlichen Bewusstsein Bezug auf das Forumsrecht genommen haben.

Für die Beachtung des echten Parteiwillens kommen zwei dogmatisch mögliche Lösungsmodelle in Betracht. Erstens kann der Parteiwille an sich als Hinweis für die engste Verbindung mitbetrachtet werden. Man ermittelt dann erstens den echten Parteiwillen durch Indizien. Im Anschluss bestätigt man dann das von den Parteien gewollte Recht als anwendbar, weil es mittels des Parteiwillens die engste Verbindung zu dem Staat aufweist, dessen Recht als anwendbar erwünscht wird. Dieser Auslegungsansatz steht jedoch unmittelbar im Widerspruch zum Willen des Gesetzgebers. Im Rahmen der objektiven Anknüpfung soll sich kein subjektiver Anknüpfungsmoment auswirken. Daher spricht man besser von der Parteierwartung statt dem Parteiwillen, wenn diese unter objektiver Anknüpfung

613 Zur Berücksichtigung des Parteiwillens unter dem EVU, Kreytenberg, Schwerpunktbestimmung, S. 87 ff.

614 § 6 II.

zu verwirklichen ist. Das stillschweigend von den Parteien gewollte Recht wird also nicht von dem Parteiwillen bestimmt, sondern indiziert.

Die zweite Möglichkeit ist, dass nicht der stillschweigende Parteiwille, sondern die Tatsachen, die auf die tatsächliche Rechtswahl hinweisen, in das objektive Anknüpfungssystem zu integrieren sind. So weist z. B. der von den Parteien verwendete Formularvertrag die engste Verbindung zu dem Staat auf, im Rahmen dessen Rechts der Formularvertrag verfassen ist. Oder anstellen eines kontinuierlichen Parteiwillens zur Anwendung eines bestimmten Rechts bei einer Vielzahl von Geschäften ist die Akzessorietät zur Begründung der engsten Verbindung heranzuziehen. Um diese zuletzt genannte Auslegungsweise praktikabel zu gestalten, muss darüber hinaus sichergestellt werden, dass die Indizien vorrangig vor der Vermutung der charakteristischen Leistung und anderer objektiver Umständen berücksichtigt werden sollen. Der Vorrang des Parteiwillens wird von der Parteiautonomie gewährt, sonst entfällt wieder die Vorhersehbarkeit und Rechtsklarheit des Parteiwillens. Der stillschweigende Parteiwille soll daher auch dann vorrangig gelten, selbst wenn er erst auf der objektiven Anknüpfungsebene zu berücksichtigen ist. Es ist auch möglich, da die Indizien zur konkludenten Rechtswahl und die Hinweise auf die engste Verbindung eigentlich unterschiedliche Tatsachen sind. Z. B. werden die in Rom I-VO anerkannten Indizien der stillschweigenden Rechtwahl in der Regel nicht bei der Prüfung von Hinweisen der engsten Verbindung prüft[615]. Da Art. 41 S. 2 IPRG die Anwendung der engsten Verbindung als parallele Anknüpfung neben der charakteristischen Leistung aufgebaut hat[616], kann die Berücksichtigung des Parteiwillens durch Auslegung im Einzelfall vorrangig behandelt werden. Liegt eine anerkennenswerte stillschweigende Rechtswahl vor, hat das Volksgericht ungeachtet der charakteristischen Leistung das indizierte Recht, als mit dem Sachverhalt am engsten verbunden ist, zu erklären. Die Indizien sollten in der Rechtsprechung vom Richter im einzelnen Fall unter Betrachtung der gesamten Umstände gewürdigt werden. Nachfolgend werden die Indizien auf den stillschweigenden Parteiwillen im Rahmen des Art. 3 Rom I-VO[617] dargestellt, die wegen struktureller Ähnlichkeit der vertraglichen Anknüpfung auch in der chinesische Praxis Beachtung verlangen können.

---

615 Vgl. MüKo/Martiny, Art. 3 Rom I-VO Rn.49 ff., Art. 4 Rn. 284 ff.

616 *Du*, IPRG S. 287 ff.; *Huang/Jiang*, IPRG S. 229.

617 Nomos/Leible, Art. 3 Rom I-VO Rn. 49 ff.; Ferrari/Ferrari, Art. 3 Rom I-VO Rn. 26 ff.; MüKo/Martiny, Art. 3 Rom I-VO Rn. 45 ff.; Staudinger/Magnus, Art. 3 Rom I-VO Rn. 70 ff.

2. Mögliche Indizien aus rechtsvergleichender Betrachtung

a) *Gerichtsstandsvereinbarung*

In der bisherigen chinesischen Rechtsprechung wird die Frage der internationalen Zuständigkeit und des anwendbaren Rechts streng getrennt gehalten. Mangels Rechtswahl wird die Vereinbarung zugunsten chinesischen Gerichts nicht auf der Ebene der objektiven Anknüpfung beachtet[618]. Man darf davon ausgehen, dass ohne klare Bestimmung des OVG oder vom Gesetz die chinesischen Gerichte die Gerichtsstandsvereinbarung als Hinweis auf eine Verbindung zwischen dem Sachverhalt und der anwendbaren Rechtsordnung berücksichtigen können. Dies steht aber dem Parteiwillen u. U. entgegen.

Die Gerichtsstandsvereinbarung könnte aber ein zu berücksichtigendes Indiz sein. *Qui eligit iudicem, eligit ius*[619]. Eine Gerichtsstandsvereinbarung weist für die Annahme einer stillschweigenden Rechtswahl besondere Bedeutung auf. Die Parteien gehen in der Regel davon aus, dass das als international zuständig vereinbarte Gericht am besten sein eigenes Recht anwenden wird. Die Indizwirkung ist aber nur einer Vereinbarung des ausschließlichen Gerichtsstands zuzuschreiben[620]. Werden mehrere Gerichte von mehreren Ländern zur Beilegung des Streits vereinbart, spricht wenig für die Geltung einer bestimmten Rechtsordnung. Ebenso wenig darf man von einer Teilrechtswahl zugunsten dieser Rechtsordnungen ausgehen. Werden aber im Gegensatz dazu mehrere Gerichte von einem Staat gewählt, liegt die Indizwirkung vor[621]. Wenn der Gerichtsstand nur einseitig bestimmt wird, ergibt sich daraus kein aussagekräftiges Indiz für die konkludente Rechtswahl[622]. Eine Gerichtsvereinbarung ist auch kein Indiz für das anwendbare

618 Beispielsweise in den folgenden Urteilen: (2011) *Zhe Shao Shang Wai Chu Zi* Nr. 34; (2009) *Shao Shang Wai Chu Zi* Nr. 44; (2010) *Yi Zhong Min Chu Zi* Nr. 7693; (2009) *Zhe Hang Shang Wai Chu Zi* Nr. 288; (2009) *Zhe Hang Shang Wai Chu Zi* Nr. 263; (2009) *Zhe Hang Shang Wai Chu Zi* Nr. 184; (2008) *Su Zhong Min San Chu Zi* Nr. 0009.

619 Vgl. im deutschen Recht: BGH NJW-RR 1990, 183; NJW 1991, 1420; IPRax 1998, 108; zum Rom I-Vo: MüKo-Martiny, Art. 3 Rom I-VO Rn.48; Staudinger-Magnus, Art. 3 Rom I-VO Rn. 75 ff.; IVR-Ferhtrari, Rom I-VO Art. 3 Rn. 29; Lando/Nielsen, CMLR 2008, S. 1669; Mankowski in: Leible S. 65 f.; Kropholler, IPR §52 II 1; vgl. auch Bericht Giuliano/Lagarde, BT-Drucks. 10/503 S. 49.

620 Zur Rom I-VO: MüKo/Martiny, Art. 3 Rom I-VO Rn. 50; Staudinger/Magnus, Art. 3 Rom I-VO Rn. 76.

621 Zur Rom I-VO: Staudinger/Magnus, Art. 3 Rom I-VO Rn. 79.

622 Zur Rom I-VO: MüKo/Martiny, Art. 3 Rom I-VO Rn. 50; Staudinger/Magnus, Art. 3 Rom I-VO Rn. 77.

Recht, wenn sie lediglich hinsichtlich der Klärung dieser Frage getroffen wird[623]. Zudem ist der Indizwirkung grundsätzlich vorausgesetzt, dass die Gerichtsstandsklausel wirksam zustande gekommen ist[624]. Die beabsichtigte Vereinbarung sollte aber nicht außer Acht bleiben, wenn die Gerichtsstandsvereinbarung lediglich wegen eines Formmangels unwirksam wird[625].

b) Schiedsklausel

Auch der Satz *Qui eligit arbitrum eligit ius*[626] lässt die Unterstellung unter den Schiedsort eines bestimmten Landes unter Umständen auf die konkludente Rechtswahl des materiellen Rechts am Schiedsort schließen. Fraglich ist jedoch, ob die Wahl einer Schiedsinstitution die Maßgeblichkeit der Rechtsordnung am Sitzort der Institution indiziert. Dies ist der Fall, wenn das Schiedsgericht nach seiner Satzung oder Verfahrensordnung ohne weiteres das Recht am Sitzort anwendet[627]. Die Klausel muss auf die Anwendung des Rechts am Sitzort hingedeutet werden[628]. Die Vereinbarung des Schiedsgerichts des Schiedsgerichtshofs der IntHK (ICC) in Paris enthält beispielsweise keinen Hinweis auf das anzuwendende Recht[629], weil mit der Schiedsklausel weder die personelle Zusammensetzung noch der Verfahrensort feststeht. Das Schiedsgericht der ICC kann sogar das Sachrecht anwenden, das er für angemessen hält, Art. 21 Abs. 1 IntHK-SchiedsO. Dies gilt auch für die Vereinbarung der China International Economic and Trade Arbitration Commission (CIETAC). Art. 47 Abs. 2 CIETAC-SchiedsO erlaubt dem Schiedsgericht die Bestimmung des anwendbaren materiellen Rechts in Ermangelung der gültigen Rechtswahl zu. Eine Schiedsbarkeitsklausel zugunsten der China Maritime

---

623 Zum deutschen EGBGB: OLG Düsseldorf WM 1971, 168, 170. Vgl. Lando, Rec. Des Cours 189 (1984-VI), S. 312.

624 MüKo/Martiny, Art. 3 Rom I-VO Rn. 49.

625 MüKo/Martiny, Art. 3 Rom I-VO Rn. 49.

626 Zur Rom I-VO: MüKo/Martiny, Art. 3 Rom I-VO Rn. 51 ff.; Staudinger/Magnus, Art. 3 Rom I-VO Rn. 80 ff.; IVR-Ferrari, Art. 3 Rom I-VO Rn. 30; Mankowski, In Leible S. 69. Zum deutschen EGBGB: BGH ZUM 1998, 61; WM 2004, 2066; OLG Hamburg VersR 1982, 1096; OLG Düsseldorf TranspR 1992, 415; OLG Hamm NJW-RR 1993, 1445; v. Bar, IPR Bd. 2 Rn. 472. Zum englischen Recht: Egon Oldendorff v. Liberia Corporation [1995] 2 Lloyds L. Rep. 64, [1996] 1 Lloyds L. Rep. 380.

627 Zur Rom I-VO: MüKo/Martiny, Art. 3 Rom I-VO Rn. 51; Staudinger/Magnus, Art. 3 Rom I-VO Rn. 80;

628 Zur Rom I-VO: MüKo/Martiny, Art. 3 Rom I-VO Rn. 52.

629 Zum deutschen EGBGB: OLG Stuttgart AWD 1960, 246. Zur Rom I-VO: MüKo/Martiny, Art. 3 Rom I-VO Rn. 51; Staudinger/Magnus, Art. 3 Rom I-VO Rn. 80.

Arbitration Commission (CMAC) spricht ebenso wenig für die Anwendung des materiellen Rechts am Sitzort der Schiedsinstitution, weil diese SchiedsO ebenfalls keine Regelung zur Anwendbarkeit des Sachrechts an ihrem Sitzort vorsieht. Es spielt gemäß Art. 18 S. 2 nur eine unwesentliche Rolle, nämlich zu entscheiden, ob die Schiedsklausel wirksam getroffen ist[630]. Zu beachten ist zudem bei denjenigen Schiedsklauseln, die zugunsten eines bestimmten Schiedsgerichtsortes lediglich aus Gründen der Erreichbarkeit oder der Bequemlichkeit gewählt worden sind, dass diese nicht wesentlich auf das anwendbare Recht des Schiedsgerichtsortes hinweisen[631]. Kein Hinweis liegt auch dann vor, wenn das schiedsgerichtliche Verfahren jeweils am Sitz der beklagten Partei stattfinden soll[632]. Auch bei einem ad-hoc-Schiedsgericht, bei dem der Schiedsort und die Schiedsrichter nicht feststehen, kann die Indizwirkung fehlen[633].

c) Bezugnahme auf bestimmtes Recht

Die Bezugnahme auf ein bestimmtes Recht deutet häufig eine Vereinbarung des anzuwendenden Rechts hin[634]. Einigen sich die Parteien darauf, dass ihr Vertrag nach einer bestimmten Rechtsordnung ausgelegt werden soll, ist in der Regel von einer tatsächlichen Rechtswahl auszugehen[635]. Da die ausdrückliche Bezugnahme auf ein bestimmtes Recht eine kollisionsrechtliche Aussage enthält, findet ein solcher Ausdruck bereits Beachtung vor chinesischem Gericht, und zwar nicht im Rahmen der engsten Verbindung, sondern direkt in der Behandlung als ausdrückliche Rechtswahl. Beispielsweise ist die Vereinbarung in einem Arbeitsvertrag zwischen einem ausländischen Unternehmen und einem chinesischen Arbeitsnehmer, dass der Vertrag nach dem Recht des Landes Minnesota der USA zu verstehen und auszulegen sei. Das Volksgericht hat die Wirkung der Rechtswahl zugewiesen[636]. Darüber hinaus kann eine tatsächliche Rechtswahl ebenso

---

630 Vgl. auch die Auseinandersetzung unter Rom I-VO: MüKo/Martiny, Art. 3 Rom I-VO Rn. 51; Staudinger/Magnus, Art. 3 Rom I-VO Rn. 81.

631 Zur Rom I-VO: MüKo/Martiny, Art. 3 Rom I-VO Rn. 52.

632 Zum deutschen EGBGB: Staudinger/Magnus, Art. 27 EGBGB Rn. 69.

633 Zur Rom I-VO: MüKo/Martiny, Art. 3 Rom I-VO Rn. 52; Mankowski, in Leibel S. 70. Zum deutschen EGBGB: Staudinger/Magnus, Art. 27 EGBGB Rn. 69.

634 Zur Rom I-VO: MüKo/Martiny, Art. 3 Rom I-VO Rn. 57 ff.; Staudinger/Magnus, Art. 3 Rom I-VO Rn. 88 ff.; Ferrari/Ferrari, Art. 3 Rom I-VO Rn. 23.

635 Zur Rom I-VO: MüKo/Martiny, Art. 3 Rom I-VO Rn. 57; Staudinger/Magnus, Art. 3 Rom I-VO Rn. 89; Zweifelhaft, vgl. IVR-Ferrari, Art. 3 Rom I-VO Rn. 33.

636 Urteil: (2010) *Pu Min Yi (Min) Chu Zi* Nr. 26514. Das Ergebnis ist zwar erwünscht, aber die Begründung ist rechtlich leider unbefriedigend.

vermutet werden, wenn die Parteien statt Erwähnung der gesamten Rechtsordnung nur auf einzelne Vorschriften eines bestimmten Rechts Bezug genommen haben[637]. Schließlich kann die Verwendung juristisch-technischer Klauseln ebenfalls auf die tatsächliche Rechtswahl hindeuten. Dies gilt insbesondere, wenn bestimmte Rechtsbegriffe oder für ein Recht typische Klauseln verwendet werden.[638] Wenn die herangezogenen Vorschriften allerdings ohnehin zwingend anwendbar sind, so übt ihre Erwähnung grundsätzlich nicht die Bestimmung des Vertragsstatuts aus[639].

d) Praxis der Parteien

Die Praxis der Parteien spielt bei der Bestimmung der tatsächlichen Rechtswahl eine bedeutende Rolle[640]. Wenn eine Reihe von Verträgen geschlossen wird, oder ein früherer Vertrag einem bestimmten Recht unterstellt wurde, sollten den Parteien der Meinung sein, dass die später geschlossenen Verträge auch dem gleichen Recht unterliegen. Möglich ist auch, dass der im Rahmen einer größeren Gesamttransaktion geschlossene Einzelvertrag dem Recht unterstellt wird, dessen Anwendung im Rahmenvertrag vereinbart wurde.

---

637 Zur Rom I-VO: MüKo/Martiny, Art. 3 Rom I-VO Rn. 58; Staudinger/Magnus, Art. 3 Rom I-VO Rn. 91; zweifelhaft vgl. IVR-Ferrari, Art. 3 Rom I-VO Rn. 33.

638 Zur Rom I-VO: MüKo/Martiny, Art. 3 Rom I-VO Rn. 61; Staudinger/Magnus, Art. 3 Rom I-VO Rn. 90; IVR-Ferrari, Art. 3 Rom I-VO Rn. 33.

639 Zur Rom I-VO: MüKo/Martiny, Art. 3 Rom I-VO Rn. 60; Staudinger/Magnus, Art. 3 Rom I-VO Rn. 92; IVR-Ferrari, Art. 3 Rom I-VO Rn. 34.

640 Zur Rom I-VO: MüKo/Martiny, Art. 3 Rom I-VO Rn. 66; Staudinger/Magnus, Art. 3 Rom I-VO Rn. 94; IVR-Ferrari, Art. 3 Rom I-VO Rn. 32.

§ 9 Rechtswahl im internationalen Deliktsrecht

I. Zulässigkeit der deliktischen Parteiautonomie

1. Allgemeine Zulässigkeit zur deliktischen Rechtswahl

Im Anschluss an die objektive Anknüpfung räumt Art. 44 S. 3 IPRG den am grenzüberschreitenden Delikt Beteiligten die Befugnis zur Selbstbestimmung des anwendbaren Rechts ein. Somit strukturiert sich das allgemeine deliktische Anknüpfungssystem in einer absteigenden Prüfungspriorität, nämlich zuerst dem Normalfall nach der Tatortregel in Absatz 1, dann dem abweichenden Fall des gemeinsamen gewöhnlichen Aufenthalts in Absatz 2, am Ende der Ermächtigung zur Parteiautonomie in Absatz 3. Im Gegensatz zur teilweise in der Literatur vertretenen Auffassung[641] steht der Aufbau des Artikels dem Vorrang der Parteiautonomie nicht entgegen. Die Auffassung vermag sich auf die Entstehungsgeschichte des Artikels verrufen, dass eine vorangestellte Stelle des Absatzes über Parteiautonomie im Gesetzgebungsverfahren zwar vorgeschlagen wurde[642], diesem schließlich leider nicht gefolgt ist. Die strukturelle Stellung hängt mit der Anknüpfungsreihe nicht immer zusammen. Die Parteiautonomie soll an der vorrangigen Anknüpfungsanordnung bleiben. Sonst verliert damit das Institut seine Bedeutung im Hinblick auf Rechtssicherheit und Vorhersehbarkeit. Von dem Vorrang des parteiautonom gewählten Rechts geht die h.M. aus[643]. In der bisherigen Rechtsprechung wird das von den Parteien bestimmte Recht ebenfalls vorrangig angewandt, ohne vorher den Tatbestand der objektiven Anknüpfung zu prüfen[644]. Wählen der Schädigende und der Beschädigte das anwendbare Recht nicht, kommt dann das Recht an ihrem gemeinsamen gewöhnlichen Aufenthalt zur Anwendung, Art. 44 S. 2 IPRG. Fehlt ein gemeinsamer gewöhnlicher Aufenthalt, ist das *lex loci delictii* maßgeblich, Art. 44 S. 1 IPRG. Unter dem Tatort i.S.v. Art. 44 IPRG kann sowohl

641 Der Vorrang der Anwendbarkeit des gewählten Rechts bleibe unklar, *Huang/Jiang*, IPRG S. 245. Parteiautonomie im außervertraglichen Schuldverhältnis spiele eine subsidiäre Rolle, *Qi*, IPRG S. 339.

642 Im Gesetzgebungsverfahren war die Mehrheit der beteiligten Wissenschaftler der Meinung, dass die Regelung der Parteiautonomie der objektiven Bestimmung des anwendbaren Rechts vorangestellt sein soll. *Qi*, Law Science Magazine 2010 Nr. 2 7, 11; *ders*, IPRG S. 339 f.

643 *Liu*, IPRG S. 313 m. w. N.

644 So in den Urteilen: (2012) *Jin Gao Min Si Zhong Zi* Nr. 1 und (2011) *Su Shang Wai Zhong Zi* Nr. 0057.

der Handlungsort als auch der Erfolgsort verstanden werden. Nach der h.M.[645] kann das Volksgericht gemäß Nr. 187 Ansichten AGZ bestimmen, welches davon im einzelnen Fall anwendbar ist. Ob auch die Parteien dem Handlungsort oder dem Erfolgsort Vorzug geben können, bleibt dahingestellt.

Ob eine Handlung deliktisch zu qualifizieren ist, entzieht sich gemäß Art. 8 IPRG aus dem chinesischen Sachrecht. Die deliktische Haftung im Sinne des Art. 44 IPRG wird durch die Handlungen begründet[646], die das Recht oder das Rechtsgut von anderen Rechtssubjekten verletzt und gemäß dem Gesetz dafür verantwortlich sind. Irrelevant für die Qualifikation ist, ob es Verschuldens- oder Gefährdungshaftung ist[647], sowie ob der Schaden von Handlung oder Unterlassung verursacht wird[648]. Die Beweislast und die mögliche Beweislastumkehr fallen ebenfalls unter das Deliktsstatut[649]. Für die Frage, ob Sicherheit und Verhaltensnorm dem Deliktsstatut unterstehen, liegt keine klare Antwort vor[650]. Die Anknüpfung der allgemeinen Sorgfaltsanforderungen bleibt unklar. Die Anknüpfung der Legalzession sowie des Direktanspruchs ist ebenfalls nicht klar. Die Fallgruppen der Verletzung der Obhuts- und Erhaltungspflichten und die Dritthaftung unter *culpa in contrahendo* sind deliktisch zu qualifizieren[651].

2. Rechtswahl in besonderen deliktischen Verhältnissen

a) Unklare Berechtigung auf Grund von Systemuneinheitlichkeit

Wie das Internationale Vertragsrecht wird das Internationale Deliktsrecht im IPRG so aufgebaut, dass es in Regelung für allgemeine unerlaubte Handlung und Regelung für Sonderdelikte aufgebaut. Gleich ist auch, dass Berechtigung zur Rechtswahl in der allgemeinen Regelung aber nicht in der besonderen Regelung vorgesehen wird. Im Vertragskollisionsrecht ergibt sich der Verbot der Parteiautonomie aus dem Schweigen zur Rechtswahlmöglichkeit in besonderen Vertragsverhältnissen wie Verbrauchervertrag und Arbeitsvertrag[652]. Es scheint

645 *Du*, IPRG S. 348; *Liu*, IPRG S. 315; *Liu*, IPR S. 194; *Qi*, IPRG S. 337.
646 Über die deliktische Haftung, vgl. Binding, DdH, S. 11 ff.
647 Erläuterung der Rechtslage vor IPRG, *Qi*, Deliktskollisionsrechts, S. 89 ff.
648 Rechtslage vor IPRG, *Qi*, Deliktskollisionsrechts, S. 77.
649 Rechtslage vor IPRG, *Qi*, Deliktskollisionsrechts, S. 99 ff.
650 Für die einheitliche Anknüpfung, *Qi*, Deliktskollisionsrechts, 208 f. In den dort angeführten Urteilen, ist das maßgebliche chinesische Recht einschließlich der Verkehrsregel auf den Unfall, der sich in China ereignet, zur Anwendung gekommen.
651 Dazu § 8 I 1 b).
652 Dazu § 8 I 2.

dementsprechend so, dass sich der Ausschluss der Rechtswahl in besonderen deliktischen Verhältnissen ebenfalls aus dem Schweigen des Gesetzgebers ableitet. Man vermag sich auf Gebot der ausdrücklichen Zulassung der Rechtswahl[653] gemäß Art. 3 IPRG i. V. m. Art. 6 Interpretation I gegen Parteiautonomie in den deliktischen Sonderanknüpfung berufen. Das Verbot der Rechtswahl in allen Sonderdelikten scheint aber fragwürdig. Beispielsweis ist kein Grund ersichtlich, dass die Parteien eine Rechtswahl auf eine unerlaubte Handlung wegen einer Persönlichkeitsverletzung im Sinne des Art. 46 IPRG nicht treffen dürfen. Die Aufstellung der deliktischen Sonderanknüpfung führt auf vielfältigen Umständen zurück, z. B. die Schwierigkeit der Feststellung des Handlungsorts unter Persönlichkeitsverletzung im Internet[654] gemäß Art. 46 IPRG oder die Unzulänglichkeit der Geltung des Rechts am Handlungsort[655]. Es hängt nicht mit der Zulässigkeit der Parteiautonomie zusammen. Daher ist der Umkehrschluss zulasten der Parteiautonomie aus der ausdrücklichen Zulassung der Rechtswahl in der allgemeinen Anknüpfung gegenüber dem Schweigen über die Rechtswahlmöglichkeit in den besonderen deliktischen Anknüpfungen zu ziehen. Man hat unter dem jeweiligen Sonderdelikt zu prüfen, ob dort Rechtswahl erlaubt ist.

b) Rechtswahlmöglichkeit in Sonderdelikten

(1) Produkthaftung

Die Möglichkeit der Rechtswahl auf die Produkthaftung gemäß Art. 45 IPRG wird im Schrifttum teils als unzulässig[656] betrachtet, teils statthaft[657] angesehen. Die Ansicht, die sich gegen die Parteiautonomie auf Produkthaftung ausspricht, beruft sich auf den Schutzgedenken zugunsten der schwächeren Partei nämlich des Geschädigten. Eine Zulassung der Rechtswahl führt zum Ergebnis, dass der Schädigende, z. B. ein Hersteller, durch seine Überlegenheit das für ihn günstigere Recht dem schwächeren Beschädigten auferlegt. Dies überzeugt aber nicht. Art. 44 IPRG erlaubt nur die nachträgliche Rechtswahl[658]. Nach dem Schadenseintritt steht das objektiv anwendbare Recht fest. Wäre das vom Schädiger gebotene Recht ungünstiger als objektiv anwendbares Recht, könnte der Beschädigte dies schlicht ablehnen und stützt sich auf objektiv anwendbares Recht stützen. Es wird zudem

653 Dazu §1 III 1 a).
654 *Du*, IPRG S. 377.
655 *Du*, IPRG S. 373 f.
656 *Huang/Jiang*, IPRG S. 254.
657 *Liu*, IPRG S. 325.
658 § 9 III 1.

gegen deliktische Rechtswahl angeführt, dass das Optionsrecht, also die einseitige Bestimmungsbefugnis des Beschädigten, gemäß Art. 45 S. 2 IPRG schon eine freie beidseitige Rechtswahl beseitigt[659]. Wohl hat der Gesetzgeber zugunsten der schwächeren Partei das Optionsrecht eingeräumt. Der Beschädigte kann einseitig das maßgebende Recht zwischen dem Recht am ihren gewöhnlichen Aufenthalts und dem Recht an der Hauptniederlassung des Schädigenden bestimmen. Das Instrument des Optionsrechts gehört aber zur objektiven Anknüpfung[660], daher spricht an sich überhaupt nichts gegen die Parteiautonomie. Der Beschädigte kann auch ein Interesse an der Anwendbarkeit einer anderen Rechtsordnung als der objektiv optionsweise anwendbaren Rechtsordnung haben.

(2) Verletzung des Persönlichkeitsrechts im Internet

Art. 46 IPRG regelt den Fall der Verletzung des Persönlichkeitsrechts durch das Internet oder auf sonstiger Weise. Die unerlaubte Handlung ist an den gewöhnlichen Aufenthalt des Beschädigten anzuknüpfen. Ein Abstellen auf *lex personalis* des Geschädigten sollte den Herausforderungen des Internets oder andere Massenmedien begegnen, bei denen der Erfolgs- und Handlungsort schwer festzustellen sind[661]. Daher regelt die Vorschrift lediglich eine Abweichung von der allgemeinen objektiven Anknüpfung. Es fällt zudem kein Bedarf auf, die Parteiautonomie bei der Verletzung von Persönlichkeitsrechten einzuschränken. Die Rechtswahl überwindet die Schwierigkeit zur Feststellung des Erfolgs- und Handlungsorts gleichfalls. Daher ist die Ansicht für Parteiautonomie zu folgen[662].

---

659 *Huang/Jiang*, IPRG S. 253 f.

660 § 1 V 2.

661 Art. 46 IPRG betrifft nur den Fall der Verletzung von Persönlichkeitsrechten durch Massenmedien. Weder bei der allgemeinen Verletzung von Persönlichkeitsrechts noch bei der Unerlaubten Handlung via Internet allein ist auf den gewöhnlichen Aufenthalt des Beschädigten abzustellen. Der Grundsatz *lex loci deliktii* herrscht noch beim Delikt durch Internet, *Du*, IPRG S. 376 ff. Handlungsort im Sinne der Interpretation des OVG über Verletzungen des Urheberrechts durch das Internet (Aktenzeichen: *Fa Shi 2006 Nr. 11*) bezeichnet den Ort, als Ort des Delikts, an dem der Computer sich befindet, auf dem die schädigenden Daten gespeichert werden. Unter Umständen kann der Ort der Belegenheit des Computers maßgeblich für den Handlungsort sein, mit dem der Geschädigte den Server abruft.

662 *Liu*, IPRG S. 332.

(3) Verletzung von Recht des geistigen Eigentums

Art. 50 IPRG sieht für den Fall der Verletzung von Rechten an geistigem Eigentum die nachträgliche Wahl der *lex fori* vor. Die Berechtigung zur Wahl des Forumsrechts spricht an sich für die Parteiautonomie, die aber in den wählbaren Rechten wesentlich begrenzt wird.

(4) Seehandels- und luftverkehrsrechtliche Delikte

In den Sondergesetzen, die schon vor In-Kraft-Treten des IPRG bestanden, gibt es schon einige Anknüpfungen von Delikten in Bezug auf den Seehandel und den zivilen Luftverkehr, nämlich der Anknüpfung von Schiffszusammenstoß gemäß Art. 273 ff. SeeHG und der von Flugabsturz gemäß Art. 189 LuftG. Dort war Parteiautonomie nicht gewährt[663]. Damals war die deliktische Parteiautonomie auch nicht zulässig[664]. Fraglich ist, ob die Berechtigung zur Parteiautonomie nach Art. 44 IPRG im Nachhinein auf diese Deliktstypen ausgedehnt werden darf. Es kann leider nicht bejaht werden. Art. 3 Interpretation I sieht ausdrücklich vor, dass die Kollisionsnormen in den vorher erlassenen Sondergesetzen durch das IPRG nicht berührt werden. An der Stelle gilt der Satz *lex specialis derogat legi generali.* Die frühere Rechtslage bleibt dadurch stehen[665]. Also im Fall des Schiffszusammenstoßes kommen gemäß Art. 273 Abs. 1 SeeHG *lex loci delictii* zur Anwendung. Stoßen Schiefe auf hoher See zusammen, ist nach Art. 273 Abs. 2 SeeHG *lex fori* maßgeblich. Haftungsbegrenzung unterliegt eben der *lex fori*, Art. 275 SeeHG. Beim Flugabsturz gilt gemäß Art. 189 LuftG Tatortregel ebenfalls. Parteiautonomie ist dort nicht zulässig.

Die unerlaubte Handlung, die sich auf Schiff ereignet, ist Rechtswahl jedoch nach der allgemeinen Deliktskollisionsnorm gemäß Art. 44 IPRG zulässig[666]. Gleichfalls zulässig ist beim Schaden an Körper oder Gesundheit während der Personenbeförderung[667] und bei der Körperverletzung z.B. anlässlich eines Arbeitsunfalls am Hafen oder auf der See[668].

---

663 *Zhang*, Seehandeslsrechtswissenschaft S. 388.

664 Regelung und Praxis in Bezug auf Bestimmung des anwendbaren Rechts auf unerlaubte Handlung mit Auslandsberührung, *He,* YbPIL 11(2009) 211, 211 ff. Vgl. auch Deißner, Chinas IRR Rn. 523.

665 *Liu*, IPRG S. 318 f.

666 *Du*, IPRG S. 353.

667 *Du*, IPRG S. 353.

668 *Du*, IPRG S. 353.

(5) Monopolverhalten

Das IPRG enthält keine besondere Kollisionsnorm in Bezug auf das den freien Wettbewerb einschränkende Verhalten. Art. 2 Antimonopolgesetz der VR China umfasst eine einseitige Kollisionsnorm, die den territorialen Anwendungsbereich des Gesetzes bestimmt[669]. Nach dessen Bestimmung unterliegt Monopolverhalten, die innerhalb Chinas vorgenommen wird, und diejenige Monopolverhalten, die zwar außerhalb Chinas ausgeführt, aber den Ausschluss oder Beschränkung des Wettbewerbs bewirkt, dem chinesischen Antimonopolgesetz. Es folgt also dem Auswirkungsprinzip[670]. Da das Monopolverhalten außer den unmittelbar betroffenen Bewerbern die potenziellen Drittinteressen betrifft, ist die Parteiautonomie dort auszuschließen.

(6) Die ungeregelten Sonderdeliktsanknüpfungen

Zu fragen ist noch, ob eine Rechtswahl bei den gesetzlich nicht ausdrücklich geregelten deliktischen Sonderanknüpfungen möglich ist. Ein Beispiel fällt rechtsvergleichend mit Art. 6 I II Rom II-VO hinsichtlich der unerlaubten Handlung aus unlauterem Wettbewerb auf. Gemäß Art. 6 IV Rom II-VO wird freie Rechtswahl aufgrund der möglichen Betroffenheit Dritter ausgeschlossen. Das IPRG hat keine Vorschrift über Delikt aus internationalem Lauterkeitsrecht getroffen[671]. Die dem Art. 6 I, II, IV Rom II-VO zugrundeliegende Begründung nämlich die potenzielle Betroffenheit von Dritteninteressen trifft dem chinesischen internationalen Wettbewerbsrecht auch zu. Rechtswahl beim unlauteren Wettbewerb ist nicht zulässig im chinesischen IPR.

Ein anderes Beispiel stellt der Anspruch wegen Umweltschäden im Sinne des Art. 7 Rom II-VO, der auch im chinesischen IPR deliktisch qualifiziert ist[672]. Objektiv ist an den Erfolgsort anzuknüpfen[673]. Ob Rechtswahl erlaubt ist, bleibt aber unklar.

---

669 *Du*, IPRG S. 371.

670 Die Meinung, dass Art. 2 Antimonopolgesetz das Auswirkungsprinzip nicht beinhaltet, weil es nur wirtschaftsrechtliche und verwaltungsrechtliche Bestimmung des Kartellrechts aber nicht die internationalprivatrechtliche betrifft, *Du*, Art. 44 IPRG S. 371 ff.

671 Vgl. *Zhao*, IPR S. 366, 370 ff.; Vorschlag auf Anwendung des Rechts am Erfolgsort siehe Art. 122 Model Law und Erläuterung dazu, CSPIL, Model Law, S. 159.

672 *Qi*, Deliktskollisionsrechts, S. 396 ff.

673 Qi, Deliktskollisionsrechts, S. 416. Vgl. Art. 123 Model Law sowie Erläuterung dazu, CSPIL, Model Law, S. 159.

3. Fazit

Die Berechtigung zur Rechtswahl gemäß Art. 44 S. 2 IPRG berührt nicht die Sonderanknüpfung der Delikte, die Gegenstände der Sondergesetze sind. Sie steht selbst in einem unklaren Verhältnis gegenüber den im IPRG geregelten Sonderdelikten. Ob Rechtswahl im einzelnen Deliktstyp statthaft ist, ist im jeweiligen Zusammenhang zu forschen. Wegen der potenziellen Betroffenheit von Dritteninteressen ist Parteiautonomie im internationalen unlauteren Wettbewerbsrecht und Kartellrecht zu verweigern. Hinsichtlich der Produkthaftung, der Verletzung von Persönlichkeitsrecht und der Rechte an geistigem Eigentum sieht man jedoch keinen Grund für Ausschluss der Selbstbestimmung des anwendbaren Rechts. Die Berechtigung zur Rechtswahl gemäß Art. 44 S. 2 IPRG gilt diesen Sonderanknüpfungen auch. Bei den anderen ungeregelten Sonderdelikten findet die Berechtigung zur Rechtswahl gemäß Art. 44 S. 2 IPRG ohne weiteres nicht.

II. Wählbare Rechte

1. Wahl einer beliebigen Rechtsordnung

Das IPRG schweigt auf die Frage der wählbaren Rechte insgesamt. Die maßgebende Regelung ergibt sich aus Art. 7 Interpretation I. Gemäß dessen Bestimmungen darf ein Volksgericht die Rechtswahl der Parteien nicht deswegen verwerfen, weil das gewählte Recht keine sachliche Verbindung mit der Zivilstreitigkeit aufweist. Weil Art. 7 Interpretation I sich systematisch auf die Generalklausel der Parteiautonomie des Art. 3 IPRG bezieht, soll er auch für die deliktische Parteiautonomie gelten. Die Entbehrlichkeit einer sachlichen Verbindung lässt sich zudem aus dem Ergebnis des Erwägung Streits in der Entstehung des Art. 44 IPRG ableiten. Es wurde während des Gesetzgebungsverfahrens diskutiert, ob Art. 42 EGBGB oder Art. 132 Schweizer-IPRG als Vorbild fungieren sollten[674]. Einige beteiligte Akademiker sprachen sich für eine räumlich beschränkte deliktische Parteiautonomie aus. Es wurde angeführt, dass die gesetzliche Deliktshaftung in ihrer Entstehung und Tragweite vollends abhängig vom anwendbaren Recht sei. Der Beschädigte und der Schädiger dürfen daher nicht über ihre Rechtsstellung wie beim Vertragsschuldverhältnis frei verfügen. Zudem scheine die Zulassung der räumlich unbeschränkten Rechtswahl äußerst unpraktisch. Nach dem Eintritt der unerlaubten Handlung könnten sich die Parteien wegen widerstreitenden Interesses kaum möglich über das anwendbare Recht einigen. Die zuletzt dargestellte

674 Bericht der Diskussion siehe *Qi*, Law Science Magazine 2010 Heft 2 7, 11.

Meinung entspricht der früheren Rechtsprechung und h. M.[675]. Sie wurde sogar im ersten Entwurf des IPRG vorgeschlagen[676]. Diese Auffassung hat sich aber in der zweiten und der Endfassung des IPRG nicht durchgesetzt. Eine auf die *lex fori* begrenzte Wahl wurde gestrichen. Art. 44 S. 2 IPRG lässt nunmehr Wahl jeder beliebigen Rechtsordnung der Welt zu[677]. In der bisherigen Rechtsprechung ist jedoch die Wahl einer anderen Rechtsordnung als *lex fori* kaum[678] bekannt.

2. Wahl nicht-staatlichen Regelwerks

Im Wortlaut des Art. 44 S. 2 IPRG steht an der Stelle des wählbaren Rechts das *Falü* (Gesetz) von Rede. Das Wort bezeichnet nach der allgemeinen rechtswissenschaftlichen Terminologie das einfache parlamentarische Gesetz. Die Bezeichnung deutet jedoch kollisionsrechtlich nicht an, dass nur staatliche Rechte kollisionsrechtlich gewählt werden dürfen[679]. Im geltenden Internationalen Vertragsrecht kommt demselben Ausdruck ein liberaler Gehalt zu. Den Terminus *Falü* versteht man im Kollisionsrecht im mehr weiteren Sinn als im Sachrecht. Ob nicht-staatliche Regelwerke wählbar sind, bleibt jedoch offen und auslegungsbedürftig. Fraglich ist also, ob die Natur der Deliktshaftung als gesetzliches Schuldverhältnis der Wählbarkeit nicht-staatlichen Rechts entgegensteht. Dies scheint zu verneinen. Für das gesetzliche Schuldverhältnis steht vergleichbare materiell-rechtliche Dispositionsbefugnis wie für das vertragliche, die die Selbstbestimmung in Form der Wahl eines bestimmten Regelwerkes im Kollisionsrecht unterstützt. Die vertragliche Verbindlichkeit, die erst auch durch gesetzliche Anerkennung bindend wird, führt gewissermaßen auch auf gesetzliche Anordnung zurück. Die deliktische Rechtswahl zugunsten nicht-staatlichen Rechts hat jedoch Problem bei ihrer Durchsetzung. Zurzeit stehen wenige Regelwerke zur Wahl. Bei der Wahl nicht-staatlichen Rechts fehlt die Praxisbezogenheit. In der bisherigen Praxis geht kein Urteil hervor.

---

675 Das Model Law hat auch eine nachträgliche Rechtswahl zugunsten der *lex fori* vorgeschlagen, CSPIL, Model Law, S. 138.

676 Art. 81 Erster IPRG-Entwurf ordnet klar im Wortlaut, dass die Parteien kein anderes Recht als *lex fori* wählen dürfen, *Huang*, Entwürfe des IPRG, S. 131.

677 Durch Zulassung der Wahl beliebiger Rechtsordnung erhöhe sich sogar der Grad der Rechtfertigung der Wahl und Anwendung der *lex fori*, s. *Liu*, IPRG S. 312.

678 Beispielsweise die Wahl chinesischen Rechts im Urteil, *(2012) Jin Gao Min Si Zhong Zi Nr. 1.*

679 Hierzu § 8 II 1.

3. Eingeschränkte Wahl *lex fori* bei Verletzung von Rechten an geistigem Eigentum

Art. 50 2. Hs. IPRG sieht eine spezifische Vorschrift gegenüber Art. 44 S. 3 IPRG auf wählbares Recht hinsichtlich der Verletzung von Rechten an geistigem Eigentum. Gemäß dessen Bestimmung dürfen die Beteiligten am Delikt gegen Immaterialgüterrechte nachträglich die *lex fori* wählen. Dies bildet einen Durchbruch der Schutzlandanknüpfung[680]. Art. 50 2. Hs. IPRG lässt die Wahl der *lex fori* zu, um im Fall von mehreren Handlungsorten eine einheitliche Lösung zu gewährleisten[681]. Der Forumsstaat ist nicht immer identisch mit dem Schutzland. Beispielsweise kann die Klage vor dem Volksgericht anhängig sein aufgrund der allgemeinen Zuständigkeit gegen den Beklagten, der zwar in China domiziert, jedoch die unerlaubte Handlung außerhalb von China begangen hat. In dem Fall kann die Abweichung vom Schutzlandprinzip ein Anerkennung- und Vollstreckungsrisiko und Entscheidungseinklang im Handlungsland herbeiführen. In diesem Sinne stößt Art. 50 IPRG auf Kritik[682]. Rechtsvergleichend ist die Zulassung solcher Rechtswahl selten. Beispielsweise schließt z. B. Art. 8 III Rom II-VO die Parteiautonomie kategorisch aus, weil das Schutzland den Inhalt und Umfang der Immaterialgüterrechte ausschließlich bestimmt[683]. Vernünftigerweise ist die Rechtswahlbefugnis im Sinne des Art. 50 2. Hs. IPRG teleologisch zu reduzieren. Da Art. 49 IPRG schon die Maßgeblichkeit der *lex loci protectionis* für den Inhalt und die Zugehörigkeit der Rechte an geistigem Eigentum verordnet, soll der Gegenstand der Rechtswahl sich als die Rechtsfolge der unerlaubten Handlung verstehen.

III. Zeitpunkt der Rechtswahl

1. Die Rechtswahl *ex post*

Art. 44 S. 2 IPRG sieht hinsichtlich des Zeitpunktes der Rechtswahl nur die Rechtswahl *ex post* vor. Die Parteien können nach dem Eintritt der unerlaubten Handlung das anwendbare Recht bestimmen. Der maßgebliche Zeitpunkt ist das Geschehen der unerlaubten Handlung, nicht etwa die Entstehung des Streits. Es kommt nicht darauf an, ob eine Partei Kenntnis von der Begehung der unerlaubten Handlung hat. Von Bedeutung ist lediglich, wann die unerlaubte Handlung vorgekommen ist. Beim Platzdelikt fallen die Handlung und der Erfolg zusammen.

---

680 *Huang/Jiang*, IPRG S. 290; *Liu*, IPR S. 150 f.; *Li*, IPR S. 145.

681 *Liu*, IPRG S. 356 f.

682 *Du*, IPRG S. 412.

683 Nomos/Grünberger, Art. 8 Rom II-VO Rn. 32.

Problematisch ist der Fall des zeitlichen Auseinanderfallens von deliktischer Handlung und Erfolg. Ob die Handlung oder der Erfolg maßgebend ist, ist dabei für die Grenze der nachträglichen und vorherigen Rechtswahl entscheidend. Nachträgliche Rechtswahl trägt dem Interesse Rechnung, dass eine Partei sich an der objektiven Anwendbarkeit des *legis loci delictii* halten kann. Unter dem Handlungsort i.S.v. Art. 44 IPRG versteht man gemäß Ziff. 178 Ansichten AGZ sowohl den Handlungsort als auch Erfolgsort[684]. Der Erfolgsort gewinnt somit die kollisionsrechtliche Bedeutung. Erst nach dem Erfolgseintritt steht der Erfolgsort fest. Nur dann wenn der Kreis der objektiv anwendbaren Rechte feststeht, kann der Geschädigte entscheiden, sich auf das objektive Deliktsstatut zu berufen oder sich mit dem Schädiger eine Rechtswahl zu einigen.

Ausnahmeweise soll der Eintritt des Erfolgs keine Rolle bei den Schuldverhältnissen aus unerlaubter Handlung spielen, deren Entstehung oder deren Schaden wahrscheinlich ist. Ein vorbeugender Unterlassungsanspruch wie z. B. der Unterlassungsanspruch nach Art. 21 1. Alt. GdH[685] usw.[686] setzt keinen Schaden voraus, sondern nur die mit hoher Wahrscheinlichkeit zu verwirklichende Gefahr des Schadens. Wenn aufgrund der Gefahr mit hinreichender Wahrscheinlichkeit Schaden droht, könnte sich schon eine Pflicht zur Unterlassung begründen lassen. In diesem Fall sollen die Parteien schon nach der deliktischen Handlung berechtigt sein, über das darauf anwendbare Recht zu verhandeln. Zu unterscheiden ist die unerlaubte Handlung bei der Gefährdungshaftung. Man versteht darunter richtigerweise die Realisierung der Gefahr, die die Rechtsgutsverletzung oder den Schaden verursacht, jedoch nicht die Eröffnung der Gefahr, weil durch die Gefahreröffnung noch keine Sonderbeziehung zwischen den Parteien besteht.

---

684 H. M. spricht für das Verständnis des Handlungsorts gemäß älterer Rechtswahl, *Du*, IPRG S. 348; *Liu*, IPRG S. 315. Dagegen spricht, weil das alte Verständnis nach Ziff. 178 mit dem ihr zugrundeliegende Art. 146 AGZ weggefallen ist, *Huang/Jiang*, IPRG S. 249. Die Bestimmungsbefugnis soll den Parteien zustehen, *Qi*, IPRG S. 337.

685 Art. 21 Deliktshaftungsgesetz sieht vor, „gefährdet die deliktische Handlung die Sicherheit des Körpers oder des Vermögens eines anderen, kann der Geschädigte von dem Schädiger unter anderem die Einstellung von Verletzungen, die Behebung der Behinderung oder die Beseitigung von Gefahren fördern", weiterer siehe Binding, GdH, S. 66.

686 Der chinesische Gesetzgeber hat die dinglichen Haftungsformen in das Deliktshaftungsgesetz aus Art. 134 AGZ übernommen. Unterlassungsansprüche wie Einstellung der Verletzung, Behebung von Behinderung und Beseitigung von Gefahren gehören nach Art. 15 Deliktshaftungsgesetz auch den deliktischen Haftungsformen. Binding, GdH, S. 55.

2. Die Rechtswahl *ex ante*

a) Unzulässigkeit der Rechtswahl ex ante

Art. 44 S. 2 IPRG erwähnt seinem Wortlaut nach die antizipierte Rechtswahl nicht. Im Umkehrschluss ergibt sich, dass das vorweggenommene Recht nicht anerkannt werden kann[687]. Diese Auslegung rechtfertigt sich dadurch, dass gemäß Art. 3 IPRG i.V.m. Art. 6 Interpretation I die Parteiautonomie nur mit ausdrücklicher gesetzlicher Berechtigung zulässig ist. Art. 44 S. 2 lässt lediglich die nachträgliche Rechtswahl zu, aber nicht die antizipierte. Der Grund der Unzulässigkeit der vorhergehenden Rechtswahl wurde nicht im gesetzgeberischen Bericht offengelegt[688]. Im ersten IPRG-Entwurf wird bloß von der Berechtigung der Rechtswahl zugunsten *lex fori* ohne zeitliche Bedingung gesprochen[689]. Im zweiten IPRG-Entwurf wurde trotz Lockerung der wählbaren Rechte zeitlich eng begrenzt. Dort wurde nur die nachträgliche Rechtswahl als zulässig vorgeschlagen[690].

Im Schrifttum wird für das Verbot der vorhergehenden Rechtswahl vorgebracht, es sei wegen der praktischen Unmöglichkeit der Rechtswahl *ex ante*[691], und weil das Verbot der Rechtswahl im Voraus trage zudem dem Interesse des Geschädigten Rechnung. Das vor Eintritt der unerlaubten Handlung vereinbarte Recht könnte Nachteil dem Geschädigten hinzufügen. Darüber hinaus stehe vor der Klageerhebung der Forum Staat noch nicht feststeht, und man wisse folglich nicht, ob Parteiautonomie auf Delikt überhaupt zulässig ist[692]. Somit wird im akademisch vorgeschlagenen Model Law im Anschluss an Art. 132 Schweizer-IPRG keine vorherige Rechtswahl erlaubt[693]. Diese Ansichten überzeugen jedoch nicht. Gegen die erste Ansicht spricht, dass die vorherige Rechtswahl doch möglich und praktisch ist. Wenn zwischen den Parteien schon vor dem schadensbegründenden Ereignis eine andere rechtliche oder tatsächliche Verbindung besteht, oder wenn

---

687 *Du*, IPRG S. 352; *Liu*, IPRG S. 313; *Li*, IPR S. 213; *Huang/Jiang*, IPRG S. 244 f.; *Qi*, IPRG S. 339; *Zhang/Xu*, IPR S. 273.

688 *Huang*, Entwürfe des IPRG, S. 144 ff.

689 Art. 81 Erster IPRG-Entwurf, *Huang*, Entwürfe des IPRG, S. 131.

690 Art. 57 Erster IPRG-Entwurf, *Huang*, Entwürfe des IPRG, S. 136.

691 Deliktshaftung sei unterschiedlich von vertraglichem Schuldverhältnis. Die Parteien können es weder vorhersehen noch das anwendbare Recht vereinbaren. *Liu*, IPRG S. 313.

692 *Kong*, Journal of Henan Administrative Institute of Politics and Law 2004 Heft 1 17, 20.

693 Zu Art. 116 Model Law, CSPIL, Model Law, S. 155.

sonstige Relevanz in anderen Konstellationen z. B. Wettkampfsport[694] besteht, können sie das anwendbare Recht für jene deliktische Haftung bestimmen, die aus der Sonderverbindung der Parteien hervortreten könnte. Die Sorge, dass die vorherige Rechtswahl auf Delikt Interessen des Geschädigten belasten kann, trifft zu. Sie kann aber nicht unbedingt zur Folge haben, die Rechtswahl *ex ante* vollkommend zu beseitigen. Art. 14 Abs. 1 lit. b Rom II-VO stellt schon einen möglichen Mechanismus dar, den potenziellen Missbrauch der Machtungleichheit zum Schutz der schwächeren Partei zu verhindern[695]. Dort ist die vorweggenommene Rechtswahl nur dann erlaubt, wenn die Parteien einer kommerziellen Tätigkeit eingehen. Gegen die zuletzt genannte Auffassung gegen Rechtswahl *ex ante* wird angeführt, dass der Inhalt des Kollisionsrechts der *lex fori* von seiner Einschaltung nicht abhängt. Das Kollisionsrecht entscheidet, was in seinen Anwendungsbereich fällt, wie es will. Und es untersagt eine Vereinbarung der Parteien nicht deswegen, weil sie irgendwo anders nicht anerkannt werden könnte.

b) Akzessorische Rechtwahl ex ante

(1) Akzessorische Anknüpfung

Die vorhergehende Rechtswahl könnte unmittelbar das anwendbare Recht bestimmen, wenn das Deliktsstatut akzessorisch am Anknüpfungsgegenstand einer zulässigen Rechtswahl anzuknüpfen wäre. Dies ist erst dann möglich, wenn die akzessorische Anknüpfung der Deliktshaftung überhaupt zulässig ist. Art. 44 IPRG sieht ein geschlossenes deliktisches Anknüpfungssystem vor, in dem keine akzessorische Anknüpfung angeordnet wird. Art. 44 IPRG enthält sogar keine Ausweichklausel. Der chinesische Gesetzgeber scheint davon überzeugt zu sein, dass die Rechtssicherheit die Flexibilität überwiegen soll[696]. Obwohl eine Anknüpfung nach der engsten Verbindung in der Lage, von der traditionellen und rigiden Anknüpfung der *lex loci delictii* abzuweichen, und sie damit in eine flexible Kollisionsnorm umzubauen, weist eine Auffangklausel Mängel hinsichtlich der Rechtssicherheit und Vorhersehbarkeit auf. Sie berechtigt zudem das Gericht auf ungerechtfertigter Weise, auf die *lex fori* zu verweisen. In dieser Hinsicht wurde die im ersten IPRG-Entwurf vorgeschlagene abweichende Anknüpfung der engsten Verbindung im zweiten Entwurf

694 Andere mögliche Konstellationen werden zu Art. 14 Abs. 1 b) Rom II-VO vorgebracht, Nomos/Gebauer, Art. 14 Rom II-VO Rn. 5 ff.

695 Erwägungsgrund 31 sowie Kommentar zu Art. 14 Abs. 1 b), Nomos/Gebauer, Art. 14 Rom II-VO Rn. 33 ff.

696 *Liu*, IPRG S. 317.

ersatzlos entfernt[697]. Eine akzessorische Anknüpfung zugunsten des Geschädigten, die in Art. 115 Model Law empfohlen wurde[698], findet ebenfalls keinen Ausdruck im IPRG. Im Rahmen des objektiven Anknüpfungssystems des Art. 44 S. 1 IPRG ist nunmehr sowohl bei der Tatortregel als auch bei dem gemeinsamen gewöhnlichen Aufenthalt nicht von einer engeren Verbindung abzuweichen[699]. Eine akzessorische Anknüpfung, z. B. an ein parteiautonom gewähltes Vertragsstatut, ist nicht denkbar. Im Zusammenhang mit der Parteiautonomie hat das Fehlen einer abweichenden Klausel zur Folge, dass der Parteiwille sowie das Parteivertrauen vor Eintritt des Schadens völlig außer Acht gelassen werden. Insbesondere hinsichtlich der akzessorischen Anknüpfung[700] und der Unzulänglichkeit des gemeinsamen gewöhnlichen Aufenthalts[701] kann das starre Anknüpfungssystem des Art. 44 IPRG führt im Einzelfall zu unsachgerechten Ergebnissen herbeiführen.

---

697 Im ersten IPRG-Entwurf, soweit aus den gesamten Umständen eine engere Verbindung der unerlaubten Handlung mit Nationalität, Wohnsitz, gewöhnlichem Aufenthalt, Niederlassung der Parteien oder dem Ort, an dem mehrere andere Anknüpfungsmomente sich konzentrieren, sich ergibt, ist die Rechtsordnung an diesem Ort mit engster Verbindung maßgeblich. Es scheint so, dass Art. 80 Chn. ZGB-E die Bestimmung des Art. 113 Model Law übernommen hat. Vgl. zu Art. 113 Model Law, CSPIL, Model Law S. 151 ff.

698 Art. 115 Model Law wird im Anschluss an Art. 133 III Schweizer-IPRG eine akzessorische Anknüpfung vorgeschlagen. Um die angebliche schwächere Partei nämlich den Geschädigten zu schützen, lässt sich die akzessorische Anknüpfung nur dann maßgeblich, wenn ihre Anwendung den Geschädigten begünstigt als das sonst anwendbare Recht. CSPIL, Model Law, S. 154 f.

699 Der Grundsatz der engsten Verbindung wird vom deliktischen Anknüpfungssystem ausgeschieden. *Huang/Jiang*, IPRG S. 249; *Liu*, IPRG S. 317. vgl. *Liu*, IPR S. 194.

700 Die Tendenz der Auflockerung der Tatortregel hat seit Mitte der 50er Jahre des letzten Jahrhunderts überzeugend aufgezeigt, dass die Akzessorische Anknüpfung des Deliktsstatut an eine Sonderbeziehung zwischen den Beteiligten durch einheitliche Anknüpfung dem Parteivertrauen Rechnung tragen und in einzelnen Fällen sachgerecht behandeln kann, siehe Gonzenbach, S. 20 ff.; Fischer S. 46 ff.; Michel, S. 8ff. Schließt der chinesische Gesetzgeber die Anknüpfung der engsten Verbindung kategorisch aus, fallen Parteiinteresse und Gerechtigkeit im einzelnen Fall insoweit zum Opfer, wenn die akzessorische Anknüpfung sich einsetzen soll.

701 Das Bestehen auf gemeinsamen gewöhnlichen Aufenthalt begegnet eben Bedenken, insbesondere im Fall zufälliger Kollision zwei Personen gleicher Herkunft, *Grazinano*, Internationales Deliktsrecht, S. 43 m.w.N., und bei marktsbezogenen Distanzdeliktstypen, *Grazinano*, Internationales Deliktsrecht, S. 44 m.w.N.

(2) Anspruchskonkurrenz

Das Fehlen einer Ausnahmeklausel beschädigt zudem der Vorhersehbarkeit des anwendbaren Rechts im Fall des Zusammenspiels mit vertraglichen Anspruchsgrundlagen. Dort[702] droht die Gefahr der Unsicherheit durch Anspruchskonkurrenz. Im internationalen Rechtsverkehr mögen die Parteien das auf den Vertrag anwendbare Recht vereinbaren, um Rechtsunsicherheit für sämtliche Streitigkeiten zu beheben, die sich aus dem Vertragsverhältnis ergeben könnte. Im Fall der Anspruchskonkurrenz kann jedoch der Beschädigte nachträglich trotz der Rechtswahl Klage auf deliktische Haftung erheben. Wenn der Sachverhalt deliktisch an den Handlungsort oder den gemeinsamen gewöhnlichen Aufenthalt anzuknüpfen ist, da die unerlaubte Handlung zufällig vorkommt und das Recht am Handlungsort häufig von dem gewählten Recht abweicht, läuft die angestrebte Rechtssicherheit ins Leere. Diese Gefahr droht, soweit das chinesische Kollisionsrecht die Auflösung der Anspruchskonkurrenz dem Geschädigten überlässt. Das chinesische Recht spricht ausdrücklich nichts hinsichtlich der kollisionsrechtlichen Behandlung der Anspruchskonkurrenz aus. Unter dem Einfluss der inländischen materiell-rechtlichen Bestimmung, nämlich Art. 122 VertragsG, wird im Schrifttum die Ansicht vertreten, dass der Schädiger seinem Willen nach deliktisch oder vertraglich klagen kann, und das Gericht dem entsprechend je nach dem erhobenen Anspruch das anwendbare Recht zu bestimmen hat. In der Praxis des Volksgerichts lässt sich diese Auffassung teilweise bestätigen. Es liegen zwei Urteile hinsichtlich konkurrierender vertraglicher und deliktischer Ansprüche vor, eines davon behandelt die Annullierung einer für Vertrag Streitigkeit vereinbarten Schiedsklausel[703], ein anderes die Körperverletzung während einer Flugreise[704].

Im Fall von Schiedsklausel haben die Parteien anfänglich einen Kaufvertrag über die Lieferung großer Menge Stahlwaren geschlossen. Im Kaufvertrag ist

702 Hinsichtlich der nachträglichen Rechtswahl bringt Anspruchskonkurrenz mit sich kaum praktische Schwierigkeit, da die Parteien das anwendbare Recht bestimmen, egal ob es vertraglich oder deliktisch zu behandeln. Die Ansicht setzt sich in der Praxis durch, so in den Urteilen, *(2011) Su Shang Wai Zhong Zi Nr. 0057* und *(2010) Tong Zhong Shang Wai Chu Zi Nr. 0019.*

703 Im Fall, China National Technical Import & Export Corp. gegen Swiss Industrial Resources Corp. Das Urteil wird ohne Angabe des Aktenzeichens veröffentlicht in: Amtsblatt des OVG 1989 Vol. 1 S. 26 ff.

704 *Lu Hong* gegen United Airlines, ohne Angabe des Aktenzeichens veröffentlicht in: Amtsblatt des OVG 2002 Vol. 4 S. 140 ff.

eine Schiedsklausel enthalten[705]. Während der Abwicklung des Geschäfts hat der schweizerische Verkäufer betrügerisch falsche Informationen über die Bereitstellung und Verschiffung der Stahlwaren abgegeben, und unter Vorlage gefälschter Unterlagen, die nach Vereinbarung im Konnossement gegen Zahlung gefordert ist, den Kaufpreis angenommen, ohne die vereinbarten Stahlwaren geliefert zu haben. Der chinesische Käufer hat den schweizerischen Unternehmen vor dem Volksgericht verklagt, den Kaufpreis zurückzuzahlen und den dadurch entstandenen Schaden zu ersetzen. Der Verkäufer wendete ein, das Volksgericht sei wegen der Schiedsklausel nicht zuständig. Dem Einwand hat das Obere Volksgericht *Shanghai* entgegengesetzt, dass die Schiedsklausel nur für Vertragsstreitigkeiten einschlägig sei, aber nicht für die Deliktshaftung vereinbart wurde. „Im vorliegenden Fall hat sich der Beklagte unter dem Vorwand der Vertragserfüllung betrügerisch verhalten. Es bricht nicht nur das Vertragsverhältnis, sondern erfüllt den Tatbestand der unerlaubten Handlung. Der Streit ist nicht mehr vertraglich sondern deliktisch zu betrachten. Der Klagende kann daher deliktisch verklagen, ohne von der Schiedsklausel gebunden zu sein." Dort teilte das Volksgericht die Meinung, dass ein deliktischer Anspruch den vertraglichen verdrängt. Dies ist verständlich, weil damals noch keine klare gesetzliche Bestimmung für Anspruchskonkurrenz bestand. Das Volksgericht hat ebenso wenig geäußert, ob die Parteien vor Eintritt des Schadens eine Schiedsklausel für Deliktshaftung vereinbaren können. Zuletzt wird das der Schiedsklausel zugrunde liegende Vertrauensinteresse vom Volksgericht nicht genügend berücksichtigt. Im Ergebnis folgt sicherlich nur, dass der Geschädigte praktisch in der Lage ist, die Schiedsklausel zu umgehen, wenn er nachträglich deliktisch klagt.

Das Urteil hat viel Kritik hervorgerufen, weil es die Unabhängigkeit der Schiedsklausel verletze. Der Vertrag, einschließlich der Schiedsklausel, sei von Anfang an nichtig. Fraglich ist aber, wenn zwar die Schiedsklausel wirksam vereinbart wurde, ob dann die aus dem Vertragsverhältnis entstandene deliktische Haftung der Schiedsklausel unterliegt. Im Hinblick darauf hat das OVG sich später geäußert, nämlich in Ziff. 7 Protokoll 2005. Dort wird klar ausdrückt, dass deliktische Streitigkeiten aus Vertragsverhältnis auch der Schiedsbarkeit unterliegen, wenn die Vertragsparteien sich darüber sich geeinigt haben, sämtliche aus dem Vertragsverhältnis entstehenden Streitigkeiten vor dem Schiedsgericht beizulegen. Dies betrifft aber lediglich die Schiedsklausel. Nach heutiger Rechtslage verbietet

705 Leider aus dem veröffentlichten Urteil, der schon um Publikations Willen bearbeitet ist, entnimmt man nicht, wie die Schiedsklausel formuliert ist, und auf welchen Streiten die Tragweite der Schiedsklausel sich erstreckt.

Art. 44 IPRG eine antizipierte Rechtswahl. Wenn der Beschädigte nachträglich deliktisch klagt, scheint es höchst wahrscheinlich, dass das für alle Streitigkeiten aus Vertrag vereinbarte Recht wieder umgangen wird.

In dem anderen Urteil hat das Oberste Volksgericht *Shanghai* über einen Sachverhalt entschieden, in dem die Geschädigte mit United Airlines von Hawaii via Tokyo nach Hongkong fliegt. Beim Umstieg in Tokyo entzündet sich der Motor auf dem linken Flügel. Während der Evakuierung bricht sich die Geschädigte den Knöchel. Die Geschädigte erhebt später Klage vor dem Volksgericht gegen United Airlines auf Schadensersatz und Schmerzensgeld. Das Volksgericht bejaht die Ansprüche der Geschädigten: „die Geschädigte wurde beim Flug mit United Airlines am Körper verletzt, daher hat sie Ansprüche gegen das Unternehmen erhoben, in die Schmerzensgeld eingeschlossen wird. Beim durch eine Flugreise entstandenen Streit geht es in der Regel um eine Verletzung der Pflicht aus dem Beförderungsvertrag. Jedoch verletzt im Fall der Körperverletzung während des Flugs die Leistungsstörung gleichzeitig das Recht am Körper. Daraus ergibt sich die Konkurrenz der vertraglichen und deliktischen Haftung. Art. 122 VertragsG sieht vor, dass gegen die Vertragspartei, wegen deren Vertragsverletzung der Körper und das Vermögen der anderen Partei verletzt wird, die andere Vertragspartei eine vertragliche Haftung oder deliktische Haftung nach anderen Gesetzen verlangen kann. Deswegen können vertragliche und deliktische Haftung in demselben Sachverhalt nicht gleichzeitig bestehen. Eine davon muss verlangt werden. Die Auswahl obliegt dem Geschädigten. Im vorliegenden Fall hat die Geschädigte neben Schadensersatz wegen Vertragsverletzung auch Schmerzensgeld beansprucht. Dies ist als Wahl der deliktischen Haftung anzusehen. (…) um das Interesse des Geschädigten in maximalem Umfang zu schützen, hat das Gericht den deliktischen Anspruch für den Geschädigten auszuwählen."

Dabei geht es genau um die Anspruchskonkurrenz auf kollisionsrechtlicher Ebene. Das Oberste Volksgericht *Shanghai* hat sich aber ohne eingehende Begründung an der materiell-rechtlichen Lösung nach Art. 122 VertragsG orientiert. Dort wird bestätigt, dass die Partei im Fall der Anspruchskonkurrenz je nach ihrem Wunsch nur einen davon geltend machen kann, während das Gericht mangels klarer Willenserklärung seitens der Partei den deliktischen bevorzugt. In Urteilsanmerkungen wird trotz heftiger Kritik[706] zum Urteil die materiell-rechtliche Lösung befürwortet[707]. Ist die Handhabung der Anspruchskonkurrenz auf die Bestimmung des anwendbaren Rechts zu übertragen, führt es gleichfalls zur Umgehung

706 *Qi*, Das Internationale Deliktsrecht S. 511 ff. m. w. N.
707 Amtsblatt des OVG 2002 Heft 4 S. 142.

des auf Vertrag vereinbarten Rechts, wenn eine Partei deliktisch klagt. Ohne Anerkennung der akzessorischen Anknüpfung der deliktischen Haftung an das Vertragsstatut wird das Vertrauensinteresse des Geschädigten verletzt.

(3) Stellungnahme

Sowohl die akzessorische Anwendung des Vertragsstatuts als auch die Zulassung der antizipierten Rechtswahl kann die Unsicherheit durch Anknüpfungskonkurrenz beseitigen. Die akzessorische Anknüpfung und die vorherige Parteiautonomie kann zudem dem Vertrauensinteresse der Parteien kann Rechnung tragen. Die beiden Institute haben jedoch unterschiedliche Funktionsschwerpunkte. Die akzessorische Anknüpfung betrifft vor allem die einheitliche Anknüpfung der sachlich im Zusammenhang stehenden Privatbeziehungen[708]. Die Parteiautonomie fördert die Durchsetzung des Parteiwillens und die Erhöhung der Rechtssicherheit. Im IPRG fehlen jedoch beide Rechtsinstitute. Zugunsten des Schutzes des Parteivertrauens sind beide empfehlenswert zur Rechtslückenfüllung.

Im geltenden Recht kann das Ziel des Schutzes des Parteiinteresses aber nur mittels Auslegung erreicht werden. Art. 44 IPRG hat ein geschlossenes Anknüpfungssystem aufgebaut. Eine Ausweichklausel neu zu etablieren, scheint problematisch, da die allgemeine Auffangklausel des Art. 2 Abs. 2 IPRG die Anwendung der engsten Verbindung nur dann herbeiführen kann, wenn für die zu beurteilende Zivilbeziehung keine Regelung vorhanden ist. An dieser Stelle ist das nicht der Fall, weil Art. 44 IPRG schon für die deliktische Anknüpfung ein Anknüpfungssystem zur Verfügung stellt. Hinsichtlich der Funktion kann eine akzessorische Anknüpfung die vorherige Rechtswahl nicht ersetzen. Zudem fördert die akzessorische Anknüpfung die Parteiautonomie nur in dem Fall, in dem die Freiheit der Rechtswahl auf die vordeliktische Sonderbeziehung zulässig ist und die Parteien die Freiheit tatsächlich ausgeübt haben. Eine strikte akzessorische Anknüpfung als objektive Anknüpfung hindert schließlich die Parteiautonomie, weil manchmal die Parteien ein anderes auf Delikt anwendbare Recht als das auf die Sonderbeziehung wollen[709]. Daher scheint es schwierig zu sein, die akzessorische Anknüpfung mittels engster Verbindung ins Anknüpfungssystem des Art. 44 IPRG einzubringen.

Art. 44 S. 3 IPRG lässt ausdrücklich nur die nachträgliche Rechtswahl zu. In Verbindung mit der Aufforderung der Gesetzesberechtigung gemäß Art. 3 IPRG

708 Zum deutschen und europäischen IPR, Vgl. Gonzenbach, S. 192 ff.; Fischer, S. 148 ff.; Michel, S. 14.

709 Zu Art. 42 S. 1 EGBGB, v. Hein, RabelsZ Bd. 64 (2000) 595, 602.

zieht man den Schluss, dass eine antizipierte Rechtswahl nicht statthaft sei. Art. 3 IPRG verbietet seinem Wortlaut nach die vorherige Rechtswahl nicht. Er kann so ausgelegt werden, dass Art. 3 IPRG sich auf die Zulässigkeit der Rechtswahl auf bestimmte Zivilbeziehungen bezieht. Wenn die vorweggenommene Rechtswahl möglich und das Parteiinteresse schützenswert ist, soll der Zeitpunkt von der Ausübung der kollisionsrechtlichen Freiheit anerkannt werden. Mit einem veralteten Institut, nämlich dem hypothetischen Parteiwillen, kann die Zulässigkeit der Rechtswahl *ex ante* zur unmittelbaren akzessorischen Anknüpfung verhelfen, indem das Volksgericht die einheitliche Anknüpfung am Statut einer Sonderbeziehung als hypothetisch von den Parteien vorzeitig gewollt interpretiert.

§ 10 Rechtswahl im internationalen Sachenrecht an Mobilien

I. Anwendungsbereiche der sachenrechtlichen Parteiautonomie

1. Qualifikation der beweglichen Sache

Die Parteien können nur die Rechtswahl für die bewegliche Sache treffen, die unter den Sachenbegriff im Sinne der Artt. 37, 38 IPRG fallen. Der Begriff von beweglicher Sache im Sinne der Artt. 37, 38 IPRG ist gemäß Art. 8 IPRG nach *lex fori* zu qualifizieren. Art. 8 IPRG ordnet die Maßgeblichkeit der *lex fori* für alle in Frage stehende Zivilbeziehung mit Auslandsberührung an. Dementsprechend sollte sich der Sachbegriff im Sinne des Art. 2 Abs. 2 Sacht richten. Sache im Sinne des Art. 37, 38 IPRG ist dann der körperliche Gegenstand außer dem menschlichen Körper, der vom Menschen zugreifbar ist, und den gesellschaftlich-ökonomischen Bedarf erfüllen kann[710]. Da Art. 37, 38 IPRG allseitig formuliert sind, scheint es, dass sie Anwendung auch auf die Mobilien mit ausländischer Belegenheit finden. Falls aber das inländische Sachenrecht den Umfang der im Ausland belegten beweglichen Sache bestimmt, führt es zum Durchsetzungsproblem und bedroht den internationalen Entscheidungseinklang. Ob eine Sache beweglich ist, lässt sich das Recht der Belegenheit bestimmen. Art. 8 IPRG bedarf daher mindestens[711] im Internationalen Sachenrecht zu korrigieren. Dies entspricht der herrschenden Meinung im Schrifttum[712], die für die Maßgeblichkeit der *lex rein sitae* zur Qualifikation der Sache spricht. Um die herrschende Lehre und die positive Qualifikationsnorm aneinander anzupassen, lässt sich eine Ausnahme bilden, nämlich dass

---

710 *Wang/Yang/Wang/Chen*, Zivilrechtswissenschaft, S. 229 f.

711 In Schrifttum wird vorschlagen, dass die Qualifikationsnorm dahin auszulegen, dass von Art. 8 IPRG verwiesene *lex fori* auch das Kollisionsrecht des Forums umfasst, *Weng*, Jurist, 2012 Heft 2 149, 158. Das Kollisionsrecht regelt auch die Anwendung ausländischen Rechts. Um die der *lex fori* unbekannte Rechte zu umfassen, ist der Rechtsbegriff im Kollisionsrecht vom Begriff im inländischen Sachrecht loszulösen. Daher ist nötig den Rechtsbegriff kollisionsrechtlich autonom zu begriffen. Darüber hinaus wird andere Möglichkeit zur Methoden der Qualifikation diskutiert, *Du*, Art. 8 IPRG S. 92 ff.

712 *Han*, IPR S. 131; *Huang*, Study in Law and Business 1995 Heft 5 50, 54; *Li/Zhou/Huang*, *China Legal Science* 2004 Heft 1 137, 146.

die Eigenschaft einer Sache dem Lageortrecht zu entnehmen ist. Es ist auch möglich, dass die Bestimmung der Eigenschaft der Sache als eine Vorfrage zu deuten ist. Gemäß Art. 12 Interpretation I ist die Vorfrage selbständig anzuknüpfen. Ob eine Sache beweglich ist, ist nach dem Lageortrecht zu antworten.

Zu erwähnen ist noch die vorliegende Legaldefinition von der unbeweglichen Sache nach Ziff. 186 Ansichten AGZ, gemäß dessen Bestimmungen das Land, die zum Land gehörige Gebäude, die Bestandteile und die zu den Gebäuden festgebundene Anlagen kollisionsrechtlich als unbewegliche Sache zu betrachten sind[713]. Diese Vorschrift soll ebenfalls einseitig gelten. Der inländische kollisionsrechtliche Gesetzgeber ist nicht berechtigt, den Umfang der Immobilien im Ausland zu definieren.

2. Ausschluss der Rechtswahl in den Sonderanknüpfungen

Ausgeklammert aus dem Anwendungsbereich der Artt. 37, 38 IPRG sind die beweglichen Sachen, für die besondere Kollisionsnormen vorliegen. In Betracht kommen die Anknüpfungen an den Transportmitteln. Das Sachenrecht an Schiffen und Luftfahrzeugen, die jeweils in SeeHG und LuftG geregelt sind. Diese Sonderkollisionsvorschriften gehen der allgemeinen Anknüpfung im IPRG gemäß Art. 3 I Interpretation I vor, selbst wenn sie gegenüber IPRG als *legum prior* stehen. Die sachenrechtliche Anknüpfung des Schiffs richtet sich nach Artt. 270 ff. SeeHG. Handelt es sich um Flugzeug, sind Artt. 185 ff. LuftG zu maßgebend.[714] In beiden Fällen wird keine Befugnis zur Rechtswahl eingeräumt. Sachenrechte an Schienenfahrzeugen wird nicht geregelt.

II. Regelungsgehalt des Art. 37 S. 1 IPRG

1. Regelungsgehalt

Der Wortlaut des Art. 37 S. 1 IPRG ist nicht ergiebig. Er räumt den Parteien schlicht die Freiheit zur Rechtswahl hinsichtlich des Rechts an beweglichen Sachen ein. Da die Rechtswahl ohne weitere Voraussetzungen in Art. 37 S. 1 IPRG und die

---

713 Ziff. 186 Ansichten AGZ dient der Interpretation vom Begriff der unbeweglichen Sache im Sinne von Art. 144 AGZ, die eine Kollisionsnorm darstellt. Vgl. *Li*, IPR S. 134 f.

714 Hier gelten fast gleiche Regeln wie bei Sachenrecht an Schiffen, nämlich Erwerb, Übereignung des Eigentums an Luftfahrzeugen unterliegt dem Recht von Registerstaat, Art. 185 LuftG; Hypothek an Flugfahrzeugen dem Recht des Registerstaates, Art. 186 LuftG; Vorrechte des Flugzeugsgläubiger der *lex fori*, Art. 187 LuftG.

Situs-Regel als objektive Anknüpfung ohne weitere Bedingungen in Art. 37 S. 2 IPRG angeordnet wird, geht man von der uneingeschränkten Rechtswahl in vollem Umfang des Internationalen Mobiliarrechts aus. Im Vergleich zu Art. 38 IPRG, der *res in transitu* zum Gegenstand hat, erweist sich aus dem Umkehrschluss, dass Art. 37 IPRG das Internationale Sendungsgeschäft und Sachenrecht an beweglichen Sachen ohne eine Belegenheitsänderung umfasst. Dieser Rechtssatz würde bedeuten, dass am Lageort unbekannte Typen von Sachenrechten gegenüber allen hinsichtlich jeder Wirkungen, Änderung sowie der Ausübung des Sachenrechts anerkannt würden. Aus den gesetzgeberischen Berichten lässt sich jedoch weder eine Begründung noch eine Aussage für diese uneingeschränkte Rechtswahl entnehmen. Dort ist das Motiv zur Einführung der Parteiautonomie ins Internationale Sachenrecht nicht ersichtlich. Eine durchführende Regelung fehlt bislang ebenfalls in den Justiziellen Normen aus dem OVG. Aus der bisherigen Rechtsprechung ergibt sich keine bekannte Anwendung dieser gefährlich konturlosen Gewährung uneingeschränkter Parteiautonomie.

Im Schrifttum hat die Vorschrift vielerlei Kritik hervorgerufen. Die unbeschränkte Rechtswahl verstoße gegen den inländischen *numerus clausus*[715]. Die Parteiautonomie sei nicht vereinbar mit der absoluten Wirkung des Sachenrechts und steht der Aufforderung der Publizität entgegen[716]. Darüber hinaus bringe die sachenrechtliche Parteiautonomie eine Aufspaltung des Sachenstatuts ins Innen- und Außenwirkungsstatut mit sich, und setzt sich schwierig im Ausland durch, so dass man sich auf die Eingriffsnorm im Sinne des Art. 5 IPRG berufen müsse, um eine ungewollte Wirkung zu beseitigen[717]. Oder man erkenne die Rechtswahl nur bei rechtsgeschäftlicher Übertragung eines Sachenrechts an einer beweglichen Sache an[718]. Es beträfe daher nur die Übertragung und den Erwerb[719], aber nicht dessen Wirkung, Inhalt und Ausübung. Die Rechtswahl kann zudem nicht Dritten entgegengehalten werden[720].

Vor der Verkündung des IPRG wurde im Schrifttum ansatzweise für die Erweiterung der Parteiautonomie plädiert. Dafür wurde die beschränkte Rolle des

715 *Du*, Contemporary Law Review 2013 No. 2 139, 141.

716 *Du*, Contemporary Law Review 2013 Heft 2 139, 141 f.; *Du*, Journal of Shanghai University of Finance and Economics 14(2012) Heft 5 31, 35.

717 *Du*, Journal of Shanghai University of Finance and Economics 14(2012) Heft 5 31, 37.

718 *Song*, Global Law Review 2012 Heft 1 77 ff.; *Du*, Front. Law China 2013 Heft 1 124, 128 f.

719 Es liegt auch die Meinung gegen Rechtswahl auf Erwerb des Sachenrechts an Mobilien, *Du*, Contemporary Law Review 2013 Heft 2 139, 142.

720 *Du*, Journal of Shanghai University of Finance and Economics 2012 Heft 5 31, 37.

Parteiwillens im Rahmen des Typenzwang und der Typenfixierung angeführt[721]. Mancher Autor sieht zudem die Möglichkeit zur Rechtswahl an der Schnittstelle zwischen Sachenrecht und Schuldrecht wie z. B. die Konkurrenz der sachenrechtlichen und schuldrechtlichen Anspruchsgrundlage usw.[722] Seit In-Kraft-Treten des IPRG findet sich noch keine Meinungsäußerung für die unbeschränkte sachenrechtliche Rechtswahl.

2. Stellungnahme

a) Begegnung fremder Sachenrechte

Ist Art. 37 S. 1 IPRG seinem Wortlaut nach anzuwenden, konfrontiert das Volksgericht sich mit zahlreichen vielfältig ausgestalteten ausländischen Mobiliarsachenrechten. Die Parteien berufen sich gerne auf ausländisches Recht, welches idealerweise ihrem Interesse dient. Die uneingeschränkte Anwendung des Sachenrechts vernachlässigt dann schwerwiegend das Interesse des Dritten und behindert den Verkehrsschutz, indem die inländische sachenrechtliche Ordnung dispositiv gemacht wird. Es liegt doch einige formale Grenzen für die sachenrechtliche Rechtswahl vor, z.B. die vorausgesetzte Auslandsberührung[723] gemäß Art. 1 Interpretation I sowie der Selbstbeweisen[724] des Inhalts der gewählten ausländischen Rechts gemäß Art. 10 abs. 2 IPRG. Die erste Grenze wirkt jedoch wenig gegen die ungewollte Wirkung der freien sachenrechtlichen Rechtswahl, weil nicht klar steht, ob dabei die bewegliche Sache sich Grenzen überschreiten muss oder der auslandsbezogene Faktor in Hinsicht auf die Parteien z. B. die ausländische Staatsbürgerschaft einer Partei ausreicht. Falls ausländische Parteien eine sachenrechtliche Rechtswahl auf Mobilien im Inland vornehmen dürfen, wird das Interesse Dritter und der Verkehrsschutz beeinträchtigt. Die Pflicht zur Selbstermittlung des gewählten ausländischen Sachenrechts hindert ebensowenig die ungewollte Wirkung der uneingeschränkten Rechtswahl. Man hat hingegen zu bedenken, ob das aufgrund eines ausländischen Rechts gegenüber Dritten geltend gemachte Sachenrecht von jedem am Rechtsverkehr Beteiligten bewiesen werden kann. Falls das Volksgericht von Amts wegen den wahren Inhalt des gewählten ausländischen Inhalts nicht prüft, führt es zur noch schlimmeren Situationen, dass das behauptete ausländische Recht überhaupt nicht existiert, dem aber eine Wirkung gegen Dritten geltend gemacht wird. Die uneingeschränkte Zulassung

721 *Zhou*, Social Science Journal 2010 Heft 4 118, 119.

722 *Xu*, Willensautonomie, S. 165; *Zhou*, Social Science Journal, Heft 4 118, 119 f.

723 Dazu §3.

724 Dazu §6 I.

der sachenrechtlichen Parteiautonomie führt zu unnötige Begegnung, Ermittlung und Anwendung fremden Sachenrechts, die gegen Verkehrsschutz auswirken. Es ist daher nötig, die Reichweite des Art. 37 S. 1 IPRG in ihrem Anwendungsbereich einzuschränken.

b) Entscheidungseinklang

Die Situs Regel dient dem internationalen Entscheidungseinklang, die Parteiautonomie gleichfalls. Dies ändert sich aber, wenn nur Art. 37 S. 1 IPRG und einige andere[725] Staaten im unterschiedlichen[726] Umfang Parteiautonomie auf Sachenrechte an beweglichen Sachen zulassen. Hinsichtlich dieser Differenz entsteht ein Anreiz zum „Forum Shopping", das den internationalen Entscheidungseinklang bedroht. Falls die Sache sich im maßgeblichen Zeitpunkt in China befindet oder beim internationalen Sendungsgeschäft das Bestimmungsland China ist, kommt vor Volksgericht das von den Parteien gewählte Recht zur Anwendung. Vor ausländischen Gerichten kommt die *lex rei sitae* als anwendbares Recht. Der Entscheidungseinklang wird behindert. Der Renvoi[727] hilft hier nicht. Ausländisches Gericht berücksichtigt die Rechtswahl nur dann, wenn das ausländische Kollisionsrecht sachenrechtliche Rechtswahl stattgibt. Selbst wenn das ausländische Kollisionsrecht eine Gesamtverweisung anordnet, kommt anstatt der Kollisionsnorm nämlich Art. 37 S. 1 IPRG das chinesische Sachenrecht als *lex rein sitae*. Falls die in Frage stehende Sache zum Zeitpunkt des maßgeblichen sachenrechtlichen Vorgangs im Ausland belegen ist, oder das Bestimmungsland ein Ausland ist, wird das

725 Eine ausdrückliche Rechtswahl auf das Sachenrecht an beweglicher Sache ist in Art. 102 Schweizer IPRG vorgesehen. Viele weisen bei Art. 14 Rom I-VO darauf hin, dass Parteiautonomie schon mit Wirkung *erga omnes* ausgestaltet ist, siehe Flessner, in: FS Koziol S. 130 f., 142.

726 Art. 102 Schweizerisches IPRG gewährt eine beschränkte Rechtswahl, gemäß deren Bestimmung die Parteien Erwerb und Verlust an der beweglichen Sache Rechtswahl aus begrenztem Kreis von Rechten *inter partes* treffen. Vischer/Vaechler/Volken, Schlussbericht der Expertenkommision zum IPRG S. 198 ff.; Kostkiewicz, Grundriss Rn. 1793; Siehr, IPR S. 197. Im neuen niederländischen Gesetz vom 28. Feb. 2008 über das Kollisionsrecht der Übertragung Von Vermögensgegenstand wird auch eingeschränkte Parteiautonomie eingeführt, nämlich beim Eigentumsvorbehalt ins Ausland Wahl des ausländischen Rechts, beim Leasingvertrag das Recht des Auslandes, an dem die Sache gebraucht wird, siehe Van der Weide, in: Westrik/van der Weide (Hrsg.), Partyautonomy S. 46 ff.; Flessner, in: FS Koziol S. 129.

727 Beispielsweise ordnet Art. 43 EGBGB Gesamtverweisung an, BGH NJW 1998, 1321, für Ansprüche auf Früchte aus dem Eigentümer-Besitzer-Verhältnis erlaubt das spanische Recht Rechtswahl.

parteiautonom gewählte Recht vor dem ausländischen Gericht nicht anerkannt. In diesem Fall können die Parteien trotzdem noch eine Rechtswahl vornehmen und die Klage vor einem Volksgericht erheben, die jedoch insoweit schwebend ist, ob die vom Volksgericht unterstützte Rechtswahl im Ausland gegenüber Dritten anerkannt und vollstreckt wird. Unter Art 37 S. 1 IPRG sind hinsichtlich der Rechtssicherheit und Interessensverwirklichung ein chinesischer Importeur und ein ausländischer Exporteur privilegiert, während ein chinesischer Exporteur und ein entsprechender ausländischer Importeur zur Unsicherheit gebracht wird. Je großzügiger der Art. 37 S. 1 IPRG ausgelegt wird, desto größer die Differenz der Rechtsstellung der an Import und Export Beteiligten.

c) *Durchsetzungsproblem*

Es ist zudem zweifelhaft, ob die liberale Gewährung der Parteiautonomie sich international durchsetzen kann. Wenn ein Volksgericht eine Rechtswahl anderen Rechts als *legis rei sitae* an einer beweglicher Sache mit ausländischer Belegenheit gestattet, liegt es nahe, dass das Urteil im Ausland der Belegenheit nicht anerkannt und vollstreckt werden kann[728]. Nehmen wir beispielsweise Deutschland als den Lageort der beweglichen Sache an. Der deutsche Gesetzgeber hat bewusst eine Rechtswahl im Internationalen Sachenrecht verweigert[729]. Selbst im Schrifttum wird die Rechtswahl in beschränkter Weise für zulässig gehalten[730]. Die abweichende kollisionsrechtliche Anknüpfung stellt zwar an sich kein Anerkennungshindernis dar. Das sich auf das parteiautonom gewählte Recht stützende Urteil kann jedoch nicht gegen den inländischen *numerus clausus*, die zwingende Vorschrift der Publizität sowie den Schutz des Rechtsverkehrs geltend gemacht werden. Diese Wirkung stellt einen Verstoß gegen den ordre public im Sinne des

728 *Du*, Journal of Shanghai University of Finance and Economics 2012 Heft 5 31, 33 f.

729 Wagner, IPRax 1998 429, 435.

730 Kurz zusammengefasst über die Reichweite der möglichen sachenrechtlichen Parteiautonomie im deutschen Schrifttum: Rechtswahl auf Mobiliarverfügungsgeschäft ist als vereinbar mit der deutschen öffentlichen Ordnung betrachtet worden, Ritterhoff, Parteiautonomie, S. 328 ff.; Goldt, Versendungskauf, S. 321 ff. Rechtswahl auf gutgläubigen Erwerb ist auch für möglich plädiert, Flenssner, in: FS Koziol S. 125 ff. Sie sollte jedoch nicht für Inhalt, Ausübung und Anerkennung zugelassen werden, Ritterhoff, Parteiautonomie, S. 328 ff. Die aufgrund ausländischen Rechts begründeten Sicherungsrechte an Mobilien sind zwar hinzunehmen, jedoch an die inländische Sachenrechtsordnung anzupassen. Die nicht mit der inländischen Sachenrechtsordnung vereinbarten Funktionen werden aberkannt, Kieninger, AcP (208) 2008 182, 192 ff. insbesondere Fn. 39 mit zahlreichen weiteren Nachweisen.

§ 328 I Nr. 4 ZPO dar[731], weil dort inländische Eingriffsnormen[732] zur Anwendung kommen sollne. Gegenüber einem Urteil, das vom Gericht eines Nicht-EU-Mitgliedstaates als eines Mitgliedstaates der EU ergangen ist, kann sich ein deutsches Gericht eher durchsetzen, ohne sich an dem europarechtlichen Gebot des freien Warenverkehrs[733] messen lassen zu müssen.

III. Aufbau einer Drittinteressen nicht berührenden Parteiautonomie

1. Ausgangspunkt, Methode und Untersuchungsgang

Die Rechtswahlfreiheit aus Art. 37 S. 1 IPRG steht im Spannungsverhältnis zwischen der relativen Wirkung der Parteiautonomie und der absoluten Wirkung des Sachenrechts. Rechtswahl gilt *intern partes.* Wer nicht am Rechtsgeschäft teilnimmt, wird nicht von dem Rechtsgeschäft gebunden. Das Sachenrecht verlangt aber Wirkung *erga omnes.* Die Parteien könnten zwar sich mit jedermann über das anwendbare Recht einigen, um ihren Anspruch gegen alle geltend zu machen. Dies ist jedoch praktisch unmöglich. Art. 37 S. 1 IPRG darf ohne Rücksicht auf Interessen Dritter und des Verkehrs gegen alle Geltung beanspruchen. Eine allgemeine Einschränkung, dass die Rechtswahl Dritten nicht entgegengehalten werden kann, wie Art. 104 Abs. 2 Schweizer-IPRG hilft dabei wenig zur Erklärung des Geltungsbereichs der sachenrechtlichen Parteiautonomie, weil „Parteien untereinander brauchen das Sachenrecht nicht"[734]. Dürften die Parteien lediglich das auf das Innenverhältnis anwendbares Recht wählen, das Dritten gegenüber nicht geltend gemacht werden könnte, stellt sich dies als keine sachenrechtliche Rechtswahl im Sinne des Kollisionsrechts sondern eine auf Sachenrecht bezogene materiell-rechtliche Rechtswahl dar, die sich *inter partes* im Rahmen des objektiven *lex rei sitae* auswirkt.

---

731 Die Korrektur der Wirkung ausländischen Sachenrechts gemäß Art. 43 Abs. 2 EGBGB wird als Ausprägung der ordre public Klausel oder besonders anzuknüpfende Eingriffsnorm gedeutet, MüKo/Wenderhorst, Art. 43 Rn. 123. Von Verstoß gegen öffentliche Ordnung spricht Flessner, in: FS Koziol S. 146; Goldt, Versendungskauf, S. 59, 182, 189 f., 197; Ritterhoff, Parteiautonomie, S. 304.

732 §1 IV 2.

733 Einfluss der europäischen Grundfreiheit auf Art. 43 EGBGB vgl. MüKo/Wendhorst, Art. 43 Rn. 153 ff.

734 Siehr, IPR S. § 11 III 1 e); vgl. Van der Weide, in: Westrik/Van der Weide (Hrsg.), Party Autonomy S. 55 ff.

Ob und inwieweit der Gesetzgeber mit Art. 37 Abs. 1 IPRG sachenrechtliche Rechtswahlmöglichkeit schaffen will, bedarf näherer Untersuchung. Nachfolgend wird die Verträglichkeit der Parteiautonomie mit dem Sachenrecht im Rahmen des chinesischen materiellen Sachenrechts geprüft. Die Auswahl des chinesischen Sachenrechts beruht sich auf der Tatsache, dass Art. 37 S. 1 IPRG wegen seines Durchsetzungsproblems vor allem auf Mobilien, die sich in China befinden oder nach China transportiert werden, Anwendung findet. Das praktischere Anliegen liegt darin, dass eine Kollisionsnorm Berichtigung bedarf, wenn sie sich sogar durch den Verstoß gegen das eigene Sachenrecht durchsetzen muss.

Die Untersuchung der Kompatibilität der Parteiautonomie mit dem Sachenrecht wird nach den Prinzipien des eigenen Sachenrechts eingegliedert. Inhaltliche Schwerpunkte liegen auf der Übertragung des Eigentums und Anerkennung des Sicherungsrechts an Mobilien. Schließlich werden Lösungsvorschläge erwogen, wo Parteiautonomie auf die Interessen Dritter stößt oder die öffentliche Ordnung gefährdet wird.

2. Reichweite der sachenrechtlichen Rechtswahl

a) *Verträglichkeit mit* numerus clausus

(1) Transposition erworbenen Sachenrechts

Dingliche Rechte gelten absolut. Sie müssen von Dritten beachtet werden. Nur dann wenn die Typen und der Inhalt der Sachenrechte klar ausgestaltet sind, kann es Dritten zumutbar sein, dass sie den Inhalt dieser Sachenrechte kennen und berücksichtigen. Daher wird ein *numerus clausus* von abgeschlossenen Sachenrechtstypen und -inhalten weltweit[735] und so in China[736] anerkannt. Neben der Klarstellung der sachenrechtlichen Befugnisse, die gegenüber jedermann geltend gemacht werden können, dient der *numerus clausus* der Standardisierung[737] des Sachenrechts, um die Veräußerbarkeit und Umlauffähigkeit im innerstaatlichen Rechtsverkehr zu erhöhen. Hindurch gewinnt der *numerus clausus*

---

735 Rechtsvergleichend mit dem Schwerpunkt Europas dargestellt, Akkermans, *Numerus clausus*, S. 402 ff.; Struycken, in: Westrick/van der Weide (Hrsg.), Party Autonomy, S. 66 ff.; V. Erp/Ackermanns (Hrsg.), Property Law S. 65 ff.

736 Die Rechtsgrundlage des *numerus clausus* ist Art. 5 SachRG, der lautet „das Gesetz legt die Typen und den Inhalt des Sachenrechts fest." Literatur zum chinesischen Sachenrecht, *Hu*, SachRG S. 30 ff.; *Cui*, Sachenrecht, S. 19 ff.; *Liang/Chen*, Sachenrecht, S. 66 ff.; *Wang*, Sachenrecht, Bd. I S. 153 ff.

737 Struycken, in Westrick/van der Weide (Hrsg.), Party Autonomy, S. 71; Akkermanns, Numerus clausus, S. 445 ff.; Merrill/Smith, 110 Yale L.J. (2000), 23, 24.

an Bedeutung zur der wirtschaftlichen Organisation. Durch die geschlossenen Sachenrechtstypen mit fixiertem Inhalt entsteht die Güter- und Gläubigerordnung[738]. Soweit die Sache mit einer solchen Güter- und Gläubigerordnung am engsten verbunden ist, indem in den meisten Fällen eine bewegliche Sache durch die wechselbare jedoch einzige körperliche Existenz im räumlichen Geltungsbereich belegen ist, unterliegt sie der dortigen Sachenrechtsordnung.

Typenzwang und Typenfixierung bedeutet jedoch nicht die vollkommende Beseitigung fremden Sachenrechts. Die am Lagerort unbekannten Sachenrechte können zugunsten des wohlerworbenen Rechts[739] im internationalen Rechtsverkehr nach *lex rei sitae* angepasst werden. Normalerweise taucht die Anpassungsbedürftigkeit beim „physischen" Statutenwechsel auf. Ebenfalls beim juristischen „Statutenwechsel" nämlich der gedanklichen Rechtswahl eines anderen Rechts als des Lageortrechts, ist die herbeigeführte sachenrechtliche Wirkung ausländischen Sachenrechts auch nach dem Lageortrecht anzupassen. Der *numerus clausus* steht daher nicht der Parteiautonomie entgegen, sondern den dadurch herbeigeführten Rechtswirkungen. In diesem Sinne könnte man theoretisch jede sachenrechtliche Rechtswahl zulassen, und danach die unerwünschte materiell-rechtliche Wirkung nach Lageortrecht zu korrigieren. Geht man auf diese Auslegungsmöglichkeit ein, begegnet man zwei Bedenken, erstens wie die Transpositionslehre unter dem IPRG angewandt werden kann, und zweitens eben entscheidend ob dies überhaupt erwünscht ist.

(aa) Durchführung der Transposition

Bezüglich der Frage nach der Methode der Anpassung im IPR besteht im chinesischen Schrifttum und der Rechtsprechung wenig Stimme[740]. Wie der Statutenwechsel durch Verbringung einer Sache in ein anderes Staatsgebiet zu behandeln ist, ist ebenso wenig klar[741]. Der Anpassungsbedarf ergibt sich jedoch schon aus dem Wortlaut des Art. 37 S. 2 IPRG selbst, indem dort als maßgeblichen Zeitpunkt der jeweiligen des sachenrechtlichen Vorgangs festgelegt wird. *Lex*

738 Der Ausdruck der „Güter- und Gläubigerordnung" wird entlehnt aus Kieninger, Mobiliarsicherheiten, S. 173, obwohl dort hauptsächlich von Mobiliarsicherungsrecht die Rede ist.

739 *Du*, Art. 37 IPRG S. 250.

740 Es gibt einigen Aufsätzen, z.B. *Du*, Jurist 2009 Heft 79, 79 ff. Dort Fn. 52 besagt m.w. N, dass Anpassung in der Rechtsprechung unbekannt ist.

741 In der Literatur wird die Problematik des Statutenwechsels im Internationalen Sachenrecht meistens nicht berücksichtigt. In *Du*, Art 37 IPRG S. 249 wird das Problem mit Verweis auf ausländische Literatur kurz dargestellt.

rei sitae findet Anwendung auf die Begründung und den Erwerb des Sachenrechts sowie eben auch dessen Inhalt und Ausübung. Beim Statutenwechsel ist es daher erforderlich zu klären, wie sich das nach dem Bestandstatut erworbene Sachenrecht unter dem Wirkungsstatut auswirkt. Wenn keine Lösung für den Statutenwechsel vorhanden ist, hat man erst sie herauszusuchen. Dann kann die Anpassungsmethode des Statutenwechsels auf die Parteiautonomie übertragen werden.

Da Art. 37 S. 2 IPRG die temporale Maßgeblichkeit für den jeweils maßgeblichen sachenrechtlichen Vorgang festlegt, hat dies die sukzessive Anwendung des alten und neuen Sachstatuts zur Folge. Aus der zeitlichen Spaltung des Sachstatuts ergibt sich eine vergleichbare Regelung wie Art. 43 Abs. 2 EGBGB. Das aktuelle Belegenheitsrecht beansprucht keine erneute Beurteilung des Tatbestandes, der schon unter dem alten Sachstatut vollendet ist. Das neue Lageortrecht berücksichtigt ausschließlich den Sachverhalt, der zeitlich nach dem Grenzüberschritt eingetreten ist. Dadurch trennt sich das Bestandsstatut vom Wirkungsstatut. Im Fall des schlichten Statutenwechsels lässt das aktuelle Sachstatut den Bestand eines erworbenen Sachenrechts unberührt. Im Fall des qualifizierten Statutenwechsels wirkt sich Art. 37 S. 2 IPRG ebenfalls wie Art. 43 Abs. 3 EGBGB aus. Falls der Tatbestand unter dem alten Statut nicht vollendet wird, also keine sachenrechtliche Beurteilung des Sachverhalts erfolgt, wird das Bestandsstatut zeitlich zum neuen verschoben. Das neue Sachstatut übernimmt die Aufgabe, alle Vorgänge im räumlichen Geltungsbereich des alten und neuen Sachstatuts neu zu bewerten. Angesichts des vergleichbaren Regelungsinhalts von Art. 43 Abs. 2, Abs. 3 EGBGB und Art. 37 IPRG kann man die Transpositionslehre, die sich für Art. 43 Abs. 2, Abs. 3 EGBGB entwickelt, auf Art. 37 IPRG übertragen.

In Betracht kommen erstens die Theorie vom Reinigungseffekt[742], die Theorie voller und selektiver Transposition sowie die Anerkennungstheorie[743]. Da die Lehre vom Reinigungseffekt, das nach dem Bestandstatut erworbene Sachenrechte auch für die Zukunft umgestalten will, also in das Bestandstatut eingreift, passt sie nicht zu Art. 37 IPRG. Ob das ausländische Sachenrecht pauschal oder punktuell ins inländische funktionsäquivalente zu transponieren ist, sollte man nicht generell entscheiden. Eine pauschale Transposition erleichtert zwar die Rechtsanwendung und gewährt „in optimaler Weise" den inländischen Verkehrsschutz[744]. Sie stellt jedoch einen grundlegenden Eingriff in das Gefüge des

742 MüKo/Wendehorst, Art. 43 EGBGB Rn. 147.
743 MüKo/Wendehorst, Art. 43 EGBGB Rn. 152.
744 MüKo/Wendehorst, Art. 43 EGBGB Rn. 149.

ursprünglichen Wirkungsstatuts dar. Die Lehre der vollen Transposition wird daher den Parteiinteressen an der Anwendung des Bestandstatuts nicht gerecht. Weil nicht alle punktuellen Wirkungen im einzelnen Fall den Verkehrsschutz betreffen, ist eine flexiblere Lösung möglich. Die selektive Transposition[745] oder Hinnahme Theorie[746] gewährt eine am Fall orientierte Lösung. Transposition findet nur dann statt, wenn in einer konkreten Konstellation das Verkehrsinteresse betroffen ist. Darüber hinaus muss ein ausländisches Sachenrecht jedenfalls nicht in ein inländisches vergleichbares Sachenrecht transponiert werden. Es kann hinsichtlich verschiedener Funktionen in verschiedene inländische Sachenrechte umgestaltet werden. Je flexiblere die Lösung ist, umso besser wird das Interesse zwischen Parteien und Dritten ausgeglichen. An dieser Stelle kann ein Auslegungsvorschlag des Art. 37 IPRG nicht herausgearbeitet werden, weil dies eine eingehende Untersuchung mit einer Auseinandersetzung mit den verschiedenen Fallgruppen erfordert, für die hier kein richtiger Ort ist.

(bb) Verhältnismäßigkeit

Wäre Parteiautonomie auf Sachenrechte zulässig, hätte man die dadurch herbeigeführte ausländische sachenrechtliche Wirkung im Rahmen der *lex rei sitae* anzupassen, sei es durch Transposition, sei es durch Angleichung. Die Frage stellt sich dadurch auf, ob die Gewährung der Parteiautonomie mit solchen Anpassungsbemühungen verhältnismäßig ist. Dies ist zu verneinen, weil es dem Sinn des Typenzwangs und der Typenfixierung entgegensteht. Der *numerus clausus* strebt nach einer Standardisierung austauschbarer Rechte[747]. Er fördert einerseits die Effizienz des Rechtsverkehrs, andererseits die Rechtssicherheit nicht nur zwischen den Parteien, sondern auch gegenüber Dritten. Wenn aber die Vertragsteile jedes Mal gemäß der Anforderung des Belegenheitsrechts Wirkung ihrer Rechtswahl anpassen müssen, gewährt diese Art von Rechtswahl eine treue Rechtssicherheit, bringt aber unnötige Kosten mit sich, die daher der Effizienz zuwiderlaufen.

(2) Dem Lagerort unberührte Vorgänge

Der *numerus clausus* darf seine Geltung nur dann beanspruchen, wenn Interessen Dritter oder der öffentlichen Ordnung tatsächlich berührt sind. Sofern

745 MüKo/Wendehorst, Art. 43 EGBGB Rn. 150 f.

746 MüKo/Wendehorst, Art. 43 EGBGB Rn. 152.

747 Struycken, in Westrick/van der Weide (Hrsg.), Party Autonomy, S. 71; Akkermanns, Numerus clausus, S. 445 ff.; Merrill/Smith, 110 Yale L.J. (2000), 23, 24.

die in Frage stehende Sache sich im Inland befindet, also durch die körperliche Existenz eng mit dem Inland verbunden ist, unterliegt sie der *lex rei sitae*. Man muss fragen, ob ohne den vertragsmäßigen oder tatsächlichen Ortwechsel die Anwendbarkeit des Belegenheitsrechts unausweichlich ist. Dies ist zu bejahen. Kein dem inländischen Rechtsverkehr überlegenes individuelles Interesse ist aus der Wahl anderen Rechts ersichtlich. Wenn die Parteien den gleichen gewöhnlichen Aufenthalt im Ausland haben, oder die im Inland befindliche bewegliche Sache dem Vermögen einer ausländischen juristischen Person gehört, an dessen Vermögen *floating charge* bestellt ist, findet die *lex rei sitae* auf die im Inland belegende Sache Anwendung. Im umgekehrten Fall soll das Lageortrecht seine Geltung nicht beanspruchen, nämlich wenn die bewegliche Sache von einem Ausland über das Inland nach einem anderen Ausland zu transportieren ist. Dies ist nur dann möglich, wenn es zu neuen sachenrechtlichen Vorgängen im Inland kommt.

b) Verträglichkeit mit dem Publizitätsprinzip

Neben dem Typenzwang macht die absolute Geltung des Sachenrechts es auch erforderlich, dass das Bestehen oder die Änderung einzelner dinglicher Rechte von außen erkennbar sein muss[748]. Solche Forderung nach Offenlegung bezeichnet man, sowohl in China[749] als auch in Deutschland[750] und in anderen Ländern[751], als Publizitätsprinzip. Während die Wahl eines ausländischen Sachenrechts die sachenrechtliche Rechtslage an inländischen Mobilien mit betrifft, bleibt die Rechtswahl jedoch nicht nach außen publiziert. In dieser Hinsicht stellt sich die Frage, ob sich die Parteiautonomie gegen Dritten auswirken darf, die sich auf den Rechtsschein der Publizität einlassen. Nachfolgend wird jeweils auf die Offenkundigkeit des Bestandes (Publizitätsfunktion) und des Erwerbs (Gutgläubigkeit) von Sachenrechten an Mobilien eingegangen.

(1) Publizität des Vermögens

Sachen im Besitz des Schuldners indizieren ein Vermögen zur Befriedigung seiner Gläubiger. In dieser Hinsicht wird behauptet, dass diese durch die „Güter- und Gläubigerordnung" am Lageort zur Befriedigung der Ansprüche zu sichern

748 Rechtsvergleichend, von Erp/Ackermans, Property Law S. 75 ff.
749 *Liang/Chen*, Sachenrecht S. 85 ff.; *Wang/Yang/Wang/Chen*, Zivilrechtswissenschaft, S. 251.
750 Wolf/Wellenhofer, Sachenrecht S. 16 f.
751 Rechtsvergleichende Darstellung, v. Erp/Ackermans, Property Law, S. 75 ff.

sein.[752] Durch Rechtswahl dürfte den Gläubigern des Schuldners ein Vermögensgegenstand nicht entzogen werden. Dazu hat *Flessner*[753] zu deutschem und europäischem Internationalen Sachenrecht zu Recht bemerkt, dass diese Ansicht wesentliche Strukturen des Schuld- und Haftungsrecht verkenne. Das Forderungsrecht auf einen Geldbetrag verleihe dem Gläubiger niemals einen Anspruch, im Vermögen des Schuldners einen bestimmten Gegenstand vorzufinden. Der Schuldner verfüge über die Zu- und Abgänge in seinem Vermögen völlig frei. Der Gläubiger besorgt sich den Schutz entweder durch Bestellung von Sicherheiten, oder überlässt die Aufgabe dem Statut des Zwangsvollstreckungs- und Insolvenzrechts. Die publizitätslosen Mobiliarsicherheiten werden an anderer Stelle im Hinblick auf *lex rei sitae* behandelt. Im Fall der Anwendung des Zwangsvollstreckungs-, Insolvenz- und Anfechtungsrechts richtet der Zugriff sich nur auf Sachen, die dem Schuldner gehören. Wo und nach welchem Recht der Schuldner Eigentum erworben hat, spielt keine Rolle. Soweit es um den rechtsgeschäftlichen Erwerb an einer beweglichen Sache geht, lässt die Parteiautonomie den Schutz des Gläubigers unberührt. Zwar schreibt *Flessner* nicht über das chinesische Recht, jedoch ist dieses Argument übertragbar. Das chinesische Recht gewährt ebenfalls keinen Zugriff auf einen bestimmten Gegenstand im Vermögen des Schuldners. Den Schutz des ungesicherten Gläubigers gegen willkürliche Abgänge aus dem Vermögen des Schuldners übernimmt das Vollstreckungs- und Insolvenzrecht. Im Kollisionsrecht werden sie anders als das Forderungsstatut angeknüpft.

(2) Publizität der Sicherungsrechte

(aa) Registrierungspflichtige Sicherungsrechte

Zu publizieren sind erst die ausländischen Sachenrechte, die in die entsprechenden inländischen Sachenrechte mit vergleichbarer Funktion umgewandelt werden können. Die fremden Sachenrechte, die der *lex rei sitae* unbekannt und nicht gemäß des Typenzwangs modifizierbar sind, sind nicht anerkennbar. Sie brauchen sich gegenüber Dritten nicht zu offenbaren. Der Besitz als Sachherrschaft, das Eigentümer-Besitzer-Verhältnis sowie die zugunsten des Besitzers aufgestellte Vermutung, dass z. B. gemäß Art. 1006 BGB der Besitzer Eigentümer der Sache sei, werden stark vom Recht des Lageorts beeinflusst. Daher steht

752 Kieninger, Mobiliarsicherheiten, S. 173 f. Mehr ändere Nachweisen siehe Flessner, in FS Koziol S. 125, 137 Fn. 48 = Flessner, in: Westrick/van der Weide (Hrsg.) 11, 26 Fn. 48.

753 Flessner, in FS Koziol S. 125, 137 f. = Flessner, in: Westrick/van der Weide (Hrsg.), Party Autonomy, 11, 26 ff.

dort keine Möglichkeit für die Parteiautonomie. Möglicherweise kommen die ausländischen Sicherungssachenrechten in Betracht, die ihre funktionsgleiche Entsprechung im chinesischen Sachenrecht finden können. Erst dann ist es zu fragen, ob und inwieweit die notwendige Publizität durch Besitz ersetzt oder erspart wird.

In China wird das Faustpfandrecht in Art. 208 SachRG geregelt. Der Eigentumsvorbehalt ohne Eintragungspflicht ist in Art. 134 VertragsG, Art. 29 SachRG i.V.m. Art. 34 *Interpretation für Kaufvertrag* geregelt[754]. Der verlängerte und erweiterte Eigentumsvorbehalt bleiben jedoch ungeregelt[755]. Die Sicherungsübereignung findet kein Eingang ins positive Recht[756]. Die Hypothek an Mobilien ist anwendbar lediglich auf bestimmten beweglichen Sachen, die Transportmitteln und Betriebsmitteln im Sinne des Art. 180 Nr. 4, 6 Sachenrechtsgesetz umfassen[757]. Zudem wird *floating charge*[758] vorgesehen, deren Wirksamkeit die Registrierung voraussetzt. Diese Sachenrechtstypen bilden die Grenze, innerhalb deren die ausländischen Sicherungsrechte vor einem Volksgericht anerkannt werden. Davon ist das Faustpfand mit tatsächlichem Besitz verbunden. Ohne Übergang des Besitzes wird ein vertragliches oder gesetzliches Pfand nicht wirksam. Der Eigentumsvorbehalt wirkt als Anschaffungssicherheit besitzlos. Hypothek an Mobilien und *floating charge* erfordern Registrierung, ohne die sie *inter partes* auswirken.

Mit der Eintragung ins Register bei einer Hypothek an Mobilien und *floating charge* begegnet man der Frage, ob diese Publizitätsweisen durch Rechtswahl abgewählt werden dürfen. Ein erstes Problem stellt sich dann, ob der Besitz als Publizitätsmittel die Registrierung substituieren kann. Dass der inländische Gesetzgeber auf den Besitz als Publizitätsmittel verzichtet, bedeutet schon darauf hin, dass er dadurch zugunsten des Rechtsverkehrs ein höheres Niveau der Publizität erreichen wollte. Sofern die in Frage stehende Sache eng genug mit dem Inland verbunden, also beispielsweise nicht ins ausländische Bestimmungsland

---

754 *Wang*, Law Review 2014 Heft 1 176, 176 ff.; *Chai/Shi*, China Legal Science 2004 Heft 4 71, 71 ff.

755 Meistens werden rechtsvergleichend verlängerter und erweiterter Eigentumsvorbehalt im Rahmen einer ausländischen Rechtsordnung dargestellt, z. B. im japanischen Sachenrecht, *Cui*, Sachenrecht S. 417.

756 Im ersten IPRG-Entwurf des Sachenrechtsgesetzes wurde die Sicherungsübereignung vorgeschlagen, welche jedoch in späteren Entwürfen entfernt wurde, vgl. Forschungsgruppe für Gesetzgebung des Sachenrechtsgesetzes, Tribune of Political Science and Law 2003 Heft 1 S. 50 ff.

757 *Hu*, SachRG, S. 389 ff.

758 *Hu*, SachRG, S. 394 ff.

geschickt wird, ist der inländische Rechtsverkehr zu beachten. Die inländische Anforderung an die Publizität ist einzuhalten. Dabei ist die Sachherrschaft schwächer in der Funktion von Offenkundigen als die Registrierung. Besitz kann daher die Anforderung an die Registrierung nicht ersetzen.

Wie ist aber die Wirkung dem inländischen Dritten gegenüber zu beurteilen, wenn die Parteien nach dem gewählten Recht ins ausländische Register eingetragen haben? Beim Transportmittel tritt eine Besonderheit auf. Gemäß Art. 271 Abs. 1 SeeHG unterliegt das Schiffpfand dem Recht der Flagge[759]. In diesem Fall wird eine ausländische Registrierung in der Regel[760] im Inland anerkannt[761]. Als ähnliche Bestimmung kommt noch Art. 186 LuftG in Betracht. Solche Bestimmungen, die Transportmitteln zum Gegenstand haben, dürfen nicht auf alle beweglichen Sachen verallgemeinert werden. Verkehrsmittel wechseln häufig ihren Lageort. Sie erweisen in der Regel eine engere Verbindung zum Herkunftsstaat als zur *lex rei sitae*. Im Gegensatz dazu verbindet die bewegliche Sache, die sich nicht im Transport befindet, sich enger mit dem Lageort. Der inländische Rechtsverkehr beachtet ausschließlich das inländische Register. Die innerstaatliche Registrierung, die nach inländischem Recht zu erfolgen ist, entfaltet ebenso wenige Wirkung im Ausland.

Gemäß Art. 189 SachRG muss *floating charge* am Amt für Industrie und Handel, an dessen Zuständigkeitsgebiet der Unternehmen Domizil[762] hat, registrieren lassen. Auf den Gegenständen in Inland, die dem von *floating charge* belasteten ausländischen Unternehmen gehören, soll kollisionsrechtlich keine Drittwirkung zugeschrieben werden. Dasselbe gilt für die Rechtslage an den dem Unternehmensvermögen zugehörigen Mobilien, die sich im Ausland befinden. Ob die im Inland durchgeführte Registrierung auch im Ausland als publiziert angesehen wird, kommt auf die ausländische Kollisionsregel an. Die frühere

---

759 Ausnahme ist der Fall. Hat die Flagge beim *Bareboot Charter* in die inländische zu wechseln, unterliegt gemäß Art. 271 II Seehandelsgesetz das Pfand am Schiff dem Recht des ursprünglichen Flaggenstaates.

760 Die *lex rei sitae* gilt zwangsweise für gesetzliches Sicherungsrecht gemäß Art. 272 Seehandelsgesetz. Rangfolge der Sicherungsrechte unterliegt der *lex fori*. So *Si*, Journal of Dalian Maritime University 2(2003) Heft 2 1, 3. In der Rechtsprechung, so im Urteil, *(2002) Guang Hai Fa Zhong Zi Nr. 78.*

761 So in den folgenden Urteilen: *(2004) Jin Hai Fa Shang Chu Zi Nr.; (2002) Hu Hai Fa Shang Chu Zi Nr. 16; (2002) Guang Haifa Chuzi Nr. 116.* Aber gibt es Rechtsprechung, die ausländische Sicherheit am Schiff wegen mangelnder inländischen Publizität nicht anerkannt, so wie im Urteil *(2002) Yong Hai Wen Chu Zi Nr. 83*, dagegen *Si*, Journal of Dalian Maritime University 2(2003) Heft 2 1, 1 ff.

762 Domizil in diesem Zusammenhang lässt sich gemäß Art. 39 AGZ in die Hauptniederlassung lokalisieren.

deutsche Praxis[763] gegenüber englischer *floating charge* stellt eine beispielhafte Anwendung der hier vertretenen Meinung dar, die die chinesische *floating charge* wahrnehmen vermag.

Es könnte des Weiteren die Möglichkeit vorliegen, dass theoretisch[764] die Parteien die Anwendbarkeit gewählten ausländischen Rechts oder das Ergebnis nach der Anwendung gewählten Rechts ins inländische Register eintragen. Dies scheint ebenso zu verweigern, weil die Registrierung zwingend nach Registerstatut vorzunehmen ist. Momentan liegt keine Berechtigung vor, die die Eintragung solcher sachenrechtlicher Zustände zulässt.

Von der Registrierung als Publizitätsmittel kann nicht durch parteiautonom gewähltes Recht abgewichen werden. Ohne Eintragung ins Register bleibt die entsprechende materiell-rechtliche Rechtsfolge der *lex rei sitae* unterstehen. Nach Artt. 188, 189 SachRG wirken ein Pfand an eintragungspflichtigen Mobilien und *floating charge* ohne Eintragung *inter partes*.

(bb) Besitzpflichtige Sicherungsrechte

Sieht das Belegenheitsrecht den Besitz als Publizitätsmittel vor, ist ein ausländisches Sicherungsrecht an einer beweglichen Sache, die ins Inland verbracht ist, durch Sachherrschaft zu publizieren. Wenn z. B. ein Faustpfandrecht gemäß eines ausländischen Rechts schon durch den Besitz offenkundig gemacht wird, geht man in der Regel von der Erfüllung der inländischen Publizität aus. Wenn es inhaltlich mit inländischen Typenzwang und Typenfixierung im Einklang steht, ist es gültig. Die Qualifikation des Besitzes sowie Übereignung durch „kurzer Hand" oder Besitzkonstitut unterliegt trotzdem weithin der *lex rei Saite*. Ob ein bestimmter Modus von Besitz für die Publizität ausreicht, z. B. ob Mitbesitz der Bestellung des Pfandrechts ausreicht, unterliegt dem Belegenheitsrecht. Das im Ausland eingetragene Sicherungsrecht ist im Inland als besitzlos zu betrachten, weil ausländische Register nicht als gültige Publizitätsmittel im Inland zu betrachten sind.

763 Schall, IPRax 2009, 209 ff.; Wenckstern, RabelsZ 56 (1992) 627 ff.; Nach neuer europäischen Regelung soll die englische floating charge als „eine Mehrheit von nicht bestimmten Gegenständen mit wechselnder Zusammensetzung" anerkannt werden, Nomos/von Plehwe, Art. 43 EGBGB Rn. 45.

764 vgl. v. Wilmowsky, Kreditsicherungsrecht, S. 171.

(cc) Publizitätslose Sicherungsrechte

(i) Eigentumsvorbehalt

Von besonderer Bedeutung ist die Frage, inwieweit ein ausländisches publizitätsloses Sachenrecht an einer beweglichen Sache in der inländischen materiellrechtlichen „Güter- und Gläubigerordnung" anerkannt werden soll. Da Art. 37 IPRG hauptsächlich die Sache mit Belegenheit in China zum Gegenstand hat, ist die nachfolgende Untersuchung auf der Rechtslage des geltenden chinesischen Sachenrechts vorzunehmen. Es ist nämlich von der Rechtslage auszugehen, dass ein einfacher Eigentumsvorbehalt besitzlos gilt, während die Hypothek an Mobilien registrierungspflichtig ist.

Im inländischen Rechtsverkehr wird keine Publizität für den einfachen Eigentumsvorbehalt gefordert[765]. Der Vorbehalt wirkt jedoch dinglich gegen Gläubiger sowohl des Vorbehaltsverkäufers als auch des Vorbehaltskäufers[766]. Es hat im Ergebnis zur Folge, dass die Vorbehaltsvereinbarung zwischen den Parteien Dritte bindet, also das Interesse der Vertragsparteien den Verkehrsschutz überwiegt. Ist der innerstaatliche materiell-rechtliche Grundgedanke auf Kollisionsrecht zu übertragen, eröffnet sich ein breiter Raum zur Erkennung ausländischer Eigentumsvorbehalte mit beliebigen Publizitätsmitteln. Die Parteien sind daher in der Lage, irgendein ausländisches Sachenrecht auf bewegliche Sachen für maßgeblich zu erklären. Die liberale Lösung hilft vornehmlich beim Importgeschäft ins Inland, soweit dem besitzlosen Eigentumsvorbehalt im Exportland eine schwächere Wirkung zugeschrieben wird. Dasselbe Ergebnis kann jedoch schon die objektive Anknüpfung erreichen, indem der Eigentumsvorbehalt mit Wirkung *inter partes* wegen fehlender Drittwirkung nicht als vollendet zu betrachten ist und daher sich nach der Grenzüberschreitung dem Recht am Bestimmungsland unterstellen lässt. Beim Exportgeschäft ins Ausland hilft jedoch die Parteiautonomie ebenso wenig wie die objektive Anknüpfung. Ob die Rechtswahl im Bestimmungsausland anerkannt wird, entscheidet sich nicht nach Art. 37 IPRG, sondern der sachenrechtlichen Kollisionsnorm des Landes an. Lässt sie die Rechtswahl auf Sachenrecht nicht zu, entfällt der Eigentumsvorbehalt häufig aufgrund fehlender

765 Da chinesisches Sachenrecht Abstraktion- und Trennungsprinzip nicht kennt, ist keine dingliche Einigung sondern schuldrechtliches Geschäft aufschiebend bedingt. Rechtsgrundlage dient Art. 134 VertragG. Der Aufbau des Eigentumsvorbehalts, vgl. *Wang*, Contemporary Law Review, 2010 Heft 2 21, 21 ff.

766 Rechtsgrundlage ist Art. 17, 18 Bestimmungen des OVG über Beschlagnahme von Vermögen. Literatur auf Deutsch siehe *Ding*, Eigentumsvorbehalt, S. 154 f.

Publizität. Daher lässt sich aussagen, dass bei der Fallgruppe des Eigentumsvorbehalts die Parteiautonomie zwar gilt, jedoch ohne praktische Bedeutung ist.

Ein verlängerter Eigentumsvorbehalt ist keine gebräuchliche Praxis in China. Es liegt keine klare sachenrechtliche Regelung vor. Es ist demnach unklar, ob der Vorbehaltskäufer die Anwartschaft weiter an einen Zweiterwerber veräußern oder zweimal mit Zahlung bedingen darf. Die Ermächtigung zur Weiterveräußerung könnte zudem mit dem Sinn des Eigentumsvorbehalts nicht vereinbar sein. Es empfiehlt sich jedoch, den verlängerten Eigentumsvorbehalt zu erlauben, da sonst der Vorbehaltsverkäufer den Eigentumsvorbehalt verliert, indem es an einen gutgläubigen Dritten weiterverkauft wird[767]. Bei der üblichen Form des verlängerten Eigentumsvorbehalts, der durch Vorausabtretung weiter gesichert ist, geht es aber nicht um ein sachenrechtliches Problem, sondern ein schuldrechtliches. Der verlängerte Eigentumsvorbehalt solcher Art ist kollisionsrechtlich durch eine differenzierte Lösung zu behandeln. Der einfache Vorbehalt zwischen dem Vorbehaltsverkäufer und dem Vorbehaltskäufer unterliegt der oben erläuterten Kollisionsnorm. Die Ermächtigung zur Weiterveräußerung unterliegt dem Vertragsstatut, da chinesisches Sachenrecht dem Traditionsprinzip nicht folgt. Problematisch ist, dass die Anknüpfung der Forderungsabtretung nicht gesetzlich geregelt ist[768]. Nach der einzigen zu dieser Frage geäußerten Meinung im Schrifttum sind die sachenrechtlichen Fragen der Forderungsabtretung an das Forderungsstatut anzuknüpfen, während das vertragliche Verhältnis zwischen Zedent und Zessionar aus der Übertragung der Forderung nach der vertragsrechtlichen Kollisionsnorm zu verweisen ist[769]. Hält man diese Ansicht für zutreffend, unterliegt die Übertragbarkeit zukünftiger Forderungen dem Vertragsstatut des zweiten Kaufvertrags, das Verhältnis zwischen dem Vorbehaltsverkäufer und dem Vorbehaltskäufer dem ersten Vorbehaltskaufvertrag. Wäre das chinesische Recht das Forderungsstatut, ist die Übertragbarkeit zukünftiger Forderungen trotz Schweigens des Gesetzes im Schrifttum überwiegen anerkannt[770].

---

767 Anknüpfung des gutgläubigen Erwerbs sowie Zulässigkeit der Parteiautonomie wird im nächsten Abschnitt untersucht.

768 Im IPRG-Entwurf der CSPIL wurde in Art. 74 vorgeschlagen, „Begründung und Wirkung der Forderungsabtrettung unterliegen dem Forderungsstatut." Die Vorschrift wurde nicht ins IPRG übergenommen, siehe *Song*, Law Review 2011 Heft 4 93, 93 ff.

769 *Song*, Law Review (*Faxue Yanjiu*) 2011 Vol. 4 93, 99.

770 Für die Vorausabtretung, *Han*, Vertragsrecht S. 241; zulässig jedoch nicht implizit, *Cui*, Vertragsrecht S. 242; gegen Übertragbarkeit zukünftiger Forderung, *Li*, Vertragsrecht S. 364.

Die Verarbeitungsklausel unter Vorbehaltsverkauf ist hingegen an den Situs anzuknüpfen, weil dabei es um die Zuordnung einer verarbeiteten beweglichen Sache geht. Im chinesischen materiell-rechtlichen Sachenrecht fehlt eine klare Regel zur Verarbeitung[771]. Im Schrifttum wird überwiegend[772] für die willkürliche Bestimmung der Zuordnung der verarbeiteten Sache argumentiert. Unterstellt man die privatautonome Freiheit zur Bestimmung der Zuordnung der verarbeiteten Sache, legt man diese so aus, dass den Parteien eine kollisionsrechtliche Freiheit zur Auswahl des anwendbaren Rechts auf die Zuordnung des Produkts zusteht, die dem inländischen *numerus clausus* nicht entgegensteht.

Der erweitere Eigentumsvorbehalt ist ebenfalls unbekannt in China. Er unterscheidet sich von dem einfachen Eigentumsvorbehalt dadurch, dass es nicht mehr eine Anschaffungssicherheit, sondern gewissermaßen in eine Geldkreditsicherung darstellt ist. Beide haben daher unterschiedliche Funktionen. Dadurch stellt sich die Frage, ob die Funktion des erweiterten Eigentumsvorbehalts mit dem inländischen Typenzwang vereinbart ist. Dies ist zu verneinen, weil der erweiterte Eigentumsvorbehalt in der Funktion zur Sicherung anderer Forderung dient wie die Sicherungsübereignung, die wie nachfolgend dargestellt unter chinesischem sachenrechtlichen Ordnung nicht anerkannt wird.

(ii) Sicherungsübereignung

Die Sicherungsübereignung ist in China nicht gesetzlich geregelt[773]. Im Schrifttum ist ihre Rechtslage und -wirkung umstritten. Gegen deren Anerkennung spricht erstens die Überlagerung mit der Mobiliarhypothek hinsichtlich der Zielsetzung und Funktion[774], zweitens die Vernachlässigung des Drittschutz wegen fehlender Publizität[775], schließlich die ähnliche Wirkung von Verpfändungsverfall[776]. Für

---

771 Weder die AGZ noch das neue Sachenrechtsgesetz hat die Verarbeitung, Verbindung und Vermischung geregelt. Vgl. *Liu*, Sachenrecht S. 109 ff.; *Hu*, SachRG, S. 239 ff. Wird vorgeschlagen die dispositive Regelung, dass es zur Zuordnung zum Hersteller oder Eigentümer der Sache darauf ankommt, ob der Wert der ursprünglichen Sache im Endprodukts den Wert der Arbeit überwiegt, siehe Cui, Sachenrecht S. 100; *Wang*, Sachenrecht S. 493 f.

772 Für den Vorrang der Vereinbarung über die Zuordnung, *Cui*, Sachenrechtsgesetz S. 100; Willkürliche Zuordnung ist die herrschende Praxis, *Yin*, Sachenrecht S. 98.

773 *Cui*, Sachenrecht S. 420.

774 *Zhang/Xi*, Tribune of political Science and Law 2005 Heft 2 169, 173; Chen/Xu, Legal Forum 2004 Heft 4 58, 60 ff.

775 *Yao/Liu*, Jurist 2006 Heft 6 63, 136.

776 *Wang/Wang*, Modern Law Science 2004 Heft 5 3, 6.

die Sicherungsübereignung wird häufig die zweckmäßige Rechtfertigung[777] der „Mortgage“ (*Anjie*)[778] angeführt, unter der der Darlehensnehmer das Eigentum an Immobilien zum Sicherungszweck an den Kreditgeber übereignet. Zudem wird auch der rechtvergleichende Verweis auf das deutsche sowie japanische Institut der Sicherungsübereignung angeführt. Trotz der wissenschaftlichen Auseinandersetzung bleibt jedoch in der Praxis unklar, ob das Volksgericht die Sicherungsübereignung unterstützt.

Wäre die Sicherungsübereignung mit der Mobilienhypothek gleichwertig, sollte sie sich wie die Mobilienhypothek publiziert werden. Jedoch fehlt ein solches Register für sowohl die inländische als auch die ausländische Sicherungsübereignung. Die ausländische wäre nicht mit Drittwirkung zu transponieren. Fraglich ist jedoch, ob die Bestellung eines Sicherungsrechts an Mobilien durch Besitzkonstitut mit der chinesischen inländischen Publizitätsanforderung vereinbar ist. Erfüllt das Besitzkonstitut die Forderung der Publizität, kann die ausländische Sicherungsübereignung wegen der inhaltlichen Gleichheit der anerkannt werden.

Ein Besitzkonstitut im Sinne des Art. 27 SachRG gestattet das Beibehalten des Besitzes der zu übergebenen beweglichen Sache beim Veräußerer. Dabei erkennt der Dritte das wahre sachenrechtliche Verhältnis von außen nicht. Das Besitzkonstitut gilt jedoch nur beim Kauf von beweglichen Sachen. Bei der Bestellung von Faustpfand darf das rein rechtsgeschäftliche Besitzkonstitut die tatsächliche Übergabe nicht ersetzen[779], Art. 212 SachRG. Da das Faustpfandrecht funktionell der Sicherungsübereignung gleicht, könnte sich der Schluss gegen die Anerkennung der ausländischen Sicherungsübereignung aus dem Verbot des Besitzkonstituts ergeben. Angesichts der Tatsache, dass die Sicherungsübereignung sich strukturell ähnlich wie der Eigentumsvorbehalt aufbaut, könnte man für die Umgestaltungsmöglichkeit der ausländischen Sicherungsübereignung argumentieren. Diese Auffassung ist nicht vertretbar, weil der Eigentumsvorbehalt kein Geldkredit, sondern Anschaffungskredit gewährt. Die beiden Instrumente erfüllen also unterschiedliche Funktionen. Ist ein Geldkredit zu sichern, bedient man sich in der geltenden chinesischen Sachenrechtsordnung ausschließlich des Besitzpfands und der registrierungszwingenden Mobilienhypothek. Weil die ausländische Sicherungsübereignung weder durch Übergabe noch Eintrag in das Register offenkundig, soll sie in China ohne weiteres nicht anerkannt werden.

---

777 *Wang/Wang*, Modern Law Science 2004 Heft 5 3, 6.
778 vgl. *Cui*, Sachenrecht S. 420.
779 *Cui*, Sachenrecht S. 518.

(3) Publizität der Übertragung

Ein gutgläubiger Dritter kann unter Umständen Eigentum vom Nichtberechtigten aufgrund des guten Glaubens an den Rechtsschein des Besitzes erwerben[780]. Das Institut bezweckt den Verkehrsschutz zu fördern, welcher im internationalen Rechtsverkehr in besonderem Maße von Bedeutung ist. Um den Erwerb an der Kaufsache zu sichern, könnte eine sachenrechtliche Rechtswahl zwischen Käufer und Verkäufer vereinbart werden, die sich zugunsten des gutgläubigen Erwerbs auswirkt. Dabei wird das Interesse des wahren Eigentümers betroffen, während er nicht an der Vereinbarung der Rechtswahl beteiligt ist. Man mag daher sich auf den Gedanken kommen, dass die Rechtswahl einem Dritten nicht entgegengehalten werden kann, dann den Schluss ziehen, dass die Parteiautonomie an der Stelle zu verweigern ist. Folgend wird aber versucht, den Vertrauen- und Eigentumsschutz kollisionsrechtlich neu zu erwägen, die jeweiligen rechtsvergleichend möglichen Voraussetzungen und die Rechtsfolge des gutgläubigen Erwerbs zu untersuchen, um festzulegen, inwieweit Parteiautonomie gegenüber der *lex rei sitae* zulässig ist.

Hinsichtlich der Erwerbsmöglichkeit[781] wird die Frage aufgeworfen, an welcher beweglichen Sache ein gutgläubiger Dritter vom Nichteigentümer Eigentum erwerben darf[782]. Es geht im forschungswerten Fall darum, ob eine abhandengekommene Sache gutgläubig erworben werden darf. Zu untersuchen ist in diesem Fall, ob von der Erwerbfähigkeit einer fremden Sache nach *lex rei sitae* durch die Rechtswahl abgewichen werden kann. Die Parteiautonomie fördert den internationalen Rechtsverkehr auf Kosten des Eigentumsschutzes. Ist der Rechtsverkehr mehr gewollt als Bestandsschutz, kann die Parteiautonomie Geltung erlangen. Die Frage ist, ob es im chinesischen Kollisionsrecht so gewertet wird. Die rechtspolitische Abwägung zwischen Eigentum- und Verkehrsschutz verbirgt sich häufig in der objektiven Anknüpfung des gutgläubigen Erwerbs. In vielen Rechtsordnungen

780 In zahlreichen Rechtsordnungen wird der gutgläubige Erwerb an beweglichen Sachen geregelt. Detaillierte Darstellung des gutgläubigen Erwerbs in *civil law* Staaten, siehe Van Erp/Akkermans, Property Law S. 916–948; über Good Faith Purchase in Common Law, ebenda S. 987–1004.

781 Wolf/Wellenhofer, Sachenrecht, § 8 Rn. 30 ff.

782 Die grundsätzliche Unzulässigkeit des gutgläubigen Erwerbs im englischen Kaufrecht, Wolf/Wellenhofer, Sachenrecht § 8 Rn. 44; Baur/Stürner, Sachenrecht § 64 Rn. 105. Erwerbfähigkeit vom gestohlenen Sache gemäß italienischem Recht, Kindler, Einführung ins italienische Recht, S. 225 f.; Über deutsches Recht, Baur/Stürner, Sachenrecht § 52.

findet Situs-Regel Anwendung[783]. Unterschiedlich ist der maßgebliche Zeitpunkt zur Bestimmung des Lageorts. Ist der Lageort zum Zeitpunkt des Erwerbsvorgangs maßgebend, wird dem Verkehrsschutz Vorzug gegeben. Die Parteiautonomie ist dann möglich, aber nicht begründet. Die Partien können ebenfalls durch tatsächliche Auswahl des Veräußerungsorts eine vergleichbare Wirkung eintreten lassen, die wie Rechtswahl auswirkt[784]. Ist das Recht des Lageorts zum Zeitpunkt des Diebstahls maßgeblich, liegt kollisionsrechtlich der Schwerpunkt beim Eigentumsschutz. Dem Eigentümer steht der Schutz unter *lex rei sitae* im Zeitpunkt des Diebstahls. In diesem Fall erweist sich die Parteiautonomie als unzulässig. Der Schutz kann nicht durch Rechtswahl, an deren Vereinbarung der Eigentümer nicht beteiligt wird, entzogen werden.

Die Möglichkeit der Parteiautonomie gemäß Art. 37 IPRG in Bezug auf den gutgläubigen Erwerb kommt auch auf die Erwägung des geltenden chinesischen Internationalen Sachenrechts an, nämlich ob dem Verkehrsschutz Vorzug gegeben wird. Das geltende chinesische IPR sagt jedoch nichts über den maßgeblichen Zeitpunkt aus. Daher liegt kein kollisionsrechtlicher Maßstab für die beiden Werte vor. Die Rechtsstellung könnte weiter aus der sachrechtlichen übertragen werden. Das chinesische Sachenrechtsgesetz lässt bewusst die Erwerbsfähigkeit der gestohlenen Sache ungeregelt, mit der Absicht, die absolute Stellung des Eigentümers zu gewähren. Andererseits hat der chinesische Gesetzgeber dem Eigentümer an einer verlorenen Sache eine zweijährige Ausschlussfrist zur Rückforderung gegenüber dem gutgläubigen Erwerber gesetzt. Dort steht der Eigentumsschutz im Vordergrund. Da der Eigentumsschutz an gestohlenen Sachen nicht besser als der Schutz an verlorenen Sachen gestellt werden soll, ist davon auszugehen, dass ohne weiteres[785] das chinesische materielle Sachenrecht den Schutz des Eigentümers betont. Überträgt man die Wertung auf das Kollisionsrecht, ist der Schluss gegen die Parteiautonomie auf abhandengekommene Sachen zu ziehen. Der ursprüngliche Eigentümer unterliegt dem Recht der Belegenheit im Zeitpunkt des Diebstahls,

783 Viele Rechtsordnungen stellten für die objektive Anknüpfung auf den Lageort ab. Im schweizerischen IPR, siehe Kostkiewicz, Grundriss, Rn. 1774; Siehr, IPR der Schweiz, S. 192. Im englischen IPR, Collins, Conflict of laws Vol. II Rn. 24 R-020 ff. Darstellung Kollisionsrecht des Eigentumserwerbs in Deutschland, Schweiz und Frankreich siehe Fisch, Sicherheit an Fahrnis, S. 55 ff.

784 Ritterhoff, Parteiautonomie, S. 304.

785 Hinsichtlich der Frage, wie der gutgläubige Erwerb gemäß Art. 37 objektiv anzuknüpfen ist: im Zeitpunkt des Abhandenkommens oder gutgläubigen Erwerbs, sogar je nach der Antwort zur Frage, ob die Sache gestohlen ist, zeitlich differenziert anzuknüpfen, stellt eine andere Frage dar, die an der Stelle nicht weiter diskutiert wird.

das er kennt und beeinflussen kann, jedoch nicht dem Recht, an dessen Auswahl er nicht beteiligt ist.

Falls kollisionsrechtlich von der Förderung des Verkehrsinteresses auszugehen ist, wie die herrschende Lehre im deutschen Schrifttum[786] die Anknüpfung an den Lageort im Zeitpunkt des Erwerbsvorgangs vertritt, bleibt die Parteiautonomie möglich. Der Zweck der Parteiautonomie im sachenrechtlichen Kollisionsrecht lässt die Abweichung von der *lex rei sitae* zugunsten des Rechtsverkehrs zu. Der Verdacht gegen die beliebte Rechtswahl besteht lediglich darin, dass die Parteien böswillig eine günstige Rechtsordnung auswählen, die die Herbeiführung eines wirksamen Erwerbs zulasten des Rechtsinhabers ermöglicht. Den Missbrauch der Parteiautonomie kann jedoch einerseits *legis frais* gemäß Art. 11 Interpretation I beseitigt. Andererseits erfüllt auf der sachrechtlichen Ebene die Böswilligkeit die Aufforderung der Gutgläubigkeit zum Erwerb vom Nichtberechtigten nicht.

Der Erwerb vom Nichtberechtigten dient dem Verkehrsschutz, dessen Adressaten jedoch die Böswilligen nicht umfassen. Sonst verliert gutgläubiger Erwerb an seinen Boden. Die nationalen Sachenrechte regeln zwar vielfältig unterschiedliche Voraussetzungen und Rechtsfolgen des Erwerbs vom Nichteigentümer, ihnen ist aber gemeinsam, dass Gutgläubigkeit für den Erwerb erforderlich ist[787]. Wählen der potenzielle Erwerber und der unberechtigte Veräußerer böswillig ein günstiges Sachenrecht, entfällt zugleich die Voraussetzung der Gutgläubigkeit unter Sachenrecht. Ob dies kollisionsrechtlich als gutgläubig oder böswillig zu bewerten ist, spielt keine Rolle. In diesem Fall vereinbaren die Parteien eine kollisionsrechtlich gültige Rechtswahl, um materiell-rechtlich eine ungerechtfertigte Folge herbeizuführen, die als materiell-rechtliche Böswilligkeit den gutgläubigen Erwerb ausschließt. Im Ergebnis kann einem Missbrauch der Rechtswahl materiell-rechtlich begegnet werden. Damit trägt die

---

786 Es liegt freilich Streit um den maßgeblichen Zeitpunkt vor. H. M. vertritt die Ansicht, dass die Anwendung der *lex rei sitae* im Zeitpunkt des Diebstahls den internationalen Warenverkehr behindert. Der Erwerber braucht nicht mit historischen Eigentumsübergang zu rechnen, noch ob und nach welchem Recht ein gutgläubiger Erwerb möglich wäre, siehe Kropholler, IPR § 54 I 3 c); Beneke, ZVglRWiss 101 (2002) 362, 365. Es wird jedoch die Meinung vertreten, dass im Fall einer abhandengekommenen Sache die *lex rei sitae* im Zeitpunkt des Abhandenkommens maßgebend sein soll, um den Eigentumsschutz zu fördern. Die Auffassung findet ihren Zugang zur Anwendung gemäß Art. 46 EGBGB, weil sie enger mit dem gutgläubigen Erwerb verbunden ist, siehe Mansel, IPRax 1988 268, 271. Vgl. Rauscher, IPR § 11 Rn. 1533.

787 Mit weiteren Nachweisen. Flessner, in: FS Koziol S. 139.

Parteiautonomie dem Verkehrsinteresse im gutgläubigen Erwerb Rechnung, während sie ihrem Sinn nicht jedenfalls zuwiderläuft.

Was der Gutgläubige erwirbt, verliert der ursprüngliche Eigentümer. Das Verfügungsstatut bestimmt zugleich den Umfang, inwieweit in die Rechtsposition des ursprünglichen Eigentümers eingegriffen wird. Es handelt sich in der Regel um eine Eigentumsübertragung. Bei gestohlenen oder unterschlagenen Sachen wird in einigen Rechtsordnungen in mildernder Weise Ausschlussfrist in vielfältiger Länge oder ein Lösungsgeld[788] vorgesehen. Fraglich ist, ob das gewählte Verfügungsstatut ebenfalls auch die Rechtsbehelfe des ursprünglichen Rechtsinhabers bestimmt. Wenn Rechtsbehelfe sachenrechtlicher Art sind, wie z. B. das Lösungsrecht, das im Rahmen des Sachenrechts Kompromiss zwischen Verkehrsschutz und Bestandschutz erzielt, soll es dem gewählten Verfügungsstatut unterliegen. In diesem Fall könnte das Interesse des ursprünglichen Rechthabers durch Rechtswahl zwischen Erwerber und Nichtberechtigten beeinflusst werden.

Der ursprüngliche Eigentümer kann bereicherungsrechtlichen oder deliktsrechtlichen Schutz geltend machen. Was der ursprüngliche Eigentümer unter dem gewählten Verfügungsstatut verloren hat, wird als durch Bereicherung Erlangtes oder durch Delikt herbeigeführten Schaden behandelt. In dieser Hinsicht trennen sich das Verfügungsstatut und das anwendbare Recht auf Bereicherung oder Delikt. Der gutgläubige Erwerb stellt kollisionsrechtlich eine Vorfrage dar. Der bereicherungsrechtliche oder deliktische Anspruch ist selbständig anzuknüpfen. Art. 44 und Art. 47 IPRG sind einschlägige Bestimmungen, die für den Bereicherungs- und Schadensersatzanspruch jeweils eine Anknüpfungsleiter mit drei Stufen vorsehen. Erstrangig können die Parteien nämlich der Nichtberechtigte und der ursprüngliche Eigentümer das anwendbare Recht wählen. In Ermangelung einer Rechtswahl kommt das Recht des gemeinsamen gewöhnlichen Aufenthalts zur Anwendung. Der gemeinsame gewöhnliche Aufenthalt erweist eine engere Verbindung mit dem Schutz auf, als dem zufälligen Lagerort. Letztendlich wird auf Ort der Bereicherung oder des Delikts angeknüpft. Es ist kollisionsrechtlich gerechtfertigt, an den Lageort anzuknüpfen, an dem die bewegliche Sache sich im Zeitpunkt des Verfügungsgeschäfts oder der Rechtswahl befindet. Die Zulassung der Parteiautonomie beeinflusst den Schutz des Rechtsinhabers nicht.

---

788 Vielfältige Ausgestaltung des gutgläubigen Erwerbs, Benecke, ZVglRWiss 101 (2002) 362 362 ff.

c) *Verträglichkeit mit Abstraktions- oder Kausalprinzip*

(1) *Bedeutung des Abstraktion- oder Kausalprinzips*

Der numerus clausus verbietet eine abweichende sachenrechtliche Befugnis nach außen geltend zu machen. Er betrifft jedoch die Abschlussfreiheit nicht. Die Parteien können die festgelegten Rechtstypen mit dem festgelegten Rechtsinhalt unter anderen Rechtssubjekten beliebig zirkulieren. In dieser Hinsicht ist zu klären, ob die Parteiautonomie Anwendung auf die Weise der Übertragung im internationalen Warenverkehr finden soll.

Hinsichtlich der Frage, wie die Gestaltungsform der Verfügung auszuformen ist, schwanken die nationale Rechtsordnungen zwischen dem Einheits- und Kausalprinzip und dem Trennungs- und Abstraktionsprinzip[789]. Sie weisen zwar gravierende Unterschiede hinsichtlich der methodischen Grundlage und der strukturellen Konstruktion auf. Funktionell zeigen sie jedoch aufgrund sachlicher Interessenerwägung ein gleiches Ergebnis auf[790]. Im Verhältnis zwischen den Parteien lässt keine Rechtsordnung den Erwerber ohne ein wirksames Kausalgeschäft Recht erwerben. Die ungewollte Rechtsfolge ist je nach dem zugrundeliegenden Gestaltungsprinzip durch sachenrechtlichen Vindikationsanspruch oder schuldrechtlichen Bereicherungsanspruch zu beseitigten. Die Funktionsgleichheit spricht für die Parteiautonomie hinsichtlich der Gestaltungsform der Verfügung. Im Außenverhältnis, nämlich gegenüber Gläubigern des Veräußerers und Erwerbers, bestehen Unterschiede. Gemeint ist erstens der Verkehrsschutz einer Verkaufskette und zweitens der Rechtsbehelf des Veräußerers im Insolvenzverfahren. Dem Verkehrsschutz hat der gutgläubige Erwerb Rechnung zu tragen. Das Traditionsprinzip erlaubt den böswilligen Erwerb, den das Konsensprinzip nicht zulässt. Der böswillige Erwerb lässt sich jedoch nicht rechtfertigen. Treten der Wegfall des Kausalgeschäfts und der Insolvenzfall gleichzeitig ein, wird dem Veräußerer in einer abstraktionsprinzipsfreundlichen Rechtsordnung nur der schuldrechtliche Bereicherungsanspruch gewährt. In einer konsensprinzipfreundlichen Rechtsordnung wird ihm wegen seiner Eigentümerstellung ein Aussonderungsrecht gewährt[791]. Fraglich ist dann, ob der Unterschied im Außenverhältnis der Verfügenden gegen die Parteiautonomie spricht. Dies ist abzulehnen, weil erstens der insolvenzrechtliche Eigentümerschutz einer beweglichen Sache im

---

789 Van Erp/Ackkermans, Property Law, S. 783 ff.; Baur/Stürner, Sachenrecht S. 944 ff.

790 Stadler, Abstraktion, S. 719 ff.

791 Stadler, Abstraktion, S. 410. Über das Kausalprinzip im französischen Recht, Hübner/Constaninesco, Einführung ins französische Recht, S. 189; Sonnenberger/Classen, Einführung ins französische Recht, S. 119.

grenzüberschreitenden Rechtsverkehr praktisch kaum möglich ist. Die eingeführte Ware wird häufig schnell weiterverkauft, damit kann der Erstverkäufer unter dem Konsensprinzip eben nicht die Kaufsache vindizieren. Zweitens stellt sich die Gestaltungsform der Verfügung als dispositives Recht dar. Unter dem Traditionsprinzip können die Parteien die dingliche Einigung von der Wirksamkeit des Kaufvertrags abhängig machen. Dies nennt sich im deutschen Sachenrecht „Bedingungszusammenhang"[792]. Unter dem Konsensprinzip dürfen die Parteien die Erfüllung unabhängig von der Wirksamkeit des Kaufvertrags gestalten. Zuletzt können diese Prinzipien durch tatsächliche Ortsveränderung umgangen werden. Zum Schluss steht der Unterschied zwischen dem Tradition- und Konsensprinzip in der innerstaatlichen Rechtsordnung nicht gegen die Parteiautonomie.

(2) Problem des Statutenwechsels

Wäre die Parteiautonomie bei der grenzüberschreitenden Übertragung unzulässig, hätte man den qualifizierten Statutenwechsel zu behandeln. Der Begriff bezeichnet einen offenen, gestreckten Erwerbstatbestand, nämlich den Umstand, dass ein sachenrechtlicher Tatbestand im Zeitpunkt des Statutenwechsels unter keinem Sachstatut vollendet ist[793]. Diese Problematik wird im chinesischen Schrifttum wenig[794] diskutiert. Die fehlende Aufmerksamkeit lässt sich auf die Gestaltungsform der Verfügung im chinesischen Sachenrecht zurückführen. Art. 23 SachRG sieht das Wirksamwerden der Übertragung vom Sachenrecht im Zeitpunkt der Übergabe vor. Im einführenden Verkehrsgeschäft aus dem Absenderland, in dem Konsensprinzip herrscht, erkennt Art. 37 S. 2 IPRG einfach die schon stattgefundene Übertragung an. Falls die Versendung aus einem traditionsprinzipfreundlichen Land erfolgt, hat das Volksgericht nicht die unter dem Altstatut vorgenommene Einigung zu behandeln. Unter dem neuen Sachstatut findet eine Übertragung nämlich gemäß Art. 23 SachRG bei der Übergabe statt, die sich glücklicherweise als tatsächliche Publizitätshandlung[795] ohne dingliche Einigung versteht. Um der vermeintlichen Anwendungsweise Rechnung zu tragen, liegt die Auslegung zugunsten der sukzessiven Anwendung des alten und neuen Sachstatuts nahe. Die sukzessive Lösung passt auch zur herrschenden Lehre[796], die nur

792 Baur/Stürner, Sachenrecht, § 4 Rn. 53 f.

793 Erklärung des Begriffs unter Art. 43 EGBGB, MüKo/Wendehorst, Art. 43 EGBGB Rn. 160 ff.

794 In Bezug auf Ersitzung, *Du*, IPRG S. 249.

795 *Cui*, Sachenrecht, S. 45; *Hu*, SachRG S. 67 f.

796 *Han*, IPR S. 188; *Li*, IPR S. 134; *Xu/Zhang*, IPR S. 150; *Zhao*, IPR S. 227; *Xu*, IPR S. 224; *Du*, Art. 37 IPRG S. 257.

den statischen Sachverhalt erfasst. Zugleich wird die Wirksamkeit des schuldrechtlichen Vertrags als Vorfrage behandelt, die gemäß Art. 12 Interpretation I selbständig anzuknüpfen ist.

Im Fall des ausführenden Verkehrsgeschäfts findet die Übertragung beim Grenzüberschritt gemäß Art. 23 SachRG als *lex rei sitae* nicht statt. Wie der offene Tatbestand kollisionsrechtlich zu behandeln ist, obliegt häufig dem ausländischen Gericht. Hier könnte das parteiautonom gewählte Recht keine Rolle spielen.

(3) Koordinierung mit dem Bereicherungsstatut und Vindikationsstatut

Wählen die Parteien das anwendbare Sachenrecht zugunsten des Traditionsprinzips soll dasselbe Recht für den Vindikationsanspruch maßgeblich sein, um die Interessenlage auszugleichen. Dem Wortlaut nach scheint es so, dass Art. 37 S. 1 IPRG eine Rechtswahl auf den Herausgabeanspruch zulässt. Daher kann die Rechtswahl auf Verfügung im Fall des Wegfalls des Kausalgeschäfts dahingehend ausgelegt werden, dass sie sich auf die sachenrechtliche Rechtsfolge des Zweckuntergangs erstreckt. Nach hier vertretener Auffassung soll der Vindikationsanspruch, der in Bezug auf die Ausübung des Sachenrechts steht, nicht der gewählten Rechtsordnung, sondern dem Lageortrecht unterliegt. Setzt man hier die Rechtswahlmöglichkeit unbedingt durch, ist die einheitliche Anknüpfung des Vindikationsanspruchs an die Rechtswahl auf die Verfügung vorzuschlagen. Wählen die Parteien das traditionsfreundliche Sachenrecht als anwendbares Recht, soll das gewählte Recht auch für das Bereicherungsrecht maßgeblich sein, um den Veräußerer zu kompensieren. Art. 47 S. 1 IPRG gewährt den Parteien eine Rechtswahlmöglichkeit auf ungerechtfertigte Bereicherung. Die Rechtswahl auf die Verfügung soll daher dahingehend ausgelegt werden, dass sie die Bereicherung umfasst, die wegen des Wegfalls des Zweckgeschäfts eintritt.

d) Ergebnis

Art. 37 S. 1 IPRG ist nach den Folgerungen auslegungsbedürftig. Aus der bevorstehenden Auseinandersetzung lassen sich folgende Schlüsse folgern. Man hat erstens das Bestandsstatut vom Wirkungsstatut zu unterscheiden. Auf die Wirkung eines Sachenrechts findet ausschließlich das Belegenheitsrecht Anwendung. Unter dem Typenzwang und der Typenfixierung kann ausländisches Sachrecht jedoch an Mobilien in transponierter Form Wirkung entfalten. Zu beachten ist insbesondere die Publizitätsanforderung. Die parteiautonom ausgewählte Rechtsordnung gilt dann, wenn nach deren Bestimmung die Form und Stärke der Publizität mit den der *lex rei sitae* vergleichbar ist. Auf den Bestand eines Sachenrechts kann ein anderes Sachrecht als die *lex rei sitae* angewandt werden. Dies gilt insbesondere bei den Sachenrechten, die durch Besitz oder besitzlos publiziert werden. Für die Registrierungspflichten Sachenrechte spielt die Parteiautonomie geringe Rolle, weil das ausländische Register im Inland keine Wirkung entfalten darf. Selbst im Fall des gutgläubigen Erwerbs können die Partien das anwendbare Sachenrecht wählen. Wenn sie böswillig eine günstige Rechtsordnung wählen, entfällt die Voraussetzung des guten Glaubens im Sinne des materiellen Sachenrechts. Die Parteiautonomie verträgt sich auch gut mit dem Abstraktions- und dem Kausalprinzip. Angesichts der Unsicherheit und des Koordinierungsproblems ist die Parteiautonomie auf Erwerb sowie Änderung des Sachenrechts statthaft. Die Voraussetzung dafür ist die Tatsache der Grenzüberschreitung der Sache oder die vertragliche Zwecksetzung einer solchen Verlagerung.

Zusammenfassung

Die vorliegende Arbeit befasst sich mit der Freiheit der Rechtswahl im chinesischen internationalen Privatrecht. Die Selbstbestimmung des anwendbaren Rechts erfährt mit der Kodifizierung des chinesischen IPRG eine gewaltige Erweiterung hinsichtlich ihres Anwendungsbereichs. In der vorliegenden Arbeit wird die Gesetzesregelung und Rechtsprechung über die Parteiautonomie systematisch dargestellt. Soweit Gesetzeslücken und Unklarheiten bestehen, werden nach den sorgfältigen Auseinandersetzungen die Hinweise für *de lege ferenda* vorgeschlagen. Zur deren Begründung wird die Methode der dogmatischen Analyse und Rechtsvergleichung angewandt.

Im chinesischen Internationalen Privatrecht bezeichnet der Begriff der Parteiautonomie die Freiheit, das anwendbare Recht auf den Sachverhalt mit Auslandsberührung selbst zu bestimmen. Ihre Berechtigung entspringt laut dem Gesetzgeber der Selbstbestimmungsbefugnis der Parteien über ihre subjektiven Zivilrechte. Die Freiheit zur Rechtswahl lässt sich in zwei Dimensionen begreifen, nämlich erstens hinsichtlich ihrer Zulässigkeit bezüglich eines bestimmten Anknüpfungsgegenstands, zweitens hinsichtlich der Modalitäten ihrer Ausübung. Das IPRG hat die Rechtswahlmöglichkeit in breiten Teilgebieten zugelassen. Dies ist zu begrüßen. Problematisch ist jedoch ihre Anwendung in der Rechtsprechung. Während der stillschweigender tatsächlicher Parteiwille nicht zu berücksichtigen ist, wirkt die rügelose Bezugnahme auf das Recht eines Staates wie eine „konkludente" Rechtswahl (§ 6 II). Eine solche „Rechtswahl" beruht jedoch nicht auf dem wirklichen Parteiwillen. Damit eröffnet sie im Namen der Parteiautonomie eine „Hintertür" zur Anwendung der *lex fori*. In dieser Hinsicht ist eine Aufklärungspflicht des Gerichts über die Bestimmung des anwendbaren Rechts einzuführen, um den wirklichen Parteiwillen zu respektieren und das „Heimwärtsstreben" zu vermeiden. Die Parteien haben zudem das parteiautonom gewählte ausländische Recht wie Tatsache selbst vorzubringen (§ 6 I). Damit wird das gewählte ausländische Recht wie die materiell-rechtliche Verweisung als eine zu beweisende Tatsache behandelt. Im Fall der Nichtfeststellbarkeit des ausländischen Rechts kommt die *lex fori* als Ersatzrecht zur Anwendung, anstatt des objektiv anwendbaren Rechts.

Außerdem gibt es viele ungeregelte Fragen und Unklarheiten, für die die Arbeit die vertretbare Lösung zu finden versucht. Zusammenfassend lassen sich folgende Ergebnisse festhalten:

1. Es existiert keine allgemeine Zulässigkeit einer Rechtswahl gemäß Art. 3 IPRG. Die Zulässigkeit setzt die ausdrückliche gesetzliche Berechtigung voraus (§ 1 III 1 a). Die Justizielle Interpretation des OVG darf über das Gesetz hinaus keine Rechtswahlmöglichkeit auf einen neuen Anknüpfungsgegenstand verordnen. (§ 1 III 1 c).
2. Von der Parteiautonomie ist die materiell-rechtliche Privatautonomie zu unterscheiden (§ 1 V). Die Wahl des für China nicht bindenden internationalen Übereinkommens im Sinne des Art. 9 Interpretation I ist als materiell-rechtliche Verweisung zu betrachten. Sie unterliegt also nicht dem zwingenden Recht der *lex fori*, sondern der *lex causae* (§ 1 V 1, § 9 II).
3. Die kollisionsrechtliche Rechtswahl unterscheidet sich auch von der einseitigen Bestimmungsbefugnis im Sinne des Art. 42 S. 2, 45 S. 2 IPRG (§ 1 V 2). Dies kann nicht als einseitige Rechtswahl betrachtet werden. Sie erfolgt im Rahmen der objektiven Anknüpfung. Wegen ihrer Rechtsnatur eines Gestaltungsrechts unterliegt sie strengeren Einschränkungen als die beiderseitige Rechtswahl.
4. Die Erklärung der Rechtswahl lässt sich als kollisionsrechtlicher Vertrag einordnen. Wie ihr Zustandekommen und ihre Wirksamkeit zu beurteilen ist, wird *de lege lata* nicht geregelt. Die Lücke ist mit dem Hilfskonstruktion des Verweisungsvertrags zu erfüllen (§ 4 II). Das Statut des Verweisungsvertrags ist das von den Parteien durch den Anschein einer Rechtswahl in Aussicht genommene Recht. Wenn die Rechtswahl im Prozess vorgenommen wird, kann die *lex fori* auch maßgebend sein.
5. Beim Verweisungsvertrag im Internationalen Vertragsrecht ist zudem die Anknüpfung der Rechtswahlklauseln in AGB zu berücksichtigen (§ 3 V 1). Für die kollidierende formularmäßige Rechtswahlklausel kommt zuerst eine kumulative Anknüpfung der von beiden Parteien berufenen Rechte zur Anwendung. Wenn unter der kumulativen Anknüpfung nur eine formularmäßige Rechtswahl wirksam zustande gekommen ist, geht die AGB-Rechtswahl vor. Wenn unter der kumulativen Anknüpfung keine Rechtswahl einbezogen wurde, oder beide formularmäßigen Rechtswahlerklärungen einbezogen wurden, liegt keine wirksame Rechtswahl vor.
6. Für den Verweisungsvertrag im Internationalen Vertragsrecht ist noch die Anknüpfung des vorkonsensualen Verhaltens besonders zu beachten (§ 4 V 2). Ob eine Partei der Willenserklärung der anderen zustimmt, ist unter Umständen aus Billigkeitsgründen nach der *lex personalis* des Empfängers zu beurteilen.

7. Eine Rechtswahl kann gemäß Art. 8 Abs. 1 Interpretation I spätestens bis zur Beendigung der mündlichen Verhandlung getroffen oder abgeändert werden. Wie die nachträgliche Rechtswahl sich auswirkt, also mit *ex tunc* oder *ex nunc* Wirkung, wird *de lege lata* nicht geregelt. Vorzuschlagen ist, dass die Parteien selbst entscheiden dürfen, ob sich die Rechtswahl *ex tunc* oder *ex nunc* auswirkt. Bei der nachträglichen Rechtswahl bleiben die Interessen Dritter und die Formgültigkeit unberührt. (§ 5 II)
8. Da der wirkliche Parteiwille im internationalen Vertragsrecht besonders wichtig ist, soll der stillschweigende Parteiwille dort für die Rechtswahl beachtet werden. Es ist möglich, den stillschweigenden Parteiwillen im Rahmen der engsten Verbindung im Sinne des Art. 41 S. 2 IPRG zu berücksichtigen (§ 8 IV).
9. Zur Zulässigkeit der deliktischen Rechtswahl steht die allgemeine Berechtigung im unklaren Verhältnis mit Sonderdelikten (§ 9 I 2). Ob Rechtswahl im einzelnen Deliktstyp statthaft ist, ist im jeweiligen Zusammenhang zu forschen. Wegen der potenziellen Betroffenheit von Dritteninteressen ist Parteiautonomie im internationalen unlauteren Wettbewerbsrecht und Kartellrecht zu verweigern. Hinsichtlich der Produkthaftung, der Verletzung von Persönlichkeitsrecht und der Rechte an geistigem Eigentum sieht man jedoch keinen Grund für Ausschluss der Selbstbestimmung des anwendbaren Rechts.
10. Zur wählbaren Rechten für die deliktische Rechtswahl erweist sich keine Besonderheit im Vergleich zu der Rechtswahlmöglichkeit im Internationalen Vertragsrecht. Die Parteien können sowohl staatliches als auch nichtstaatliches Recht wählen. Es gibt eine Ausnahme, dass für die deliktische Haftung aus Verletzung von Rechten an geistigem Eigentum nur die *lex fori* wählbar steht (§ 9 II).
11. Bei der Rechtswahl im Bereich des internationalen Deliktsrechts ist eine vorweggenommene Rechtswahl gemäß Art. 44 S. 2 IPRG nicht möglich. Es ist jedoch möglich, eine im Voraus getroffene vertragliche Rechtswahl akzessorisch oder im Fall der Anspruchskonkurrenz zu berücksichtigen (§ 9 IV).
12. Die sachenrechtliche Parteiautonomie im Sinne des Art. 37 IPRG ist reduziert auszulegen. Sie findet nur Anwendung auf bewegliche Sachen, die die Grenze überschreiten oder sie überschritten haben. Der allgemeine Maßstab für die Auslandsberührung findet hier keine Anwendung. Die Parteien können eine sachenrechtliche Rechtswahl nur für den rechtsgeschäftlichen Erwerb im Bereich des Sachenrechts wählen.
13. Bei der sachenrechtlichen Rechtswahl ist das Bestandsstatut vom Wirkungsstatut zu unterscheiden. Auf die Wirkung eines Sachenrechts findet

ausschließlich das Belegenheitsrecht Anwendung. Unter dem *numerus clausus* kann ausländisches Sachrecht lediglich an Mobilien in transponierter Form Wirkung entfalten. Vorausgesetzt ist die Publizitätsanforderung. Die parteiautonom ausgewählte Rechtsordnung gilt nur dann, wenn nach deren Bestimmung die Form und Stärke der Publizität mit den der *lex rei sitae* vergleichbar ist.

14. Auf den Bestand eines Sachenrechts kann ein anderes Sachrecht als die *lex rei sitae* angewandt werden. Dies gilt insbesondere bei den Sachenrechten, die durch Besitz oder besitzlos publiziert werden. Für die Registrierungspflichten Sachenrechte spielt die Parteiautonomie geringe Rolle, weil das ausländische Register im Inland keine Wirkung entfalten darf. Selbst im Fall des gutgläubigen Erwerbs können die Partien das anwendbare Sachenrecht wählen. Wenn sie böswillig eine günstige Rechtsordnung wählen, entfällt die Voraussetzung der Gutglaube im Sinne des materiellen Sachenrechts (§ 10 III). Die Parteiautonomie verträgt sich auch gut mit dem Abstraktions- und dem Kausalprinzip (§ 10 III 2 c). Dies setzt jedoch voraus, dass der Vindikationsanspruch akzessorisch an die Rechtswahl anzuknüpfen ist. (§ 10 III). In den sonstigen Fällen kommt die *lex rei sitae* gemäß Art. 37 S. 2 zur Anwendung.

Hinweise auf zitierte chinesische Gesetzestexte

I. Übersetzung des IPRG

1. Deutsche Übersetzungen

a) Cammerer, Claus: Gesetz der Volksrepublik China über das Internationale Privatrecht, RIW 2011 S. 235–241
b) Pißler, Knut Benjamin: Gesetz der Volksrepublik China zur Anwendung des Rechts auf zivilrechtliche Beziehungen mit Außenberührung, RabelsZ Bd. 76 (2012) S. 161–169
c) *Xue/Zou*: Gesetz der Volksrepublik China über die Rechtsanwendung auf Zivilbeziehungen mit Auslandsberührung, IPRax 2011 S. 199–202

2. Englische Übersetzungen

a) *Gan, Yong*: Law on the Applicable Laws of Foreign-Related Civil Relations of the People's Republic of China, Riv. Dir. Int. Priv. Proc. 2011 S. 256–263
b) *Long, Weidi*: Act of the People's Republic of China on Application of Law in Civil Relations with Foreign Contacts, IPRax 2011 S. 203–205
c) *Lu, Song*: Law of the People's Republic of China on the Laws applicable to Foreign-related Civil Relations, Chin. J. Comp. L. 2013 Vol. 1 No. 1 S. 185–193

3. Französische Übersetzung

Chen/Nord, Loi sur l'application des lois aux relations civiles comportant des élements d'extranéité de la République populaire de Chine, Clunet 2011 S. 389–394

II. Übersetzung der Bestimmungen über das IPRG (Teil I)

1. Deutsche Übersetzung

a) Leibküchler, Peter: Erläuterungen des Obersten Volksgerichts zu einigen Fragen des „Gesetzes der Volksrepublik China über das anwendbare Recht auf zivilrechtliche Beziehungen mit Außenberührung" (Teil 1), ZChinR 2013 S. 107–111
b) *Xue, Tong*: Interpretation des OVG zu einigen Fragen bezüglich der Anwendung des Gesetzes der VR China über das auf Zivilbeziehungen mit Auslandsbezug anwendbare Recht, Teil I, IPRax 2014 S. 212–214

2. Englische Übersetzung

a) *He, Qisheng*: Interpretation I of the Supreme People's Court on Certain Issues Concerning the Application of the 'Law of the People's Republic of China on Application of Law to Foreign-Related Civil Relations, Chin. J. Comp. L. (2014) Vol. 2 No. 1 S. 175–180
b) *Ders.*: in: Basedow/Pißler (hrsg.), Private International Law in China, S. 447–451

III. Übersetzung der Bestimmungen über Internationales Vertragsrecht

Pißler, Knut Benjamin: Bestimmungen des Obersten Volksgerichts zu einigen Fragen der Rechtsanwendung bei der Behandlung von zivil- und handelsrechtlichen Vertragsstreitigkeiten mit Außenberührung, IPRax 2008 S. 67 ff.

IV. Übersetzung des zweiten Protokolls vom 26.12.2005

Deißner, Susanne: Interregionales Privatrecht in China, Tübingen 2012 S. 441–447

V. Übersetzungen des AGZ und zugehörige Justizielle Interpretationen

Münzel, Frank: Die Maßgeblichen Gesetzestexte betreffend das IPR der VR China, IPRax 1988 S. 54–61

VI. Übersetzungen von sonstigen Rechtsvorschriften

Die deutschen Übersetzungen der sonstigen zitierten Rechtsvorschriften einschließlich der Gesetzestexte des Vertragsgesetzes, der Zivilprozessgesetzes, des Seehandelsgesetzes, des Wechsel- und Schecksgesetzes sowie des Gesetzes über zivile Luftfahrt finden sich in: Mümzel, Frank: Chinas Recht, abrufbar unter www.chinas-recht.de

Entscheidungsregister

Das Entscheidungsregister der in dieser Arbeit zitierten Urteile von Volksgerichten der Volksrepublik China werden nachfolgend nach dem urteilenden Gericht und Aktenzeichen aufgeführt. Zitiert ist nach der ersten Buchstabe der *Pinyin*-Laute des Aktenzeichens. Urteile, für die keine anderweitige Fundstelle angegeben sind, sind der Urteilsdatenbank von *Beida Falü Xinxi Wang* (www.chinalawinfo.com), die aus anderen Quellen[797] offiziell veröffentlichte Urteile sammelt, zu entnehmen.

(1993) Guang Hai Fa Shang Zi Nr. 119	(1993) 广海法商字第199号 Urteil Nr. 199 in Handelssachen vom Seegericht *Guangzhou* im Jahr 1993
(1998) Guang Hai Fa Shang Zi Nr. 96	(1998) 广海法商字第96号 Urteil Nr. 96 in Handelssachen vom Seegericht *Guangzhou* im Jahr 1998
(1998) Jiao Ti Zi Nr. 3	(1998) 交提字3号 Urteil Nr. 3 bei der Wiederaufnahme des Verfahrens vom Obersten Volksgericht im Jahr 1998

797 Die konventionelle Quelle der veröffentlichten Urteile ist der Amtsblatt des Obersten Volksgericht. Das Oberste Volksgericht liest die bedeutenden Urteile aus und macht das Urteil mit kurzer Anmerkung dort bekannt. Urteile wurden zudem von einigen Volksgerichten wie Oberem Volksgericht *Henan* und Seegericht *Guangzhou* u. a. nach der Richtlinie des Obersten Volksgerichts freiwillig auf eigener Webseite zugänglich gemacht. Für die Praxis des Internationalen Privatrecht ist die Webseite *Zhongguo Shewai Shangshi Haishi Shenpan Wang* (Die Rechtsprechung in handels- und seerechtlichen Sachen mit Auslandsberührung) unter www.ccmt.org.cn von erheblicher Bedeutung. Sie sammelt Urteile im Bereich des Internationalen Handels- und Seerechts, die hauptsächlich von Seegerichten hochbeladen sind. Seit 1.1.2014 werden neue Maßnahmen zur Bekanntmachung der Urteile eingeführt. Gemäß der Justiziellen Interpretation *Guanyu zai Hulianwang Gongbu Caipan Wenshu de Guiding* (Bestimmungen über Bekanntmachung justizieller Schriftstücke auf Internet), *Aktenzeichen Fa Shi (2013) Nr. 26* verpflichten Volksgerichten aller Ebenen sich alle rechtskräftige Urteile auf die von Oberstem Volksgericht eingerichtete und betriebene Webseite *Zhongguo Caipan Wenshu Wang* (Justizielle Akten Chinas) unter www.court.gov.cn/zgcpwsw zu stellen.

(1999) Guang Hai Fa Zhan Zi Nr. 47	(1999) 广海法湛字第47号 Urteil Nr. 47 vom Zweigsenat in der Stadt *Zhanjiang* vom Seegericht *Guangzhou* im Jahr 1999
(1999) Jing Zhong Zi Nr. 97	(1999) 经终字第97号 Urteil Nr. 97 in Wirtschaftssachen vom Obersten Volksgericht im Jahr 1999
(2000) Guang Hai Fa Shi Zi Nr. 79	(2000) 广海法事字79号 Urteil Nr. 79 in Seehandelssachen vom Seegericht *Guangzhou* im Jahr 2000
(2000) Hu Gao Jing Zhong Zi Nr. 335	(2000) 沪高经终字第335号 Urteil Nr. 335 in Wirtschaftssachen der letzten Instanz vom Oberen Volksgericht der Satdt *Shanghai* im Jahr 2000
(2001) Min Si Zhong Zi Nr. 26	(2001) 民四终字第26号 Urteil Nr. 26 in der letzten Instanz vom 4. Senat für Zivilsachen vom Obersten Volksgericht im Jahr 2001
(2002) Guang Hai Fa Zhong Zi Nr. 78	(2002) 广海法终字第78号 Urteil Nr. 78 in der letzten Instanz vom Seegericht *Guangzhou* im Jahr 2002
(2002) Yong Hai Wen Chu Zi Nr. 83	(2002) 甬海温初字第83号 Urteil Nr. 83 in der ersten Instanz vom Zweigsenat in der Stadt *Wenzhou* vom Seegericht *Ningbo* im Jahr 2002
(2003) Dong Fa Min Si Chu Zi Nr. 1144	(2003) 东法民四初字第1144号 Urteil Nr. 1144 in der ersten Instanz vom 4. Senat für Zivilsachen vom Mittlerem Volksgericht der Stadt *Dongguan* im Jahr 2003
(2003) Guang Hai Fa Chu Zi Nr. 176	(2003) 广海法初字第176号 Urteil Nr. 176 in der ersten Instanz vom Seegericht Guangzhou im Jahr 2003
(2003) Ning Min Wu Chu Zi Nr. 15	(2003) 宁民五初字第15号 Urteil Nr. 15 in der ersten Instanz vom 5. Senat für Zivilsachen vom Mittleren Volksgericht Nanjing im Jahr 2003

(2003) Yue Gao Fa Min Si Chu Zi Nr. 3	(2003) 粤高法民四初字第3号 Urteil Nr. 3 in der ersten Instanz vom 4. Senat für Zivilsachen vom Oberen Volksgericht der Provinz *Guangdong* im Jahr 2003
(2004) Yue Gao Fa Min Si Zhong Zi Nr. 102	(2004) 粤高法民四终字第102号 Urteil Nr. 103 in der letzten Instanz vom 4. Senat für Zivilsachen vom Oberen Volksgericht der Provinz *Guangdong* im Jahr 2004
(2004) Yue Gao Fa Min Si Zhong Zi Nr. 179	(2004) 粤高法民四终字第179号 Urteil Nr. 179 in der letzten Instanz vom 4. Senat für Zivilsachen vom Oberen Volksgericht der Provinz *Guangdong* im Jahr 2004
(2005) Sui Zhong Min San Chu Zi Nr. 431	(2005) 穗终民三初字第431号 Urteil Nr. 431 in der ersten Instanz vom 3. Senat für Zivilsachen vom Mittleren Volksgericht der Stadt *Guangzhou* im Jahr 2005
(2005) Ning Min Chu Zi Nr. 4	(2005) 宁民初字第4号 Urteil Nr. 4 in der ersten Instanz vom Mittleren Volksgericht der Stadt *Nanjing* im Jahr 2005
(2006) Sui Zhong Fa Min Si Chu Zi Nr. 184	(2006) 穗终法民四初字第184号 Urteil Nr. 184 in der ersten Instanz vom 4. Senat für Zivilsachen vom Mittleren Volksgericht der Stadt *Guangzhou* im Jahr 2006
(2007) Da Min Si Chu Zi Nr. 20	(2007) 大民四初字第20号 Urteil Nr. 20 in der ersten Instanz vom 4. Senat für Zivilsachen vom Mittleren Volksgericht der Stadt *Dalian* im Jahr 2007
(2008) Hu Yi Zhong Min Wu (Shang) Chu Zi Nr. 182	(2008) 沪一中民五（商）初字第182号 Urteil Nr. 182 in Handelssachen in der ersten Instanz vom 5. Senat für Zivilsachen vom ersten Mittleren Volksgericht der Satdt *Shanghai* im Jahr 2008

(2009) Hu Gao Min Si (Shang) Chu Zi Nr. 1	(2009) 沪高民四（商）初字第1号 Urteil Nr. 1 in Handelssachen in der ersten Instanz vom 4. Senat für Zivilsachen vom Oberen Volksgericht der Stadt *Shanghai* im Jahr 2009
(2009) Hu Hai Fa Shang Chu Zi Nr. 372	(2009) 沪海法商初字第372号 Urteil Nr. 372 in Seehandelssachen in der ersten Instanz vom Seegericht *Shanghai* im Jahr 2009
(2009) Jin Gao Min Si Zhong Zi Nr. 576	(2009) 津高民四终字576号 Urteil Nr. 576 in der letzten Instanz vom 4. Senat für Zivilsachen vom Oberen Volksgericht der Stadt *Tianjin* im Jahr 2009
(2009) Min San Zhong Zi Nr. 4	(2009) 民三终字第4号 Urteil Nr. 4 in der letzten Instanz vom 3. Senat für Zivilsachen vom Obersten Volksgericht im Jahr 2009
(2009) Zhe Yong Shang Wai Chu Zi Nr. 106	(2009) 浙甬商外初字第106号 Urteil Nr. 106 in Handelssachen mit Auslandsberührung in der ersten Instanz vom mittleren Volksgericht der Stadt *Ningbo* in der Provinz *Zhejiang* im Jahr 2009
(2010) Chang Shang Wai Zhong Zi Nr. 3	(2010) 常商外终字第3号 Urteil Nr. 3 in Handelssachen mit Auslandsberührung in der letzten Instanz vom Mittleren Volksgericht der Stadt *Changzhou* im Jahr 2010
(2010) Chuan Min Zhong Zi Nr. 233	(2010) 川民终字第233号 Urteil Nr. 233 in der Zivilsachen in der letzten Instanz vom Oberen Volksgericht *Sichuan* im Jahr 2010
(2010) Gui Min Si Zhong Zi Nr. 9	(2010) 桂民四终字第9号 Urteil Nr. 9 in der letzten Instanz vom 4. Senat für Zivilsachen vom Oberen Volksgericht der Provinz *Guangxi* im Jahr 2010
(2010) Hu Gao Min Wu (Shang) Zhong Zi Nr. 49	(2010) 沪高民五（商）终字第49号 Urteil Nr. 49 in der letzten Instanz vom 5. Senat für Zivilsachen vom Oberen Volksgericht der Stadt *Shanghai* im Jahr 2010

(2010) Liao Min San Sen Zi Nr. 11	(2010) 辽民三申字第11号 Urteil Nr. 11 im Beschwerdeverfahren vom 3. Senat für Zivilsachen vom Oberen Volksgericht der Provinz *Liaoning* im Jahr 2010
(2010) Pu Min Yi (Min) Chu Zi Nr. 26514	(2010) 浦民一（民）初字第26514号 Urteil Nr. 26514 in Zivilsachen in der ersten Instanz vom 1. Senat für Zivilsachen vom Unteren Volksgericht *Pudong* im Jahr 2010
(2010) Tong Zhong Shang Wai Chu Zi Nr. 0019	(2010) 通中商外初字第0019号 Urteil Nr. 0019 in Handelssachen mit Auslandsberührung in der ersten Instanz vom Mittleren Volksgericht der Stadt *Nantong* im Jahr 2010
(2010) Zhe Hai Zhong Zi Nr. 164	(2010) 浙海终字第164号 Urteil Nr. 164 in Seehandelssachen in der letzten Instanz vom Oberen Volksgericht der Provinz Zhejiang im Jahr 2010
(2011) Dong Zhong Fa Min Si Zhong Zi Nr. 75	(2011) 东中法民四终字第75号 Urteil Nr. 75 in Zivilsachen letzter Instanz vom mittleren Volksgericht der Stadt *Dongguan* im Jahr 2011
(2011) Hu Gao Min Si (Hai) Zhong Zi Nr. 205	(2011) 沪高民四海终字第205号 Urteil Nr. 205 in Seehandelssachen in der letzten Instanz vom 4. Senat für Zivilsachen vom Oberen Volksgericht der Stadt *Shanghai* im Jahr 2011
(2011) Min Si Zhong Zi Nr. 17	(2011) 民四终字第17号 Urteil Nr. 17 in der letzten Instanz vom 4. Senat für Zivilsachen vom Obersten Volksgerichts im Jahr 2011
(2011) Shao Wai Shang Chu Zi Nr. 36	(2011) 绍外商初字第36号 Urteil Nr. 36 in Handelssachen mit Auslandsberührung in der ersten Instanz vom Mittleren Volksgericht der Stadt *Shaoxing* im Jahr 2011
(2011) Su Shang Wai Zhong Zi Nr. 0057	(2011) 苏商外终字第0057号 Urteil Nr. 0057 in Handelssachen mit Auslandsberührung in der letzten Instanz vom Mittleren Volksgericht der Stadt *Suzhou* im Jahr 2011

(2012) Hu Yi Zhong Min Si (Shang) Zhong Zi Nr. S1262	(2012) 沪一中民四（商）终字第S1262号 Urteil Nr. S1262 in Handelssachen in der letzten Instanz vom 4. Senat für Zivilsachen vom Oberen Volksgericht *Shanghai* im Jahr 2012
(2012) Lu Min Si Zhong Zi Nr. 106	(2012) 鲁民四终字第106号 (Urteil Nr. 106 in Zivilsachen letzter Instanz von 4. Senat des Oberen Volksgerichts der Provinz *Shandong* im Jahr 2012)
(2013) Zhe Jin Shang Wai Chu Zi Nr. 38	(2013) 浙金商外初字第38号 (Urteil Nr. 38 in Auslandssachen erster Instanz vom mittleren Volksgericht der Stadt *Jinhua* in Provinz *Zhejiang* im Jahr 2013)

Literaturverzeichnis

I. Literatur in chinesischer Sprache

Für die chinesischen Zeitschriften werden ihre eignen englischen Titeln neben der *Pinyin*-Laute angegeben, ohne dass in Deutsch übersetzt wird. Zitiert ist die englische Bezeichnung.

Chai, Zhenguo/Shi, Xinzhang: *Suoyouquan Baoliu Ruogan Wenti Yanjiu* (von einigen Problemen des Eigentumsvorbehalts), *Zhongguo Faxue* (China Legal Science) 2004 Heft 4 S. 71–78

Chen, Xinyong/Xu, Jixiang: *Lun Dongchan Rangyu Danbao yu Dongchan Diya zhi Leitong* (Funktionsidentität von Mobiliarhypothek und Sicherungsübereignung), *Faxue Luntan* (Legal Forum) 2004 Heft 4 S. 58–63

Chen, Weizuo: *Bijiao Guoji Sifa* (Vergleichendes Internationales Privatrecht), Beijing 2012 (Zit.: Vergleichendes IPR)

Cui, Jianyuan: *Hetong Fa* (Vertragsrecht), 5. Aufl., Beijing 2010

–: *Wuquan Fa* (Sachenrecht), 2. Aufl., Beijing 2011 (Zit.: *Cui*, Sachenrecht)

Ding, Wei: *Shewai Minshi Guanxi Falü Shiyong Fay yu Qita Falü Gaunxi Bianxi* (Das Verhältnis zwischen IPRG und anderen Gesetzen), *Zhengfa Luntan* (Tribune of Political Science and Law) 29 (2011) Heft 3 S. 13–20

Du, Huangfang: *Lun Woguo Shewai Wuquan Falü Shiyong de Wanshan* (Von der Vervollständigung unseres internationalen Sachrechts), *Dangdai Faxue* (Contemporary Law Review) 2013 Heft 2 S. 139, 145

–: *Lun Chongtufa shang de Shiying Wenti* (Von Anpassung im IPR), *Faxuejia* (Jurist) 2009 Heft 2 S. 79–89

Du, Tao: *Shewai Minshi Guanxi Falü Shiyong Fa Shiping* (Kommentierung an das IPRG), 1. Aufl., Beijing (Zit.: *Du*, IPRG)

–: *Deguo Guoji Sifa: Lilun Fangfa he Lifa de Bianqian* (Deutsches IPR: die Entwicklung der Theorie, Methode und Gesetzgebung), Beijing 2006 (Zit.: *Du*. Deutsches IPR)

–: *Lun Wuquan Guoji Sifa zhong Dangshiren Yisi Zizhi Yuanze de Xiandu* (Die Grenze der Parteiautonomie im Internationalen Sachenrecht), *Shanghai Caijing Daxue Xuebao* (Journal of Shanghai University of Finance and Economics) 14(2012) Heft 5 S. 31–38

–: *Falü Shiyong Guize de Qiangzhixing huozhe Xuanzexing* (Das zwingende Kollisionsrecht oder das fakultative), Tsinghua Law Journal 4(2010) Heft 3 S. 94–109

– /*Chen, Li*: *Guoji Sifa* (Internationales Privatrecht), 2. Aufl. Shanghai 2008 (Zit.: *Du/Chen*, IPR)

Geng, Yong: *Ping Minfadian Caoan Di Jiu Bian Di Jiutiao Di Shitiao Zhi Guiding* (Stellungnahme zu Art. 9, 10 9. Buch ZGB-Entwurfs), Dangdai Faxue (Contemporaral Legal Science) 2003 Heft 8 S. 61–99

Han, Depei (Hrsg.): *Guoji Sifa* (Internationales Privatrecht), 2. Aufl. Beijing 2007 (Zit.: *Han*, IPR)

– (Hrsg.): *Guoji Sifa Xinlun* (Neue Lehren zum internationalen Privatrecht) Band I, II, 1. Aufl., Wuhan 2009 (Zit.: *Han*, Neue Lehre zum IPR)

Han, Lixin: Lun Tidan zhong Youguan Falü Shiyong Tiaokuan (Klausel der Rechtswahl im Konnossement), *Zhongguo Haishangfa Niankan* (Annual of China Maritime Law) 7 (1996) S. 219–230

Han, Shiyuan: Hetong Fa (Vertragsrechtswissenschaft), Beijing 2010 (Zit.: *Han*, Vertragsrecht)

–: *Woguo Hetongfa Shang Diyue Guoshi Zeren Wenti Yanjiu* (Forschung nach dem Problem der culpa in contrahendo im chinesischen Vertragsrecht), *Faxue Jia* (Jurist), 2004 Heft 3 S. 122–129

Hu, Kangsheng: *Quanguo Renmin Daibiao Dahui Falü Weiyuanhui Guanyu Zhonghua Renmin Gongheguo Shewai Minshi Guanxi Falü Shiyong Fa Cao'an Zhuyao Wenti de Huibao* (Bericht des Gesetzausschusses von Volkskongress über die Hauptfragen im Entwurf des IPRG), Amtsblatt des SANVK 2010 Heft 7 S. 643–645

–: *Zhonghua Renmin Gongheguo Wuquanfa Shiyi* (Kommentar des Sachenrechtgesetzes der VR China), Beijing 2007 (Zit.: *Hu*, SachRG)

Hu Yunteng./Yu Tongzhi.: *Anli Zhidao Zhidu Ruogan Zhongda Yinan Wenti Yanjiu* (Von einigen erheblich umstrittenen Fragen über das Institut des Leiturteils), *Faxue Yanjiu* (Chinese Journal of Law) 2008 Heft.6 S. 3–24 (Zit.: *Hu/Yu*, Chinese Journal of Law 2008 Heft 6)

Huang, Jin: *Zhongguo Shewai Minshi Guanxi Falü Shiyong Fa de Zhiding yu Wanshan* (Die Gesetzgebung und die Vervollkommnung des IPRG), *Zhengfa Luntan* (Tribune of Political Science and Law) 29(2011) Heft 3 S. 3–12 (Zit.: *Huang*, Tribune of Political Science and Law 29(2011) Heft 3)

– (Hrsg.): *Zhonghua Renmin Gongheguo Shewai Minshi Guanxi Falü Shiyongfa Jianyigao Ji Shuoming* (Entwürfe des Gesetzes der VR China über das auf Zivilbeziehung mit Auslandsberührung anwendbare Recht und entsprechende Erläuterungen), Beijing 2011 (Zit.: *Huang*, Entwürfe des IPRG)

–: *Lun Guojisifa Shang de Wuquan Wenti* (Sachrechtliche Fragen im IPR), *Fashang Yanjiu* (Study in Law and Business) 1995 Heft 5 S. 50–56

Huang, Jin/Guo Huacheng: Zailun Guoji Sifa Zhong de Gonggong Zhixu Wenti (Ordre public im IPR), *Hebei Faxue* (Hebei Law Science) 1998 Heft 2 15–20 (Zit.: *Huang/Guo*, Hebei Law Science 1998 Heft 2)

Huang, Jin/Jiang, Rujiao: *Zhonghua Renmin Gongheguo Shewai Minshi Guanxi Falü Shiyongfa Shiyi Yu Fenxi* (Erklärungen und Auseinandersetzungen des Gesetzes der VR China über das auf Zivilbeziehungen mit Auslandsberührung anwendbare Recht), Beijing 2011 (Zi.: *Huang/Jiang*, IPRG)

Jiang, Wei: *Minshi Susong Faxue* (Zivilprozessrechtswissenschaft), Beijing 2012 (Zit.: *Jiang*, Zivilprozessrechtswissenschaft)

Kong, Lingjie: *Qinquan Falü Shiyong zhong de Yisi Zizhi Yuanze Yanjiu* (Parteiautonomie im internationalen Deliktsrecht), *Henan Sheng Zhengfa Guanli Ganbu Xueyuan Yuanbao* (Journal of henan Administrative Institute of Politics and Law) 2004 Heft 1 S. 17–20

Li, Shuangyuan/Zhou, Huibin/Huang, Jinghui: *Qu Tong Zhong Jian Chayi-Lun Jinyibu Fengfu Woguo Guojisifa Wuquan Falüshiyongwenti de Yanjiu Neirong* (Die Abweichung in der Annäherung - Bereicherung des Forschungsgegenstandes des Internationalen Sachenrechts der VR China), *Zhongguo Faxue* (China Legal Science) 2004 Heft 1 S. 137–149

Li, Wang: *Guoji Sifa* (Internationales Privatrecht), 3. Aufl. 2011 (Zit.: *Li*, IPR)

–: *Shewai Hetong de Falü Shiyong ji Dangshiren Yisi Zizhi Yuanze suo Cunzai de Wenti* (Das auf internationalen Vertrag anwendbare Recht und einige Probleme über Parteiautonomie), Qinghua Daxue Xuebao (Journal of Tsinghua University) 19(2004) Heft 6 S. 29–33

Li, Yongjun: *Hetong Fa* (Vertragsrecht), 3. Aufl., Beijing 2010 (Zit.: *Li*, Vertragsrecht)

Liang, Huixing: *Minfa Zonglun* (Allgemeiner Teil des Zivilrechts), 1. Aufl. 2011 Beijing (Zit.: *Liang*, Zivilrecht AT)

–/Chen, Huabin: Wuquan Fa (Sachenrecht), 4. Aufl., Beijing 2007 ()

Ling, Qiman/Shi Shi: *Tidan Shouyao Wenti Yanjiu* (Forschung der Paramount Clause), Xiandai Faxue (Modern Law Science) 1998 Heft 4 S. 66–69 (Zit.: *Ling/Shi*, Modern Law Science 1998 Heft 4)

Liu, Guixiang (Hrsg.): *Zhonghua Remin Gongheguo Shewai Minshi Guanxi Falü Shiyong Fa Tiaowen Lijie yu Shiyong* (Interpretation und Anwendung des IPRG), 2011 Beijing (Zit.: *Liu*, IPRG)

–: *Shewai Minshi Guanxi Falü Shiyong Fa zai Shenpan Shijian zhong de Jige Wenti* (Von Einigen Fragen über die Anwendung des IPRG), *Renmin Sifa* (People's Justice) 2011 Heft 11 S. 37–42

Liu, Laiping: Waiguo Fa de Cha Ming (Die Feststellung ausländischen Rechts), Beijing 2007 (Zit.: *Liu*, Die Feststellung ausländischen Rechts)

Liu, Renshan: Zhijie Shiyong de Fa zai Woguo de Shiyong (Die Anwendung der Eingriffsnorm in China), Fashang Yanjiu (Study in Law and Business) 155(2013) Heft 3 S. 74–83 (Zit.: *Liu*, Study in Law and Business 155(2013) Heft 3)

Liu, Xiangshu: Guoji Sifa (Internationales Privatrecht), 2011 Beijing (Zit.: *Liu, X.S.*, IPR)

Pan, Zhengzheng: Hetong Zhunjufa Xuanze Zhong de Falü Guibi Wenti (fraus legis im Internationalen Vertragsrecht), *Bijiaofa Yanjiu* (Journal of Comparative Law) 2002 Heft 1 S. 92–101

Qi, Xiangquan: Shewai Minshi Guanxi Falü Shiyong Fa Yuanli Yu Jingyao (Die Theorien und das Wesen des IPRG), Beijing 2011 (Zit.: *Qi*, IPRG)

–: *Shewai Minshi Guanxi Falü Shiyong Fa Qinquan Lun (Das internationale Deliktsrecht)*, Beijing 2006 (Zit.: *Qi*, Deliktskollisionsrecht)

–: *Shewai Minshi Gaunxi Falü Shiyong Fa Qicao Guocheng zhong de Ruogan Zhengyi ji Jiejue* (Streitfragen und ihre Lösungen im Lauf des Entwurfs des IPRG), *Faxue Zazhi* (Legal Science Magazine) 2010 Heft 2 7–11 (Zit.: *Qi*, Legal Science Mgazine 2010 Heft 2)

Qu, Guangqing/Liu, Ping: Lun Tidan Shouyao Tiaokuan de Xingzhi he Xiaoli (Die Natur und die Wirksamkeit der Paramount Clause), *Henan Sheng Zhengfa Guanli Ganbu Xueyuan Yuanbao* (Journal of Henan Administrative Institute of Politics and Law) 88(2005) Heft 1 S. 98–105

Shao, Jingchun: Guoji Hetong – Falü Shiyong Lun (Internationales Vertragsrecht), Beijing 1997 (Zit.: *Shao*, Internationales Vertragsrecht)

Shen, Juan: Fayuan Difa de Zong yu Yian – Jianlu Zhongguo Guoji Sifa de Taidu (Einschränken und Nachgeben der Anwendung der *lex fori*), Qinghua Faxue (Tsinghua Law Journal) 7(2013) Heft 4 S. 156–175

Si, Yuzhuo: Lun Guangchuan Zulin Dengji Xiade Chuanbo Diyaquan Xiaoli (Die Wirkungen der Schiffhypothek auf Bareboat Charter), Dalian Haishi Daxue Xuebao (Journal of Dalian Maritime University) 2(2003) Heft 2 S. 1–3

Song, Xiao: Dangshiren Yisi Zizhi yu Wuquan Chongtufa (Parteiautonomie und sachenrechtliches Kollisionsrecht), *Huangqiu Falü Pinglun* (Global Law Review) 2012 Heft 1 S. 77–89

–: *Shewai Zhaiquan Zhuanrang Falü Shiyong de Fa Jieshi Lujing* (Lösungssatz durch Gesetzesauslegung zur Bestimmung des anwendbaren Recht auf grenzüberschreitende Forderungsabtretung), *Faxue Pinglun* (Law Review) 2011 Vol. 4 S. 93–99

Sun, An'ming: Quanguo Renmin Daibiao Dahui Falü Weiyuanhui Guanyu Zhonghua Renmin Gongheguo Shewai Minshi Guanxi Falü Shiyong Fa Cao'an Shenyi Jieguo de Baogao (Bericht von Rechtsausschuss des Volkskongresses über das Ergebnis der Überprüfung des Entwurfs des IPRG), Amtsblatt des SANVK 2010 Heft 7 645–646

Tan, Bing/Li, Hao: *Minshi Susong Fa* (Zivilprozessrecht), 2. Aufl., Beijing 2013 (Zit.: *Tan/Li*, Zivilprozessrecht)

Wang, Hongliang: *Dieyue shang Guoshi Zhidu Yanjiu* (Forschung über das Institut der *culpa in contrahendo*), Dissertation von der China Universität von Politik- und Rechtswissenschaft, 2001, Beijing (Zit.: *Wang*, *culpa in contrahendo*)

Wang Hui: Guoji Shangshi Hetong Zhong de Falü Guibi yu Yisi Zizhi de Zhiyue he Quanheng (Erwägung zur Einschränkung der Parteiautonomie durch Gesetzesumgehung im internationalen kommerziellen Vertrag), Hebei Faxue (Hebei Law Science) 25(2007) Heft 12 S. 117–137 (Zit.: *Wang*, Hebei Law Science 25 (2007) Heft 12)

Wang, Jun/Chen, Hongwu: Hetong Chontufa (Vertragskollisionsrecht), Beijing 2003 (Zit.: *Wang/Chen*, Vertragskollisionsrecht)

Wang Liming: *Woguo Anli Zhidao Zhidu Ruogan Wenti Yanjiu* (Von einigen Fragen bezüglich des Leiturteils), Faxue (Legal Science) 2012 Heft 1 S. 71–80 (Zit.: *Wang*, Legal Science 2012 Heft 1)

–: *Wuquan Falun* (Sachenrecht) Bd. I II, 3. Aufl., Beijing 2013 (*Wang*, Sachenrecht)

–: *Suoyouquan Baoliu Zhidu Ruogan Wenti Tantao* (Von einigen Problemen in Bezug auf den Eigentumsvorbehalt), *Faxue Pinglun* (Law Review) 2014 Heft 1 S. 176–183

–/*Yang, Lixing/Wang, Yi/Chen, Xiao*, *Minfaxue* (Zivilrechtswissenschaft), 3. Aufl., Beijing 2011 (Zit.: *Wang/Yang/Wang/Chen*, Zivilrechtswissenschaft)

Wang, Shengmin: *Shewai Minshi Guanxi Falü Shiyong Fa Ruogan Zhengyi Wenti* (Einige umstrittenen Fragen über das IPRG), *Faxue Yanjiu* (Chinese Journal of Law) 2012 Heft 2 S. 187–193

Wang, Weiguo/Wang, Kun: *Rangyu Danbao zai Woguo Wuquanfa zhong de Diwei* (Die Stellung der Sicherungsübereignung in unserem Sachenrecht), *Xiandai Faxue* (Modern Law Science) 2004 Heft 5 S. 3–8

Wang, Yi: Wang, *Lun Suoyouquan Baoliu de Falü Goucheng* (Über die rechtliche Konstruktion des Eigentumsvorbehalts), *Dangdai Faxue* (Contemporary Law Review) 2010 Heft 2 S. 21–26

Wei, Zhenying: *Minfa Xue (Zivilrechtswissenschaft)*, 4. Aufl., Beijing 2010 (Zit.: *Wei*, Zivilrechtswissenschaft)

Wenig, Jie: *Shewai Minshi Falü Shiyong Zhong de Dingxing* (Qualifikation im IPR), Faxue Jia (Jurist), 2012 Heft 2 S. 149–158

Xiao, Fang: *Lun Waiguo Fa de Chaming* (Die Feststellung ausländischen Rechts), Beijing 2010 (Zit.: *Xiao*, Die Feststellung ausländischen Rechts)

Xiao, Yongping: *Guoji Sifa Yuanli* (Grundsätze des IPR), 2. Aufl., Beijing 2007 (Zit.: *Xiao*, IPR)

–: *Xiao Yongping Lun Chongtufa* (Erläuterungen von Xiao Yongping über Kollisionsrecht), Wuhan 2002 (Zit.: *Xiao*, Erläuterung)

Xiao, Yongping/Hu, Yongqing: *Falü Xuanze Zhong de Dangshiren Yisi Zizhi* (Parteiautonomie im Kollisionsrecht), *Falü Kexue* (Science of Law) 82(1997) Heft 5 S. 75–83 (Zit.: *Xiao/Hu*, Science of Law 82(1997) Heft 5)

Xiao, Yongping/Long, Weidi: *Lun Zhongguo Guoji Sifa Zhongde Qiangzhixing Guifan* (Eingriffsnorm im chinesischen IPR), *Zhongguo Shehui Kexue* (Social Science in China) 2012 Heft 10 S. 107–122

Xu, Guojian: Xiandai Shangren Fa Lun (Moderne *lex mercatoria*), Zhongguo Shehui Kexue (Social Science in China) 1993 Heft 3 S. 79–99

Xu, Junke: *Guoji Sifa Shangde Yisi Zizhi* (Willensautonomie im Internationalen Privatrecht), Dissertation an der Wuhan Universität 2005 (Zit.: *Xu*, Willensautonomie)

Xu, Peng: Chongtu Guifan Renyixing Shiyong Yanjiu (Forschung der fakultativen Anwendbarkeit des Kollisionsrechts), Xiamen 2010

Xu, Qingkuan: *Lun Guoji Hetong Zhong Dangshiren Sisi Zizhi de Xiandu* (Von der Einschränkungen der Parteiautonomie im internationalen Vertrag), *Qinghua Faxue* (Tsinghua Law Review) 2(2008) Heft 6 S. 80–88 (Zit.: *Xu*, Tsinghua Law Review 2(2008) Heft 6)

–, *Lun Dangshiren Yisi Zizhi zai Shewai Minshi Guanxi Falü Shiyong Fa zhong de Diwei* (Die Stellung der Parteiautonomie im IPRG), *Faxue Pinglun* (Legal Review) 174 (2012) No. 4 S. 50–54

Xuan, Zengyi: *Ye Lun Guo Ji Si Fa de Duixiang* (Der Gegenstand des internationalen Privatrechts), *Zhengfa Luntan* (Tribune of Political Science and Law) 2011 Heft 1 S. 110–116

Xue, Jun: Lita Hetong de Jiben Lilun Wenti (Grundlegende theoretische Fragen hinsichtlich des Vertrags zugunsten Dritten), Chinese Journal of Law 2006 Vol. 4 S. 116–126

Yao, Hui/Liu, Shengliang: *Rangyu Danbao Guizhi Moshi de Lifalun Chanshi* (Interpretation des Regelungsmodells der Sicherungsübereignung aus dem Gesichtspunkt der Gesetzgebung), Faxue Jia (Jurist) 2006 Heft. 6 S. 63–69

Yin, Tian: *Wuquan Fa* (Sachenrecht), Beijing 2013 (Zit.: *Yin*, Sachenrecht)

Yuan, Dingbo: *Guanyu Shenli Shewai Minshi huo Shangshi Hetong Jiufen Anjian Youguan Fal Shiyong Wenti de Guiding Chutai Zuigao Renmin Fayuan Youguan*

Fuzeren da Jizhe Wen (Antwort von Verantwortlichen des Obersten Volksgerichts auf die Fragen über die Bestimmungen des Obersten Volksgerichts über die Rechtsanwendung bei Behandlungen von zivil- und handelsrechtlichen vertraglichen Streiten mit Auslandsberührung), Fazhi Ribao (Legal Daily) am 12.8.2007 S. 9

Yu, Fei: *Yisi Zizhi Yuanze zai Shewai Lihun Lingyu de Shiyong* (Die Anwendung der Parteiautonomie im Bereich der internationalen Scheidung), Xiamen Daxue Xuebao (Journal of Xiamen University) 203(2011) Heft 1 S. 46–61

Yu, Ying: *Shewai Minshi Guanxi Falü Guanxi Shiyong Fa di Sishier Tiao Pingxi* (Kommentierung zu Art. 42 IPRG), Faxue Pinglun (Law Review) 166(2011) Heft 2 S. 65–70

Zhan, Siming/Hou, Xianglei: *Yuwai Fa Chaming de Ruogan Jiben Wenti Tantao* (Einige Fragen hinsichtlich der Feststellung fremden Rechts), *Zhongguo Haishang Fa Niankan* (Annual of China Maritime Law) 2003 S. 270–285

Zhang, Haiying: *Haishang Faxue* (Seehandelsrechtswissenschaft), 2. Aufl., Beijing 2010 (Zit.: *Zhang*, Seehandelsrechtswissenschaft)

Zhang, Mo: Falü Xuanze Zhongde Piaofuxing Tiaokuan (Schwebende Rechtswahlklausel), (Tribune of Political Science and Law), 1988 No. 4 S. 60–63.

Zhang, Lizhen: Lun Falü Xuanze Zhong de Danfang Yisi Zizhi (Die einseitige Rechtswahl), , Aufsatzsammlung der jährlichen Tagung der chinesischen Gesellschaft für IPR 2012 (Zit.: *Zhang*, Aufsatzsammlung 2012)

Zhang, Changqing/Xi, Zhiguo: *Rangyu Danbao zhi Tuoshixing Yanjiu* (Brauchbarkeit uund Erwünschtheit der Sicherungsübereignung), *Zhengfa Luntan*, (Tribune of political Science and Law) 2005 Heft 2 S. 169–175

Zhang, Shangjin/Xu, Qingsen: *Guoji Sifa* (Internationales Privatrecht), 3. Aufl. Beijing 2007 (Zit.: *Zhang/Xu*, IPR)

Zhang, Xianming: *Zhengque Shenli Shewai Minshi Anjian, Qieshi Weihu Shehui Gonggong Liyi – Zuigao Renmin Fayuan Minsiting Fuzeren da Jizhe Wen* (Antwort von dem Verantwortlichen des 4. Senats des OVG auf die von den Journalisten gestellten Fragen über die Interpretation I), *Renmin Fayuan Bao* (People's Court Daily) am 7.1.2013 S. 6 (Zit.: *Zhang*, People's Court Daily am 7.1.2013)

Zhao, Xianglin: *Guoji Sifa* (Internationales Privatrecht), 3. Aufl., Beijing 2011 (Zit.: *Zhao*, IPR)

Zhongguo Guojisifa Xuehui (Chinse Sociaty of Private International Law): *Zhonghua Renmin Gongheguo Guojisifa Shifanfa* (Model Law of Private International Law oft he People's Republic of China) (Sixth Draft), Beijing 2000 (Zit.: CSPIL, Model Law)

Zhongguo Zhengfa Daxue Wuquan Lifa Keti Zu (Forschungsgruppe für Gesetzgebung des Sachenrechtsgesetzs an der China Universität für Politik- und

Rechtswissenschaft): *Guanyu Minfa Caoan Wuquanbian Zhiding Ruogan Wenti de Yijian* (Ansichten über einigen Fragen bezüglich des Buchs von Sachenrecht im Entwurf des chinesischen Zivilgesetzbuchs), *Zhengfa Luntan* (Tribune of Political Science and Law) 2003 Heft 1 S. 50–60

Zhou, Cui: Xieyi Guanxia Wenti Yanjiu (Untersuchung der Gerichtsstandsvereinbarung), Peking University Law Journal Vol. 26, No. 2 (2014) pp. 458–482.

Zhou, Houchun: Shewai Wuquan Falü Shiyong Zhongde Yisi Zizhi Yuanze (Das Prinzip der Parteiautonomie im internationalen Sachenrecht), *Shehui Kexue Jikan* (Social Science Journal) 2010 Heft 4 S. 118–120

Zhou, Youjun: Zhuanjia dui Disanren Zeren de Guifan Moshi yu Juti Guize (Regelungsmodelle und Bestimmungen der Dritthaftung von Experten), *Dangdai Faxue* (Contemporary Law Review) 2013 Heft 1 S. 98–104

Zhu, Yun: Lun Tidan Shiyong Falü Tiaokuan yu Shouyao Tiaokuan (Klausel der Rechtswahl und Paramount Clause), *Zhengfa Luntan* (Tribune of Politics and Law) 2001 Heft 3 S. 115–121 (Zit.: *Zhu*, Tribune of Politics and Law 2001 Hedt 3)

Zuo, Haicong: Shixi Guoji Tongyi Sifa Xiehui Guoji Shangshi Hetong Tongze de Xingzhi he Gongneng (Auseinandersetzungsversuch zur Erläuterung der Funktion und Naur von Unidroit Principles), *Xiandai Faxue* (Modern Law science), 27 (2005) S. 174–181

II. Literatur in anderen Sprachen

Ackkermans, Bram: The Principle of *Numerus Clausus* in European Property Law, Antwerp 2008 (Ackkermans, *Numerus Clausus*)

v. Bar, Christian, Internationales Privatrecht, Band II: Besonderer Teil, München 1991.

–/Mankowski, Peter: Internationales Privatrecht; Band I, München 2003

Bamberger, Heinz Georg/Herbert Roth (Hrsg.): Beck'scher Online-Kommentar zum BGB, Edition 31 (Stand 1.5.2014) (Zit.: BeckOK/Bearbeiter)

Basedow, Jürgen: Theorie der Rechtswahl oder Parteiautonomie als Grundlage des Internationalen Privatrechts, RabeslZ 75(2011) S. 32–59

–/Pißler, Benjamin Knut (hrsg.): Private International Law in Mainland China, Taiwan and Europe, Tübingen 2014 (Zit.: Basedow/Pißler (hrsg.), Private International Law in China)

Bauer, Ulrich: Grenzen nachträglicher Rechtswahl durch Rechte Dritter im Internationalen Privatrecht, Pfaffenweiler 1992 (Zit.: Bauer, Nachtrgäliche Rechtswahl)

Baur, Fritz/Stürner, Rolf: Sachenrecht, 18. Aufl., München 2009 (Zit.: Baur/Stürner, Sachenrecht)

Benecke, Martina: Anhandenkommen und Eigentumserwerb im internationalen Privatrecht, ZvglRWiss 101(2002) S. 362–378

Briggs, Adrian: Agreements on Jurisdiction and Choice of Law, Oxford 2008 (Zit.: Briggs, Agreements on choice of law)

Bu (Hrsg.), Chinese Civil Law, München 2013 (Zit.: *Bu*, Chinese Civil Law)

Bünger, Karl A.: Zum internationalen Privatrecht Chinas, Niemeyers Zeitschrift für internationales Recht 42(1930) S. 129–137

Buchta, Klaus: Die nachträgliche Bestimmung des Schuldstatuts durch Prozeßverhalten im deutschen, österreichischen und schweizerischen IPR, München 1986 (Zit.: Buchta, Nachträgliche Rechtswahl)

Chen, Weizuo: La codification du droit international privé chinois, Recueil des Cours 359 (2012) S. 87–283 (Zit.: *Chen*, Rec. Des Cours)

–, Chinese Private international Law Statue of 28 October 2010, Yearbook of Private International Law Vol. 12 (2010) S. 27–41

–: Chinese Civil Procedure and the Conflict of Laws, Paramus u. Beijing 2013 (Zit.: *Chen*, Civil Procedure and Conflict of Laws)

Chen, Weizuo/Bertrand, Lyvia: La nouelle loi chinoise de droit international privé du 28 octobre 2010 contexte lefislatif principales nouveautés et critiques, Journal du droit international 2010, S. 373–394

Chinese Society of Private International Law: Model Law of Private International Law oft he People's Republic of China (Sixth Draft), Yearbook of Private International Law 2001, S. 349–390

Deißner, Susanne: Interregionales Privatrecht in China – zugleich ein Beitrag zum chinesischen IPR, Tübingen 2012 (Zit.: Deißner, Chinas IRR)

Ding, Xiaochun: Der einfache Eigentumsvorbehalt im deutschen und chinesischen Recht, Hamburg 2008 (Zit.: *Ding*, Eigentumsvorbehalt)

Du, Huangfang: Property Rights in China's Conflict of Laws, Front. China Law 8(2013) Heft 1 S. 124–139

Egeler, Simone: Konsensprobleme im internationalen Schuldvertragsrecht, St. Gallen 1994 (Zit.: Egeler, Konsensprobleme)

Esele, Dorothee: Rechtswahlfreiheit im internationalen Privatrecht, RabesIZ 60(1996) S. 417–447

Van Erp, Sjef/Ackkermans, Bram: Cases, Materials and Text on supranational und international Property Law, Oxford and Portland 2012 (Zit.: Van Erp/Ackkermans, Property Law)

Ferrari, Franco/Kieninger Eva-Maria/Mankowski, Peter u.a.: Internationales Vertragsrecht, München 2012 (Zit.: Ferrari/Kieninger/Mankowski/Bearbeiter)

Ferrari, Franco/Leible, Stefan (Eds.), Rome I Regulation, The law applicable to contractual obligation in Europe, München 2009 (Zit.: Ferrari/Leible, Rome I Regulation)

Fisch, Pius: Eigentumserwerb, Eigentumsvorbehalt und Sicherungsübereignung an Fahrnis im Internationalen Sachenrecht der Schweiz, der Bundesrepublik Deutschland und Frankreichs, Entlebuch 1985 (Zit.: Fisch, Sicherheit an Fahrnis)

Flessner, Axel: Rechtswahl im internationalen Sachenrecht – neue Anstöße aus Europa, in: Apathy, Peter/Bollenberger, Raimund u.a. (hrsg.), FS Koziol, Wien, 2010, S. 124–146

Fudickar, Dietrich: Die nachträgliche Rechtswahl im internationalen Schuldvertragsrecht, Bonn 1983 (Zit.: Fudickar, Nachträgliche Rechtswahl)

Füller, Jens Thomas: Eigenstäniges Sachenrecht? Tübingen 2006 (Zit.: Füller, Eigenständiges Sachenrecht)

Gan, Yong: The newly enacted law on the applicable law of foreign related civil relations in People's Republic China, Rivista Diritto Internazionale Privato e Processuale, 2011 S. 101–106

–: Mandantory Rules in Private International Law in the Peoples's Republic of China, YbPIL 14(2013/2014) S. 305–321

Girsberger, Daniel u. a.: Zürcher Kommentar zum IPRG, 2. Aufl., Zürich 2004 (Zit.: ZüKo/Bearbeiter)

Goldt, Arnd: Sachenrechtliche Fragen des grenzüberschreitenden Versendungskaufs aus international-privatrechtlicher Sicht, Berlin 2002 (Zit.: Goldt, Versendungskauf)

Graziano, Thomas Kadner: Europäisches Internationales Deliktsrecht, Tübingen 2003 (Zit.: Graziano, Internationales Deliktsrecht)

Guo, Yujun: Legislation and Practice on Proof of Foreign Law in China, YbPIL 14(2012/2013) S. 289–304

The Hague Conference on Private International Law: Draft Commentary of the Draft Hague Principles on Choice of Law in International Contracts, http://www.hcch.net/upload/wop/princ_com.pdf

Haudek, Willhelm: Die Bedeutung des Parteiwillens im Internationalen Privatrecht, Berlin 1931 (Zit.: Haudek, Parteiwille)

Heidel, Thomas/Hüßtege, Rainer/Mansel, Heinz-Peter/Noack, Ulrich: Bürgerliches Gesetzbuch, Band I Allgemeiner Teil EGBGB, 2. Aufl., Baden-Baden 2011 (Zit.: Nomos/Bearbeiter)

Herkner, Wolf Richard: Die Grenzen der Rechtswahl im internationalen Deliktsrecht, Frankfurt am Main 2003 (Zit.: Herkner, Die Grenzen der Rechtswahl)

He, Qisheng: Reconstruction of lex personalis in China, ICLQ 62(2013) S. 137–157

–: Changes to Habitual Residence in China's lex personalis, YbPIL 14(2012/2013) S. 323–340

–: The EU Conflict of Laws Communitariazation and the Modernization of Chinese Private International Law, RabelsZ 76(2012) S. 47–85

–: Recent Developments with Regard to Choice of Law in Tort in China, in: YbPIL 11(2009), S. 211–234

–: China's Private International Law (1978–2008), Front. Law China 2009, 5(2) S. 188–214

Horn, Norbert: Das chinesische Außenwirtschaftsrechtsvertragsgesetz von 1985, RIW 1985 S. 688–693

Huang, Jin: Creation and Perfection of China's Law Applicable to Foreign-Related Civil Relations, YbPIL 14(2012/2013) S. 269–288

Huo, Zhengxin: Private International Law in China, Beijing 2010 (Zit.: *Huo*, PIL in China)

Hüßtege, Rainer/Mansel, Heinz-Peter: Bürgerliches Gesetzbuch, Band IV Rom-Verordnungen, Baden-Baden 2013 (Zit.: Nomos/Bearbeiter)

Jaspers, Michael Bo: Nachträgliche Rechtswahl im Internationalen Schuldvertragsrecht, Frankfurt am Main 2002 (Zit.: Nachträgliche Rechtswahl)

Junker, Abbo: Das Internationale Unfallrecht nach der IPR-Reform 1999, JZ 2000 S. 477–486

–, Das Bestimmungsrecht des Verletzten nach Art. 40 I EGBGB in: Rauscher, Thomas/Mansel, Heinz-Peter (hrsg.), Festschrift für Werner Lorenz zum 80. Geburtstag, München, 2001 S. 321–341 (Zit.: Junker, in: FS Lorenz)

Kegel, Gerhard/Schurig, Klaus: Internationales Privatrecht, München 2004 (Zit.: Kegel/Schurig, IPR)

Kieninger, Eva-Maria: Mobiliarsicherheiten im Europäischen Binnenmarkt, Baden-Baden 1996 (Zit.: Kieninger, Mobiliarsicherheiten)

–: Die Zukunft des deutschen und europäischen Mobiliarkreditsicherungsrechts, AcP 208(2008) S. 182–226

Kong, Qingjiang/Hu, Minfei: The Chinese Practice of Private International Law, Melb. J. Int. L. 3(2002) S. 414–435

Kost, Manfred: Konsensprobleme im internationalen Schuldvertragsrecht, Frankfurt am Main 1995 (Zit.: Kost, Konsensprobleme)

Kostkiewicz, Jolanta Kren: Grundriss des schweizerischen Internationalen Privatrechts, Bern 2012 (Zit.: Kostkiewicz, Grundriss)

Köthe, Jens: Schranken der Parteiautonomie im internationalen Deliktsrecht, Münster 2008 (Zit.: Köthe, Schranken der Parteiautonomie)

Kreytenberg, Wim: Die individuelle Schwerpunktbestimmung internationaler Schuldverträge nach der Ausweichklausel des Artikel 4 Absatz 5 Satz 2EVÜ, Frankfurt am Main 2007 (Zit.: Kreytenberg, Schwerpunktbestimmung)

Kroll-Ludwigs, Kathrin: Die Rolle der Parteiautonomie im europäischen Kollisionsrecht, Tübingen 2013 (Kroll-Ludwigs, Parteiautonomie)

Kropholler, Jan: Internationales Privatrecht, 6. Aufl., Tübingen 2006 (Zit.: Kropholler, IPR)

Leibküchler, Peter: Erste Verlautbarung des Obersten Volksgerichts zum neuen Gesetz über das Internationale Privatrecht der Volksrepublik China, ZChinR 2012 S. 17–23

Leibküchler, Peter: Erste Interpretation des Obersten Volksgerichts zum neuen Gesetz über Internationales Privatrecht der VR China, ZChinR, 2013 S. 89–98

Leible, Stefan: Parteiautonomie im IPR - Allgemeines Anknüpfungsprinzip oder Verlegenheitslösung? in: Heinz-Peter Mansel/Thomas Pfeiffer/Herbert Kronke/Christian Kohler/Rainer Hausmann (Hrsg.), FS Erik Jayme 2004, S. 485–503 (Zit.: Leible, in: FS Jayme)

Liang, Jieying: Statutory Restrictions on Party Autonomy in China's Private International Law of Contract: How Far Does The 2010 Codifications go? Journal of Private International Law 2012 Vol. 8 No. 1 S. 77–112

Liang, Wenwen: The Applicable Law to Rights in rem under the Act on the Law Applicable to Foreign -Related Civil Relations of the Peoples'Republic of China, YbPIL 14(2012/2013) S. 354–368

Lorenz, Werner: Vertragsabschluss und Parteiwille im internationalen Obligationsrecht Englands, Heidelberg 1957 (Zit.: Lorenz, Vertragsabschluss)

Long, Weidi: The First Choice-of-Law Act of China's Mainland: An Overview, IPRax 2012 S. 273–278

Ma, Han-Po Herbert: Private International Law of the Republic of China: Past, Present and the Future, in Basedow u. a. (Hrsg.) FS Kurt Siehr, The Hague 2000 S. 414–427 (Zit.: Ma, in FS Siehr)

Maire, Sonja: Die Quelle der Parteiautonomie und das Statut der Rechtswahlvereinbarung im Internationalen Vertragsrecht, Basel 2011 (Zit.: Maire, Quelle und Statut)

Mansel, Heinz-Peter: Parteiautonomie, Rechtsgeschäftslehre der Rechtswahl und allgemeinen Teil des europäischen Kollisionsrecht, in Leible/Unberath

(Hrsg.), Brauchen wir eine Rom 0-VO, Jena 2013 S. 241–292 (Zit.: Mansel, in: Leible/Unberath (hrsg.), Rom 0-VO)

–: DeWeerth v. Baldinger – Kollisionsrechtliches zum Erwerb gestohlener Kunstwerke, IPRax 1988 S. 268–271

–: Kollisions- und zuständigkeitsrechtlicher Gleichlauf der vertraglichen und deliktischen Haftung, ZVglRWiss 86(1987) S. 1–24

Marianne, Andrea: Zur Form der Rechtswahl für eheliche Beziehungen, in: Witzleb, Normann/Ellger, Reinhard u.a. (Hrsg.) FS Martiny, Tübingen 2014 S. 3–26

Mayer-Sparenberg, Wolfgang: Rechtswahlvereinbarung in Allgemeinen Geschäftsbedingungen, IPRax 1989 S. 347–351

Mincke, Die Parteiautonomie: Rechtswahl oder Ortswahl, IPRax 1985 S. 313–317

Moser, Rudolf, Vertragsabschluss, Vertragsgültigkeit und Parteiwille im internationalen Obligationsrecht, St. Gallen 1948 (Zit.: Moser, Vertragsabschluss)

Möllenhoff, Wolfgang: Nachträgliche Rechtswahl und Rechte Dritter, Berlin 1993 (Zit.: Möllenhoff, Nachträgliche Rechtswahl)

Nehne, Timo: Methodik und Allgemeine Lehre des europäischen Internationalen Privatrecht, Tübingen 2012 (Zit.: Nehne, Methodik und allgemeine Lehre)

Nishitani, Yuko: Mancini und die Parteiautonomie im Internationalen Privatrecht, Heidelberg 2000 (Zit.: Nishitani, Parteiautonomie)

Pißler, Knut Benjamin: Das neue Internationale Privatrecht der Volksrepublik China, RabelsZ 76(2012) S. 1–46

Pißler, Knut Benjamin: Neue Regeln des Obersten Volksgerichts zum Internationalen Vertragsrecht der Volksrepublik China, ZChinR 2007 S. 337–346

Püls, Joachim: Parteiautonomie – Die Bedeutung des Parteiwillens und die Entwicklung seiner Schranken bei Schuldverträgen im deutschen Rechtsanwendungsrecht des 19. Und 20. Jahrhunderts, Berlin 1995 (Zit.: Püls, Parteiautonomie)

Qin, Ruiting: Parteiautonomie: eine rechtsvergleichende Untersuchung; Versuch zur Entwicklung einer Gerechtigkeitsjurisprudenz im IPR, Frankfurt am Main 2003 (Zit.: *Qin*, Parteiautonomie)

Rabel, Ernst: The conflict of laws; Vol. 2, 2. Edition, Ann Arbor 1960 (Zit.: Rabel, Conflict of Laws)

Rauscher, Thomas: Internationales Privatrecht, 4. Aufl., Heidelberg 2012 (Zit.: Rauscher, IPR)

Reithmann, Christoph/Martiny, Dieter (hrsg.): Internationales Vertragsrecht, 7. Auflage, Köln 2010 (Zit.: Reithmann/Martiny, Internationales Vertragsrecht)

Ritterhoff, Ann-Christin: Parteiautonomie im internationalen Sachenrecht, Berlin 1999 (Zit.: Ritterhoff, Parteiautonomie)

Rühl, Giesela: Rechtswahlfreiheit und Rechtswahlklausel in Allgemeinen Geschäftsbedingungen, Baden-Baden 1999 (Zit.: Rühl, Rechtswahl in AGB)

–: Rechtswahlfreiheit im europäischen Kollisionsrecht, in: Baetge, Dietmar/Hein von, Jan/ von Hinden, Michael (hrsg.), Die richtige Ordnung FS Kropholler, Tübingen 2008 (Zit.: Rühl, in: FS Kropholler)

Säcker, Franz Jürgen/Rixecker, Roland (hrsg.): Münchner Kommentar zum BGB, Band 10, 5. Aufl., München 2010 (Zit.: MüKo/Bearbeiter)

Schall, Alexander: Die neue englische floating charge im internationalen Privat- und Verfahrensrecht, IPRax 2009 S. 209–217

Senger, Harro von: Einführung in das chinesische Recht, München 1994 (Senger v., Einführung ins chinesische Recht)

–: Kaufverträge im traditionellen China, Genf 1970 (Senger v., Kaufverträge in traditionellen China)

Siehr, Kurt: Internationales Privatrecht, Deutsches und europäisches Kollisionsrecht für Studium und Praxis, Heidelberg 2001 (Zit.: Siehr, IPR)

–: Das Internationale Privatrecht der Schweiz, Zürich 2002 (Zit.: Siehr, IPR der Schweiz)

Stadler, Astrid: Gestaltungsfreiheit und Verkehrsschutz durch Abstraktion, Tübingen 1996 (Zit.: Stadler, Abstraktion)

Stankewitsch, Peter: Entscheidungsnormen im IPR als Wirksamkeitsvoraussetzungen der Rechtswahl, Frankfurt am Main 2003 (Zit.: Stankewitsch, Entscheidungsnorm)

Stoll, Hans: Das Statut der Rechtswahlvereinbarung-eine irreführende Konstruktion, in: Meier/Siehr (hrsg.), FS Anton Heini zum 65. Geburtstag, Zürich 1995 S. 429–444

Stojanovic, Srdjan: Die Parteiautonomie und der internationale Entscheidungseinklang, Zürich 1983 (Zit.: Stojanovic, Parteiautonomie)

Tiedemann, Stefan: Kollidierende AGB-Rechtswahlklausel im österreichischen und deutschen IPR, IPRax 1991 S. 424–427

Tu, Guangjian: The Codification of Conflict of Laws in China: What has/hasn't Yet Been Done for Cross Border Torts, YbPIL 14(2012/2013) S. 341–352

–: China's New Conflicts Code: General Issues and Selected Topics, Am. J. Comp. L., 59 (2011) S. 563–590

Umbricht, Robert P.: Die immanenten Schranken der Rechtswahl im internationalen Schuldvertragsrecht, Zürich 1963 (Zit.: Umbricht, Schranken der Rechtswahl)

Vischer, Frank/Huber, Lucius/Oser, David, Internationales Vertragsrecht, 2. Aufl., Bern 2000 (Zit.: Vischer/Huber/Oser, Internationales Vertragsrecht)

Vogeler, Andreas: Die freie Rechtswahl im Kollisionsrecht der außervertraglichen Schuldverhältnisse, Tübingen 2013 (Zit.: Vogeler, Rechtswahl der außervertraglichen Rechtsverhältnisse)

Xiao, Yongping/Huo, Zhengxin: Ordre Public in China's Private International Law, The Amercian Journal of Comparative Law, Vol. 53 (2005) S. 653–677.

Xiao, Yongping/Long, Weidi: Private International Law in China: Selected Topics, Yearbook of Private International Law 11(2009) S. 193–209

Xu, Guojian: Internationales Privat- und Zivilverfahrensrecht der Volksrepublik China, Zürich 1994 (Zit.: *Xu*, IPR der VR China)

Wang, Baoshi: Neue Entwicklungen im IPR der VR China, IPRax 2007 S. 363–369

Wenckstern, Manfred: Die englische Floating Charge im deutschen Internationalen Privatrecht, RabelsZ 56(11992) S. 624–692

Westrik/Van der Weide (hrsg.): Party Autonomy in International Property Law, München 2011 (Zit.: Westrik/van der Weide (hrsg.), Party Autonomy)

Von Wilmowsky, Peter: Europäisches Kreditsicherungsrecht, Tübingen 1996 (Zit.: Von Wilmowsky, Kreditsicherungsrecht)

Wolf, Manfred/Wellenhofer, Mariana: Sachenrecht, 25. Aufl., München 2010 (Zit.: Wolf/Wellenhofer, Sachenrecht)

Wu, Mei: Die Reform des chinesischen Beweisrechts vor dem Hintergrund deutscher und US-amerikanischer Regelungsmodelle, Frankfurt a. M. 2010 (Zit.: *Wu*, Beweisrecht)

Zhang, Mo: Choice of Law in Contract: A Chinese Approach, Northwestern Journal of International Law and Business 26 (2006) S. 289–333

–: Party Autonomy in Non-Contractual Obligations: Rome II and its Impact on Choice of Law, Seton Hall Law Review 39(2009) S. 861–917

Zhao, Ning: The First Codification of choice-of-law rules in the People's Republic of China: An Overview, NiPR 2011 S. 303–311

Zhu, Weidong: The New Conflicts Rules for Family and Inheritance Matters in China, YbPIL 14(2012/2013) S. 369–384

STUDIEN ZUM VERGLEICHENDEN UND INTERNATIONALEN RECHT

Herausgeber: Bernd von Hoffmann (†), Erik Jayme und Heinz-Peter Mansel

Band 1 Ferdinand Henke: Die Datenschutzkonvention des Europarates. 1986.

Band 2 Peter Czermak: Der express trust im internationalen Privatrecht. 1986.

Band 3 Peter Kindler: Der Ausgleichsanspruch des Handelsvertreters im deutsch-italienischen Warenverkehr. Eine rechtsvergleichende und kollisionsrechtliche Untersuchung. 1987.

Band 4 Wilhelm Denzer: Stellung und Bedeutung des Engineers in den FIDIC-Bauvertragsbedingungen. 1988.

Band 5 Marijan-Maximilian Lederer: Die internationale Enteignung von Mitgliedschaftsrechten unter besonderer Berücksichtigung der französischen Enteignungen 1982. 1989.

Band 6 Rainer Esser: Klagen gegen ausländische Staaten. 1990.

Band 7 Chang Jae-Ok: Auf dem Weg zu einer Materialisierung des Immateriellen? Personen-, Persönlichkeitsschutz und Geldersatz des immateriellen Schadens in rechtsvergleichender Hinsicht am Beispiel des koreanischen und japanischen Zivilrechts unter besonderer Berücksichtigung des deutschen Rechts. 1990.

Band 8 Paul-Frank Weise: Lex mercatoria. Materielles Recht vor der internationalen Handelsschiedsgerichtbarkeit.1990.

Band 9 Werner Born: Der Auftrittsvertrag für Musikgruppen im Bereich der Rock- und Popmusik. 1990.

Band 10 Ralf Erich Jürgens: IPR und Verfassung in Italien und in der Bundesrepublik Deutschland. 1990.

Band 11 Rainer Gildeggen: Internationale Schieds- und Schiedsverfahrensvereinbarungen in Allgemeinen Geschäftsbedingungen vor deutschen Gerichten. 1991.

Band 12 Klaus Grabinski: Die kollisionsrechtliche Behandlung des Durchgriffs bei rechtlich verselbständigten Unternehmen in privater oder öffentlicher Hand. 1991.

Band 13 Dieter Stummel: Konkurs und Integration. Konventionsrechtliche Wege zur Bewältigung grenzüberschreitender Insolvenzverfahren. 1991.

Band 14 Joachim Güntzer: Die Rechtsstellung des Geschäftsführers im spanischen Aktienrecht. Die Neuregelung des spanischen Aktienrechts nach dem Beitritt Spaniens zur EG. 1991.

Band 15 Sabine Isenburg-Epple: Die Berücksichtigung ausländischer Rechtshängigkeit nach dem Europäischen Gerichtsstands- und Vollstreckungsübereinkommen vom 27.9.1968. Untersuchungen zum Anwendungsbereich von Art. 21 EuGVÜ unter schwerpunktmäßiger Behandlung der Frage nach der Bestimmung eines europäischen Streitgegenstandsbegriffs. 1992.

Band 16 Ulrich Nickl: Die Qualifikation der culpa in contrahendo im Internationalen Privatrecht. 1992.

Band 17 Theo Rauh: Leistungserschwerungen im Schuldvertrag. Eine rechtsvergleichende Untersuchung des englischen, US-amerikanischen, französischen und deutschen Rechts unter besonderer Berücksichtigung der gerichtlichen Praxis. 1992.

Band 18 Bernadette Chaussade-Klein: Vorvertragliche "obligation de renseignements" im französischen Recht. 1992.

Band 19 Josef Sievers: Verbraucherschutz gegen unlautere Vertragsbedingungen im französischen Recht. Vom Code civil zum "Code de la consommation" – die Entstehung eines Sonderprivatrechts für Verbraucher. 1993.

Band 20 Achim Schäfer: Grenzüberschreitende Kreditsicherung an Grundstücken, unter besonderer Berücksichtigung des deutschen und italienischen Rechts. 1993.

Band 21 Eugenio Hernández-Breton: Internationale Gerichtsstandsklauseln in Allgemeinen Geschäftsbedingungen. Unter besonderer Berücksichtigung des deutsch-südamerikanischen Rechtsverkehrs (dargestellt am Beispiel Argentinien, Brasilien und Venezuela). 1993.

Band 22 Ingo Reng: Unterhaltsansprüche aufgrund nichtehelicher Lebensgemeinschaft – Internationales Privatrecht und ausländisches materielles Recht. 1994.

Band 23 Stefanie Roloff: Die Geltendmachung ausländischer öffentlicher Ansprüche im Inland. 1994.

Band 24 Katharina Ludwig: Der Vertragsschluß nach UN-Kaufrecht im Spannungsverhältnis von Common Law und Civil Law. Dargestellt auf der Grundlage der Rechtsordnungen Englands und Deutschlands. 1994.

Band 25 Malte Diesselhorst: Mehrparteienschiedsverfahren. Internationale Schiedsverfahren unter Beteiligung von mehr als zwei Parteien. 1994.

Band 26 Manfred Kost: Konsensprobleme im internationalen Schuldvertragsrecht. 1995.

Band 27 Wolff-Heinrich Fleischer: Das italienische Wettbewerbsrecht und die Probleme des selektiven Parfümvertriebs unter Berücksichtigung der Rechtslage in Frankreich und Deutschland. 1995.

Band 28 Angelika Fuchs: Lateinamerikanische Devisenkontrollen in der internationalen Schuldenkrise und Art. VIII Abschn. 2 b) IWF-Abkommen. 1995.

Band 29 Jacques Matthias Aull: Der Geltungsanspruch des EuGVÜ: "Binnensachverhalte" und Internationales Zivilverfahrensrecht in der Europäischen Union. Zur Auslegung von Art. 17 Abs. 1 S. 1 EuGVÜ. 1996.

Band 30 Hartmut Ost: EVÜ und fact doctrine. Konflikte zwischen europäischer IPR-Vereinheitlichung und der Stellung ausländischen Rechts im angelsächsischen Zivilprozeß. 1996.

Band 31 Stefan Wagner: Die Testierfähigkeit im Internationalen Privatrecht. 1996.

Band 32 Wolfgang Jakob Hau: Positive Kompetenzkonflikte im Internationalen Zivilprozeßrecht. Überlegungen zur Bewältigung von *multi-fora disputes*. 1996.

Band 33 Markus Schütz: UN-Kaufrecht und *Culpa in contrahendo*. 1996.

Band 34 Volker Geyrhalter: Das Lösungsrecht des gutgläubigen Erwerbers. Ein "vergessener" Kompromiß und die Auswirkungen auf das heutige deutsche Recht unter besonderer Berücksichtigung des internationalen Sachenrechts. 1996.

Band 35 Andreas Kramer: Abwicklungsstörungen bei Kaufverträgen. Die Lieferung vertragswidriger Sachen im deutschen und italienischen Recht. 1996.

Band 36 Petra Krings: Erfüllungsmodalitäten im internationalen Schuldvertragsrecht. 1997.

Band 37 Tonja Gaibler: Der rechtsgeschäftliche Irrtum im französischen Recht. 1997.

Band 38 Dirk Otto: Rechtsspaltung im indischen Erbrecht. Bedeutung und Auswirkungen auf deutsch-indische Nachlaßfälle. 1997.

Band 39 Gregor W. Decku: Zwischen Vertrag und Delikt. Grenzfälle vertraglicher und deliktischer Haftung dargestellt am Beispiel der Berufs- und Expertenhaftung zum Schutze des Vermögens Dritter im deutschen und englischen Recht. 1997.

Band 40 Gregor W. Decku: Zwischen Vertrag und Delikt. Grenzfälle vertraglicher und deliktischer Haftung dargestellt am Beispiel der Berufs- und Expertenhaftung zum Schutze des Vermögens Dritter im deutschen und englischen Recht. 1997.

Band 41 Ulrike Höpping: Auswirkungen der Warenverkehrsfreiheit auf das IPR unter besonderer Berücksichtigung des Internationalen Produkthaftungsrechts und des Internationalen Vertragsrechts. 1997.

Band 42 Helene Boriths Müller: Die Umsetzung der europäischen Übereinkommen von Rom und Brüssel in das Recht der Mitgliedstaaten. Dargestellt am Beispiel Deutschlands und Dänemarks. 1997.

Band 43 Bernd von Hoffmann / Myong-Chang Hwang (eds.): The Public Concept of Land Ownership. Reports and Discussions of a German-Korean Symposium held in Seoul on October 7-9, 1996. 1997.

Band 44 Oliver Heeder: Fraus legis. Eine rechtsvergleichende Untersuchung über den Vorbehalt der Gesetzesumgehung in Deutschland, Österreich, der Schweiz, Frankreich und Belgien unter besonderer Berücksichtigung des Internationalen Privatrechts. 1998.

Band 45 Heinrich Schütt: Deliktstyp und Internationales Privatrecht. Dargestellt an grenzüberschreitenden Problemen der Arzthaftung. 1998.

Band 46 Axel Steiner: Die stillschweigende Rechtswahl im Prozeß im System der subjektiven Anknüpfungen im deutschen Internationalen Privatrecht. 1998.

Band 47 Martina Schulz: Der Eigentumsvorbehalt in europäischen Rechtsordnungen. Rechtsvergleichende Untersuchung des deutschen, englischen und französischen Rechts unter besonderer Berücksichtigung von Erweiterungen und Verlängerungen. 1998.

Band 48 Karin Dreher: Die Rechtswahl im internationalen Erbrecht. Unter besonderer Berücksichtigung des italienischen IPR-Reformgesetzes N. 218 vom 31. Mai 1995. 1999.

Band 49 Giuliano Gabrielli: Das Verhältnis zwischen der Anfechtung wegen Eigenschaftsirrtums und den Gewährleistungsansprüchen im deutschen, österreichischen und italienischen Recht. 1999.

Band 50 Bernd von Hoffmann / Myong-Chan Hwang (eds.): Developments in Land Law. Reports and Discussions of a German-Korean Symposium held in Berlin and Trier on July 21-24, 1997. 1999.

Band 51 Volker Heidbüchel: Das UNCITRAL-Übereinkommen über unabhängige Garantien und Standby Letters of Credit. Vergleiche mit den Richtlinien der Internationalen Handelskammer, dem deutschen, englischen und US-amerikanischen Recht. 1999.

Band 52 Jan Christoph Nordmeyer: Pflichtteilsansprüche und Wiedervereinigung. Eine systematische Analyse der Ausgleichsansprüche nach BGB-Pflichtteilsrecht unter besonderer Berücksichtigung der durch den Wiedervereinigungsprozeß eingetretenen Wertveränderungen. 1999.

Band 53 Bettina Linder: Vertragsabschluß beim grenzüberschreitenden Verbraucherleasing. 1999.

Band 54 Almontasser Fetih: Die zivilrechtliche Haftung bei Vertragsverhandlungen. Eine rechtsvergleichende Studie zum deutschen, französischen, ägyptischen und islamischen Recht. 2000.

Band 55 Sona Rajani: Die Geltung und Anwendung des Gemeinschaftsrechts im Vereinigten Königreich von Großbritannien und Nordirland. Der Grundsatz der Parlamentssouveränität im Wandel. 2000.

Band 56 Joachim Kayser: Gegenmaßnahmen im Außenwirtschaftsrecht und das System des europäischen Kollisionsrechts. Eine Analyse der EU-Abwehrverordnung gegen die Auswirkungen extraterritorialer Rechtserstreckung eines Drittlandes. 2001.

Band 57 Albrecht Conrad: Qualifikationsfragen des Trust im Europäischen Zivilprozeßrecht. 2001.

Band 58 Bernd Borgmann: Die Entsendung von Arbeitnehmern in der Europäischen Gemeinschaft. Wechselwirkungen zwischen Kollisionsrecht, Grundfreiheiten und Spezialgesetzen. 2001.

Band 59 Aleksandar Jaksic: Arbitration and Human Rights. 2002.

Band 60 Islamisches und arabisches Recht als Problem der Rechtsanwendung. Symposium zu Ehren von Professor Emeritus Dr. iur. Omaia Elwan. Veranstaltet vom Institut für ausländisches und internationales Privat- und Wirtschaftsrecht der Universität Heidelberg und der Gesellschaft für Arabisches und Islamisches Recht e.V. Herausgegeben von Herbert Kronke, Gert Reinhart und Nika Witteborg. 2001.

Band 61 Patrick Fiedler: Stabilisierungsklauseln und materielle Verweisung im internationalen Vertragsrecht. 2001.

Band 62 Werner Mangold: Die Abtretung im Europäischen Kollisionsrecht. Unter besonderer Berücksichtigung des spanischen Rechts. 2001.

Band 63 Eike Dirk Eschenfelder: Beweiserhebung im Ausland und ihre Verwertung im inländischen Zivilprozess. Zur Bedeutung des US-amerikanischen discovery-Verfahrens für das deutsche Erkenntnisverfahren. 2002.

Band 64 Bernd Ehle: Wege zu einer Kohärenz der Rechtsquellen im Europäischen Kollisionsrecht der Verbraucherverträge. 2002.

Band 65 Heiko Lehmkuhl: Das Nacherfüllungsrecht des Verkäufers im UN-Kaufrecht. 2002.

Band 66 Jochen Nikolaus Schlotter: Erbrechtliche Probleme in der Société Privée Européenne. IPR-Harmonisierung im einheitlichen Europäischen Rechtsraum. 2002.

Band 67 Konrad Ost: Doppelrelevante Tatsachen im Internationalen Zivilverfahrensrecht. Zur Prüfung der internationalen Zuständigkeit bei den Gerichtsständen des Erfüllungsortes und der unerlaubten Handlung. 2002.

Band 68 Tobias Bosch: Die Durchbrechungen des Gesamtstatuts im internationalen Ehegüterrecht. Unter besonderer Berücksichtigung deutsch-französischer Rechtsfälle. 2002.

Band 69 Ursula Philipp: Form im amerikanischen Erbrecht. Zwischen Formalismus und harmless error. 2002.

Band 70 Christian Stefan Wolf: Der Begriff der wesentlich engeren Verbindung im Internationalen Sachenrecht. 2002.

Band 71 André Fomferek: Der Schutz des Vermögens Minderjähriger. Ein Vergleich des deutschen und des englischen Rechts unter Berücksichtigung des schottischen und irischen Rechts. 2002.

Band 72 nicht erschienen

Band 73 Markus Dreißigacker: Sprachenfreiheit im Verbrauchervertragsrecht. Der Verbraucher im Spannungsfeld zwischen kultureller Identität und Privatautonomie. 2002.

Band 74 Vassiliki Myller-Igknay: Auskunftsansprüche im griechischen Zivilrecht. Auswirkungen im deutsch-griechischen Rechtsverkehr sowie im deutschen internationalen Privat- und Verfahrensrecht. 2003.

Band 75 Stefan Bruinier: Der Einfluss der Grundfreiheiten auf das Internationale Privatrecht. 2003.

Band 76 Nika Witteborg: Das gemeinsame Sorgerecht nichtverheirateter Eltern. Eine Untersuchung im soziologischen, rechtsgeschichtlichen, verfassungsrechtlichen, rechtsvergleichenden und internationalen Kontext. 2003.

Band 77 Peter Stankewitsch: Entscheidungsnormen im IPR als Wirksamkeitsvoraussetzungen der Rechtswahl. 2003.

Band 78 Jan Wilhelm Ritter: Euro-Einführung und IPR unter besonderer Berücksichtigung nachehelicher Unterhaltsverträge. Eine Untersuchung mit Blick auf das deutsche, französische und schweizerische Recht. 2003.

Band 79 Wolf Richard Herkner: Die Grenzen der Rechtswahl im internationalen Deliktsrecht. 2003.

Band 80 Ira Ditandy: Internationale Zuständigkeit. Neuregelung durch die LOPJ 1985. Vergleich mit dem europäischen Vorbild und Auswirkungen auf das spanische internationale Zivilverfahrensrecht. 2003.

Band 81 Andrea Verena Schefold: Werbung im Internet und das deutsche Internationale Privatrecht. 2004.

Band 82 Klaus Herkenrath: Die Umsetzung der Richtlinie 93/13/EWG über missbräuliche Klauseln in Verbraucherverträgen in Deutschland, dem Vereinigten Königreich, Frankreich und Italien. Auswirkungen nationaler Umsetzungstechniken auf dem Harmonisierungserfolg. 2003.

Band 83 Alexander Thünken: Das kollisionsrechtliche Herkunftslandprinzip. 2003.

Band 84 Barbara v. Daumiller: Die Rechtswahl im italienischen internationalen Erbrecht: und ihre Auswirkungen im deutsch-italienischen Rechtsverkehr. 2003.

Band 85 Robert Mödl: Macht, Verantwortlichkeit und Zurechnung im Konzern. Eine rechtsvergleichende Untersuchung auf der Grundlage des deutschen, spanischen und US-amerikanischen Rechts. 2003.

Band 86 Ursula Kerpen: Das Internationale Privatrecht der Persönlichkeitsrechtsverletzungen. Eine Untersuchung auf rechtsvergleichender Grundlage. 2003.

Band 87 Barbara Ploeckl: Umgangsrechtsstreitigkeiten im deutsch-französischen Rechtsverkehr. Bestehende internationale und nationale Regelungen und der geplante *europäische Besuchstitel*. 2003.

Band 88 Katrin Wannemacher: Die Außenkompetenzen der EG im Bereich des Internationalen Zivilverfahrensrechts. Der räumliche Anwendungsbereich des Art. 65 EGV am Beispiel der EuGVO und der EheVO. 2003.

Band 89 Maren B. Eilinghoff: Das Kollisionsrecht der ungerechtfertigten Bereicherung nach dem IPR-Reformgesetz von 1999. 2004.

Band 90 Patrick Niehr: Die zivilprozessuale Dokumentenvorlegung im deutsch-englischen Rechtshilfeverkehr nach der deutschen und der englischen Prozessrechtsreform. 2004.

Band 91 Anna Christina Gördes: Internationale Zuständigkeit, Anerkennung und Vollstreckung von Entscheidungen über die elterliche Verantwortung. Die VO(EG) Nr. 1347/2000, ihre geplanten Änderungen und das Verhältnis beider zum Minderjährigen- und Kinderschutzabkommen. 2004.

Band 92 Martin Rädler: Rechtsbehelfe des Käufers eines Unternehmens oder einer unternehmerischen Beteiligung gegen den Verkäufer im deutschen und französischen Recht. 2004.

Band 93 Marc-Yngve Dietrich: Rechtsstellung und Beteiligung der Gläubiger im französischen Insolvenzverfahren. 2004.

Band 94 Katia Niemann: Die rechtsgeschäftliche und organschaftliche Stellvertretung und deren kollisionsrechtliche Einordnung. Deutschland und England im Vergleich. 2004.

Band 95 Daniel Ludwig: Neuregelungen des deutschen Internationalen Insolvenzverfahrensrechts. Eine Untersuchung unter vergleichender Heranziehung der Europäischen Insolvenzverordnung. 2004.

Band 96 Cordelia Faulenbach: Der gemeinschaftsrechtliche Vorbehalt im europäischen Wettbewerbsrecht. Die Herkunftslandanknüpfung der E-Commerce-Richtlinie unter dem Einfluss der Grundfreiheiten. 2004.

Band 97 Ulf Dörner: Der Vertragsgerichtsstand nach dem Protokoll von Buenos Aires. 2004.

Band 98 Martin Schmidhuber: Verhaltenskodizes im nationalen und grenzüberschreitenden elektronischen Geschäftsverkehr. Zur Frage der Integration der Selbstregulierung durch Private in die staatliche Rechtsordnung. 2004.

Band 99 Florian Kienle: Die fehlerhafte Banküberweisung im internationalen Rechtsverkehr. Unter besonderer Berücksichtigung des Artikels 4A US Uniform Commercial Code. 2004.

Band 100 Thomas Alexander Brandt: Die Adoption durch eingetragene Lebenspartner im internationalen Privat- und Verfahrensrecht. 2004.

Band 101 Florian Pulkowski: Subunternehmer und Internationales Privatrecht. Der Subunternehmer als Quasi-Verbraucher im Europäischen Kollisionsrecht. 2004.

Band 102 Ulrich Becker: Grundrechtsschutz bei der Anerkennung und Vollstreckbarerklärung im europäischen Zivilverfahrensrecht. Bestimmung der Grenzen für die Einführung eines europäischen Vollstreckungstitels. 2004.

Band 103 Thomas Badelt: Aufrechnung und internationale Zuständigkeit unter besonderer Berücksichtigung des deutsch-spanischen Rechtsverkehrs. 2005.

Band 104 Florian D. Wagner: Vorvertragliche Aufklärungspflichten im internationalen Franchising. Zur Harmonisierung von Delikts- und Vertragsstatut im internationalen Privatrecht unter besonderer Berücksichtigung der Franchise-Gesetzgebung des US-Bundesstaates Kalifornien. 2005.

Band 105 Vera Heine: Die Umsetzung der *EG-Richtlinie über missbräuchliche Klauseln in Verbraucherverträgen* im englischen und deutschen Recht. 2005.

Band 106 Alexander Franz: Überregionale Effektentransaktionen und anwendbares Recht. Eine kollisionsrechtliche Untersuchung unter besonderer Berücksichtigung der Vorschrift des § 17 a DepotG. 2005.

Band 107 Hanna-Maria Uhlenbrock: Gesetzliche Regelungen für nichteheliche Lebensgemeinschaften in Deutschland und Frankreich. Ein Vergleich des Unterhaltsrechts bei der eingetragenen Lebenspartnerschaft und beim Pacte civil de Solidarité. 2005.

Band 108 Katrin Stieß: Anknüpfungen im internationalen Urheberrecht unter Berücksichtigung der neuen Informationstechnologien. 2005.

Band 109 Hendrik Otto: Der gesetzliche Abschlussprüfer im italienischen Recht. Eine rechtsvergleichende Untersuchung unter besonderer Berücksichtigung der zivilrechtlichen Haftung. 2005.

Band 110 Frauke Stuphorn: Bankhaftung für Kreditauskünfte im deutschen und französischen Recht. 2005.

Band 111 Nina Fürer: Die zivilrechtliche Haftung für Raucherschäden. 2005.

Band 112 Giovanni B. Barillà: *Contratto autonomo di garanzia* e *Garantievertrag*. Categorie civilistiche e prassi del commercio. 2005.

Band 113 Timo Torz: Gerichtsstände im Internationalen Insolvenzrecht zur Eröffnung von Partikularinsolvenzverfahren. 2005.

Band 114 Martina Schmid: Die Grenzen der Auslegungskompetenz des EuGH im Vorabentscheidungsverfahren nach Art. 234 EG. Dargestellt am Beispiel der überschießenden Richtlinienumsetzung. 2005.

Band 115 Stephan Lesage-Mathieu: Dispositives Kollisionsrecht im prozessualen Kontext. 2005.

Band 116 Jürgen Görtz: Die subjektiven Grenzen der Rechtskraft US-amerikanischer Urteile. 2005.

Band 117 Vera Hoppe: Die Einbeziehung ausländischer Beteiligter in US-amerikanische class actions. Unter Berücksichtigung des Class Action Fairness Act 2005. 2005.

Band 118 Silke Pütz: Parteiautonomie im internationalen Urhebervertragsrecht – Eine rechtsdogmatische und rechtspolitische Betrachtung der Grenzen freier Rechtswahl im internationalen Urhebervertragsrecht unter besonderer Berücksichtigung des neuen deutschen Urhebervertragsrechts. 2005.

Band 119 Alice Nieroba: Die europäische Rechtshängigkeit nach der EuGVVO (Verordnung (EG) Nr. 44/2001) an der Schnittstelle zum nationalen Zivilprozessrecht. 2006.

Band 120 Jan Kayser: Alternative Formen gerichtlicher und außergerichtlicher Streitbeilegung im deutschen und französischen Zivilprozess. Les modes alternatifs judiciaires et extrajudiciaires de résolution des conflits en procédure civile allemande et française. 2006.

Band 121 Mirko Ehrich: Der internationale Anwendungsbereich des deutschen und französischen Rechts gegen irreführende Werbung. Freie Wahl von Form und Mittel, Rom II und Herkunftslandprinzip. 2006.

Band 122 Daniel Thelen: Die Haftung des Sekundärschädigers für Gewalttaten anderer im US-amerikanischen Deliktsrecht ausgehend von dem Problem rechtsextremistisch motivierter Gewalttaten. 2006.

Band 123 Anne Winterling: Die Entscheidungszuständigkeit in Arbeitssachen im europäischen Zivilverfahrensrecht. 2006.

Band 124 Sarah Gerling: Die Gleichstellung ausländischer mit inländischen Vollstreckungstiteln durch die Verordnung zur Einführung eines Europäischen Vollstreckungstitels für unbestrittene Forderungen. Im Vergleich zum bisherigen Recht und zur Rechtslage in den USA. 2006.

Band 125 Christian Bank: Präventivmaßnahmen börsennotierter Gesellschaften zur Abwehr feindlicher Übernahmeversuche in Deutschland und Großbritannien. Eine rechtsvergleichende Untersuchung des deutschen und britischen Rechts unter Berücksichtigung der Europäischen Übernahmerichtlinie. 2006.

Band 126 Christian Weis: Kaufrechtliche Gewährleistung und Garantievergabe in Deutschland und Spanien. Unter besonderer Berücksichtigung des Unternehmenskaufs. 2006.

Band 127 Emilio Maus Ratz: Der Nacherfüllungsanspruch nach UN-Kaufrecht. Im Lichte der deutschen, spanisch-mexikanischen und US-amerikanischen Rechtswissenschaft. 2006.

Band 128 Constanze Jacobs: Die Sachmängelgewähr im deutschen und belgischen Kaufrecht nach Umsetzung der Verbrauchsgüterkauf-Richtlinie. 2006.

Band 129 Ulrike Teichert: Lückenfüllung im CISG mittels UNIDROIT-Prinzipien – Zugleich ein Beitrag zur Wählbarkeit nichtstaatlichen Rechts. 2007.

Band 130 Sascha Reichardt: Internationale Zuständigkeit im Gerichtsstand der unerlaubten Handlung bei Verletzung europäischer Patente. 2006.

Band 131 Bilgehan Cetiner: Die Sachmängelhaftung des Verkäufers im UN-Kaufrecht und im neuen deutschen Schuldrecht. Eine rechtsvergleichende Studie. 2006.

Band 132 Jan Streer: Die Umsetzung der Verbrauchsgüterkaufrichtlinie im englischen Recht durch die Sale and Supply of Goods to Consumer Regulations 2002. 2007.

Band 133 Kathrin Wannenmacher: Einstweilige Maßnahmen im Anwendungsbereich von Art. 31 EuGVVO in Frankreich und Deutschland: Eine Betrachtung ausgesuchter Verfahren des einstweiligen Rechtsschutzes im internationalen Zivilverfahrensrecht – gerichtliche Zuständigkeit, Anerkennung und Vollstreckung. 2007.

Band 134 Wim Kreytenberg: Die individuelle Schwerpunktbestimmung internationaler Schuldverträge nach der Ausweichklausel des Artikel 4 Absatz 5 Satz 2 EVÜ. Ein Beitrag zur Förderung von Rechtssicherheit und Einzelfallgerechtigkeit im europäischen Kollisionsrecht der Schuldverträge. 2007.

Band 135 Nikolaus Geiben: Der Vorvertrag im Internationalen Privatrecht. Unter besonderer Berücksichtigung des Immobilienerwerbs im portugiesischen und brasilianischen Recht. 2007.

Band 136 Predrag Maksimovic: Der Kapitalschutz im europäischen, serbischen und deutschen Recht der Gesellschaft mit beschränkter Haftung. 2007.

Band 137 Alexander Rathenau: Die Anwendung des EuGVÜ durch portugiesische Gerichte unter Berücksichtigung des autonomen internationalen Zivilverfahrensrechts. 2007.

Band 138 Matthias Creydt: Die Besicherung von Weltraumvermögenswerten. Ein neues einheitliches internationales Sicherungsrecht und dessen Vergleich zum US-amerikanischen Mobiliarsicherungsrecht. 2007.

Band 139 Oliver Borkhardt: Registerpublizität und Kollisionsrecht besitzloser Mobiliarsicherheiten nach dem neuen Art. 9 UCC. 2007.

Band 140 Jens Engelmann-Pilger: Deliktische Haftung für das Fehlverhalten Dritter im Common Law. 2007.

Band 141 Bastian Rotmann: Der Schutz des Dritten in der europäischen Mobiliarzwangsvollstreckung. Eine rechtsvergleichende Untersuchung vor dem Hintergrund der Verordnung (EG) Nr. 805/2004 zur Einführung eines Europäischen Vollstreckungstitels für unbestrittene Forderungen. 2007.

Band 142 Oliver Ratzel: Die Präklusion isolierter Unterhaltsverfahren durch den ausländischen Scheidungsverbund. Zugleich ein Beitrag zur internationalen Verbundszuständigkeit im Lichte der Quellenveränderung. 2007.

Band 143 Bettina Maria Stade: Die Konstitutionalisierung des Zivilprozessrechts in Spanien und Deutschland vor dem Hintergrund der Europäisierung des Zivilprozessrechts. 2007.

Band 144 Julia El-Bitar: Der deutsche und der französische Kulturgüterschutz nach der Umsetzung der Kulturgüterrückgaberichtlinie. Eine materiellrechtliche und kollisionsrechtliche Untersuchung. 2007.

Band 145 Aris Kaschefi: Sachmängelhaftung im französischen Kaufrecht vor und nach Umsetzung der Verbrauchsgüterkaufrichtlinie. Mit rechtsvergleichenden Hinweisen zum deutschen Recht unter besonderer Berücksichtigung von Weiterfressersachverhalten. 2007.

Band 146 Isabel Roth: Die internationale Zuständigkeit deutscher Gerichte bei Persönlichkeitsrechtsverletzungen im Internet. 2007.

Band 147 Theresa Wilhelmi: Das Weltrechtsprinzip im internationalen Privat- und Strafrecht. Zugleich eine Untersuchung zu Parallelitäten, Divergenzen und Interdependenzen von internationalem Privatrecht und internationalem Strafrecht. 2007.

Band 148 Alice Halsdorfer: Privat- und kollisionsrechtliche Folgen der Verletzung von Kulturgüterschutznormen auf der Grundlage des UNESCO-Kulturgutübereinkommens 1970. 2008.

Band 149 Thomas Müller-Froelich: Der Gerichtsstand der Niederlassung im deutsch-amerikanischen Rechtsverkehr. Eine Untersuchung zu Fragen der Entscheidungs- und Anerkennungszuständigkeit. 2008.

Band 150 Christopher Luhn: Privatautonomie und Inhaltskontrolle von Eheverträgen. Ein kritischer Vergleich des deutschen und des australischen Rechts mit Bezügen zum Internationalen Privatrecht. 2008.

Band 151 Kristin Kohler: Die grenzüberschreitende Verbraucherverbandsklage nach dem Unterlassungsklagengesetz im Binnenmarkt. 2008.

Band 152 Dorothee Maria Kaulen: Die Anerkennung von Gesellschaften unter Artikel XXV Abs. 5 S. 2 des deutsch-US-amerikanischen Freundschafts-, Handels- und Schifffahrtsvertrags von 1954. 2008.

Band 153 Birka Vanessa Stroschein: Parteizustellung im Ausland. Eine systemvergleichende Untersuchung des Gemeinschafts- und Staatsvertragsrechts unter Einbeziehung des deutschen, französischen, englischen und US-amerikanischen Zustellungsrechts. 2008.

Band 154 Nancy Gruschinkse: Das europäische Kollisionsrecht der Aufrechnung unter besonderer Beachtung des Insolvenzfalles. 2008.

Band 155 Hans-Christian Frick: Sprachrisiko im Zeitalter des Ethnomarketings. US-amerikanische Erfahrungen und europäische Rechtsentwicklung. 2009.

Band 156 Stephan Mangold: Verbraucherschutz und Kunstkauf im deutschen und europäischen Recht. 2009.

Band 157 Robert Beier: Die gesetzlichen Rechte des überlebenden Ehegatten nach dem deutschen und spanischen Kollisionsrecht. Unter besonderer Berücksichtigung der *viudedad aragonesa*. 2009.

Band 158 Julia-Marie Oppermann: Internationale Handelsschiedsgerichtsbarkeit und Verjährung. 2009.

Band 159 Stephan Boese: Strukturprinzipien im Gläubigerschutz. Eine rechtsvergleichende Untersuchung zur GmbH und zur englischen Limited Company. 2009.

Band 160 Thomas Rosa: Das Kaufrecht nach dem Zivilgesetzbuch der Tschechischen und Slowakischen Republik. Eine rechtsvergleichende Darstellung im Lichte des deutschen Bürgerlichen Gesetzbuches. 2009.

Band 161 Roland Weis: Rechnungslegungspflichten von EU-Scheinauslandsgesellschaften im Land ihrer tatsächlichen wirtschaftlichen Betätigung. Insbesondere im Hinblick auf in Deutschland tätige englische Limiteds. 2009.

Band 162 Henning Frase: "Leoninische Vereinbarungen" und Ergebnisbeteiligungspflicht im deutschen und italienischen Gesellschaftsrecht. Zum *patto leonino* des italienischen Rechts und möglichen Entsprechungen im deutschen Recht. 2010.

Band 163 Christiane Tödter: Europäisches Kindschaftsrecht. Nach der Verordnung (EG) Nr. 2201/ 2003. 2010.

Band 164 Edda Gampp: *Perpetuatio fori internationalis* im Zivilprozeß und im Verfahren der freiwilligen Gerichtsbarkeit. 2010.

Band 165 Mei Wu: Die Reform des chinesischen Beweisrechts vor dem Hintergrund deutscher und US-amerikanischer Regelungsmodelle. 2010.

Band 166 Corina Leimert: Stand und Entwicklung des italienischen Rechts der Unternehmenszusammenschlüsse (gruppi di società / gruppi di imprese). 2010.

Band 167 Kasim Özen: Die Scheidungsgründe im türkischen Zivilgesetzbuch. 2010.

Band 168 Helena Isabel Maier: Marktortanknüpfung im internationalen Kartelldeliktsrecht. Eine internationalzuständigkeits- und kollisionsrechtliche Untersuchung unter Einbeziehung rechtsvergleichender Überlegungen zum englischen Recht. 2011.

Band 169 Thomas Spernat: Die gleichgeschlechtliche Ehe im Internationalen Privatrecht. Unter besonderer Berücksichtigung des Einflusses des EG-Vertrags. 2011.

Band 170 Max Johann Lipsky: Statutenwechsel im italienischen Sachenrecht – Auswirkungen auf den Im- und Export von Mobiliarsicherheiten. Eine Untersuchung der rechtlichen Beständigkeit dinglicher Kreditsicherheiten im deutsch-italienischen Rechtsverkehr. 2011.

Band 171 Silvia Karolina Seilstorfer: Die Umsetzung der Verbrauchsgüterkaufrichtlinie in Portugal mit rechtsvergleichenden Hinweisen zum deutschen Recht. 2011.

Band 172 Stephan Georg Knöchel: Anerkennung französischer Urteile mit Drittbeteiligung. Eine Untersuchung der Anerkennung von Drittbindungswirkungen nach der EuGVVO und autonomem deutschem Recht. 2011.

Band 173 Kristina Menzel: Vollstreckungsschutz zugunsten privater Altersvorsorge. Eine rechtsvergleichende Untersuchung zum deutschen und schweizerischen Recht. 2011.

Band 174 Manuela Krach: Scheidung auf Mexikanisch. Das materielle Recht der Scheidung im Mehrrechtsstaat Mexiko unter Berücksichtigung von Eheschließung und Ehewirkungen. 2011.

Band 175 Vanessa Sofia Wagner: Verkehrsschutz beim redlichen Erwerb von GmbH-Geschäftsanteilen. Ein Vergleich des Rechts für Gesellschaften mit beschränkter Haftung in Deutschland, England und Italien. 2011.

Band 176 Alexander Swienty: Der Statutenwechsel im deutschen und englischen internationalen Sachenrecht unter besonderer Betrachtung der Kreditsicherungsrechte. 2011.

Band 177 Kathrin Süß: Streitbeilegungsmechanismen im Verbraucherrecht. Unter besonderer Berücksichtigung der australischen Rechtsordnung. 2011.

Band 178 Efe Direnisa: Die materielle Rechtskraft im deutschen und türkischen Zivilverfahrensrecht. 2012.

Band 179 Julia Faenger: Leistungsunabhängige Nebenpflichten zum Schutz des Integritätsinteresses im deutschen und französischen Recht. Eine rechtsvergleichende Betrachtung ausgehend von den Rücksichtspflichten des § 241 Abs. 2 BGB. 2012.

Band 180 Dorothea Heine: Das Kollisionsrecht der Forderungsabtretung. UNCITRAL-Abtretungskonvention und Rom I-Verordnung. 2012.

Band 181 Lisa B. Möll: Kollidierende Rechtswahlklauseln in Allgemeinen Geschäftsbedingungen im internationalen Vertragsrecht. 2012.

Band 182 Jutta Jasmin Uusitalo: Einbeziehung von AGB im unternehmerischen Geschäftsverkehr zwischen Deutschland und Finnland. 2012.

Band 183 Darya Alikhani Chamgardani: Der Allgemeine Teil des iranischen Schuldvertragsrechts. Im Spannungsverhältnis zwischen rezipiertem französischen und traditionellem islamischen Recht. 2013.

Band 184 Volker Anton: Aktuelle Entwicklungen des Bankgeheimnisses im Rechtsvergleich unter besonderer Berücksichtigung seiner exterritorialen Wirkungen. Deutschland, Luxemburg, Österreich, Schweiz und Liechtenstein. 2013.

Band 185 Charlotte Wilhelm: Die Regelung der Geld- und Warenkreditsicherheiten nach dem deutschen Recht im Vergleich zum Draft Common Frame of Reference (DCFR). 2013.

Band 186 Michael Nehmer: Erbunwürdigkeit und Elternunterhalt im Internationalen Privatrecht. Eine historisch-rechtspolitische Betrachtung. 2013.

Band 187 Pınar Şamiloğlu-Riegermann: Türkisches und deutsches Vertragshändlerrecht im Rechtsvergleich. 2014.

Band 188 Elvan Er: Realsicherheiten des türkischen Mobiliarsachenrechts. Eine Darstellung des geltenden türkischen Rechts unter vergleichender Berücksichtigung des deutschen und schweizerischen Kreditsicherungsrechts. 2014.

Band 189 Maya Mandery: Party Autonomy in Contractual and Non-Contractual Obligations. A European and Anglo-Common Law perspective on the freedom of choice of law in the Rome I Regulation on the law applicable to contractual obligations and the Rome II Regulation on the law applicable to non-contractual obligations. 2014.

Band 190 Gregor Nikolas Rutow: Rechtsvergleich über die Zulässigkeit von Haftungsausschlüssen, Haftungsbeschränkungen und pauschaliertem Schadensersatz in einzelnen arabischen Rechtsordnungen. 2014.

Band 191 Christoph Rödter: Das Gesellschaftskollisionsrecht im Spannungsverhältnis zur Rom I- und II-VO. Eine Untersuchung zur Reichweite des Gesellschaftsstatuts in Abgrenzung zu den Kolligionsregeln der Rom I- und II-VO. 2014.

Band 192 Melanie Kaspers: Die gemischten und verbundenen Verträge im Internationalen Privatrecht. 2015.

Band 193 Tong Xue: Parteiautonomie im chinesischen Internationalen Privatrecht. Am Beispiel der Rechtswahl im Internationalen Vertrags-, Delikts-, und Sachenrecht. 2016.

www.peterlang.com

www.ingramcontent.com/pod-product-compliance
Ingram Content Group UK Ltd.
Pitfield, Milton Keynes, MK11 3LW, UK
UKHW021843290926
8980IPUKC0005B/627

9 783631 675823